이 책에서 저자는 오늘날의 그리스도인들이 '이중 언어'(bilingual) 능력을 가져야 한다고 호소한다. 기독교의 언어가 정치와 경제, 사회와 문화, 예술과 학문 영역에서 세상의 언어로 번역되고 나아가 충분히 통용될 수 있음을 역설한다. 특히 일상적인 예를 통해 세속주의 문화의 문제가 무엇인지 쉽게 이해할 수 있도록 썼으며, 세계관적 안목을 가지고 여러 사상체계를 분석할 수 있도록 구체적인 본보기를 제시한 것도 큰 장점이다. 『완전한 진리』를 잇는 또 하나의 명저다.

강영안 서강대학교 철학과 명예교수

나는 낸시 피어시의 『완전한 진리』를 통해 세계관에 대해 새로운 눈이 열렸다. 저자는 복음과 문화의 관계에 대한 정교한 논의를 이끌어 주는 믿음직한 안내자이자 타고난 교사이다. 우리는 기독교 신앙이 얼마나 크고 풍성한지를 여러 세계관과 문화와의 만남 속에서 경험해 봐야 한다. 이 책이 하나님을 거부하는 세속주의 세계관의 홍수 속에서, 기독교가 과연 진리인가 하는 물음을 가지고 고민하는 사람들과 하나님의 창조적 백성으로 살아가고자 하는 성도들에게 귀한 선물이 되기를 소망한다.

박영선 남포교회 담임목사

세속주의 문화가 전 세계를 휩쓸고 있는 지금, 우리 그리스도인들은 그것에 대항할 능력이 있는가? 낸시 피어시는 이 문화의 역사적 뿌리를 파헤쳐 그 한계와 문제점을 속속들이 밝혀 준다. 프란시스 쉐퍼 이래 이처럼 현실 문화의 도전을 기독교 세계관에 입각해 넓고도 깊게 꿰뚫어 보고 대처 방안까지 제시한 사람은 없었다. 이 책은 글로벌 세속문화의 실상을 밝히 보여주는 백과사전이자 가장 효과적인 대응 매뉴얼이다.

신국원 총신대학교 신학과 교수

『세이빙 다빈치』는 역사적 기독교가 세속주의 세계관에 대한 온전하고도 인도주의적인 대안임을 설득력 있는 근거와 함께 제시한다. 생명의 가치를 부정하는 세계관들이 사회를 근본적으로 재구성하면서 우리의 일상생활 전반에 스며들고 있는 오늘날, 낸시 피어시는 독자들이 그와 같은 세계관에 맞서 새로운 복음의 문화를 창조할 수 있도록 준비시킨다. 독실한 그리스도인이든 확고한 세속주의자든 자신의 입장을 잘 모르는 사람이든, 이 책을 읽는 과정에서 기존의 견해가 흔들리고 이데올로기적 우상들이 무너지는 것을 경험하게 될 것이다.

이찬수 분당우리교회 담임목사

낸시 피어시는 또 한 번 해냈고 그 어느 때보다 잘 해냈다. 저자는 문화 분석에서 복잡하고 어려운 부분을 솎아 내고 핵심 내용을 간추려, 누구나 쉽게 이해하고 제 것으로 삼아 그리스도께 영광을 돌리는 삶을 살아갈 수 있는 길을 제시한다. 놀라운 일을 해냈다!

제임스 사이어

탁월하다. 복잡하고 추상적인 개념들을 지상으로, 실생활로 끌어 내렸다. 예술과 과학, 이론과 실제의 간격을 이어 주는 이 책은 기독교 진리의 통일성을 옹호할 뿐 아니라 그러한 통일성의 사례를 직접 보여준다.

진 에드워드 비스 2세

낸시 피어시는 우리 시대의 지적 예언자이자 복음주의를 대표하는 문화 분석가이다. 이 역작에서 피어시는 현대 세속주의의 본질을 통렬하게 분석하고, 우리가 현재의 상황에 이르게 된 경위를 유용하게 해설하며, 이 상황을 변화시킬 제대로 된 전략을 제시한다. 지금까지 나온 그녀의 작품 중 최고다.

J. P. 모어랜드

페이지마다 예리한 통찰로 가득 차 있는 또 다른 걸작이다.

- 랄프 D. 윈터

피어시의 이야기는 그녀가 다루는 사안을 살아나게 한다. 명징하고 구체적이며 생생한 그녀의 글에 감사한다. 그녀가 전하는 메시지는 널리 읽힐 만하다.

마이클 고힌

낸시 피어시는 당대의 기독교 사상가 중에서도 타의 추종을 불허한다. 그녀의 매력은 이 책에도 여전히 이어진다. 폭넓은 주제를 섭렵하고 백과사전처럼 다양한 자료를 제시하며 분석적인 엄밀함을 발휘해 여러 세계관의 오류와 진리를 분리해 내는 작가와 사상가로서의 미덕이 다시 한 번 잘 드러나 있다. 현대의 그리스도인들을 위한 예언자의 목소리를 들을 수 있는 책이다.

릴랜드 라이큰 휘튼 칼리지 영문학교수

낸시 피어시는 신세대 복음주의자들에게 우리가 직면한 여러 세계관의 도전을 직시하고 그 모두를 기독교적 지성을 발휘해 분명하게 이해하도록 돕는다. 이 책은 언제나 대답할 준비가 되어 있어야 하는 이들, 곧 우리 모두의 손에 들려 있어야 한다.

앨버트 몰러 2세 미국 남침례신학교 총장

볼거리로 가득한 지성의 성찬! 이 책은 교회와 대학 모두에게 보기 드문 귀한 선물이다.

마코토 후지무라 화가

G. K. 체스터턴은 "사람들이 신을 믿지 않으면, 아무것도 믿지 않게 될 위험이 아니라 아무것이나 믿게 될 위험에 처하게 된다"고 말했다. 낸시 피어시는 무엇인가를 믿는 것이 어떤 결과로 이어지는지 아는 사람이다. 그녀는 이 책에서 세속 철학이 우리를 어디로 데려가는지를 철저히 드러낸다. 균형 잡히고 공정하며 강력한 저작이다!

캘 토머스 「USA 투데이」 칼럼니스트

Saving da Vinci

Nancy Pearcey

Saving Leonardo

: A Call to Resist the Secular Assault on Mind, Morals & Meaning

Saving
세이빙 디빈치
daVinci

낸시 피어시 지음
홍종락 옮김

복 있는 사람

Saving da Vinci

2015년 3월 16일 초판 1쇄 발행
2022년 9월 13일 초판 3쇄 발행

지은이 낸시 피어시
옮긴이 홍종락
펴낸이 박종현

(주) 복 있는 사람
주소 서울특별시 마포구 연남동 246-21(성미산로23길 26-6)
전화 02-723-7183, 7734(영업·마케팅) 팩스 02-723-7184
이메일 hismessage@naver.com
등록 1998년 1월 19일 제1-2280호

ISBN 978-89-6360-152-6 03230

이 도서의 국립중앙도서관 출판시도서목록(CIP)은
서지정보유통지원시스템 홈페이지(http://seoji.nl.go.kr)와 국가자료공동목록시스템(http://www.nl.go.kr/kolisnet)에서
이용하실 수 있습니다. (CIP제어번호 : CIP2015006769)

Saving Leonardo
by Nancy Pearcey

레오나르도 다빈치,

화해할 수 없는 두 세계 사이에서 분열된 이 보편인의 고뇌와 내면의 비극이여.

조반니 젠틸레

0.

서문
: 현대인은 왜 정치를 혐오하는가

2008년 미국 대통령 선거기간에 우려스러운 흐름이 나타났다. 그것은 정치 분야를 넘어선 광범위한 위기의 신호탄이었다. 여러 여론조사 결과, 많은 젊은이들이 정치과정에서 소외감을 느끼는 것으로 드러났다. 그들은 평행선을 달리며 펼쳐지는 신랄하고 가혹한 정치 논쟁에 환멸을 느꼈다.

물론 어느 시대나 사람들은 정치가 부패와 권모술수로 오염되었다고 불평했다. 그러나 오늘날의 환멸은 그 정도가 매우 심각하다. 이것은 정치와 도덕을 분리시킨 세속적 세계관의 비극적 열매다. 정치와 도덕의 분리가 어떻게 이루어졌는지를 파악하면, 삶의 전반에 걸친 세속주의의 파괴적 영향력을 새로운 눈으로 바라볼 수 있을 것이다. 정치는 사회 전반에 걸쳐 작용하는 세력들이 집약되는, 사회의 축소판이다.

정치에 대한 세속적 접근 방식이 먼저 뿌리를 내린 곳은 대학이다. 대학은 세계관을 심고 육성하는 장소라고 할 수 있다. 브루킹스 연구소⁕의 윌리엄 갈스턴^{William Galston}이 설명한 대로, 현대의 학자들은 정치 연구가 '과학적'이어야 한다고 결론을 내렸다. 이 말은 가치중립적이어야 한다는 뜻이다.¹ 그 결과, 정치이론은 더 이상 도덕적 비전에서 동력을 얻지 않는다. 정치이론 연구는 순전히 실용적인 일이 되었다.

이것은 미국 건국시조들의 유산에서 근본적으로 이탈한 모습이다. 그들은 미국이라는 나라를 세우면서 정치가 속속들이 도덕적 과업이며, 정의·공정·공공선 같은 도덕적 이상의 추구라고 생각했다. 미

⁕ 브루킹스 연구소
보수 성향의 헤리티지 재단과 쌍벽을 이루는 진보 성향의 미국 사회과학 연구소. 1927년에 설립되어 미국 정부의 정책 입안에 큰 영향을 미치고 있다.

국 헌법의 초안을 작성한 제임스 매디슨James Madison은 정부의 목적이 '공공선'을 보장하는 것이라고 말했다. 최근의 한 기사에서 설명한 대로, 미국의 건국시조들은 "정부가 개인의 권리와 이익만이 아니라 더 중대하고 초월적인 선까지 보장해야 한다"고 생각했다.[2]

그러나 정치를 가치중립적으로 대한 지 수십 년이 지난 오늘날, 많은 정치학자들은 초월적 선(善) 개념 자체를 거부한다.

어떻게 이런 극적인 반전이 일어났을까? 20세기의 상당한 기간 동안, 모든 지식은 보고 듣고 만지고 느끼는 감각에서 도출된다는 경험주의 철학이 미국 학계를 지배했다. 도덕적 진술조차도 감정으로 환원되었다. 경험주의에 따르면, 어떤 것이 우리에게 쾌락을 줄 때 우리는 그것을 "선하다"고 말한다. 고통을 주는 것은 "악하다"고 분류한다.

이렇게 해서 사실/가치의 분열, 곧 인간은 경험적 사실의 영역에서만 진정한 지식을 가질 수 있다는 생각이 탄생했다. 도덕은 주관적 선호로 축소되었다. '가치'value라는 용어는 말 그대로 개인이 어쩌다 가치 있게 여기게 된 무엇을 의미한다.

이것은 미국인의 사고방식의 중요한 전환점이 되었다. 가치가 주관적이라면, 대학에서는 가치에 대한 객관적 연구를 진행할 수 없기 때문이다. 모든 학문 분야에서 지식주장과 도덕주장이 칼로 도려내듯 분리되었다. 정치 사상가들은 공공의 선에 대한 진술이 사적 취향을 가리는 가면일 뿐이라고 판단했다. 갈스턴의 설명에 따르면, 그들은 "X가 공익에 보탬이 된다"는 말을 "내가 X를 좋아한다"는 말의 위장된 표현으로 여겼다.

오늘날 우리는 그러한 냉소주의의 쓰라린 열매를 거두고 있다. 도덕적 확신이 자의적인 선호에 불과하다면 더 이상 이성적 토론의 대상이 될 수 없다. 설득은 선전에 밀려난다. 정치는 마케팅과 다를 바가 없어진다. 정치 수완가들은 감정 조작에 의지한다. 그럴싸한 말과 광고 기법을 사용해 사람들의 지성을 우회하여 그들의 감정을 '낚는' 것이다. 많이 들어본 말인가?

결국에는 힘만 남게 된다. 경제학자 라이어넬 로빈스^{Lionel Robbins}는 가치를 놓고 의견 차이가 생긴다면 "그것은 어느 한쪽이 피를 흘려야 하는 문제"라고 말했다.[3] 이것은 사회학자들의 견해를 대변한 말이기도 하다.

미국의 유권자들이 환멸을 느끼는 것도 당연하다. E. J. 디온^{Dionne}은 『미국인들은 왜 정치를 혐오하는가』^{Why Americans Hate Politics}라는 책에서 "미국인들이 오늘날과 같은 정치를 혐오하는 이유는 우리가 공공선의 감각을 모두 상실했기 때문"이라고 말했다.[4] 객관적 선이 존재한다는 확신이 없으면, 공적 토론은 해체되고 다툼의 목소리들이 불협화음만을 만들어 낸다.

이런 환멸은 미국만의 문제가 아니어서 영국에서도 엇비슷한 제목의 책이 나왔다. 『우리는 왜 정치를 혐오하는가』^{Why We Hate Politics}라는 책의 저자는 "현대인은 자신이 뽑은 정치인을 사심 없는 대표자나 공공선의 선량한 수호자로 여기지 않는다"고 썼다. 공공선이 존재하지도 않는데, 그들이 어떻게 그러한 존재가 될 수 있겠는가? "그들은 자기 잇속과 이익을 챙기고 효용 극대화를 추구하는 이성적 존재"로, 자기들에게 이로운 정책들만 추진한다.[5] 세속주의 정치철학은 어김없이 철저한 실용주의와 공리주의로 귀결된다.

'세속적'^{secular}이라는 단어가 '종교적'^{religious}이라는 단어의 반대말이기 때문에, 많은 사람들은 세속주의가 종교 집단에게만 문제가 된다고

※ 하위문화
어떤 사회의 지배적 문화에
대해 그 사회 일부 집단에서
만 공통하는 특유의 가치 기
준에 의해 형성된 문화. 이러
한 집단은 특정의 계층, 세대,
직업이나 종교, 인종, 지역을
기초로 구축되고 계승된다.

생각한다. 그러나 그렇지 않다. 정치가 도덕적 차원을 상실하면 우리 모두 피해를 입는다. 정치적 담론이 저속해지면 사회 전체가 고통을 겪는다. 그리스도인이 이 문제에 관심을 가져야 하는 이유는 우리만의 하위문화※를 지키기 위해서가 아니라 모든 사람을 위한 민주적 과정을 지키기 위해서다.

동일한 세속적 힘들이 삶의 모든 영역에 파괴적인 영향력을 행사했다. 다음 장부터 여러분은 과학, 철학, 윤리학, 인문학, 예술 등에 나타난 세속적 개념들을 알아보고 그것에 저항하는 법을 배우게 될 것이다. 인간의 존엄과 자유를 훼손하는 여러 세계관의 형성을 이끌었던 관념과 사건, 사상가와 예술가들을 하나씩 검토할 것이다. 그리고 이성적으로 옹호할 수 있고 긍정의 눈으로 생명을 바라보며 창조세계 자체에 뿌리를 둔 세계관에만 희망이 있음을 보일 것이다. 미국 독립선언문이 밝힌 바와 같이, 사회가 인권을 창조주가 부여하신 것으로 여길 때에만 인권은 양도할 수 없는 것이 된다. 현대인들이 자유·정의·공공선의 메시지를 회복해야만, 이상을 추구하는 젊은이들이 정치 혐오에서 벗어나게 될 것이다.

세속주의의 전 세계적 위협

이 책은 두 부분으로 나누어져 있다. 1부는 점증하는 세속주의 전 세계적 위협과 그것이 우리 모두에게 끼치는 영향을 그린다. 사회학자들에 따르면 세속주의는 세계화되고 있으며, 모든 대륙의 도심지에서 그 주위로 퍼져 나가고 있다. 세속주의는 우리가 어디서 살고 일하든 상관없이 누구나 상대해야 할 거대한 세계관이다. 1장은 이 일을 감당할 수 있겠느냐고 묻는다.

2장은 현대 세속주의의 핵심에 놓인 개념, 곧 사실과 가치의 양극화에 집중한다. 세속주의는 정치에만 영향을 끼치는 것이 아니라 진리 개념 자체를 바꿔 놓고 있다. 사실/가치의 분리는 내 이전 책『완전한 진리』*Total Truth*의 주제인데, 여기서는 이 개념을 새로운 영역들에 적용하여 세속주의가 진리에 대한 견해인 동시에 권력 획득을 위한 전략이자 궁극적으로는 정치적 통제를 위한 전략임을 보인다. 이 전략을 파악하지 못하는 사람은 개인적·사회적으로 계속 기반을 잃게 될 것이다. 사회 전체가 계속해서 피해를 입을 것이다. 세속적 이데올로기들은 자유를 선포하지만 실제로는 독재를 행사한다.

그러나 사실/가치의 이원론은 빙산의 일각일 뿐이다. 3장은 시야를 넓혀 세속주의가 인간 생명 자체의 존엄을 위협하는 논쟁적 사안들과 어떻게 이어져 있는지를 드러낸다. 낙태, 안락사, 유전공학, 인간 배아 파괴의 근저에는 인간에 대한 이원론적 견해가 자리 잡고 있다. 과학이 바라본 인간은 그저 복잡한 생화학적 메커니즘(사실 영역)인 반면, 윤리학이 생각하는 개인은 근거 없는 선택을 내리는 자율적 자아(가치 영역)다. 이와 동일한 이원론이 동성애와 트랜스젠더리즘과 '훅업'hooking up 같은 성적 관행을 이끈다. 3장은 또한 오늘날의 첨단 윤리적 사안들에 대응하는 데 필요한 개념적 도구를 제공해 준다.

세속주의로 가는 두 갈래 길

세속주의로 연결되는 관념들이 오랜 시간에 걸쳐 어떻게 발전했는지 조감도를 얻는다면 이해하기가 훨씬 쉬울 것이다. 2부는 시야를 더욱 넓혀 세속주의의 역사적 발흥을 추적한다. 현대의 거의 모든 세계관은 크게 두 무리로 나뉘는데, 그 기원은 계몽주의와 낭만주의 운동의 충돌에 있다. 여기서도 우리는 동일한 이원론을 만난다. 계몽주의는 사실 영역에 초점을 맞추고, 낭만주의는 가치 영역을 보호하려 한다. 이 둘을 세속주의로 가는 두 갈래 길로 생각할 수 있다. 현대사에서 평행선을 달리는 이 두 길을 거슬러 올라가다 보면, 현대 세계를 형성하는 여러 세계관에 대한 놀랍고도 새로운 통찰을 얻게 될 것이다.

4장은 예술과 문화에서 세계관을 탐지하는 법에 대한 속성 강좌로 출발한다. 예술은 개인 감정의 표현일 뿐이라는 고정관념이 있지만, 사실 예술가들은 당대의 사상과 긴밀한 상호작용을 한다. 그들이 세계관을 이야기와 이미지로 번역하고 그림언어를 창조해 내면 사람들은 흔히 아무 생각 없이 그것을 받아들인다. 그 언어를 '읽는 법'을 배우는 것이 우리 세계를 극적으로 바꾸어 놓고 있는 힘들을 이해하는 핵심 기술이다. 4장 뒷부분에서는 세속주의로 가는 두 갈래 길의 개관을 제시해 이 책의 나머지 부분에서 자세히 다룰 내용을 미리 살피게 해준다.

5장과 6장은 세속주의로 가는 한 가지 길, 곧 계몽주의에서 갈라져 나온 세계관의 무리를 탐구한다. 고등학교 역사 수업에서 '계몽주의' 같은 용어를 들었던 기억이 날 것이다. 경험주의, 합리주의, 자연주의, 유물론 같은 세계관을 공부했을 수도 있겠다. 그런데 이 세계관들이 구체적인 형태로 살아나고 있다. 이 세계관들이 인상주의나 입체주의 같은 양식으로 표현되고, '공공 미술'의 기치 아래 미국 여러 도시에 우후죽순처럼 생겨난 각진 금속 구조물의 모습으로 예술적으로 표현된다. 작가들과 소설가들도 제각기 역할을 감당하여, 생존 투쟁을 벌이는 다원주의적 유기체로 인간을 묘사하는 이야기를 만들어 낸다. 이 두 장을 읽어 나가다 보면 여러 세계관이 그림·시·소설을 통해 눈앞에 펼쳐지는 것을 '보게' 될 것이다.

사람들은 예술가를 흔히 낭만주의자들로 생각하기 때문에, 7장과 8장에서는 낭만주의에 뿌리를 둔 세계관들을 살펴볼 것이다. 세속주의로 가는 이 길을 걷다 보면 우리 시대의 가장 논쟁적인 세계관 몇 가지를 만나게 된다. 실존주의, 마르크스주의, 포스트모더니즘, 해체주의, 그리고 뉴에이지 영성이 그것이다. 예술가와 작가들은 이런 세계관을 표현주의, 초현실주의, 추상주의 같은 양식으로 구체화하여 우리가 그것을 '내부에서' 경험할 수 있게 도와준다. 이미지와 이야기는 관념이 생명력을 얻게 해준다. 추상적인 논의만으로는 어림도 없는 일이다.

9장은 대중문화에 스며들어 큰 영향을 끼치는 세계관들을 살핀다. 이 부분은 부모들이 가장 관심을 갖는 영역이다. 부모들은 그들과 자녀들이 음악과 영화를 통해 전해지는 세속적 가르침의 파괴적 영향력에 맞설 수 있는 방법을 간절히 찾고 있다. 9장은 할리우드가 전파하는 세계관 테마들을 비판하는 데 필요한 조언과 도구들을 제공한다.

에필로그는 어떻게 하면 각 개인이 문화를 형성하는 영향력 있는 존재가 될 수 있는지, 영감 넘치는 비전을 제시한다. 예술을 이해할 만한 최고의 자격을 갖춘 사람은 진심으로 예술을 사랑하는 사람이고, 자신의 삶을 예술작품으로 직조하여 다른 이들을 진리의 아름다움으로 이끌려고 노력하는 사람이다.

1부 세속주의의 전 세계적 위협

I.

당신은 만만한 표적인가

"우리는 예술을 통해 다른 사람의 우주관을 알 수 있다."

마르셀 프루스트

『카우독 행크』*Hank the Cowdog*는 재미있고 소박한 어린이 이야기다. 아니, 정치적 올바름을 관철시키려는 세력들이 손을 대기 전까지는 그런 이야기였다고 해야겠다. 어린이책 작가 존 에릭슨*John Ericson*이 만들어 낸 주인공 행크는 서부 텍사스의 한 목장에서 '보안 책임'을 맡고 있는, 익살맞고 강한 척 으스대는 개다. 내 아들 마이클이 청각적 학습 유형이라서 아이가 좋아할 만한 오디오북을 찾아 여러 해 동안 도서관을 누비다 발견한 행크는 내게 오랜 친구처럼 친근한 존재가 되었다.

촌스러운 농담과 센 척 부게 잡는 말투가 특징인 행크 이야기는 아이에게 제격이었다. 마이클은 행크가 꼬리 짧은 조수 드로버, 무례한 코요테 무리, 숲 속 대머리수리 두 마리와 함께 펼치는 소동이 담긴 테이프를 몇 시간씩 듣곤 했다. 무대는 하이 로퍼와 그의 아내 샐리 메이가 소유한 가족 목장이고 아들인 리틀 앨프레드도 등장한다. 목장의 일꾼은 아랫동네에 사는 독신남 카우보이 슬림 챈스(젊은 시절의 에릭슨이 모델이라고 하는)다.

은밀한 세속주의

하지만 대도시의 텔레비전 방송국 경영진은 남부 시골의 이야기를 그대로 받아들일 수 없었던 모양이다. 몇 년 전 CBS는 아동 도서를 원작으로 만화영화를 만들어 토요일 오전에 방송하는 '스토리 브레이크' 프

세속주의 이데올로기의 강요.
존 에릭슨의 『카우독 행크』

로그램에 『카우독 행크』를 선정했다. 처음에 에릭슨은 이를 명예롭게 생각했다. 첫 방송이 나갔을 때, 그의 고향 텍사스 주 페리턴 마을 사람들이 자기 지역 출신 작가를 위해 축하파티를 열었다. 그러나 200명의 초등학생과 함께 앉아 만화영화를 보던 에릭슨은 몇 부분에서 이야기가 잘못된 것을 발견했다. 우선, 하이 로퍼와 샐리 메이가 부부가 아니었다. 만화영화에서는 샐리 메이가 목장 주인으로 격상되어 있었다. 로퍼는 슬림과 함께 그녀를 위해 일하는 목장 일꾼으로 지위가 내려갔다. 세 사람의 어른은 모종의 합숙소에서 함께 살았다.

로퍼 가족이 살던 집은 어떻게 된 것일까? 그리고 그 가족은 어떻게 된 것일까? 리틀 앨프레드는 이야기에서 아예 빠졌다. CBS 버전의 목장에서 아이는 아무도 원치 않는 귀찮은 존재인 모양이었다. 내가 목장이라고 했는가? 아니다. 소 키우는 목장은 양계장으로 바뀌었고, 배경도 서부 텍사스가 아니라 사와로 선인장이 등장하는 애리조나였다.

에릭슨은 이런 큰 변화들이 당혹스러웠다. "처음에는 누군가 실수를 한 줄 알았습니다. 그러다 깨달았지요. 방송국처럼 최고의 전문가들이 모인 곳에서는 사람들이 실수하지 않아요. 변화는 의도적인 것이 분명했습니다."[1] 그의 말이 옳았다. 그러나 에릭슨이 그 의도를 알아내기까지는 몇 년이 걸렸다.

그는 기독교 세계관에 대한 책을 읽기 시작하면서 비로소 그때 무슨 일이 벌어졌는지 깨달았다. 그는 충돌하는 세계관들의 싸움판에 말려든 것이다. 정치적 올바름을 내세우는 세력이 그의 익살맞은 어린이 이야기를 뒤집어엎었다. 결혼? 여자의 덫. 가족? 시대에 뒤떨어진 억압적 사회제도. 자녀? 여성의 경력을 가로막는 장애물. 소 방목장? 환경의 재앙. 리틀 앨프레드를 돌보던 목장 소유주의 아내 샐리 메이는 만화영화용 수정 대본에서 목장 소유주로 변신해 일꾼들에게 이런저런 지시를 내린다.

"그들은 내 이야기에서 가족을 빼 버렸어요!" 에릭슨은 그것이 의미하는 바를 깨닫고 충격을 받았다. "그들은 나와 내 부모님과 조부모님, 그리고 우리 조상 대대로 살아갈 힘을 주었던 가족생활의 흔적을 다 제거해 버렸습니다." 무슨 이유로 그러한 일을 한 것일까? "방송국의 누군가가 토요일 아침 만화영화 시간과 내 책을 자신들의 이데올로기를 전파할 강단으로 삼았기 때문입니다."

CBS에 멋모르고 당하다

이야기와 이미지는 관념을 전달하는 강력한 수단이 될 수 있다. 우리는 책을 보거나 영화를 볼 때, 예술가가 상상력을 발휘하여 표현해 낸 세계관 속으로 들어간다. 그 세계관은 이야기의 배경 신념으로 감지하기 어렵게 은밀히 깔려 있을 수도 있고, 의도적으로 명백하게 표현될 수도 있다. 분명한 사실은 그것이 거기에 있다는 것이다. 작가와 예술가들은 밤에 집으로 돌아가 철학을 체계적으로 공부하지 않는다. 하지만 그들은 전인적인 존재이기에 삶에 대한 기본적 가정들을 서재나 스튜디오에 그대로 가져간다. 로버트 존스턴$^{Robert\ Johnston}$은 『영화와 영성』^{Reel} ^{Spirituality}에서 "이야기는 삶의 '사실들'에 의미를 제공한다"고 적었다. 이야기 속에는 언제나 "그것을 이끄는 비전, 곧 세계관이 담겨 있다."[2]

　CBS 제작자들은 정치적으로 올바른 그들의 세계관을 행크 만화영화에 집어넣으면서 에릭슨의 허락을 구하지 않았다. 심지어 그 사실을 그에게 알리지도 않았다. 그는 멋모르고 그냥 당했다. 에릭슨은 이렇게 말했다. "무슨 일이 벌어졌는지 알아채는 데 그렇게 오랜 시간이 걸렸다는 사실이 당황스럽습니다. 나는 넋 놓고 당하는 거 싫어합니다. 내가 만만한 표적이었던 이유는 싸움 한복판에 들어가 있는 줄도 몰랐기 때문입니다."

　당신은 어떤가? 자신이 싸움 한복판에 있다는 사실을 아는가? 세계관은 깔끔한 꼬리표를 붙이고 찾아오지 않는다. 그들은 우리의 허락을 구한 뒤에 우리 머릿속으로 비집고 들어오지 않는다. 당신은 영화, 학교 교과서, 뉴스, 토요일 아침 만화영화에서 당신의 충성을 얻고자 경쟁하는 사상들을 탐지해 낼 도구를 가지고 있는가? 당신의 자녀, 학생, 동료들이 우리 시대의 가장 강력한 세계관들을 파악하도록 가르칠 준비가 되어 있는가?

　그렇지 않다면 당신은 '만만한 표적'이다. 『카우독 행크』의 경우처럼, 나름의 이데올로기적 목표를 가진 이들이 당신의 노력과 성취를 이용할 것이다. 그리고 당신은 무슨 일이 벌어졌는지도 모를 것이다.

세속주의의 세계화

여러 세계관이 경쟁하는 다원주의 사회인 미국에서도 누구나 어떤 형태로든 접하게 되는 세계관이 있다. 이것은 종족과 민족과 국가의 경계를 넘어 거의 보편적인 세계관으로 자리를 잡았다. 사회학자들은 이것을 '세계화된 신흥 세속주의'라고 묘사한다. 사회학자 피터 버거[Peter Berger]는 이렇게 썼다. "세계화된 엘리트 문화는 분명 존재한다. 그것은 서구식 고등교육을 받은 사람들로 이루어지는 국제적인 하위문화다." 그들은 대도시 지역에 모이는 경향이 있어서, 뉴욕의 엘리트들은 런던, 도쿄, 상파울루의 엘리트들과 본질적으로 동일한 세속주의적 사고방식을 갖는다.

이들 도시의 엘리트들은 그 수에 비해 지나치게 많은 힘을 행사한다. 버거에 따르면 "그들은 실재[reality]에 대한 '공식적' 정의를 제공하는 기관들을 지배한다." 법조계, 교육계, 학계, 광고업계, 대중매체를 장악한다.[3] 한마디로 그들은 사회의 수문장이다. "실재에 대한 공식적 정의"를 지배하는 힘을 가진 사람들은 자신의 사적 세계관을 사회 전체에 강요할 수 있는 위치에 있다.

그 결과, 세계화된 세속주의는 어디서 살고 일하는지에 상관없이 모두가 상대해야 하는 국제적 세계관이 되었다. 정치학자 벤저민 바버[Benjamin Barber]는 이것을 '맥월드'[McWorld]라고 불렀는데, 그의 설명을 들어보자. "공통의 시장은 공통의 언어를 요구한다. 공통의 언어는 어느 곳에서나 범세계적인 도시생활에서 생겨난 공통 행동을 만들어 낸다."[4]

범세계적인 도시생활 방식은 텔레비전, 광고, 음악, 영화, 패션 등을 통해 소도시와 시골 지역으로 흘러든다. 젊은이들이 거기 빠져들 가능성이 더 높다. 오늘날 소도시의 십대들은 같이 지내는 부모와 목회자, 교사들보다 대도시의 십대들과 공통점이 더 많다. 뉴욕 리디머 장로교회의 담임목사 티머시 켈러[Timothy Keller]의 말에 따르면, "지금 세계

※ 맥월드
맥도널드와 매킨토시와 MTV가 지배하는 균질화되고 세계화된 문화.

최상급 대도시들의 문화·가치 체계가 전 세계의 언어, 부족, 민족과 국가로 전해지고 있다."

이 말을 실제적인 용어로 옮겨 보면 이런 의미가 된다. "아이오와 나 심지어 멕시코의 아이들이 자기 동네의 어른들보다 LA와 뉴욕의 젊은이들과 더 비슷해지고 있다."[5] 이것이 함축하는 바는 심각하다. 같은 지역의 어른들이 자신의 아이들과 말이 통하기를 바란다면 대도시의 범세계적 문화와 그 동향을 잘 파악하고 있어야 한다는 것이다.

이 책의 목표는 세계 곳곳으로 급속히 퍼져 나가 당신의 가족과 지역이 그 가치관을 받아들이도록 강요하는 거대한 세계관을 탐지하고 분석하며 무찌를 수 있게 당신을 준비시키는 것이다. 우리는 이 거대 세계관의 역사적 발전을 추적하고, 우리 시대의 가장 논란이 되는 사안들 중 몇 가지에 그것이 어떤 영향을 미치는지 분석할 것이다. 이 세계관은 버거의 표현대로 "서구식 고등교육"을 통해 전파되기 때문에, 이것을 이해하는 가장 좋은 방법은 대학이 무엇을 가르치는지 알아보는 것이다. 과학, 철학, 예술 관련학과에서 가르치는 내용이 그 사회의 "실재에 대한 공식적 정의"를 형성한다. 시간이 가면 그것이 법정, 공립학교 교실, 할리우드 제작사로 스며든다. 정말인지 의심스럽다면 존 에릭슨에게 물어보라.

뉴욕의 다빈치

나는 맨해튼에서 젊은 미혼 커플과 함께 택시를 타고 가면서 세계화된 도시 문화가 어떻게 사람들에게 스며드는지 직접 목격했다. 그들은 전형적인 뉴요커였다. 남자는 유대인 재무관리사, 여자는 아시아계 변호사였다. 여자는 처음에 다소 딱딱하고 사무적으로 행동했는데, 택시가 느리게 가는 동안 PDA로 여러 고객에게 메시지를 보냈다. 그러다 우리는 말문을 텄고, 내가 한 기독교 여름 프로그램(세계언론연구소)을 위해 뉴욕에 왔다는 사실을 알게 되자 그녀는 즉시 공세에 나섰다.

"댄 브라운의 『다빈치 코드』 어떻게 생각하세요?" 그 책이 나온 지 1년 정도 된 무렵이었다. "친구들이 그 책 때문에 다 신앙을 잃고 있어요. 선생님은 어떠신가요?"

나는 세부 내용은 제쳐 두고 "성경은 역사적으로 신뢰할 수 없다"는 그 책의 핵심 주장을 겨냥하여 비판하기로 했다. 뉴욕 거리에서 들려오는 요란한 경적 소리를 배경으로 한 채, 나는 학자들이 모든 고대 문서를 시험할 때 사용하는 것과 정확히 동일한 방법을 써서 신약성경을 시험해 볼 수 있다고 설명했다. 예를 들어, 역사가들은 이집트, 시리아, 터키, 그리스 등 지중해 지역 전역에서 여러 언어로 기록된 성경사본을 비교하여 그 본문들이 서로 얼마나 다른지 분석할 수 있다. 그 차이가 사소하다면 본문들은 정확하게 필사되었고 오늘날 우리가 가진 판본이 원본에 가깝다는 의미가 된다. 역사가들은 성경이 바로 그렇다는 사실을 발견했다. 결과적으로, 그들은 99.5퍼센트의 정확도로 원문 본문을 재구성해 낼 수 있었다. 신약성경의 본문이 조작되었다거나 전설적인 내용이 차후에 덧붙여졌다는 증거는 전혀 없다.

젊은 변호사는 강한 흥미를 보였다. 이어서 나는 신약성경 본문의 연대 문제가 있다고 설명했다. 1만 4천 개의 신약성경 조각이 있는데, 그 중 많은 조각들은 신약성경이 최초로 기록되고 겨우 몇 십 년 후에 필사된 것으로 보인다. 이 사실을 다른 고대 문서들과 비교해 보라. 카이사르의 『갈리아 전기』 사본은 10개 정도뿐이고, 가장 초기 사본은

❖『갈리아 전기』
기원전 58-51년 로마의 정치가 카이사르가 갈리아와 그 주변 지역 원정을 중심으로 쓴 기록문학이자 역사서. 고대 프랑스, 독일, 영국에 대한 믿을 수 있는 최고(最古)의 사료이며 특히 제7권은 문학작품으로도 가치가 높다. 모두 여덟 권이며, 제8권은 그의 부하인 히르티우스가 썼다.

원본이 기록된 지 1,000년 후에 나왔다. 플라톤과 아리스토텔레스 저작들의 경우 사본의 수는 더욱 적고 시간 간격은 더욱 길다. 하지만 이들 그리스 고전 저작이 위작(僞作)이라고 의심하는 사람은 없다. 역사학 연구의 통상적이고 객관적인 기준에 의거하면, 신약성경 본문은 믿을 수 없을 만큼 정확하다. 고대 세계의 문서 가운데 이와 같은 것은 하나도 없다.[6]

영지주의 복음서들은 어떤가? 소설에서 댄 브라운은 영지주의 복음서들이 예수 생애에 대해 더 오래된 (따라서 더 신빙성 있는) 기록을 제공한다고 주장했고, 이 견해는 널리 퍼졌다. 그러나 전문 역사가들은 영지주의 복음서들의 기록 시기가 신약성경보다 빠르기는커녕 오히려 한 세기 늦다고 말한다.

우리는 공항까지 가는 내내 이야기를 나누었다. 45분 후 공항에 도착할 무렵, 젊은 여성은 뉴욕 변호사의 모습을 벗고 내게 따스한 감사를 전했다. 그녀는 자신이 어릴 때 교회를 다녔으며, 논리적 근거와 증거를 제시하며 기독교를 옹호하는 사람은 만나 본 적이 없다고 털어놓았다.

택시에서 내리는데 우리가 나눈 대화의 계기가 소설, 곧 픽션 작품이라는 생각이 갑자기 떠올랐다. 하지만 그것이 놀랄 일일까? 따지고 보면, 대부분의 사람이 언제 신(神), 도덕, 삶의 의미 등 인생의 큰 질문을 놓고 고민을 하는가? 오늘날 가장 영향력 있는 세계관들은 대학에서 태어나지만, 그 모든 세계관은 우리가 읽는 책, 우리가 듣는 음악, 우리가 관람하는 영화를 통해 다가온다. 여러 사상들은 이미지와 이야기, 상징이 담긴 상상력 넘치는 언어를 통해 전해질 때 우리 마음속에 가장 깊이 파고든다. 그리스도인들이 각 사람의 언어를 '읽고' 문화의

형식으로 전해지는 세계관들을 찾아내는 법을 배우는 것은 참으로 중
요한 일이다.

　한 복음주의 라디오평론가는 청취자들에게 『다빈치 코드』를 집어
서 "던져 버리라!"고 조언했다. 그러나 눈가리개를 하는 것이 비판적
사고를 기르는 방법은 아니다. 그 책에 영향을 받고 거짓 주장들에 대
해 답변이 필요해진 수백만의 사람들에게 사랑과 자비를 베푸는 방법
은 더욱 아니다. 철학자 윌리엄 배럿^{William Barrett}이 쓴 대로, 한 시대는 "그
예술의 거울에 비친" 자기 모습을 본다.[7] "때를 잘 분간할 줄 알고,……
하여야 할 바를"^{대상 12:32, 새번역} 알기 원하는 모든 사람은 그 거울에 비친
이미지들을 해석하는 법을 배워야 한다.

영문학과로 진격

앞의 라디오평론가는 교회 안에 있는 대단히 흔한 견해를 표현했을 뿐
이다. 그리스도인들은 흔히 예술을 오락이나 여가 활동 정도로 치부한
다. 우리의 관심을 촉구하는 더욱 시급한 사안들이 있기 때문이다. 백
악관에서 벌어지는 일 같은 것들은 어떤가?

　이 방면에는 세속주의 사람들이 더 영리하다. 급진적 단체인 민주
학생연맹^{SDS ✤}의 의장이었던 토드 기틀린^{Todd Gitlin}이 자주 인용하던 말을
생각해 보라. 그는 1960년대 학생운동이 끝난 후, 좌파는 "영문학과로
진격하기 시작했지만 우파는 백악관을 장악했다"고 말했다.[8] 오늘날
우리는 자문해 보아야 한다. 어느 쪽이 더 효과적인 전략이었을까? 학
생 징병유예를 받아 징집을 피했던 1960년대의 급진파들은 대학에서
자리를 잡아 교수가 되었고, 자신들의 급진적 사상을 여러 세대의 젊

✤ 민주학생연맹
1959년 미국에서 창립된 이
학생조직은 초기 민권운동으
로부터 서서히 성장해, 미국
정부가 냉전논리로 군비를 확
장하고 후진국의 민족해방운
동을 탄압하고 있다고 비판했
다. 1965년 2월에 미국 정부
가 베트남전 확대를 결정하
자, 3월 미시간 대학의 농성을
기점으로 반전·반징집 운동
을 전개했다. 이후 분파주의
가 만연해지고 베트남전이 끝
나 가면서 1970년대 중반에
완전히 소멸되었다.

은이들에게 심어 주었다. 그 젊은이들이 이제 어른이 되어 그 사상들에 근거해 투표권을 행사하고 있다.

여기서 그리스도인 및 기타 도덕적 보수주의자들이 지난 수십 년간 정치적 활동을 크게 확대했는데도 문화적으로 계속 기반을 잃고 있는 이유를 찾을 수 있다. 『문화 전쟁』*Culture Wars*의 저자인 사회학자 제임스 데이비슨 헌터James Davison Hunter는 복음주의자들이 정치적 목적을 이루기 위해 돈과 인력을 동원하는 일에 능숙해졌다고 말한다. 그러나 그들은 한 가지 결정적인 사실을 간과했다. 미국의 세속주의 엘리트들은 이미 오래전에 낙태와 동성애 같은 문제들의 합법성에 대해 **지적 합의**를 이루었고, "그러한 합의를 비준하는 법이나 법원 결정이 나온 것은 그보다 한참 후의 일"이라는 사실이다.⁹

한마디로, 세계관의 변화가 먼저 있었다. 각 사상들은 정치 무대에 등장하기 오래전에 대학에서 태어나고 육성되고 발전했다.

정치 자체가 아이비리그의 지배를 받고 있는 오늘날에는 이와 같은 현상이 더욱 두드러진다. 미국은 건국 초기부터 이데올로기적인 나라가 아니라 물건을 만들고 돈을 버는 일에 초점을 맞추는 실용적인 나라라는 평을 들었다. 1920년대에 캘빈 쿨리지Calvin Coolidge는 "미국의 본업은 사업이다."The business of America is business라는 유명한 말을 남겼다. 미국 대통령의 상당수가 전쟁영웅이었고, 프랭클린 루스벨트의 두뇌 위원회Brain Trust ※를 제외하면, 지성인들은 정치권력의 중심에서 벗어나 있었다.

그런데 2008년 버락 오바마의 대통령 당선과 더불어 상황은 달라졌다. 「뉴스위크」는 그의 당선을 환영하며 "두뇌들이 돌아왔다"고 선언했다. 「뉴 사이언티스트」는 그를 "지적인 대통령", "사상의 세계에 대단히 친숙한 학자 출신"이라고 묘사했다. 오바마 행정부의 각료 전

※ 두뇌 위원회
루스벨트의 대선을 지원한 전문가 집단으로, 현재는 '정부의 전문 고문단'을 뜻한다.

원이 아이비리그 대학 졸업자들로 채워졌다. 「뉴욕 타임스」의 한 기사는 그들에게 '성취관료'[Achievetrons]라는 별명을 붙이고 각 사람이 졸업한 유명 대학을 나열했다.[10]

여기서 정치를 지배하는 힘이 사업에서 이데올로기로 변했음을 알 수 있다. 영문학과로 진격했던 이들이 이제 백악관에 있는데, 그들은 대학에서 배운 급진적 세속주의 이데올로기들도 함께 가져갔다. 이것은 현 대통령이 퇴임한 이후에도 오랫동안 이어질 흐름이다. 현대사회는 지식기반 사회로서, 정보와 전문 기술이 경제적 자원으로 대단히 중요하다. 지식의 자격을 갖춘 것이 무엇인지 규정할 권위를 가진 사람들이 가장 큰 권력을 휘두른다.

기독교 문화 탈취하기

존 에릭슨은 그들이 그 권력을 얼마나 전략적으로 행사할 수 있는지 알게 되었다. CBS는 그의 행크 이야기를 대놓고 거부하지 않았다. 대신 그 이야기를 탈취해 그가 거부하는 메시지를 전달했다. 에릭슨은 내게 이렇게 말했다. "CBS와 계약을 할 때만 해도 그들이 내 이야기를 내 부모님과 교회, 지역사회의 가치관을 조롱하는 도구로 쓸 거라고는 생각도 하지 못했습니다." 시청자들도 똑같이 당했다. 그들도 속아 넘어가 만화영화로 만들어진 '행크'에서 자신들이 신뢰하는 작가가 자신들이 사랑하는 캐릭터들에 대한 이야기를 들려준다고 생각했다. 그러나 프로그램 제작자들은 그 이야기를 비틀어 자신들의 엘리트 세속주의 세계관을 전달했다.

이것을 보면 지난 수세기 동안 사회가 어떻게 세속화 되었는지 실

마리를 얻을 수 있다. 서구 역사를 보면 그리스도인들이 수많은 자선 단체, 고아원, 병원, YMCA, 학교, 대학을 줄곧 설립했는데, 나중에 세속주의 세력이 그중 상당수를 탈취하고 접수했다. 과학 활동 자체는 성경적 자연관에서 생겨난 것이지만(이는 뒤에 가서 다룰 주제다) 현재는 기독교를 공격하는 무기로 흔히 쓰이고 있다. 가족의 경우도 비슷하게 생각해 볼 수 있다. 여러 인구통계 연구 결과를 보면, 종교가 있는 가정에 늘 자녀가 더 많다는 것을 알 수 있다. 문제는 "그들이 자녀들을 지킬 수 있는가?"이다. 부모들은 엄청난 시간과 돈과 정성을 기울여 자녀를 길러 놓고는 공교육과 연예문화를 통해 주입되는 세속주의 세계관에 아이들을 빼앗긴다. 영국의 한 연구 결과, 종교가 없는 부모들은 자신들의 견해를 자녀에게 거의 100퍼센트 물려주지만, 종교를 가진 부모들은 그럴 확률이 반반이라고 한다.[11] 에릭슨 이야기는 사회 전반에 걸친 세속화 과정의 축소판이다.

이 탈취의 과정이 어찌나 성공적이었는지 그리스도인은 이제 자신들이 물려받은 유산을 인식하지 못할 지경에 이르렀다. 기독교는 서구 문화에서 거의 2,000년 동안 주류 세계관으로 있었기 때문에, 기독교의 많은 교리들은 거의 상식으로 여겨진다. 방 안의 벽지처럼 더 이상 눈에 들어오지 않는 것이다. 이것을 볼 때 기독교 세계관의 회복을 위한 가장 중요한 단계 중 하나는 기독교 세계관 자체를 인식하고 되살려 성경적 뿌리와 연결시키는 것이다.

예를 하나 들면, 우리 가족은 에릭슨의 행크 이야기를 읽은 지 몇 년이 지나서야 저자가 그리스도인임을 알게 되었다. 마이클은 신이 나서 그 소식을 친구들에게 전했다(친구들이 이 시리즈를 읽게 만든 장본인도 그 아이였다). 한 아이가 이렇게 대답했다. "행크 이야기 어디에 기독교적인 내용이 있다는 건지 모르겠어." 나는 가르칠 기회가 왔음을 파악하고 아이의 친구들에게 CBS에서 다시 쓴 행크 이야기를 들려주었다. 편집자들이 그 이야기에서 가족 개념을 삭제해 버린 것도 설명했다. "우리는 결혼과 가족의 소중함 같은 근본적인 도덕 개념들을 특별히 기독교적인 것이라고 생각하지 않아. 과거에는 미국의 거의 모든 사람이 그 생각에 동의했는데 말이야. 오늘날에는 거대하게 자리 잡은 세속주의가 한때 당연하게 여겨졌던 사회윤리들을 흔들어 놓고 있어." 서구 사회는 성경적 세계관이 폭넓게 제시했던 도덕적 합의를 더 이상 공유하지 않는다. 그러니 그 합의 위에 세워진 여러 특별한 자유와 민주제도들이 사라져 간다고 해서 놀랄 필요는 없다.

우리가 일반 상식으로 여겼던 많은 것들은 결코 일반적이지 않다. 그것은 기독교가 남긴 서구의 독특한 유산의 산물이다. 그리고 오늘날에는 그것을 더 이상 당연한 것으로 가정할 수 없다. 의도적으로 정확히 제시하고 변호해야만 한다.

로마에서는, 정복하라

오늘날 그리스도인이 직면한 어려움은 초대교회가 직면했던 어려움과 유사하다. 로마 제국은 엄청나게 다양한 인종집단 및 그 신들과 의식(儀式)들을 아울렀다. 그 안에는 지성인 계급이 있었는데, 이들은 고대 그리스 철학자들의 유산을 넘겨받았다. 피타고라스,* 소크라테스, 플라톤, 아리스토텔레스, 스토아 학파, 에피쿠로스 학파 등의 영향력은 너무나 커서 현대의 우리도 이들을 알고 있다. 역사상 그 이후에 등장하는 거의 모든 철학적 입장은 이미 고대 그리스인들 사이에 예고되어

✤ 피타고라스
기원전 6세기 고대 그리스의 철학자·수학자·종교가. 수(數)를 만물의 근원으로 생각했으며, '피타고라스의 정리'를 발견하여 과학적 사고를 구축하는 데에 큰 역할을 하였다.

있었다. 당시에 그리스도의 주장들을 고려하고 받아들일 만큼 용감한 사람은 누구나, 다양한 세속적·종교적 선택지를 가진 다원주의 사회와 맞서야 했다. 오늘날 우리의 상황과 비슷하지 않은가?

초대교회는 어떻게 그런 다양하고 대체로 적대적인 사상들을 몰아내고 그 자리를 차지했을까? 그 사상들을 연구하고 비판하고 반대하는 논증을 펴고, 때로는 일부를 변용하기도 하면서 마침내 극복했다.[12] 초대교회 신자들은 희생과 죽음까지 감수하는 진정성 있는 삶으로 자신들의 믿음을 생생하게 보여주었다. 역사상 가장 놀라운 성공 이야기 가운데 하나는 기독교가 고전 종교 및 세계관을 몰아내고 서구 문화의 주도적 세력으로 떠오른 것이다.

여기서 오늘날 세계화된 세속주의를 상대할 최고의 전략을 배울 수 있지 않을까? 우리 그리스도인들은 초대교회의 활력을 되찾아야 한다고 자주 말한다. 하지만 우리는 초대교회의 어떤 측면을 생각하고 있는 것일까? 초대교회가 당대의 지배적인 지적 체계에 맞서 공세를 펼친 일을 염두에 둔 것 같지는 않다. 오늘날 교회들은 집회와 전도, 그리고 음식과 약을 나누어 주는 긍휼사역에 자원을 쏟아붓고 있다. 이 모두가 다 중요하지만, 초대교회의 역동적인 영향력을 원한다면 초대교회가 했던 일을 해야 한다. 현대의 지배적 이데올로기들을 연구하고 비판하고 변용해 받아들이면서 극복하는 법을 배워야 한다.

성경의 비유를 쓰자면, 모든 그리스도인은 선교사로 부름을 받았기에 자신들이 말을 걸어야 할 사회의 언어를 배울 책임이 있다. 고국 땅의 경계 안에서만 산다면 문자적인 언어장벽은 만나지 않을 수도 있다. 하지만 그런 이들도 자신과 사고방식이 다른 사람에게 말을 걸려고 하면 **세계관의 장벽**에 부딪히게 된다. 우리는 세계관의 장벽을 극복하는 법을 훈련해야 한다. 사람들의 가장 깊은 신념체계와 교감할 수 있도록 성경의 메시지를 표현하는 법을 배워야 한다.

또 다른 성경의 비유를 쓰자면, 모든 그리스도인은 그리스도의 대사로 부름을 받았다[고후 5:20]. 나는 워싱턴 D.C. 지역에 사는 터라 대사와 외교관이 될 준비를 하는 대학원생들을 종종 만나는데, 그들은 세계관 개념에 매우 친숙하다. 그들은 외국 문화와 관계를 맺을 때의 핵심요소는 언어 습득이 아니라 세계관을 배우는 것임을 대학원 수업을 통해 배운다.

따지고 보면, 효과적인 의사소통의 첫 번째 규칙은 "네 청중을 알라"이다. 사람들에게 메시지를 전달하려면 그들이 품고 있는 가정과 의문, 반론과 희망, 두려움과 갈망을, 한마디로 그들의 세계관을 다루어야 한다.

복음은 단순하지 않다

대화 도중에 한 친구가 불쑥 이렇게 물었다. "세계관에 대한 이 모든 이야기는 다 무엇인가요? 기독교 서적과 잡지를 들여다볼 때마다 다들 세계관 이야기를 하고 있어요. 하나님의 말씀을 선포하는 것이 잘못이란 말인가요?" 자메이카 출신의 이 미모의 친구는 근본주의 가정에서 자랐고 그리스도인들이 세계관 분석에 왜 시간을 써야 하는지 이해하지 못했다. 그보다는 단순한 복음을 선포하는 것이 더 낫지 않을까?

대답은 분명하다. 궁극적인 목표는 복음을 전하는 것이다. 그러나 복음을 이해하지 못하게 만드는 배경에서 자란 사람들에게 복음은 단순하지 않다. 오늘날의 세계화된 세속 문화는 성경의 메시지를 고려할 수조차 없도록 미로처럼 복잡한 정신적 장벽들을 세워 놓았다. 세계관 분석의 목표는 그 장벽을 허무는 것이다. 사도 바울의 표현을 쓰자면 "견고한 진을 무너뜨리는"^{고후 10:4-5} 것이고, 그래서 사람들이 하나님의 말씀을 온전히 들을 수 있게 하는 것이다. 그리스어 원어에서 견고한 진^{stronghold}이라는 용어는 성이나 요새를 뜻한다. 바울은 사람들의 마음에 성벽을 쌓아 하나님을 알지 못하게 막는 논증과 관념들에 대한 비유로 이 단어를 썼다. "우리는 모든 이론을 파괴하고, 하나님을 아는 지식에 대항하는 온갖 교만한 생각들을 물리친다."

이것을 이해하면 위대한 신학자 그레셤 메이첸^{Gresham Machen}이 다음과 같이 말한 이유를 알 수 있다. "복음을 받아들이는 데 있어 가장 큰 장애물은 그릇된 사상이다."¹³ 대중문화도, 소비주의도, 도덕적 유혹도 아니다. 그릇된 사상이다.

그리스도인은 정신의 요새를 허물고 사람들을 그릇된 사상에서 해방시킬 임무를 맡았다. 이 과정을 예비전도^{pre-evangelism}라 부르기도 하는데, 그 목적이 사람들이 복음의 메시지를 듣고 이해할 수 있도록 준비시키는 것이기 때문이다. 일단 장벽이 허물어지면, 구원의 메시지는 모든 사람에게 동일해진다. 과학자건 예술가건, 교육을 받은 사람이건 못 받은 사람이건, 도시 사람이건 농촌 사람이건 다를 바 없다.

아이들이 묻는 질문

전통적으로 교회가 정신의 요새에 대응한 방식은 그것을 허물어뜨리는 것이 아니라 그에 맞서 나름의 요새를 세우는 것이었다. 세상이 들어오지 못하게 높고 두꺼운 성벽을 쌓고 신자들을 그릇된 사상으로부

❋ 그레셤 메이첸
미국의 뛰어난 보수 신학자이자 웨스트민스터 신학교의 설립자(1881-1937). 당대의 주도적인 흐름이던 자유주의 신학을 비판하며, 성경적인 신앙이란 사실과 교리에 기초하고 있다는 점을 역설했다.

터 지키기 위해 고립주의 전략을 채택했다.

한 십대 소년이 우리 집에 놀러 왔다가 저녁 식사를 앞두고 손을 씻고 와서는 무언가 외설적인 것이라도 본 듯이 씩 웃으며 나를 흘겨 보았다. "믿을 수가 없는 걸요. 욕실에 마르크스주의 책이 있어요!" 그 소년의 집에서는 그리스도인은 그런 책을 읽지 않는다고 가르친 것이 분명했다. 세속적 사상에 자신을 노출시키지 않는 것이다. 그러나 마르크스를 읽고 분석하지 않으면, 지난 세기에 걸쳐 수백만 명을 노예로 삼았던 마르크스주의의 견고한 진을 어떻게 무너뜨리겠는가? 마르크스주의 이데올로기나 대학 캠퍼스와 연예문화에서 우리 자녀들의 마음을 사로잡으려 경쟁하는 다른 수많은 이데올로기를 분별하도록 그들을 어떻게 가르치겠는가?

고립주의 전략은 궁극적으로 역효과를 낳는다. 풀러 신학교가 최근 발표한 연구에 따르면, 많은 십대가 고등학교 졸업과 동시에 "하나님도 졸업한다." 그러나 해당 연구자들은 젊은이들이 기독교 신앙을 유지하는 데 가장 큰 도움을 준 요인도 발견했다. 그것이 무엇일까? 더 많은 기도? 더 많은 성경 공부? 그런 것들도 중요하지만, 놀랍게도 가장 중요한 요인은 따로 있었다. 집을 떠나기 전에 여러 의심과 질문을 놓고 고민할 안전한 장소가 있었는지의 여부였다. 연구자들은 다음과 같은 결론을 내렸다. "고등학생 시절에 의심을 표현할 기회가 있었던 학생일수록 영적·신앙적으로 더욱 성숙했다."[14]

다시 말해, 십대들이 "여러분이 가진 희망을 설명하여 주기를 바라는 사람에게는, 언제나 답변할 수 있게 준비를 해"[벧전 3:15, 새번역] 두려면 본인이 먼저 그 질문을 놓고 고민해야 한다.

그러나 대부분의 기독교 가정과 교회의 접근 방식은 정반대다. 나는 홈스쿨링 학생들을 위한 변증 수업을 진행한 적이 있는데, 그때 한 어머니가 아들의 수업 등록을 망설였다고 털어놓았다. "아이가 하나님을 믿지 않는 사람들에 대해 아는 것이 달갑지가 않아요." 많은 사람들의 모습을 보면 마치 믿음의 정의가 "묻지 말고 그냥 믿어라"인 듯하다. 그들은 제자들에게 어린아이와 같은 믿음을 가지라고 했던 예수의 말씀을 인용한다^{막 10:15}. 그러나 나는 프란시스 쉐퍼가 이렇게 대답하는 것을 들었다. "아이들이 얼마나 질문을 많이 하는지 모르십니까?" 풀러 신학교의 연구 결과 부모, 목회자, 교사 등 학생들의 삶 속에 있는 어른들이 세속적인 주류 세계관이 제기하는 의문을 살펴보고 그 난점을 놓고 고민하도록 이끌어 줄 때 기독교 신앙에 대한 학생들의 확신이 더 깊어지는 것으로 드러났다. 이 아이들이 집을 떠날 무렵이 되면 "모든 것을 시험해 보고 좋은 것을 꼭 붙드십시오"^{살전 5:21, 공동번역}라는 바울의 격언을 어떻게 실천해야 할지 알게 될 것이다.

모의전투 게임과 휘핑크림

십대들에게는 도전적인 과제처럼 들릴 수도 있다. 그러나 젊은이들은 도전에 매력을 느낀다. 알렉스 해리스와 브레트 해리스 형제가 쓴 『어려운 일에 도전하라』^{Do Hard Things}의 메시지다.¹⁵ 이 책은 십대들에게는 전형적인 교회 청소년 모임이 제공하는 것보다 훨씬 풍성한 메뉴가 필요하다는 충분한 증거를 제시하며 베스트셀러 목록에 올랐다.

슬프게도, 많은 교회가 젊은이들이 이미 푹 빠져 있는 대중문화를 그대로 따라 한다. 내 아들들이 지금보다 어렸을 때 여름성경학교에 참석했는데, 가르치는 내용이 너무 적어서 실망한 기억이 있다. 그들은 요란한 음악, 우스꽝스러운 스킷 드라마, 익살맞은 게임으로 아이들을 끌어들이려 했다. 모의전투 게임과 휘핑크림이 가득했다. 건전하고 무해한 즐거움 자체는 문제될 것이 없다. 그러나 감정적 경험만으로는 그들이 집을 떠나 혼자 세상에서 만나게 될 여러 사상에 대응할 준비가 되지 않을 것이다. 대체로 감정적인 신앙을 가진 젊은이들은 신앙 때문에 행복한 동안에만 신앙을 유지할 것이다. 어려운 위기가 찾아오는 순간, 그것은 연기처럼 사라질 것이다.

『신앙의 이유』*Reasons to Believe*라는 책을 쓴 저널리스트 존 마크스^{John Marks}에게 바로 이런 일이 벌어졌다. 그는 이렇게 적었다. "십대 시절의 나에게는 성숙한 방식으로 신앙을 대변해 줄 믿을 만한 성인 멘토가 없었다. 내가 만난 대부분의 목회자들은 '영 라이프'의 리더나 청소년 그룹 지도자로 괜찮았지만, 그들의 지적·신학적 역량은 변변찮았다."[16] 존 마크스는 어느 날 끔찍한 비극을 목격하게 되었고 그의 제한적인 신학 지식으로는 그 사건을 이해할 수 없었기에 "복음주의자들과 함께하던 여정"을 포기하고 신앙을 버렸다.

나의 여정은 1971년, 프란시스 쉐퍼와 이디스 쉐퍼 부부가 설립한 라브리 공동체를 방문했을 때 시작되었다. 사상과 문화에 적극적인 관심을 갖는 단체로 인도해 주신 하나님께 깊이 감사드린다. 하지만 나는 그곳에서 겨우 한 달을 보내고 짐을 싸서 떠났다. 왜? 내게 라브리는 너무나 매력적이었기에, 진실한 확신이 있어서가 아니라 정서적인 이유로 기독교에 끌리는 것이 아닌지 두려웠기 때문이다. 결국 나는 그곳으로 되돌아갔지만, 그것은 감정적 체험만으로는 충분하지 않다는 것을 본능적으로 알게 된 다음의 일이었다. 나는 내 삶을 진리의 확신 위에 건설하고 싶었다.

프로 미식축구 선수였던 보디 보컴^{Voddie Baucham}은 기억에 잘 남는 운동선수의 비유로 이것을 설명한다. "성경적 세계관 없이 젊은이를 세상에 내보내는 것은 작전지시 없이 선수를 경기장에 들여보내는 것과 같다."[17] 팀 의식만으로는 충분하지 않다. 운동선수는 경기의 전략을 이해해야 한다.

세계관 해독하기

젊은이들이 성경적 작전지시를 숙지하고 성경의 전략을 삶에 적용할 수 있게 하는 최선의 방법은 무엇일까? 근년에 복음주의권에는 세계관 교육을 강조하는 책과 콘퍼런스들이 넘쳐 났다. 전형적인 접근 방식은 도표와 차트를 이용해 실존주의, 자연주의,※ 마르크스주의, 포스트모더니즘 등을 비교하고 대조하는 것이다. 처음 그리스도인이 되었을 때, 나는 새로 얻은 확신을 제대로 변호하고 싶어서 이런 책들을 열심히 읽었다. 대학 캠퍼스에서 볼 수 있는 모든 '주의'^{ism}의 교리들을 열심히 외웠다.

오늘날 나는 그리스도인들이 여러 세계관을 이해할 필요가 있다고 여전히 확신한다. 그러나 차트 암기가 최선의 방법이라고 보지는 않는다. 그러한 방법은 세계관을 고립되고 단절된 비역사적 정보, 진정한 이해의 대상이 아니라 암기의 대상에 불과한 간략한 요약 정보로 취급한다.

게다가, 이해하기 쉽게 정리해서 포장까지 마친 자료를 소비하는 것은 지적 교만과 나태를 조장할 수 있다. 어떤 사상에 꼬리표를 달고 적당한 범주 안에 집어넣은 뒤 그것에 대한 충분한 생각 없이 무시해

※ 자연주의
인간의 삶과 사회의 문제를 있는 그대로 묘사하는 것에 중점을 둔 문예 사조이자, 있는 그대로의 자연의 아름다움이나 개성을 재현하는 것을 예술의 목적으로 하는 주의.

버리기 십상이다. 내가 가르치는 학생 중 내 수업에 등록하기 전에 여러 개의 세계관 강좌를 들은 학생이 있었다. 그러나 그 과정에서 이 학생은 환멸을 느끼게 되었다. "저는 여러 쪽에 걸친 노트와 도표를 갖고 있었어요. 저는 아주 교만해져서 사람을 만나면 그의 생각을 깔끔한 철학적 범주에다 넣어 버리는 거예요. 내 지식이 모든 사람을 능가한다고 생각했기 때문에 다른 사람들의 말을 더 이상 듣지도 않았어요. 대화는 내가 옳다는 것을 입증할 기회가 되어 버렸구요." 세계관과 변증론 공부는 논증에서 이기는 것만이 중요해지는 '약점 물고 늘어지기'로 전락할 수 있다.

세계관 공부의 동기가 성경적인 것이 되려면 그것이 순전한 제자도를 이끌어 내는 원리와 같아져야 한다. 그 목표는 "네 마음을 다하고 목숨을 다하고 뜻을 다하여 주 너의 하나님을 사랑"하는 것과 "네 이웃을 네 자신 같이 사랑"하는 것이다^{마 22:37-39}. 사랑하려면 상대를 잘 알아야 한다. 우리는 성경적 세계관을 공부함으로써 하나님의 진리와 성품과 역사, 그리고 우리 삶을 향한 그분의 뜻을 인식하고 그분을 더 사랑하게 된다. 우리는 다른 이들의 세계관을 공부해 그들의 사고방식을 알고, 하나님의 진리로 그들의 가장 깊은 관심사와 질문에 답을 제시해야 한다.

보컴의 비유를 바꿔 표현하자면, 그리스도인은 자신들의 경기 전략뿐 아니라 상대편의 경기 전략도 알아야 한다. 사도 바울이 말한 대로, 우리는 사람들을 얻기 위해 "모든 종류의 사람에게 모든 것이" 되어야 한다^{고전 9:22, 새번역}. 이 표현은 원주민처럼 옷을 입고 그들의 관습을 배우는 것만을 뜻하지 않는다. 무엇보다, 이것은 세상에 대한 그들의 해석에 친숙해지는 것을 의미한다. 그래야 연민과 공감을 가지고 그들의 삶의 경험 속으로 들어갈 수 있다.

언론이 놓치고 있는 것

세속주의가 세계화되어 가면서 세속적 세계관들과 씨름해야 할 필요
성이 그 어느 때보다 시급해지고 있다. 그러나 기독교도 세계화되고
있다는 사실을 안다면 이 과제를 감당하는 일에 용기를 얻을 수 있다.
머릿수만 놓고 본다면 기독교 세계의 무게중심은 이미 아시아, 아프리
카, 남미로 이동했다. 역사가 필립 젠킨스Philip Jenkins에 따르면, 수십 년 후
피부가 흰 서구의 그리스도인과 검거나 갈색인 피부를 가진 그리스도
인의 비율은 1:5 정도가 될 것이다. 이슬람도 성장하고 있지만 그 속도
가 기독교만큼 빠르지는 않다. "2050년에도 여전히 무슬림 두 명당 세
명의 그리스도인이 존재할 것이다."[18]

세계화된 기독교의 발흥은 서구 언론과 지식층이 달가워하지 않
은 놀랄 만한 사건이었다. 사실 최근까지만 해도 그들은 이 현상을 진
지하게 받아들이지 않았다. 그들의 가정(假定)은 종교는 언제나 문화의
한 가지 표현방식이고, 따라서 기독교는 식민 통치의 강제력을 통해
아시아와 아프리카에 강요된 서구 문화의 표현이라는 것이었다. 식민
시대가 끝나면서 기독교는 사라지고 토착 종교들이 부흥할 것이 분명
했다. 더 바람직하게는, 제3세계가 근대화되고 세속화될 가능성도 있
었다. 그러나 두 예언 모두 실현되지 않았고, 기독교는 폭발적으로 성
장했다. 세계 최대 규모의 교회 열 개 가운데 다섯 개가 한국에 있다.
중국의 그리스도인은 1억 명에 가깝다. 매주 일요일마다 공산당 당원
보다 더 많은 수의 중국인이 교회에 나간다. 20세기 초 아프리카의 그

리스도인은 인구의 9퍼센트에 불과했지만 지금 비율은 44퍼센트다.[19]

제3세계 그리스도인들은 보통 성경적 신앙과 함께 초자연적 세계가 실재한다는 강한 부족 신앙도 가지고 있다. 이 말은 그들이 때로는 이교적 가르침과 성경의 가르침을 뒤섞을 수 있다는 뜻이다. 하지만 이것은 하나님이 역사 안에서 초자연적으로 일하신다는 사실을 믿는 데 어려움이 없다는 뜻이기도 하다. 성경에 나오는 기적이나 치유 같은 것도 마찬가지다. 그들은 결혼과 성(性) 같은 영역에서도 성경적 도덕관을 확고히 받아들인다.

비서구인들이 왜 갑자기 하나님을 발견하게 되었을까? 식민 지배 시기에 그리스도인이 된다는 것은 조국과 민족을 배신하고 외세 침입자들 쪽에 붙는다는 뜻이었다. 그러나 제국주의 열강이 물러났을 때, 아프리카인들은 처음으로 자기 언어로 성경을 읽고 적용할 자유를 얻었다. 수많은 이들이 그것을 경험했고, 아프리카인들은 기독교가 서구의 종교가 아니라 보편적인 종교임을 발견했다. 기독교는 어떤 문화적 표현 양식으로도 "번역될 수 있다." 그 결과, 기독교는 각 지역의 고유 문화를 파괴하는 게 아니라 그 안에서 최고의 것들을 인정해 준다. 많은 민족들이 "자기 언어로"[행 2:8] 복음을 듣고 회심할 때마다 오순절이 거듭 재연되었다고 말할 수 있을 것이다. 감비아 출신의 무슬림이었다가 현재 예일 대학에서 가르치고 있는 라민 산네[Lamin Sanneh]에 따르면, "기독교는 2,000개가 넘는 다양한 언어 집단의 종교다." 그리스도인들은 "세계의 다른 어떤 종교보다도 많은 언어로 기도하고 예배를 드린다."[20]

이 제3세계의 오순절은 사회적 유익도 만들어 낸다. 기독교를 비판하는 이들조차도 여기에 주목하고 있다. "나는 무신론자이지만 아프리카에 하나님이 필요하다고 진심으로 믿는다." 저널리스트 매튜 패리스[Matthew Parris]는 이렇게 적었다. 왜? 기독교가 아프리카의 세계관이 만들어 낸 "참담한 수동성과 악령, 조상, 자연, 야생동물, 부족적 위계질서에 대한 두려움"에서 사람들을 해방시키기 때문이다. 사람들 안에 깊이 뿌리내린 두려움에서 벗어나려면 물질적 도움이나 기술적 노하우 이상의 것이 필요하다. 세계관은 또 다른 세계관으로만 대체될 수 있다. 아프리카에서 자란 패리스는 그리스도인이 된 사람들이 자긍심과 확신을 얻는 광경을 직접 목격했다. "그들은 다른 사람에게 주저 없이 다가갔다. 그들은 당당했다."[21]

아시아, 아프리카, 남미에서 이민자들이 밀려들면서 이 같은 유익이 서구에도 나타나고 있다. 젠킨스에 따르면 "일요일, 런던의 교회 출석자 절반이 아프리카인 또는 아프리카계 카리브해 사람들이다. 영국의 10대 대형교회 중 네 곳의 목회자가 아프리카인이다." 프랑스 파리에는 250개의 소수민족 개신교회가 있는데, 그 대부분이 아프리카계 흑인교회다.[22]

미국에서는 지난 50년 동안 나이지리아, 가나, 콩고, 에티오피아 같은 나라에서 온 아프리카계 이민자들이 뉴욕에서만 100개가 넘는 교회를 세웠다. 「뉴욕 타임스」에 따르면, 이 교회들에서는 콩가*를 연주하고 교인들이 밝은 색 켄트 천을 두르고 두건을 쓴다. 게다가 이 새로운 이민자들은 "압도적으로 교육 수준이 높은 전문직 종사자들"이다.[23] 세계화된 도시의 세속주의가 세계화된 도시의 기독교를 제대로 만난 것이다.

❋ 콩가
아프리카와 쿠바의 민속악에서 사용하는 손으로 두드리면 힘찬 소리가 나는 타악기.

세속주의 뒤집기

다른 어떤 인구 집단보다 더 세속화된 토박이 유럽인들 사이에서도 반전의 조짐이 보인다. "이탈리아는 더 이상 철저한 세속국가가 아니다." 밀라노 대학의 한 과학철학자가 탄식했다. 이것은 이탈리아인의 2/3 정도가 학교에서 진화론과 창조론의 과학적 증거를 모두 다루기 바란다는 조사 결과가 발표된 후에 나온 발언이다.[24] 네덜란드에서는 직장 기도모임 같은 평신도 선교단체들을 통해 조용한 부흥이 일어나고 있다. 네덜란드 중앙통계청이 발표한 한 조사 결과에 따르면 2003년과 2004년 사이에 20세 미만의 교회 출석 비율이 9퍼센트에서 14퍼센트로 늘어났다. 이 조사 결과가 나왔을 때, 시사평론가들은 회의적인 반응을 보였다. 네덜란드에서 그럴 리가! 젊은 사람들이 그럴 리가! 하지만 이것은 정부의 다른 조사 결과로도 사실로 확인되었다.[25]

바뀐 흐름은 뉴스 헤드라인에서도 볼 수 있다. 1966년 「타임」지의 표지는 "신은 죽었는가?"라고 물었다. 2009년에 나온 표지에서는 "신이 돌아왔다"고 선언했다. 반전의 주요 요인은 무신론을 강요하던 전체주의 정권의 몰락이었다. 「포린 폴리시」의 한 기사는 전 세계적으로 자치와 민주주의로 나아가는 흐름이 생겼고, 이 흐름과 더불어 대중적으로 더 많은 영향을 끼치기 원하는 종교 집단들에게 기회가 왔다고 분석한다. "민주주의가 세계 여러 민족에게 목소리를 돌려주고 있고, 그들은 신에 대해 이야기하고 싶어 한다."[26]

이와 같은 종교적 부흥에 세속주의 전문가들은 왜 놀라움으로 반응했을까? 계몽주의 이래 사회과학자들은 사회의 근대화와 세속화는 같이 간다는 '세속화 명제'를 줄곧 받아들였다. 그들은 이것을 자동적이고 불가피한 과정으로 여겼다. 진보할수록 종교성이 사라진다는 것이다. 사회학의 창시자 오귀스트 콩트^{Auguste Comte} ※ 는 모든 사회가 종교적 단계, 형이상학적 단계, 과학적 단계, 이 세 단계를 거쳐 진보한다고 말했다. 진화론의 개념을 문화에 적용한 것이었다. 그는 문화가 단순하고 원시적인 믿음에서 보다 계몽되고 세련된 믿음으로 진화한다고 보았다.

하지만 세속화 명제가 전제로 삼고 있는 몇 가지 가정은 잘못된 것으로 드러났다. 예를 들어, 세속화 명제는 종교가 과거의 농촌 마을처럼 고립되어 보호를 받는 지역에서만 살아남는다고 가정했다. 그런 동질적인 배경에서 종교는 당연한 것으로 받아들여졌다. 아무도 그것에 의문을 제기하지 않았다. 현대인들이 중력의 법칙에 의문을 품지 않는 것과 비슷하다. 그러나 모든 것이 뒤섞이는 다원주의적이고 다문화적인 도심 지역에서 다양한 종교들이 충돌하고 경쟁하면 어떤 일이 벌어질까? 이 이론에 따르면, 종교는 설득력이 없다. 하비 콕스^{Harvey Cox}는 『세속도시』^{The Secular City}에서 "도시생활에서 나타나는 범세계적인 문화의 충돌로 사람들이 한때 의문의 여지가 없다고 생각했던 신화와 전통의 상대성이 드러난다"고 말한다.[27]

하지만 종교는 "도시생활에서 나타나는 범세계적인 문화의 충돌"에도 불구하고 죽지 않았다. 세속화 명제는 틀린 것으로 드러났고 학자들은 그것을 실패한 이론들의 무덤 위로 던졌다.

전문가들이 틀린 이유가 무엇일까? 역사적으로 볼 때, 기독교는 시골 마을의 종교가 아니었다. 기독교는 로마 제국의 도시들에서 먼저 자리를 잡았다. 그런 경향이 매우 두드러져서 '이교도'^{pagan}라는 단어는 시골에서 온 사람을 뜻했다.[28] 미국에서도 기독교는 도시를 중심으로 자리를 잡았다. 두 사회학자가 쓴 『미국 종교시장에서의 승자와 패자』
The Churching of America는 19세기 말, 20세기 초의 급격한 도시화 기간에 개신
교와 가톨릭 모두 시골보다 도시 지역에서 우위를 차지했음을 통계적
인 수치로 보여준다. 그렇다면 오늘날 기독교가 다원적인 대도시 지역
에서 여전히 번창하는 것은 놀랄 일이 아닌 것이다.

'타고난' 그리스도인은 없다

세속화 명제를 뒷받침하는 두 번째 가정도 잘못되었다. 도전을 받으면
사람들의 확신이 약해진다는 생각이다. 그러나 실제로는 더 강해진다.
과거에는 여러 세대에 걸쳐 많은 사람들이 가족과 인종집단의 전통을
따라 종교를 "물려받았다." 나는 루터교 신자로 자랐는데, 친가와 외가
의 조상들이 모두 스칸디나비아 사람들이었기 때문이다. 그러나 오늘
날 대도시의 도심에서는 전통에 따라 기독교 신앙을 유지하는 일이 불
가능하다. 너무 많은 반대와 너무 많은 대안이 주어져 있기 때문이다.

사회학적 용어를 쓰자면 전통사회는 '귀속사회'로서 가족과 전통,
계급과 사회적 역할에서 개인의 정체성이 조성되었다. 반면 현대사회
는 '성취사회'다. 어떤 직업을 택할지, 누구와 결혼하고 무엇을 믿을지
개인이 선택한다. 어떤 세계관을 받아들일지의 문제도 자신이 직접 나
서서 탐구하고 따져 보고 비교하고 의식적으로 받아들이며 실천할 사
안으로 여긴다. 사회학자 크리스천 스미스Christian Smith는 그렇게 받아들
인 신념이 실제로 더 강하다고 말한다.

많은 수의 사람들이 대도시 지역에 몰려 있기 때문에, 마음에 맞는
사람들을 찾아 하위문화를 만들어 갈 가능성이 더 높아졌다. 따라서

깜짝 놀랄 이야기로 들릴지 모르지만, "다원주의는 세속화와 종교 쇠퇴의 요인이라기보다는 오히려 종교를 강화시킨다고 할 수 있다."[29] 초대교회가 다양한 도시 환경에서 번창했던 것처럼, 현대의 교회들도 다원화된 대도시 지역에서 번창할 수 있는 조건을 갖추고 있다. 동서와 남북의 교류가 일어나면서, 세계화된 기독교는 세계화된 세속 문화의 핵심부에서 도전장을 내밀 전례 없는 기회를 맞고 있다.

정말 중요한 일이 벌어지는 곳

종교의 복귀는 일반 대학 캠퍼스에서도 뚜렷해지고 있다. 하버드 대학에서 일반 교육과정을 관할하는 학장 제이 해리스는 "교회에 다니면서 성경을 공부하는 신자" 학생들이 점점 많아지고 있다고 말한다. "아주 강력한 복음주의 공동체가 있다."[30]

법학교수 스탠리 피시Stanley Fish도 같은 흐름을 목격하고 있다. "강좌명에 '종교'가 붙은 수업을 개설하면 수강신청이 쇄도한다. 우리 시대의 종교에 대한 수업이나 토론을 열려면 대강당을 구해야 한다." 한 기자는 피시에게 대학에서 현재의 다문화주의 유행이 지나가면 다음번에 무엇이 오겠느냐고 물었다. "학계의 지적 에너지의 중심에 놓인 인종·성·계급의 삼두정치를 무엇이 대신할까요?"

"나는 주저 없이 '종교'라고 대답했다." 피시의 말이다.

학생들은 인류학자가 고대 문화를 연구하거나 지나간 시대의 진기한 관습을 다루듯 종교를 연구하는 일에는 더 이상 관심이 없다고 그는 덧붙인다. 그들은 삶의 근본적인 질문에 대한 실질적인 답이자 지침으로서 종교를 바라보고 있다. 그들은 종교를 진정한 '진리의 후보'로 대한다.

"우리는 준비가 되어 있는가?" 피시는 동료 교수들에게 묻는다. 우리는 이와 같은 조건으로 학생들과 종교적인 질문을 놓고 토의할 준비가 되어 있는가? "준비가 되어야 할 것이다. 그곳이야말로 정말 중요한 일이 벌어지는 지점이기 때문이다."[31]

당신은 준비가 되었는가? 기독교 공동체는 진짜 중요한 일이 벌어지는 곳이 될 수 있는 전례 없는 기회를 맞고 있다. 사람들은 지배적인 세속주의 세계관에 대한 대안을 갈망하고 있다. 기독교가 개인과 사회를 새롭게 할 적극적 주체라는 주장을 힘 있게 내세울 기회의 문이 활짝 열렸다. 우리가 싸움판에 들어와 있는 줄도 모르고 있다가 넋 놓고 당하는 일은 이제 없어야겠다. 세속주의가 노리는 수에 멋모르고 당하는 일도 없어야겠다. 학교와 자선단체, 선교단체들이 세속주의 이데올로기의 전파 도구로 넘어가지 않게 하자. 성경적 세계관을 충실히 익혀 고결하게 살고 떳떳하게 일함으로써, 신처럼 군림하는 세속주의의 살아있는 대안이 되자.

세계화된 세속주의 세계관을 증진시키는 데 쓰이는 핵심 전략들을 파악하고 대응책을 제시하는 것이 그 첫걸음이다. 이제 시작해 보자.

2.

진리와 독재

"이성은 한 가지 실재(우리가 아는 것)를 정의하고, 믿음은 또 다른 실재(우리가 알지 못하는 것)를 정의한다."

리사 밀러, 「뉴스위크」 종교담당 편집장

ABC 뉴스는 2008년 대통령 선거기간에 젊은 복음주의자들을 다룬 충격적인 기사를 내보냈다. 기자는 뉴욕에서 열린 기독청년집회에 참석한 몇 명의 십대들과 인터뷰를 했다. 좋은 소식을 먼저 말하자면, 그들은 성경적 윤리에 대해 강한 신념을 드러냈다. 대부분이 낙태를 반대했고, 그중 일부는 낙태를 가장 중요한 정치적 사안으로 여겼다. 그러나 거기에는 이상한 부조화가 존재했다. 그들 중 상당수가 자신이 좋아하는 후보자들이 낙태를 찬성한다고 말한 것이다. 기자에게는 그 대답이 모순이나 인지부조화의 사례처럼 들렸다. "그 사실이 신경 쓰이지 않습니까?" 그가 물었다.

한 십대가 이렇게 대답했다. "조금은요. 하지만 그건 다 개인적 선호의 문제잖아요. 그런 것으로 다른 사람을 판단할 수는 없어요. 그건 그들의 믿음이니까요."[1]

도덕적 확신이 **개인적 선호**의 문제라고? 이 십대들은 어떤 경로로 그러한 상대주의적 도덕관을 받아들이게 되었을까? 이들은 종교적 집회에 참석하고 성경적 윤리를 받아들이며 아마도 매주 교회에 나갈 젊은이들이었다. 하지만 이들은 기독교를 주관적 선호의 대상으로 전락시키고 그로부터 모든 영적·문화적 힘을 빼앗는 세속적 진리관을 받아들였다. 이것이 세계화된 세속주의의 핵심 교리다.

만만한 표적

근대의 세속주의를 이해하기 위한 열쇠는 그 진리관에 있다. 이렇게 생각해 보자. 무엇을 믿을지 결정하기에 앞서, 믿을 만한 후보들의 목록을 결정해야 한다. 그 목록은 진리를 어떻게 정의하는지에 따라 정해지는데, 철학자들은 이것을 인식론^{epistemology}이라고 부른다. 인식론은 어떤 특정한 사상만 통과시키는 그물이나 체의 기능을 한다. 여기서 걸러지는 사상은 고려 대상에서 아예 제외된다.

이와 비슷하게, 한 사회의 진리관은 공론의 장에서 지적 수문장의 기능을 한다. 어떤 사상을 진지하게 받아들일지, 어떤 사상을 논의 대상에서 배제할지 결정하는 것이다.

ABC 뉴스가 인터뷰한 젊은 복음주의자들은 어떻게 그런 인식론을 받아들였을까? 도덕이 개인적 선호의 문제라는 생각은 과학혁명 이후 서구에서 생겨났다. 과학혁명의 성취에 깊은 감명을 받은 많은 사상가들이 경험과학을 진리의 유일한 원천으로 떠받들었다. 경험주의^{empiricism}는 보고 듣고 만지고 무게를 달고 길이를 측정하는 인간의 감각이 모든 지식의 근원이라는 신조다. 그런데 도덕적 진리는 시험관에 넣거나 현미경을 사용하여 관찰할 수 있는 것이 아니다. 그 결과, 사상가들은 도덕적 진술을 더 이상 진리가 아닌 감정의 표현 정도로 여기게 되었다.

경험주의 철학자 가운데 가장 급진적인 사람이 데이비드 흄^{David Hume}이다. 그는 지식의 궁극적 근거가 감각경험이라면, 도덕도 고통이나 쾌락 같은 감각경험에서 나와야 한다고 생각했다. 우리는 우리에게 모종의 쾌락을 주는 것을 "선하다"고 말하고, 고통을 주는 것을 "악하

✢ 데이비드 흄
영국의 철학자이자 역사가 (1711-1776). 로크의 경험론적 인식론을 계승해 철저한 경험론의 입장에서 종래의 형이상학을 적극 비판. 실체나 인과 따위의 관념은 심리적 연상에 불과하다고 보았다. 역사가로서는 계몽주의의 입장을 취했다.

다"고 말한다. 흄의 표현을 빌면, 도덕은 '취향과 감정'의 문제다.

흄이 도덕을 개인의 취향으로 환원시킨 것은 서구 사상의 진로를 바꾸어 놓은 첫걸음이었다. 그는 전통 철학을 대립되는 두 개의 범주로 분리시켰다. 진리는 포괄적인 전체로서 자연 질서와 도덕 질서를 아우른다고 보는 것이 전통적인 입장이었는데, 흄은 이 둘을 찢어 버렸다. 경험주의에 따르면 자연 질서는 우리가 감각을 통해 인식하는 것으로, 진정한 지식의 대상이 될 자격을 갖추었다. 그러나 도덕 질서는 감각을 통해 인식되지 않으므로 주관적 감정으로 치부되었다. 사람들이 초월적 진리로 여겼던 위대한 도덕적 원리들이 사실은 진리가 아니라 선호의 대상일 뿐이라는 것이다.

도덕의 궁극적 원천이었던 종교 역시 신뢰를 잃었다. 그전까지만 해도 사람들은 여러 세기에 걸쳐, 종교가 다른 여느 철학 체계와 다름없는 설명 체계라고 생각했다. 자신의 견해가 전적으로 옳다고 확신하지는 못해도 정답은 분명 존재한다는 것과 탐구를 계속하는 것이 가치 있는 일이라는 믿음은 있었다. 하나님의 존재 여부는 객관적인 질문이며, 합리적인 이유에 근거해 옳을 수도 있고 그를 수도 있는 문제라고 여겼다. 하지만 경험주의의 등장과 더불어 종교는 사적 감정이요, 감정적 위안으로 치부되었다. 통합적이고 일관성 있는 세계관이라는 진리 개념은 산산이 부서졌다.

진리의 분열은 흔히 사실/가치의 분리라고도 한다(서문 참조). 객관적 지식은 경험적 사실의 영역에서만 가능하고, 도덕과 종교는 주관적 가치에 불과하다는 생각이다. 가치라는 용어는 말 그대로 내가 가치 있게 여기는 것을 뜻한다. 무엇이건 내게 중요한 것이다. 내가 좋아하고 선호하는 것이다.

ABC 뉴스 기자와 만난 젊은 복음주의자들의 답변에는 이러한 가치 개념이 암묵적으로 깔려 있는 것 같다. 그들은 자신이 경험주의라는 철학의 영향을 받고 있다는 것을 알았을까? 보고 듣고 무게를 달고 길이를 측정할 수 있는 것 이외에는 아무것도 존재하지 않는다는 전제를 의식적으로 받아들인 것일까? 물론 그렇지 않다. 그리스도인으로서 그들은 보이지 않는 영적 영역이 있음을 인정했다. 하지만 그들은 경험주의로부터 도출된 분열된 진리 개념을 받아들였다.

한마디로, 세속적 세계관에 넘어갔으면서도 그 사실을 깨닫지 못한 것이다. 이와 더불어 그들은 도덕적 확신이 주는 힘과 용기도 빼앗겼다. 1장에서 쓴 표현을 반복하자면, 그들 젊은 복음주의자들은 자신이 싸움판에 들어와 있다는 사실을 몰랐기에 넋 놓고 당했다. 그들은 작전지시도 받지 못한 채 세상으로 나간 것이다.

플라톤은 철학자들이 세상을 다스려야 한다고 말했는데, 정말 그렇게 되었다. 죽은 지 수백 년이 지난 철학자들이 지금 세상을 다스리고 있다. 흄의 경험주의 철학을 구성하는 여러 요소가 전해져서 세계화된 세속주의 세계관의 핵심을 이루었다. 사실과 가치의 엄격한 분리는 근대 서구 정신사를 이해하는 열쇠다. 이제 이것이 교회를 어떻게 약화시켰으며 어떻게 우리의 공공생활에 세속화를 초래했는지 개괄적으로 살펴보려 한다.

로마에 저항하기

세속적 가치관은 십대뿐 아니라 성인들 사이에서도 흔하다. 교회에서 열심히 활동하면서 주일학교 교사를 맡고 있는 한 이웃(비키라고 해두자)이 있다. 하지만 그녀 역시 주관주의에 넘어갔다. 나는 그녀와의 대화 도중에 우리 둘 다 아는 지인을 거론하며 그가 세속적 견해를 노골적으로 드러낸다고 말했다. 그런데 놀랍게도 비키는 이렇게 대답했다. "본인에게 맞는 것을 택하는 거죠." 그녀는 자신의 기독교적 확신이 진리에 근거한 것이라고 말하지 않았다. 자기에게는 기독교가 맞지만, 다른 사람에게는 맞지 않을 수도 있다고 했다.

비키는 성경의 주요 교리를 인정했다. 그리스도의 신성(神性), 동정녀 탄생, 부활 등을 받아들였다. 그러나 그녀는 성경이 개별적 진리뿐 아니라 **진리의 본질**에 대한 견해도 가르친다는 사실을 파악하지 못했다. 만물은 단일한 신적 지성에 의해 창조되었고, 그로 인해 모든 진리는 단일하고 조리 있고 일관된 체계를 형성한다. 진리는 통합적이고 보편적이다.

신약 시대의 그리스인들은 세계를 질서정연한 우주로 통합하는 근본적인 원리를 '로고스'^{Logos}라고 불렀다. 이것은 임의성이나 혼란 등과는 반대되는 개념이다. 스토아 학파 철학자들은 이것을 우주에 퍼져 있는 범신론적 정신으로 생각했다. 그러나 사도 요한은 이 용어를 그리스도에게 적용해 "태초에 말씀^{Logos}이 계시니라"$^{요 1:1}$고 썼다. 요한복음을 접한 당시의 그리스인들은 여기서 요한이 그리스도가 우주의 질서와 일관성의 근원이라고 주장한다는 것을 알 수 있었다. 바울은 "만물은 그분 안에서 존속"$^{골 1:17, 새번역}$한다고 썼다. 창조세계는 하나님의 창조계획을 반영하는 이성적이고 이해 가능한 질서를 가지고 있다.

하지만 신약성경의 이와 같은 진리 개념은 처음부터 공격을 받았다. 로마 제국은 종교를 실재에 대한 진리추구 활동으로 여기지 않았다. 그것은 사제들이 아니라 철학자들의 영역이었다. 로마인들은 의식과 의례, 곧 예배 형식이 종교의 전부라고 보았고, 기독교가 또 하나의 종교적 의식 정도의 자리에 만족한다면 얼마든지 수용할 용의가 있었다. 그러나 가톨릭 신학자 로렌조 알바세테$^{Lorenzo\ Albacete}$에 따르면, 로마제국은 "이 세계에 대한 진리의 원천"을 자처하는 기독교는 받아들일수가 없었다.

초대교회는 여기에 어떻게 대응했을까? 그들은 로마가 정의하는 상대주의적 종교 정도로 기독교가 축소되는 것을 완강히 반대했다. 알바세테가 쓴 것처럼, 기독교는 "로마 제국의 종교들과 더불어" 또 하나의 의식과 예배 모음 정도로 취급되는 "자리에 만족하지 않았다." 기독교는 "그 자체를 하나의 철학으로, 실재에 대한 지식을 얻는 길로 여겼다. 영적·윤리적 영감의 원천 정도로 보지 않은 것이다."[2] 그리스도가 역사적 시간 속에서 육체로 부활했다는 기독교의 핵심 메시지 앞에서는, 종교를 영적 규칙과 의식에만 관심을 갖는 별개의 영역으로 취급하는 일체의 이원론은 설 자리가 없었다. 초대교회는 성경적 진리가 포괄적 통일체이며 성직자와 철학자의 영역을 '모두' 아우른다고 주장했다. 진리는 통합된 전체다.

현대 그리스도인들은 이러한 확신을 대부분 잃어버렸다. 그들은 "여호와를 경외함이 지혜의 근본이라"$^{시\ 111:10}$ 같은 성경구절이 영적 지혜만을 뜻한다고 본다. 그리스도 "안에는 지혜와 지식의 모든 보화가 감추어져 있느니라"$^{골\ 2:3}$는 구절의 의미를 영적 지식으로 제한한다. 하지만 이 구절들은 해석의 범위를 그런 식으로 제한하지 않는다. 참된 지혜는 하나님의 진리의 렌즈를 통해 정부, 경제, 과학, 경영, 예술 등 모든 분야의 지식을 바라보는 것이다. 그리스도인이 세계관에 대해 말하는 것은 현대의 용어를 사용해 성경의 포괄적 주장을 재진술하는 것에 불과하다.

햄릿과 해리 포터

이와 같이 '사실/가치의 이분법'은 성경적 진리관을 정면으로 부정한다. 프란시스 쉐퍼는 복음주의계에서 이 문제를 처음으로 직시한 사람 중 하나였다. '사실 대 가치'라는 용어를 쓰지는 않았지만, 그는 동일한 개념을 파악하고 있었다. 그는 건물의 비유를 들어서 진리가 일층과 이층으로 분리되었음을 경고했다. 아래층을 구성하는 과학적 사실은 경험적으로 실험 가능하고 보편타당한 것으로 여겨진다. 위층에는 이제 주관적이고 각 문화마다 상대적인 것으로 여겨지는 도덕·신학·미학* 같은 것이 들어 있다.[3] 본질적으로 위층은 경험주의 세계관이 실재라고 인정하지 않는 모든 것을 던져 넣는 편리한 쓰레기장이 되었다. 쉐퍼의 단순한 도식은 다음과 같이 바꾸어 표현할 수 있다.

* 미학
가치로서의 미, 현상으로서의 미, 미의 체험 등 자연이나 인생 및 예술 등에 담긴 미의 본질과 구조를 해명하는 학문.

진리의 이층 개념

가치 — 사적·주관적·상대적

- -

사실 — 공적·객관적·보편적

이 이분법은 너무나 만연해 있어서 대부분의 사람들은 자신이 그런 이분법을 갖고 있는지조차 깨닫지 못한다. 이것은 우리가 호흡하는 문화적 공기의 일부가 되었다. 두 가지 대표적인 사례를 보자.

"과학은 주로 사실을 다루고, 종교는 주로 가치를 다룬다."

— 마틴 루터 킹 2세

"과학은 사실을 내놓을 뿐 가치 판단을 하지 않는다. 종교는 가치를 표현할 뿐 사실에 대해 말할 수 없다."

— 알베르트 아인슈타인[4]

물론, 사람들은 "이다"와 "해야 한다", 존재와 당위, 기술적 진술과 규범적 진술이 다르다는 것을 늘 알았다. 하지만 이전 시대에는 두 종류의 진술 모두가 진리의 질문을 다룬다고 생각했다. 누군가가 어떤 일을 해야 마땅하다고 도덕적 진술을 할 경우, 그 말은 참이거나 거짓이었다. 사실/가치의 분리가 만들어 낸 새로운 점은 가치 영역의 인식론적 지위다. 이제 가치는 진리의 문제가 아니라 개인적 시각이나 선호의 문제로 여겨진다.

개인의 기호를 묻는 질문과 진정한 도덕적 사안을 다루는 질문을 뒤섞어 놓은 공립학교의 가치교육 교재들을 보면 이 점을 확인할 수 있다. 이런 교재들은 십대에게 "이상적인 여름휴가를 말해 보세요. 어떤 음악을 좋아하나요?"라는 질문을 던지고는 곧장 혼전 성관계나 신(神), 영성에 대해 어떻게 생각하는지 묻는다. 여기에는 두 부류의 질문 사이에 본질적인 차이가 없다는 메시지가 함축되어 있다. 어떤 것을 가치 있는 것으로 여기기로 하는 개인의 선택 외에는 의사결정의 근거가 없다는 메시지 말이다.

오늘날 '가치'values라는 용어는 너무 흔해서 그리스도인들도 성경적 도덕을 말할 때 이 단어를 자주 쓴다. 이렇게 되면 심각한 의사소통의 단절이 생긴다. 이것을 이해하려면 영화나 소설을 생각해 보면 된다. 소설 읽기는 사람의 마음을 사로잡고 영감을 불러일으킬 수 있다. 그러나 우리는 소설의 내용이 정말로 일어난 일인지 묻지 않는다.

유대교 가정에서 자란 케임브리지 철학자 피터 립턴[Peter Lipton]이 바로 이 비유를 사용한다. 립턴은 인터뷰에서 이렇게 말한 적이 있다. "나는 회당에 서서 신에게 기도하고 신과 강렬한 관계를 가집니다. 하지만 나는 신을 믿지 않습니다."

기자들은 립턴의 역설적인 고백에 어리둥절해졌다. 도대체 무슨 뜻일까? 그는 종교가 소설 읽기와 같다고 설명했다. 그 내용이 문자적으로 사실이 아니라는 것을 알면서도 종교를 읽으며 즐거움과 의미를 얻을 수 있다는 것이다.[5] 대부분의 사람은 이런 생각을 노골적으로 표현하지 않지만, 이것이 오늘날 널리 퍼진 종교관이다. 기독교가 실재를 다룬다고 말하면, 사람들은 그 말을 범주오류*로 여긴다. 햄릿이나 해리 포터가 실존 인물이라고 말할 때와 비슷하게 취급하는 것이다.

위층 종교관은 심지어 만화에까지 스며들었다. 네 컷 만화 「무관한 이야기」[Non Sequitur]의 한 회에서 아버지가 어린 딸에게 묻는다. "정말로 선생님께 수학이 우리 종교에 어긋난다고 말씀드렸어?"

어린 소녀가 대답한다. "아니. 내 종교에 어긋난다고 했어."

아버지가 아이를 꾸짖는다. "다니에. 네게 필요한 대로 종교를 제멋대로 만들어 낼 수는 없어."

아이가 묻는다. "그래? 그럼 다른 종교들은 어떻게 시작된 거야?"

다음 컷에서 아버지는 완전히 얼이 빠진 모습이 된다. 마치 이런 생각을 하고 있는 것 같다. '얘 말이 맞아.' 마지막 컷에서 아버지는 술친구와 함께 앉아 있다. 친구가 묻는다. "무슨 종교로 개종했다고?"

✢ 범주오류
논리적으로 다른 범주에 속하는 말들을 같은 범주로 생각하는 오류. 영국의 일상언어 분석철학자인 G. 라일이 처음 사용한 말이다.

"다나에교(敎). 그래도 자신의 무지에 대해 정직한 종교야."

만화가의 메시지는 분명하다. 종교는 사람들의 정서적 욕구와 희망을 채워 주기 위해 만들어진 사회적 구성물이라는 것이다. 물론 이것은 기독교의 기원과 요구를 설명하지 못한다. 기독교는 사람들의 바람과 어긋나는 일을 흔히 요구하며, 심지어는 희생과 죽음까지도 요구하기 때문이다. 그럼에도 불구하고, 이 만화는 위층/아래층 구분이 세계적인 엘리트에서부터 만화가에게까지 퍼졌음을 보여준다.

세속마을의 영성

분리된 진리 개념을 파악하고 나면 많은 수수께끼가 풀리고 복음을 보다 효과적으로 전할 수 있는 방법도 드러난다. 예를 들어, 십대들을 가르치는 교회의 전략을 생각해 보자. 많은 교사와 청소년 지도자들이 오늘날의 젊은이들은 포스트모던적이고 더 이상 합리적·선형적으로 생각하지 않는다고 말한다. 학교와 교회가 프로그램을 재정비해 시각 매체 활용과 개인적 체험에 초점을 맞추지 않으면 그들에게 다가갈 수 없다고 주장한다.

하지만 성급하게 기준을 낮추고 젊은이들이 명료하게 생각하도록 가르치는 일을 중단하기에 앞서 진단이 정확한지 판단해 보자. 젊은이들은 과연 얼마나 포스트모던적일까? 기독교 변증가 윌리엄 레인 크레이그Willam Lane Craig는 대학 캠퍼스에서 자주 강연을 하기 때문에 학생들의 생각을 잘 안다. 그의 말을 들어 보자. "솔직히, 포스트모더니즘에 심취한 이들을 많이 만나 보지 못했습니다. 너도 나도 포스트모더니즘 이야기지만, 나는 그것이 신화라고 생각합니다. 학생들은 대체로 상대주의적이거나 다원주의적인 성향을 보이지 않는데, 윤리와 종교에 대해서만은 달라요."[6] 한마디로, 그들의 포스트모더니즘은 선별적이다.

현실인즉, 모더니즘은 사실 영역인 자연과학, 재정, 산업 분야에 확고히 자리 잡고 있다. 누구도 포스트모던적 원리로 비행기를 설계하지 않는다. 포스트모더니즘은 대체로 신학, 미학, 도덕 등 가치 영역에서 등장한다. 이렇게 생각해 보자. 우리는 자신의 가치관을 남에게 강요하지 말라는 말을 자주 듣는다. 그러나 "네 사실을 내게 강요하지 마"라는 말은 하지 않는다. 왜 그럴까? '사실'fact은 객관적이고 보편적이라고 생각하기 때문이다.

우리는 얼마나 포스트모던적일까?

포스트모더니즘 — 종교와 도덕(가치)

- -

모더니즘 — 과학과 산업(사실)

결론적으로 말해, 대부분의 사람들은 맥락에 따라서 모더니스트와 포스트모더니스트의 모습을 모두 보여준다. 철학자 어니스트 겔너Ernest Gellner는 종교 선택이 벽지 무늬나 식당 메뉴 선택과 비슷해졌다고 말한다. 순전히 개인적인 취향이나 느낌에 따라 선택해도 무방한 영역이라는 것이다. 대부분의 사람들이 영성을 찾는 이유는 우주적인 삶의 의문에 답해 줄 설명 체계를 얻기 위해서가 아니다. 각자의 정서적 필요를 해결하고, 체중 감량에서부터 자신감을 얻는 일에 이르기까지 여러 개인적인 문제를 해결하는 데 도움을 얻고자 영성을 선택한다. 그러나 돈을 버는 일이나 질병 치료 같은 "심각한 문제에 직면하게 되면" 사람들은 "진짜 지식"에 근거한 해결책을 원한다는 것이 겔너의 설명이다.[7] 그들은 객관적인 과학과 연구로 검증된 결과를 알고 싶어 한다.

이것은 대부분의 사람이 파편화된 삶을 살아간다는 뜻이다. 가정, 교회, 친구와 같은 사적 세계에서는 노동, 기업, 정치 같은 공적 세계에서 사용하는 진리관(객관적 가치)과 전혀 다른 진리관(주관적 가치)에 의거해 행동한다. 사실과 가치의 대립은 일관성 있는 생활철학을 가지고 온전한 사람으로 살아가는 데 있어 가장 큰 장애물이 되고 있다.

예수를 믿는 상대주의자들

분열된 진리관은 일관성 있는 성경적 세계관에 충실하게 사는 데도 큰 장애물이 된다. 최근 나는 화학을 전공하는 대학원생과 대화를 나누었는데, 그녀는 고등학생 때 기독교로 회심했는데도 이후 몇 년 동안 분열된 진리 개념을 버리지 못했다. "학교와 과학을 통해 배운 내용은 정말 옳은 것이고, 교회는 현실을 헤쳐 나가는 데 도움이 되는 근사한 이야기를 제공하는 일종의 지원모임이라고 생각했어요."

얼마나 많은 고등학생들이 이 같은 이층의 진리 개념을 가지고 살아갈까? '스탠드 투 리즌'Stand to Reason* 의 브렛 쿤클Brett Kunkle은 이것을 확인할 간단한 시험법을 만들어 냈다. 그는 먼저 전형적인 교회 청소년 모임을 대상으로 주관적인 것과 객관적인 것의 차이를 설명했다. 어떤 것이 객관적이라는 말은 모두가 동의한다거나 그것을 확실히 안다는 뜻이 아니다. 그것이 옳거나 그를 수 있다는 뜻일 뿐이다. 복잡한 수학

* 스탠드 투 리즌
1993년 그레그 쿠글이 세운 기독교 변증 단체. 이성·지혜·인격을 바탕으로 기독교 신앙과 세계관을 변호하는 사람들을 훈련시키는 기관이다.

문제를 풀 때, 내가 정답을 맞혔는지 확신할 수 없어도 정답이 존재한 다는 사실만은 분명히 안다.

용어를 주의 깊게 정의한 다음, 쿤클은 시험을 시작했다. "저 사람의 셔츠는 빨간색이다"는 객관적, "빨간색은 근사한 색깔이다"는 주관적, "2+2=4"는 객관적. 비슷한 질문이 이어진 다음, 쿤클이 말했다. "신은 존재한다." 십대 응답자의 75퍼센트가 이 진술이 주관적이라고 대답했다.

마침내 마지막 질문이 나왔다. "혼전 성관계는 잘못된 것이다." 한 명을 제외한 모든 십대가 주관적이라고 말했다.

이 크리스천 청소년들은 사실/가치의 이원론을 받아들인 것이 분명하다. 그들은 성경적 진리의 포괄적 특성을 파악하지 못했다. 한 십대는 "나는 그리스도인으로서 혼전 성관계가 잘못이라고 생각하지만" 다른 사람들은 "이 문제에 대해 다르게 생각할 수 있고 그들에게는 그것이 옳을 수 있다고 생각한다"고 말했다.[8]

다르게 말하면, 기독교를 믿는 십대들조차도 어떤 것이 "내게는 옳지만 네게는 옳지 않을 수 있다"는 생각을 받아들인 것이다. '옳음'이라는 단어의 의미가 통째로 왜곡되었다. 이제 이 단어는 어떤 진술이 세상에 실제로 존재하는 바와 일치한다는 뜻이 아니라, 그것이 내 내면의 경험과 일치한다는 의미일 뿐이다. 교회를 다니고 성경을 공부하고 청소년 모임에 참석하면서도 세계화된 세속 문화가 가르치는 세속적 진리관을 받아들이는 일이 가능하다. 정신이 번쩍 드는 교훈이 아닐 수 없다.

그렇다면 세속적 생활 방식을 받아들이는 십대 그리스도인이 그렇게나 많다는 사실은 이제 놀랄 일이 아니다. 분열된 진리 개념은 "두 마음을 품어"^{약 1:8} 모든 행동이 불안정한 젊은이들을 만들어 낸다. 17세의 저널리스트이자 블로거인 팀 스위트먼^{Tim Sweetman}은 또래의 많은 아이들이 '이중간첩' 행세를 한다고 말한다. 그들은 "교회에서는 그리스도인이지만······머릿속에는 세속적인 생각으로 가득하다. 마치 인격이 분열된 것 같다." 스위트먼은 교회를 다니는 이런 십대들이 "공적인 것과 사적인 것, 마음과 정신이 이분된 우리 문화의 속내"를 보여주는 사례라고 말한다.⁹ 그들의 분열된 삶은 분열된 진리 개념을 반영하는 거울이다.

쿤클의 시험법을 직접 시도해 보자. 나는 두 명의 중학생을 불러다 놓고 그들의 나이를 감안해 혼전 성관계 대신 이 이야기를 꺼냈다. "도둑질은 잘못이다."

"주관적이에요." 둘 중 하나가 대뜸 소리쳤다.

"왜?"

"아줌마가 방금 지어낸 말이잖아요!" 아이가 대답했다.

나는 눈썹을 치켜 올렸다. "십계명이라고 들어본 적 있니?"

"아차."

그들은 신실한 기독교 가정에서 홈스쿨링을 받고 자라난 아이들이었다. 의식적으로는 성경의 가르침을 받아들였지만, 주변의 대중문화가 가르쳐 준 포스트모던적 감수성이 그들의 자동반사적인 반응을 지배하고 있었다. 그들은 성경의 진리를 사회적 구성물로 여기고 위층에 올려놓았다. 그리고 "아줌마가 방금 지어낸 말" 정도로 취급했다.

쿤클은 시험 결과를 교회 지도자들에게 제시하며 이중간첩 십대들의 사고방식을 보여주었다. 그러나 그는 깜짝 놀라고 말았다. 어른들은 무엇이 문제인지 알아보지 못했다. 그들의 반응은 십대들의 반응과 다를 게 없었다.[10] 진리를 성경적으로 바라보지 못하는 그리스도인이 어떻게 "진리의 말씀"을 올바로 다룰 수 있겠는가?[딤후 2:15]

그리스도인은 독선적인가

오늘날 기독교를 믿지 않는 대부분의 사람들이 복음을 들을 때 보이는 반응도 이층집 진리관에서 나온 것이다. 조쉬 맥도웰[Josh McDowell]은 수십 년째 대학 캠퍼스를 다니며 복음전도 강연을 하고 있다. 시간이 지나면서 그는 학생들이 응수하는 방식이 과거와 다르다는 사실을 알게 되었다. 예전에는 하나님의 존재나 그리스도의 신성과 부활에 대해 말하면 학생들의 반응이 이러했다. "저는 믿을 수가 없습니다. 증명해 보세요. 사람이 죽었다가 살아났다구요? 증거가 있습니까?"

하지만 대략 15년 전부터 학생들의 말이 달라졌다. "무슨 권리로 그런 말씀을 하십니까? 편협하군요! 독선적이에요! 그럴 자격이 있습니까? 무슨 권리로 남의 도덕생활을 판단합니까?"[11]

무엇이 달라진 것일까? 과거에는 학생들이 복음을 진정한 '진리 주장'으로 받아들였다. 다른 명제들처럼 논거와 증거로 밝힐 수 있는 문제라고 본 것이다. 그러나 오늘날의 학생들은 기독교를 위층에 올려놓고 개인적인 선택과 취향의 문제로 대한다. 물론, 어떤 집단이 그들만의 독특한 취향을 다른 집단에 강요한다면 그것은 억압적이고 강압적이며 독선적이고 편협한 일이 될 것이다. 이것이 바로 오늘날 수많은 사람들이 기독교의 주장을 위장된 강압의 시도로 보는 이유다. 그들은 종교나 도덕을 주제로 하는 모든 진리 주장을 위장된 권력 행사로 치부한다.

그렇기 때문에 그리스도인은 진리의 분열 그 자체를 다루어야 한다. 기독교가 참이라는 주장을 내세울 수 있으려면 먼저 진리라는 말의 의미를 분명하게 정리해야 한다. 이것은 내가 불가지론자였을 때 개인적으로 고민했던 문제의 핵심이다. 라브리에 처음 갔을 당시 내 생각은 상대주의에 흠뻑 젖어 있었다. 그 결과, "객관적 진리라는 것이 존재하는가?" 하는 질문과 먼저 씨름해야 했다. 기독교가 그 진리인가는 다음 문제였다. 쉐퍼는 여러 저작에서 진리의 균열이 "오늘날 기독교가 직면한……가장 중대한 문제"라고 주장했다.[12]

물론 모든 사람이 그렇듯 그리스도인도 때로는 독선적이 될 수 있다. 그러나 역설적이게도, 그것 역시 부족한 진리관에서 기인한 문제다. 교회 지도자들이 기독교의 가르침이 객관적 진리라는 확신을 잃게 되면, 젊은이들에게 옳은 것을 믿고 실천하게 하는 방법은 그들을 구슬리고 달래는 것밖에 없다. 여러 세대에 걸쳐 교회의 젊은이들은 반대 사상에 눈과 귀를 막고 순전한 의지력을 발휘해 신앙을 유지하라는 말을 들어 왔다. 이것을 보면 왜 수많은 교회 안에 완고하고 독단적이고 냉혹하고 판단을 일삼는 이들이 가득한지 알 수 있다. 기독교가 실제 세계에 부합한다는 사실을 아는 사람만이 자신과 의견이 다른 이들에게 마음을 열고 오래 참으며 사랑을 베풀 수 있는 여유와 자신감을 가질 수 있다.

기독교는 배타적인가

일층과 이층의 분리를 이해하면 기독교에 대한 흔한 반론에 대처할 새로운 도구를 갖게 된다. 성경은 유일무이하고 배타적이고 보편적인 의미에서 참되다는 주장만큼 현대인의 감수성에 거슬리는 말도 없을 것이다. 우리가 늘 듣는 말이 있다. "어떻게 당신의 개인적 견해를 모든 사람에게 강요할 수 있습니까?" 물론 그리스도인은 다른 종교와 세계관 안에도 '진리의 요소'가 있다는 점을 인정하며, 그러므로 진리가 발견되는 곳이라면 언제든 그 진리를 열린 자세로 관대하게 인정할 수 있다. 그럼에도 불구하고, 우리는 성경의 창조주와 예수 그리스도가 알려 주는 정보가 실재와 부합하는 총체적인 **진리 체계**의 근거라고 주장한다. 그리고 많은 현대인들은 이 말이 지극히 배타적이고 오만하다고 생각한다. 왜 그럴까? 그들은 모든 종교적 주장을 자동반사적으로 위층에 올려 버리는데, 그곳에서는 그러한 주장이 진리의 문제가 아니라 민족적 전통이나 사회통합 요소 또는 설명할 수 없는 체험에 불과하기 때문이다.

한번 생각해 보자. 취향이나 전통의 문제에 속하는 어떤 일을 다른 사람에게 강요하는 것은 정말 잘못된 일일 것이다. 나는 풋볼팀 뉴욕 자이언츠를 응원하고 당신은 시카고 베어스를 응원한다고 하자. 그런데 내가 당신에게 뉴욕 자이언츠를 응원해야 한다고 주장한다면 어리석고 주제넘은 일이 되지 않겠는가? 나는 스웨덴 가정에서 자랐고 가족 모두 '성 루시아의 날'을 지켰다. 당신은 아마도 다른 전통 아래서 자랐을 것이다. 내가 당신에게 스웨덴의 휴일만 지켜야 한다고 주장한다면 그것은 오만하고 배타적인 행동일 것이다.

그런데 사실/가치의 분리를 통해 대부분의 사람들이 종교를 이와 같은 범주에 놓게 되었다. 이것을 생각하면 개인적으로 아무리 점잖고 예의 바른 그리스도인이라 해도 자신의 견해를 강요한다는 비난을 피할 수 없는 이유를 알 수 있다. 그리스도인의 '의도'는 실제 세계에 대

☀ 성 루시아의 날
스칸디나비아 지역의 명절로, 12월 13일에 여자아이들이 흰색 옷을 차려 입고 허리에는 피를 상징하는 붉은색 띠를 둘러매고 성녀 루시아를 기린다. 왕관 혹은 촛불 화환을 쓰는데 이는 겨울을 쫓아내고 해를 다시 불러들이는 역할을 한다.

한 객관적 진리를 전달함으로써 생명을 주려는 것이다. 그러나 상대편은 그리스도인의 진술이 개인의 취향을 강요하려는 시도라고 '해석'한다. 세속주의자들이 볼 때 그리스도인은 틀렸거나 잘못된 정도가 아니라 민주사회의 경기 규칙을 어기고 있는 것이다.

이와 같은 오해를 파악하고 나면, 기독교에 대한 흔한 반론을 이해하고 그 실체를 폭로하기가 쉬워진다. 과학이론을 배타적 진리로 주장하는 것을 기분 나빠하는 사람은 없다. 유전학이나 물리학의 법칙을 자세히 설명하는 과학자를 편협하고 오만하다고 비난하는 사람은 없다. 이런 법칙들은 아직 최종 단계에 이르지 않았을 수도 있고 추가 연구를 통해 그 내용이 달라질 수도 있지만, 최종 내용이 배타적일 것이라는 점을 누구도 의심하지 않는다. 개인적 취향이나 민족적 배경에 따라 다양한 과학 체계를 취사선택할 수 있는 것도 아니다. 그렇다면 왜 신학과 도덕은 우리가 아는 다른 모든 것과 완전히 다르다고 생각하는 것일까? 왜 과학적 지식과 신학적·도덕적 지식 사이에 절대적인 간극이 있다고 생각하는 것일까?

또 다른 예를 보자. 일이층 이분법은 수많은 현대인들이 해외 선교사 파송을 개탄하는 이유를 설명해 준다. 나는 한 선교기관의 웹사이트를 읽다가 비판자가 게시판에 다음 내용의 글을 남긴 것을 보았다. "당신네 기독교인들은 왜 다른 민족의 신념과 문화전통을 존중하지 않는가? 당신들은 문화적 집단 학살을 자행했다. 모든 사람을 당신네와 똑같은 모습으로 바꾸려는 제국주의적 야심으로 여러 문화를 통째로 말살했단 말이다."

위층/아래층의 분리라는 역학을 파악하면, 기독교를 향한 흔한 반론을 이해할 수 있다. 기독교가 정말 민족적 전통이나 사회통합의 요소에 불과하다면, 그것을 다른 사회에 강요하는 것은 제국주의적인 행태라고 말할 수 있다. 그러나 위생 시설, 농업 기술, 의료 같은 과학 지식을 수출할 때 그와 같은 이유를 들어 반대하는 사람은 없다. 진리가 단순한 관습을 이기고, 사회는 지식을 접함으로써 유익을 얻는다는 사실을 알기 때문이다. 그런데 신학적 지식은 왜 그와 전혀 다른 범주에 두는 것일까?

역설적이게도, 개방적이고 관용적이라고 자부하는 이들이 결국에는 또 다른 형태의 편협함을 보여주는 경우가 많다. 그들은 어느 한 종교가 옳다는 생각을 거부한다. 한 종교가 옳다면 다른 종교들이 틀렸다는 말이 되는데, 이런 주장은 타인을 무례하게 대하는 처사라고 보는 것이다. 모든 종교는 하나의 신비체험을 묘사하거나, 정서적 위로를 제공하거나, 사람들에게 도덕적 용기를 부여해 주는 상징적 행위라고 말하는 것이 훨씬 예의 바른 일이라고 생각한다. 다시 말해, 종교의 경우에 실제 가르침은 중요하지 않고 사회적·정서적 효과만이 중요하다고 보는 것이다.

그러나 이런 상대주의적 견해가 정말 관용적일까? 개별 종교의 구체적 가르침이 중요하지 않다는 말은 모든 종교가 틀렸다는 것과 같다. 모든 종교는 각각의 가르침이 정말 중요하다고 주장하기 때문이다. 상대주의적 견해에 따르면, 힌두교 신자도 틀렸고 불교 신자도 틀렸으며 무슬림, 유대교인, 기독교인 할 것 없이 다 틀렸다. 포스트모던적인 위층 종교관만 유일하게 옳다. 철학자 앨빈 플랜팅가$^{Alvin\ Plantinga}$는 이렇게 지적한 바 있다. "나는 이러한 태도가 어떻게 관용과 지적 겸손의 표현이 될 수 있다는 것인지 모르겠다. 내가 보기에는 잘난 체하고 생색내는 태도에 불과하다."[13] 상대주의적인 종교관은 어떤 전통 종교 못지않게 배타적이다.

C. S. 루이스: "둘 다 옳을 수는 없다"

놀라운 이야기지만, 종교를 옹호하는 이들조차도 때로는 사실/가치의 분리를 받아들인다. 지적 주도권을 놓고 벌인 영역 싸움에서 세속주의자들이 승리했을 때 나타나는 현상이 있다. 반대쪽 사람들이 그들의 견해에 대한 세속주의적 정의를 받아들이는 것이다. 이것은 모종의 인지적 협상으로써, 종교를 이성과 합리성의 영역 너머에(곧 위층에) 두면 그 자체로 반증될 수 없는 것이 된다는 생각이 깔려 있다.

그러나 이 협상은 값비싼 대가를 요구한다. 어떤 식으로도 시험될 수 없고 오류가 드러날 수도 없는 것이라면, 시험을 거쳐 옳다고 판명될 수도 없다. 그냥 맹목적으로 믿어야만 한다. 이에 관한 극단적인 사례는 저널리스트 리 시걸[Lee Siegel]이 새로운 무신론자들*에 대응하여 쓴 기사에서 볼 수 있다. "신의 존재는 입증 불가능하고 확인할 수 없으며, 비현실적인 믿음의 도약이자 터무니없는 것에 대한 믿음이다. 불가능한 것의 가능성에 일생을 걸겠다는 의지가 환상에서 사실을 만들어 낸다."[14] 종교 외의 다른 영역에서 "환상에서 사실을" 만들어 내기를 바라며 불가능한 것에 기꺼이 일생을 거는 모습을 상상할 수 있겠는가?

이런 불합리한 전략은 궁극적으로 역효과를 낳는다. 정서적 충족감 부여에서부터 도덕적 동기부여에 이르기까지, 사람들이 종교에서 얻는 유익은 모두 그 종교가 '참이라는 확신'에서 나온다. 나의 필요를 해결해 주고 도움이 되기만 한다면 무엇이든 믿을 수 있다는 말을 흔히 하는데, 이런 실용주의적 견해의 문제점은 역설적이게도 실용적인

*새로운 무신론자들
리처드 도킨스, 샘 해리스, 대니얼 데닛, 크리스토퍼 히친스로 대표되는 이들은 신 존재와 종교의 가치를 전적으로 거부하고, 종교를 근본적으로 폭력적인 사회악으로 간주해 종교가 없는 상태야말로 인간이 지향해야 할 세상이라고 주장한다.

효과가 없다는 데 있다. 오로지 정서적 필요만을 위해 종교를 받아들인 사람은 종교가 자기 마음이 만들어 낸 투사에 불과하다는 불안감을 도저히 떨칠 수가 없다. 그런 종교는 사람을 변화시킬 능력이 없으며, 죄책감, 두려움, 충동, 기능장애, 중독, 마음의 상처를 이겨 내도록 돕지 못한다. 우리를 변화시킬 수 있는 신은 "우리 마음보다 크신"요일 3:20 하나님뿐이다. 역설적이게도, 우리 인간에게 가장 필요한 존재는 인간이 필요해서 만들어 낸 적이 없는 신이다.[15]

그렇기 때문에 종교에서 진리 주장을 배제하여 반증당할 우려를 없애려는 전략은 자기 파괴적이다. J. S. 베젠트[Bezzant]의 격한 말을 인용해 보자. "증거 면제는 그것 이외의 어떤 것도 확보하지 못한다. 허튼소리는 허튼소리라고 말하자."[16] 그의 요점은, 당신의 종교가 현실로부터 완전히 격리되어 그에 반대하는 논거를 제시할 수 없다면 그것에 찬성하는 논거 역시 제시할 수 없다는 뜻이다. 거기에는 터무니없는 것으로의 도약만이 존재할 뿐이다. 알 수도 없고 논리적으로 따져 볼 수도 없으며 그저 맹목적으로 믿어야만 하는 대상에 온 생애를 건다는 것은 끔찍하리만큼 절망스러운 일이다.

이러한 절망에서 빠져나올 길은 도덕적이고 신학적인 진리가 존재한다는 확고한 믿음을 회복하는 것뿐이다. C. S. 루이스는 이렇게 말한 바 있다. "그리스도인과 유물론자는 우주에 대해 전혀 다른 믿음을 가지고 있다. 둘 다 옳을 수는 없다. 틀린 쪽은 실제 우주의 모습과 맞지 않는 방식으로 행동하게 될 것이다."[17] 즉, 도덕적·신학적 진술은 실제 우주의 모습과 일치하거나 일치하지 않을 것이다. 이런 의미에서 도덕적·신학적 '사실'에 대해 말하는 것은 얼마든지 가능하다. 현대인은 '도덕적 사실' 같은 표현을 들으면 눈썹을 치켜 올릴 것이다. 모순어법이라고 생각하기 때문이다. 하지만 그런 반응은 오히려 그와 같은 표현을 쓰기 시작해야 할 좋은 이유일 수도 있다. 이 문구는 사실/가치의 이분법이 나눈 것을 대담하게 다시 짝지어 놓고 있으니 말이다.

자유주의자들의 굴복

세속주의가 제시하는 종교의 정의에 굴복하는 모습은 어디서나 볼 수 있지만, 자유주의 신학에서 특히 두드러진다. 자유주의는 우주에 대한 진리를 선포할 권리를 과학적 자연주의에 기꺼이 양도한다(사실). 그리고 종교를 과학이 선포하는 내용에 의미를 덧입히는 작업으로 취급한다(가치).

몇 가지 사례를 살펴보자. 한 랍비는 「USA 투데이」에 진화에 대한 기사를 쓰면서 "과학은 세상이 어떻게 존재하는지 설명하고, 종교는 세상이 왜 존재하는지 설명한다"[18]고 적었다. 그가 어떤 종교를 말하는 것인지는 모르겠다. 그가 속한 유대교 전통을 말하는 것일 리는 없다. 유대교에는 세상의 창조와 역사, 특히 이스라엘의 역사 속에서 "세상이 어떻게 존재하는지"를 밝히는 주장들이 가득하기 때문이다.

이와 비슷하게, 가톨릭 사제인 마이클 헬러$^{Michael Heller}$는 2008년 템플턴상*을 수상하는 자리에서 "과학은 우리에게 지식을 제공하고, 종교는 의미를 제공한다"고 말했다.[19] 하지만 이 두 가지가 정말 그렇게 산뜻하게 나뉠까? 누군가 그리스도가 죽은 자들 가운데서 부활했다고 말할 때, 그것은 지식일까 의미일까? 대답은 분명하다. 둘 다! 부활이 역사 속에서 일어나지 않았다면, 거기에는 영적 의미도 있을 수 없다.

성경적 기독교는 역사적 사실과 영적 의미를 분리하기를 거부한

※ 템플턴상
1972년 미국의 사업가 존 템플턴이 창설해 매년 종교 분야에서 인류를 위해 업적을 이룬 인물에게 수여하는 상.

다. 기독교의 핵심 주장은 살아계신 하나님이 역사 속에서 행하셨고, 특히 예수의 삶과 죽음, 부활을 통해 행하셨다는 것이다. 다른 종교들은 사람이 구원을 얻거나 거룩해지거나 열반에 이르거나 신적인 것과 이어지기 위해 우리가 해야 할 일을 말해 준다. 제대로 된 의식을 수행하거나 올바른 의례를 완벽하게 치러 내야 할 의무가 개인에게 있다. 그러나 기독교의 복음은 구원을 이루기 위해 하나님이 역사 속에서 하신 일을 이야기하고 있다. 이러한 면에서 기독교는 유일무이한 종교다.

대체로 자유주의 신학자들은 그들이 말하는 더 깊은 영적·윤리적 의미를 챙기는 대신 기독교의 역사적 주장들을 포기한다. 그러나 역사를 제거하고 나면 핵심도 사라진다. 하나님이 역사 속에서 행하셔서 구원을 완성하지 않았다면, 들려줄 "좋은 소식"('복음'이라는 단어의 문자적 의미)은 없다. 바울이 1세기의 청중들에게 말한 바와 같이, 예수가 죽은 자들 가운데서 부활하지 않았다면, 그의 무덤이 빈 무덤이 아니었다면, 기독교 신앙은 거짓말에 근거한 무가치한 것이 된다[고전 15:17]. 바울은 청중들에게 부활하신 그리스도를 목격한 500명의 증인을 찾아가 그들의 주장을 확인하라고 촉구했다. 그는 이 대목에서 법적 용어를 구사하는데, 이것은 그가 그리스도의 부활을 진실성 여부를 시험해 볼 수 있는 여느 사건과 똑같이 취급하고 있다는 뜻이다. 기독교의 핵심 주장은 엄연한 역사적 사실이고, 경험적 조사로 진위 확인이 가능했으며, 통상적인 역사 확인 방법으로 진실임을 알 수 있는 것이었다.

사도들은 부활을 현대 과학자들이 말하는 결정적인 실험 비슷한 것으로, 곧 하나의 이론 전체(혹은 신학 전체)를 확증하거나 반증하는 사건으로 취급했다. 그들에게 역사적 사실과 영적 진리는 하나로 연결된 것이었다. 사실과 믿음이 서로를 지지했다. 진리는 하나의 통일체다.

자유주의 교회가 실패하는 이유

이 진리관은 오늘날의 교회가 흥하느냐 망하느냐를 결정하는 가장 중요한 단일 요소다. 1994년의 한 연구는 신학적 자유주의 교회가 쇠퇴하고 보수적인 교회들이 성장하는 이유를 설명하려 했다. 많은 교회 지도자들은 예배 시간에 스킷 드라마, 대중음악, 비디오 영상을 사용하면 사람들을 예배당으로 불러올 수 있다고 생각한다. 그러나 놀랍게도 그 연구 결과는 진정한 교회 성장은 어떤 요령이나 속임수나 기법과 무관하다는 것을 보여주었다. 핵심 요소는 교회의 진리관이다. 그 연구에 따르면, 정통 기독교 교리가 누구에게나 어디서나 객관적으로 참이라고 확신하는 사람일수록 교회 활동에 보다 적극적으로 참여할 가능성이 높다. 자유주의 교회가 쇠퇴하는 이유는 "기독교가……유일하게 참된 종교라는 주장을 거부"하기 때문이다.

하지만 자유주의 교회의 진짜 문제점은 그보다 더 깊은 곳에 자리 잡고 있다. 그들 중 많은 이들은 참과 거짓의 범주 자체를 아예 거부한다. 그 연구에서 인터뷰에 참여한 몇몇 자유주의 기독교인들은 자녀들이 "무엇인가를 믿기만 한다면 불교 신자가 되어도 개의치 않는다"고 말했다.[20] 위층 종교관에 따르면 무엇을 믿는가는 중요하지 않다. 우리의 정서적 필요를 채워 주기만 한다면 무엇이든 상관없다. 연구의 결론은 "자유주의자들에게는 선포할 강력한 진리, 곧 '복음'이 없다"는 것이었다.[21]

1998년에 이루어진 또 다른 연구의 결과도 비슷했다. 주류 루터파 신자가 자신의 신앙이 옳다는 것을 어떻게 아느냐는 연구자들의 질문에 이렇게 대답했다. "기독교 신앙이 참인지 거짓인지는 사실 아무

도 모릅니다." 또 다른 사람은 이렇게 말했다. "내 신앙이 참인지 거짓
인지는 내 관심사가 아닙니다.……진리는 일시적이고 변하는 것입니
다. 오늘 참된 것이 내일은 참이 아닐 수도 있습니다." 그는 자신의 신
조를 이런 말로 요약했다. "당신 마음에 드는 것이라면 그것이 무엇이
건 나도 좋습니다."[22] 자유주의 교회가 감동을 주지 못하는 것도 당연
하다. 그들은 자신들의 신앙을 '물 탄 기독교'Christianity Lite로 축소시켰다.

성경 메시지의 힘은 그것이 실제로 참되다는 사실, 객관적·보편
적·우주적으로 참되다는 확신에서 나온다. 그것은 단순한 심리적 대
응 기제가 아니다. 서구 문화가 낳은 사회학적 산물이 아니다. 그것은
우주 자체에 대한 진리다. 이 확신이 정통 기독교와 물 탄 기독교를 구
분해 준다. 그리고 이것이 진정한 교회 성장의 원천이다.

물론, 하나님을 아는 일이 성경의 메시지에 대한 지적 동의보다 훨
씬 중요하다. 지적 동의에만 머문다면 성대한 잔칫상을 앞에 놓고 "그
래, 음식이란 게 존재한다는 것을 믿어"라고 말하면서 한 입도 먹지 않
는 것과 같다. 우리는 전 존재로 하나님의 진리와 임재를 경험해야 한
다. 내 학생 중 하나가 자신의 노트에 "낸시 피어시는 예배를 드릴 때
감정적이 되어서는 안 된다고 생각한다"고 적어 놓았는데, 그것을 보
고 나는 그녀가 잘못된 인상을 받았음을 알게 되었다. 나는 사람이 성
경적 진리라는 개념 위에 든든히 서 있으면 감정도 한껏 고양될 수 있
다고 분명히 말해 주었다. 존 스토트는 『생각하는 그리스도인』Your Mind
Matters에서 "나는 지금 건조하고 유머 없고 학구적인 기독교가 있어야
한다고 말하는 것이 아니라, 진리로 불붙은 뜨거운 헌신이 있어야 한
다고 요구하는 것이다"라고 썼다.[23] 하나님을 안다는 것은 마음과 목숨
과 뜻과 힘을 다하여 전인적으로 하나님과 나누는 사랑의 관계를 의미

한다[막 12:30]. 하지만 이 조화로운 균형을 유지하기 위해서 그리스도인은 언제나 당대를 지배하는 오류에 맞서야 한다. 그리고 오늘날 가장 특징적인 오류는 진리의 분열이다.

교실에서 성경 몰아내기

사실/가치의 분리는 공공의 장에서 그리스도인을 주변으로 몰아내고 그들의 영향력을 빼앗는 주요 전략이기도 하다. 간단히 말해, 이 전략으로 세속주의자들은 반대 견해를 가볍게 묵살할 수 있다. 그 견해들을 반박할 충실한 반론을 모으느라 애쓸 필요 없이, 그저 인지적 가치가 없는 것들을 담는 이층으로 옮기기만 하면 된다. 기독교를 참과 거짓의 영역에서 완전히 몰아낼 쉬운 방법이 있는데 힘든 논증을 시도할 이유가 있겠는가? 이렇게 하면 유신론적 세계관이 개인의 취향이나 편견에 불과하다고 묵살해 버릴 수 있다. 그리고 개인적 편견은 공적 영역, 곧 정부 정책이나 공교육 같은 분야에 들어설 자리가 없다.

이것을 알면 미국의 공교육이 세속화된 과정도 이해할 수 있다. 하버드의 역사학자 줄리 루벤[Julie Reuben]은 1930년대까지 미국의 대학이 '진리의 통일성'을 추구했다고 말한다. 그들은 "모든 진리가 단일 체계 안에서 일치하고 궁극적으로 서로 이어질 수 있다는 확신"을 가지고 있었다. 이러한 확신의 궁극적 근거는 성경적 세계관이었다. 철학자 J. P. 모어랜드[Moreland]도 같은 방식으로 설명한다. "기독교의 신은 단일하고 통합적인 지성이자 모든 진리의 근원이기 때문에, 학교의 교과과정도 통합되어 있었다. 모든 학문 분야는 다른 학문에 빛을 비추고 서로 조화를 이룰 것이라는 기대가 존재했다."[24]

현대의 두드러진 특징은 진리의 통일성이라는 이상이 산산이 깨어졌다는 것이다. 루벤의 표현을 빌리자면, 대학들은 "과학만이 참된 지식을 구성한다"는 생각을 받아들였다. 신학과 윤리학은 "정서적 의미나 비문자적 의미에서라면 몰라도, 인지적으로 검증 가능한 지식의 차원에서 참일 수는 없는" 위층으로 옮겨졌다.[25]

결국 신학과 윤리학은 학문 활동에 명백히 해로운 것으로 여겨지게 되었다. 가치가 순전히 주관적인 것이라면 객관적 연구를 오염시킬 우려가 있기 때문이다. 이에 따라 학문 연구는 '가치중립적'이어야 한다는 개념이 생겨났다.

예를 들어, 막스 베버는 사회학이 진정 과학적이 되기 위해서는 연구자들이 정의나 공정 같은 도덕적 기준으로 사회제도를 평가하는 일을 중단해야 한다고 주장했다. 그는 도덕적 논평 없이 사회제도를 사실적으로 기술하기만 해야 한다고 했다. 런던 학파※의 라이어넬 로빈스는 경제학이 더 이상 인도주의적이고 평등한 사회질서를 만들어 내는 윤리적 비전에 봉사해서는 안 된다고 주장했다. "경제학은 확인할 수 있는 사실을 다루고, 윤리학은 가치와 의무를 다룬다."[26] 이 책의 서문에서 우리는 정치이론에서도 같은 흐름을 추적한 바 있다. 학문 연구가 가치중립적인 것으로 정의된 이유는 먼저 가치가 '사실중립적'으로, 곧 더 이상 객관적인 세계에 뿌리를 내리지 않은 것으로 정의되었기 때문이라고 말할 수 있다.

미국 교육의 세속화를 이끈 것도 개인적이고 직업적인 동기였다. 학자들은 진리의 통일성이라는 이상이 건재했을 때, 과학의 발견 내용과 신학의 진리를 조화시켜야 한다고 생각했다. 역사학자 로버트 프록터[Robert Proctor]는 『가치중립적 과학?』[Value-Free Science?]에서 학자들이 연구의 '자

※ 런던 학파
1931년 이후 영국의 런던 대학에 하이에크와 로빈스를 중심으로 모여 근대 경제학을 이룩했던 학파. 경제의 본질은 소량의 자원을 개개인이 최대의 만족을 얻을 수 있도록 배분하는 데 있으며, 이를 위해 개개인이 행하는 합리적 선택의 체계를 이론화한 것이 경제학이라는 입장을 취한다.

율성'을 내세우기 시작한 이유는 "종교적·도덕적 비판을 면하고" 싶었기 때문이라고 적었다.[27] 다시 말해, 가치중립적 학문 연구 개념은 그들의 책임을 면하게 해주었다. 신학과 윤리학이 위층으로 격리된다면, 학자들은 자신의 이론이 기독교 세계관과 조화를 이루는지 더 이상 물을 필요가 없다. 자신이 진행하는 연구의 도덕적 함의를 놓고 고민할 필요 또한 없다. 그들은 자신의 연구를 학문적 명예와 권력, 물질적 이득에 대한 야심을 충족시킬, 도덕과 무관한 장으로 볼 수 있는 자유를 얻었다.

역사학자들은 흔히 세속주의의 발흥을 근대화에 따르는 불가피하고 자동적인 부산물로 취급한다. 그러나 거기에 불가피한 요소는 없다. 세속주의가 자신의 이익에 보탬이 될 거라고 생각한 사람들이 의도적이고 적극적으로 그것을 추구했다.

아이들을 종교로부터 보호하라

그리고 그들은 옳았다. 사실/가치 이원론은 세속주의자들의 사회적·정치적 권력을 강화시키고 공공의 장에서 도덕적·신학적 시각을 배제하는 데 큰 효과를 발휘했다. 그 덕분에 세속주의자들이 진리에 대한 독점권을 내세울 수 있게 되었기 때문이다. 그들은 도덕적이거나 신앙적인 사상을 불법화하거나 강압적 조치를 쓸 필요가 없다. 이렇게 말하는 것으로 충분하다. "우리의 세속적 견해는 객관적인 과학과 사실에 근거합니다. 그러나 신학에 뿌리를 둔 당신네 견해는 개인적이고 사적인 것입니다. 우리는 물론 그것을 존중하지만, 당신들은 자신의 사적 취향을 정치나 교육이나 보건 문제 같은 공적 영역에 적용할 권리가 없어요."

　이렇게 해서 관용 개념은 "도덕적·신학적 확신은 사적 영역에 머물러 있는 한 무방하다"는 의미로 다르게 정의되었다. 여기에는 누구든 기독교적 시각을 공적 영역으로 가져오는 사람에 대한 관용은 없다는 의미가 함축되어 있다. 스탠리 피시가 말한 대로, 세속적 관용의 체제 아래 있는 종교 지지자들은 이중생활을 할 수밖에 없다. 직장이나 공공의 영역에 들어설 때는 그들의 깊은 확신을 억눌러야 하기 때문이다. 사적으로는 공동체, 이타주의, 초월 같은 대안적 이상에 깊이 공감한다 해도, 공적으로는 "개인주의, 진보, 이윤, 세속주의" 같은 개념을 지지해야만 한다.[28]

　이렇듯 '관용'이라는 용어는 아이러니하게도 기독교에 대한 '불관용'을 정당화하는 데 쓰인다. 기독교는 사회에 해를 끼치는 포르노처럼 주의 깊게 억제해야 할 대상으로 취급되기까지 한다. DNA의 구조를 밝힌 것으로 명성이 높은 프란시스 크릭 Francis Crick 은, 기독교에 동의하는 어른들 사이에서는 기독교를 말할 수 있지만 아이들에게 그것을 가르쳐서는 안 된다고 말한 적이 있다.[29]

　이런 전후 사정을 파악하면, 미국이 대체로 기독교적 문화를 견지해 왔고 대중만 놓고 보면 산업화된 국가들 중에서도 여전히 가장 종교적인 나라인데도 법조계, 언론계, 학계, 연예계 등 힘 있는 기관들이 극도로 세속화된 이유를 알 수 있다. 피터 버거는 이런 식의 이상한 괴리에 대해 눈에 확 들어오는 비유를 제시한다. 그에 따르면, 종교 지지자의 수만 놓고 볼 때 통계적으로 세계에서 가장 종교적인 나라는 인도이고, 가장 세속적인 나라는 스웨덴이다. 그럼 미국은 어떻게 규정할 수 있을까? 미국은 '스웨덴인들'이 지배하는 '인도인들'의 나라다. 즉,

대중은 인도인들처럼 종교적이지만, 권력 지배층은 스웨덴인들처럼 세속적이라는 것이다.

이 비유를 좀 더 밀고나가 보자. '스웨덴 사람들 같은' 엘리트 집단은 권력을 어떻게 확립하고 유지할까? 그들은 '인도인들'의 도전을 어떻게 막아 낼까? 사실/가치의 분열이 그 일을 해준다. 인도인들의 견해는 위층으로 쫓겨나고, 진지한 진리 주장이 아니라 특별히 해로울 것 없는 개인적 소일거리 취급을 당한다. 예일의 법학교수 스티븐 카터Stephen Carter는 엘리트 사회가 종교를 "진지한 논의에서 언급되어야" 마땅한 주제로 인정하지 않고, "모형 비행기 제작 같은 취미 정도의" 사적이고 사소한 문제로 다룬다고 불평한다.[30]

다큐멘터리 영화 「추방」*Expelled*에는 놀라운 사례가 등장한다. 저돌적인 무신론 논객인 생물학자 P. Z. 마이어스Myers는 종교가 "뜨개질처럼" 주말에 재미로 하는 활동이 되고 "사람들의 삶에 아무 영향을 끼치지 않게" 될 날을 고대한다고 말했다.

물론 신학적 시각이 사적 영역에 갇혀 버리면, 공적 영역에는 세속적 시각만이 활개를 칠 것이다. 이것을 보면 "정부가 귀를 기울이지 않는다"는 미국 대중의 흔한 불평을 이해할 수 있다. 그들의 생각은 지적 수문장에 의해 차단되는 것이다. 사실/가치의 이원론은 표적 집단의 사회적·정치적 힘을 빼앗는 효과를 발휘한다. 엘리트 집단은 정치적 편의를 위해 한동안 그들을 용납할 수도 있다. 그러나 그들의 생각을 진지하게 받아들이지는 않고, 안전하겠다 싶은 정치적 분위기가 조성되면 바로 묵살해 버린다.

최근의 뉴스 기사 하나가 이런 일이 어떻게 이루어지는지를 잘 보여준다. 2008년 5월, 영국 의회는 실험실에서 동물-인간 혼종*을 만

※ 동물-인간 혼종
영국 의회는 동물에서 추출한 난자에 인간 DNA를 주입하는 혼종 배아 연구를 금지하는 수정안을 기각시켰다. 단, 인체나 동물에 배아 이식을 금지하며, 수정된 후 14일이 넘은 배아는 연구에 사용할 수 없도록 하고 있다. 일부 연구가들은 이 연구가 수많은 질병 치유의 길을 열어 놓을 것이라고 주장한다. 그러나 다른 과학자들과 종교 지도자들은 혼종 배아 창조는 비윤리적이고 맹목적인 '프랑켄슈타인 과학'이라고 말한다.

드는 연구를 승인했다. 「타임스」 과학담당 편집장은 그것을 "영국 과학과 자유로운 과학 연구의 분수령"이라며 환영했다. 그 다음 그는 이른바 '종교적 소수파'의 반대를 기각한 의회에 찬사를 보냈다.[31] 요점은, 의견이 다른 양측의 대립을 과학 대 종교의 대립으로 규정하면 더 이상의 논증이 불필요하다고 느낀다는 것이다. 동물-인간 혼종에 대한 모든 도덕적, 윤리적, 철학적, 형이상학적 반론은 가볍게 무시된다.

「뉴스위크」 종교담당 편집장은 대립하는 양측에 보다 냉혹한 꼬리표를 붙였다. "이성(理性)은 한 가지의 실재(우리가 아는 것)를 정의하고, 믿음은 또 다른 실재(우리가 알지 못하는 것)를 정의한다."[32] 모든 공적 토론에서는 우리가 아는 것이 우리가 알지 못하는 것을 이길 것이다. UC 버클리의 법학교수였던 필립 존슨[Phillip Johnson]은 이렇게 말한 바 있다. "불가지론자들이 미국을 다스린다.……그들의 형이상학(곧 과학적 자연주의)이 대학을 지배하고, 대학은 사회가 지식을 어떻게 정의할지 좌우하기 때문이다."[33] 즉, 대학이 "우리가 아는 것"을 정의한다.

토드 기틀린이 옳았다. 영문학과, 그리고 대학의 나머지 학과로 진격하는 사람이 결국 정치권력을 휘두르게 된다.

착한 경찰 vs 나쁜 경찰

사회의 진리관 운운하는 것이 추상적으로 들릴지 모르지만, 그 결말은 대단히 실제적이다. 사실/가치의 구분은 '착한 경찰 대 나쁜 경찰' 전략의 변형으로 생각할 수 있다. 세속주의자들이 자신만만할 때는 과학이 기독교의 오류를 입증했으니 성숙한 사람이라면 그 사실을 직시하고 종교가 주는 거짓 위안을 내버려야 한다고 노골적으로 주장한다.

나쁜 경찰의 태도다. 내가 대학생이던 때만 해도 교수들 대부분이 이런 태도를 보였다. 오늘날에는 크리스토퍼 히친스[Christopher Hitchens] 같은 새로운 무신론자들이 같은 논조로 말한다. "나는 종교를 조롱하고 증오하고 경멸해야 한다고 생각한다."[34]

하지만 대중이 무신론자들의 사회 장악 시도에 격렬하게 저항하면, 세속주의자들은 착한 경찰의 유화적 태도로 나온다. 갈등 같은 것은 존재하지 않으며 자신들은 모든 사람의 '소중한 가치'나 '확고한 신념'을 존중한다고 안심시키는 것이다. 그러나 그런 다정한 태도는 교묘한 속임수다. 신학적 견해가 과학, 정치, 교육, 사업, 보건 등의 '진짜 세계'에 영향을 끼칠 수 없도록 슬그머니 위층으로 밀어내는 전략이다. 그리고 대중이 그 말에 안심하여 잠잠해지면, 나쁜 경찰이 공격을 재개한다.

사례를 하나 살펴보자. 1998년, 세속적 휴머니즘 협회[CSH]의 회장 폴 커츠[Paul Kurtz] 는 나쁜 경찰 모드로 활동하고 있었다. 그는 다원주의로 인해 창조주가 존재하지 않는다는 사실이 결정적으로 증명되었다고 주장했다.[35] 하지만 몇 년 후, 미국 전역에서 '종교성'이 증가하자 커츠는 보다 유화적인 전략을 택했다. 그는 협회에서 발행하는 잡지 「회의적 탐구자」[Skeptical Inquirer]를 통해 모든 종교는 "환상과 허구를 다룬다"고 여전히 주장했다. 그러면서도 대중을 상대로 할 때는 에둘러 말해야 한다고 동료 회의주의자들에게 충고했다. "나는 종교를 어떤 의미로 쓰는지에 따라 종교와 과학이 양립할 수도 있다고 본다."

그럼 그는 종교를 어떤 의미로 썼을까? 그의 말을 들어 보자. "종교는 도덕적 시, 미적 영감, 수행해야 할 의식(儀式)을 제공한다. 창의적인 종교적 상상력은 위로와 기대의 이야기를 지어낸다. 그 이야기들은

❋ 폴 커츠
'이성의 옹호자'로 불리는 현대 세속적 휴머니즘의 대표적인 철학자(1925-2012). 오늘날 회의주의라는 생각을 운동의 한 형태로 만드는 데 크게 공헌했다.

인간의 갈망을 극적으로 표현해 내어 슬픔과 우울함을 이겨 낼 힘을 준다."[36] 착한 경찰이 구사하는 언어다. 그럴싸하게 포장한 말을 벗기고 보면, 심리치료의 일환으로서만 종교를 용인하겠다는 뜻이다. 종교가 위로와 영감을 제공할지는 모르지만 본질적으로 '환상과 허구'라는 것이다.

기독교가 "도덕적 시와 위로의 이야기"로 취급되는 한, 세속주의의 통치권에 어떤 위협도 되지 않는다. 잘 길들여져 전혀 위험하지 않다. 그러나 이것은 성경이 제시하는 확고하고 온전한 진리와 전혀 상관이 없다. 기독교가 감정을 표현하게 해주고 위로하는 것은 사실이다. 그러나 그것은 기독교가 실재에 충실하기 때문에 나타나는 현상이다.

한마디로, 세속주의자들은 자신들의 방식대로 종교를 정의하기만 하면 과학과 종교가 충돌할 일이 없다고 말하는 것이다. 그들의 말을 이렇게 표현할 수 있다. "가이사의 것은 가이사에게, 하나님의 것은 가이사가 인정하는 만큼만 하나님에게."[37]

이것이 착한 경찰 대 나쁜 경찰 전략의 핵심이다. 영역 분리의 교리는 평화를 유지할 방책으로 제시된다. 그러나 그 밑에는 작은 글씨로 이렇게 적혀 있다. "이 평화협정에 따르면 기독교는 보호구역에 들어가야 하고, 유물론적 입장의 과학과 충돌할 만한 내용을 사실인 것처럼 주장해서는 안 된다." 이것은 종교인들을 달래면서도 종교에는 그 어떤 진리 주장의 여지도 주지 않으려고 만든 전략이다.

스포츠팀은 상대편의 작전을 파악하기 위해 무슨 일이든 할 것이다. 그러나 그리스도인은 상대편의 작전을 이미 알고 있다. 세부 내용은 다를 수 있지만, 전략의 핵심은 진리를 일층과 이층으로 분리하는 것이다.

억압적 관용

하지만 진리의 분열은 그리스도인들만의 문제가 아니다. 그것은 모든 입장의 도덕적 근거를 부식시키는 결과를 가져온다. 세속적인 사람들도 그들이 지대한 관심을 갖는 도덕적 명분, 곧 여권신장, 환경보호, 낙태권과 동성애권 등을 열심히 홍보하고 싶어 한다. 문제는 그들이 생각하는 가치의 정의에 따르면, 그런 도덕적 견해는 어떠한 인지적 지위도 갖지 못한다는 점이다.

이것을 보면 정치적 올바름을 요구하는 목소리가 왜 그렇게 높은지 이해할 수 있다. 그 외에는 다른 어떤 형태의 올바름도 존재하지 않기 때문이다.[38] 도덕적 지식이 불가능하다면, 우리에게 남는 것은 사람들을 강제할 정치적·법적 조치뿐이다.

그 결과, 이른바 억압적 도덕률로부터의 해방을 갈망하는 사람들이 새로운 형태의 억압으로 가는 길을 열고 있다. 문예비평가 테리 이글턴Terry Eagleton의 설명에 따르면, "가치는 타동사다. 그것은 특정한 사람들이 특정한 상황에서 **가치 있게 여기는 무엇**을 뜻한다." 가치를 측정할 보편적 척도는 없다. 그것은 사적 취향의 문제일 뿐이다. 사적 취향은 이성적 설득이 가능하지 않다. 이렇게 되면 힘과 강압만 남는다. 각 집단이 선호하는 바를 다른 집단에 강요하는 것이다. 이글턴의 말대로, 가치는 "특정 사회집단이 다른 사회집단에게 권력을 행사하고 유지하는 도구"일 뿐이다.[39]

그렇다. 뉴욕 집회에 참석했던 십대들과 같은 젊은이들이 도덕적 상대주의를 쉽게 받아들이는 이유는 관용적인 사람, 남을 판단하지 않는 사람이 되고 싶어서다. 그러나 실제로 그들은 조작과 강압의 정치로 가는 문을 열고 있다. 도덕 사상에서 객관성의 상실은 해방이 아니라 억압으로 이어진다. 세속 이데올로기는 자유를 선포하지만 실제로는 독재를 저지른다.

이러한 문제를 인식한 일부 세속주의자들이 도덕의 객관적 지위를 살려 낼 길을 찾고 있다. 그들이 즐겨 쓰는 전략은 진화심리학*을 들먹이는 것이다. 자연선택이 인간의 이런저런 도덕적 특성을 해명했다고 주장하는 기사가 한 주가 멀다 하고 대중매체에 실린다. 기사의 주장은 이런 식으로 펼쳐진다. "당신네 기독교인들은 하나님 없이는 도덕도 있을 수 없다고 주장한다. 하지만 우리는 그 문제를 해결했다. 진화의 힘은 공감, 협력, 상호부조 및 기타 모든 형태의 사회적 유대를 창출할 수 있다. 이 행동들은 유전적 적합성의 확보와 생존 증진에 보탬이 되기 때문에 선택된 것이다."

어떤가! 진화가 도덕적 현실주의의 토대가 되고, 진화심리학자들은 새로운 사제 집단이 된다. 「뉴욕 타임스」 한 기사의 표현대로, "도덕이 진화가 만들어 낸 행동 규칙에서 생겨났다면, 그 규칙이 무엇인지 설명하는 일은 철학자나 신학자가 아니라 생물학자들의 몫이다."[40]

그러나 진화심리학이 도덕의 객관적 토대를 제공하는 데 정말 성공했는가? 천만의 말씀이다. 도덕이 유전자 전달처럼 '도덕과 관계없는 행동'의 관점에서 새롭게 정의되면, 그것은 더 이상 악을 버리고 선을 택하는 진정한 도덕적 행동이 아니다.[41] 선(善)은 집단의 협력을 높이고 생존을 보장하기 위해 자연선택이 인간 유기체 안에 주입한 환상이 된다. 진화심리학자 마이클 루즈$^{Michael Ruse}$는 이것을 직설적으로 표현했다. "도덕은 잘 협력하는 인류를 만들기 위해 우리의 유전자가 마련한 집단적 환상이다."[42]

*진화심리학
동물의 심리를 진화론적 관점에서 이해하려는 학문으로, 주로 인간의 심리를 연구한다. 특히 두뇌가 많은 기능적 메커니즘을 포함한다고 주장하는데, 이 메커니즘들은 자연선택에 의해 진화된 심리학적 적응 혹은 기작이라고 불린다.

한마디로, 도덕에 대한 진화론적 설명은 용어 얼버무리기에 의존하고 있다. 선과 악을 말하지만 그것은 더 이상 도덕적 범주에 속하지 않는다. 다윈은 1838년, 공책에 이렇게 휘갈겨 썼다. "그렇다면 우리의 혈통이 우리가 가진 악한 욕망들의 기원이다! 개코원숭이 형상을 한 악마가 우리의 조상이다!" 즉, 우리가 악하다고 부르는 것은 조상에게 물려받은 동물적 욕망일 뿐이다. 개코원숭이 유전자가 그렇게 하도록 만들었다.

그러나 우리가 '악'이라고 부르는 것이 진화의 자연적 산물이라면, 우리가 그것에 반대할 근거는 전혀 없다. 이 말은 인류는 결국 억압과 불의와 결탁하게 될 것이라는 뜻이다. 어느 두 철학자가 도발적인 논문을 통해 다윈주의자는 철저한 허무주의자[nihilists]가 되어야 마땅하다고 주장했다. 다윈주의자는 "우주에 어떤 의미나 목적도 없다"고 믿는 형이상학적 허무주의자가 되어야 한다. 그리고 일체의 "본질적 가치와 의무를 부인"하는 윤리적 허무주의자가 되어야 한다. 왜 그러한가? 도덕은 의미와 목적으로 가득 찬 세상에서만 설 자리가 있기 때문이다.[43] 도덕은 인간이 어떤 일을 하도록 설계되었는지, 다시 말해 인간의 삶의 목적이 무엇인지를 진술하는 하나의 방식이다. 설계자가 없다면 설계는 물론 설계의 목적도 존재하지 않는다. 그러므로 진정한 도덕이란 존재할 수 없다.

다윈주의 진화론이 일층에서 사실로 받아들여진다면, 도덕은 인지적 가치가 없는 이층으로 옮겨질 수밖에 없다. 그렇게 되면 한 집단이 그들만의 가치를 나머지 집단에 강요하는 억압을 피할 길이 없다.

진정한 관용과 자유를 위해서는 진리를 두 영역으로 구분하는 행태에 문제를 제기해야만 한다. 분열된 진리 개념을 고수하는 이들은

✢ 허무주의
무(無)를 뜻하는 라틴어 *nihil*에서 나왔다. 일체의 사물이나 현상은 존재하지 않고 인식되지도 않으며 아무런 가치도 지니지 않는다고 주장하는 사상적 태도.

흔히 자신이 개방적이고 관용적이라고 생각한다. 그러나 실제로는 자신의 편협하고 제한되고 세속적이며 문화적으로 조건화된 진리관을 다른 사람들에게 강요하고 있다. 진리의 통일성을 회복하는 것이 교회와 사회 모두의 갱생을 위한 열쇠다.

세속적 바리새인들

사람들이 이렇게 분열된 진리관을 극복하도록 돕는 최선의 전략은 무엇일까? 이 분열에 대한 가장 강력한 비판은 누구도 그것을 일관성 있게 실천할 수 없다는 것이다. 진리의 분열로 인해 생겨난 두 영역은 상호모순의 성격을 가지며, 그대로 안고 살 수 없을 만큼 비현실적으로 과장되었다.

아래층에서 시작해 보면, 현대의 많은 과학사가와 과학철학자들은 과학이 순전히 객관적이고 중립적인 사실만을 추구하지 않는다는 것을 인정한다. 과학자도 여느 사람처럼 개인적 이해관계, 직업적 야심, 정치적 입장, 형이상학적 세계관 등에 의해 영향을 받는다. 오늘날 학계를 점령한 주류 세계관은 진화론적 자연주의인데, 이것은 단순히 사실들의 집합이 아니라 사실에 대한 **해석**을 시도하는 설명 체계다. 한 과학 저널리스트는 이렇게 털어놓았다. "나는 생명의 기원에 대한 유물론적 설명을 찾게 될 것이라고 믿는다. 하지만 그 확신은 과학이 순전히 유물론적 용어나 자연주의적 용어로 생명의 역사 전체를 설명하는 과제를 담당한다는 믿음에서 나온다." 그의 결론은 이렇다. "내 믿음은 분명 타당한 근거가 있다. 하지만 역시 믿음은 믿음이다."[44]

불행히도, 대부분의 과학자들에게는 이러한 자각이 없다. 사실/가치의 이분법에 눈이 멀어 자신의 견해도 믿음이라는 사실을 보지 못한다. 그 결과, 세속적 세계관은 객관적이고 불편부당하다는 엉터리 주장을 거침없이 내세운다. 이제는 그들의 허세를 지적해야 할 때다.

위층도 비현실적이기는 마찬가지다. 일관성 있는 도덕적 상대주의자는 없다. 대부분의 사람들은 세상의 불의와 억압을 뼈아프게 인식하고 있고, 그것이 잘못된 일이라고 믿는다. 단순히 불쾌하거나 개인적으로 역겹다는 정도가 아니라 정말 잘못된 일이라고 보는 것이다. 그들은 불의에 반대하는 입장을 위층의 사적 가치 정도로 취급하지 않는다.

누구도 그럴 수는 없다. 모든 인간은 하나님의 형상을 따라 만들어졌기에 본질적인 도덕감각이 내장되어 있다. 로마서 2장이 말하듯, 하나님의 계시된 율법을 모르는 사람들도 도덕법이 "마음에 새겨져" 있다. 그 결과 그들은 마음으로 끊임없이 판단을 내린다. "그 사람, 그러면 안 되지." "그 여자, 너무 둔감해." 사람은 도덕적 평가를 중지한 채 단 몇 시간도 버틸 수 없다.

도덕이 상대적이라고 주장하는 사람들의 경우도 다르지 않다. 한번은 유명한 무신론자인 버트런드 러셀[Bertrand Russell]이 선과 악에는 객관적인 타당성이 없다는 이론을 자세히 설명했다. 그러나 불과 몇 분 만에 그는 누군가를 "지독한 악당!"이라고 맹렬하게 성토했다.[45] 아이러니하게도, 도덕적 상대주의자들은 자신이 다른 이들보다 도덕적으로 우월하다고 자부한다. 자신은 관용적이고 남을 판단하지 않으니까, 참을 수 없을 만큼 독선적이고 폐쇄적이며 최악의 비난을 받아 마땅한 이들과는 다르니까 말이다. 예수님의 비유에 등장해 자신이 다른 사람들과 같지 않다고 하나님께 감사했던 바리새인처럼[눅 18:11], 모든 집단은

※ 버트런드 러셀
영국의 철학자·수학자·사회 평론가(1872-1970). 수리 철학, 기호 논리학을 집대성하여 분석 철학의 기초를 쌓았다. 평화주의자로 제1차 세계대전과 나치스에 반대했으며, 원폭 금지 운동, 베트남 전쟁 반대 운동에 앞장섰다. 1950년에 노벨 문학상을 수상했다.

도덕적 우월감을 가질 수 있는 지점을 내세우며 남들과 다르다고 주장한다. 도덕적 상대주의는 관용과 겸손을 내세우지만 실제로는 매우 도덕주의적이고 비판의 태도를 부추긴다.

　결론은, 실생활에서 사실/가치의 이분법에 따라 사는 사람은 없다는 것이다. 많은 사람들이 도덕적 상대주의의 언어를 흡수하지만, 그것은 그들이 실제로 사는 모습과 일치하지 않는다. 그들의 진짜 모습과도 일치하지 않는다. 그들은 경험주의 진리관에 넘어간 것이다. 그러나 그런 진리관에 따라 살려면 자신의 인간성을 훼손하지 않을 도리가 없다.

소크라테스의 슬로건

또한 대부분의 사람은 통합된 인생관을 갈망한다.『완전한 진리』가 출간된 후, 나는 태평양 연안 서북부 지역(오리건과 워싱턴, 그리고 아이다호 북부)에 자리를 잡고 영성의 주제만을 다루는 한 라디오 방송국에서 인터뷰를 했다. 프로그램이 시작되자 사회자는 첫 번째로 이런 질문을 했다. "기독교 세계관에 대해 쓸 때 당신이 전달하고자 하는 내용은 무엇입니까?"

　청취자들이 진보적인 뉴에이지 신봉자일 가능성이 높다는 것을 알고 있었기에 나는 인간의 보편적인 관심사를 강조하기로 했다. 나는 "세계관의 문제는 사실 통합의 문제"라고 대답했다. "사람들이 자신의 세계관을 의식하고 있어야 한다는 말은 '반성하지 않는 삶은 가치가 없다'는 소크라테스의 격언과 맥을 같이합니다. 무엇이 참인가에 대한 근본적인 생각을 점검한 후, 그에 근거하여 삶의 모든 영역에서 일관성 있게 살고자 힘써야 한다는 뜻입니다."

나는 이러한 통합성을 이루는 것은 소크라테스 시절보다 지금이 더 어려울 것이라고 설명했다. 현대사회가 대단히 파편화되어 있기 때문이다. 공과 사의 분리로 인해 우리는 공적 영역에 들어갈 때는 개인의 굳은 확신을 내려놓아야 한다는 압박을 받는다. 이로 인해 통합성이 위기를 맞게 되었다. 세계관 개념은 '통합'(이 용어는 '온전함'을 뜻하는 라틴어 단어에서 유래했다)^{integrity}의 삶을 추구하는 인간의 자연적인 갈망을 표현한다.

라디오 프로그램 진행자는 큰 관심을 보였다. 그리스도인은 공적인 삶에서도 자신의 깊은 확신에 충실하게 살아가고 싶어 하고, 자신의 영성이 일요일에 교회에서 하는 활동뿐 아니라 환경과 전 세계적인 문제들에 대해서도 의미 있는 것이기를 바라며, 개인적인 인간관계만이 아니라 사업이나 공공정책에도 도덕적 시각을 적용하고 싶어 한다는 점이 모두 이해가 되었던 것이다. 뉴에이지를 신봉하는 청취자들이 어떤 부분에서는 성경적 원리에 동의하지 않겠지만, 내가 택한 접근법은 그들의 적대감을 완화해 주었다. 그들 역시 삶의 전반에 걸쳐 자신의 확신들을 자유롭게 표현하는 온전한 사람이 되는 일에 공감할 수 있었다.

가톨릭 철학자 루이 뒤프레^{Louis Dupré}는 우리 시대가 직면한 어려움의 핵심이 통합적 진리의 부재라고 말했다. "우리는 문화를 파편화된 상태로 경험한다. 우리는 의미의 조각만을 받아들일 뿐 그 모두를 하나로 묶어 내는 전체적인 비전이 없다." 그 결과, 사람들은 자기통합의 필요를 강하게 느끼게 되었다. 기독교는 인간의 삶을 통합하고 일관된 인격 구조를 만들어 낼 힘을 가지고 있지만, 그 일이 이루어지려면 기독교를 모든 소소한 진리를 묶어 내는 궁극의 진리로 받아들여야 한다. 뒤프레는 "믿음은 삶의 작은 부분으로 머무를 수 없고" 반드시 "존재의 다른 모든 측면을 통합"해야 한다고 말한다.[46] 이보다 못한 것은 우리의 열정에 불을 지를 만큼 아름답지 않고, 우리의 인격을 변화시킬 만큼 강력하지도 못하다.

비판자들이 흔히 주장하는 것과 달리, 이것은 신정정치의 비전이 아니다. 교회의 목표는 모든 기관을 통제하는 종교 기관이 되는 것이 아니기 때문이다. 그것은 교회가 국가와 학교, 예술과 전문직 길드 guild ○에 대해 권위를 행사했던 중세 시대의 오류였고, 그 결과로 억압이 이루어졌다. 사실, 사회의 어떤 기관이라도 다른 기관을 지배하면 자유가 사라지는 결과를 낳는다. 이것은 20세기가 극단적인 전체주의 사회들을 통해 가르쳐 준 교훈이다. 구소련과 같은 지역에서는 국가가 사회의 하부구조 전체를 흡수해 궤멸시켰고 그로 인해 잔혹함과 강압이라는 끔찍한 대가를 치러야 했다.

종교개혁이 제시하는 두드러진 통찰은 기독교가 개인과 평신도 조직의 활동을 통해 사회에 영향력을 행사한다는 것이었다. 개인과 평신도 조직은 교회의 보살핌과 가르침은 받지만 교회의 지배를 받지 않고 하나님께 직접 책임을 진다. 이것이 코람데오(문자적으로 "하나님의 얼굴 앞에서")*Coram Deo*라는 종교개혁 원리의 의미다. 교회는 성경적 세계관으로 개인을 준비시키고, 전선으로 내보내 성경적 진리의 토대 위에서 창의적으로 생각하고 행동하도록 돕는다. 그 결과로 나타나는 것은 억압이 아니라 멋진 창조력의 향연이다.

⊕ 길드
중세 시대에 상공업자들이 만든 상호 부조적인 동업 조합. 서유럽의 도시에서 발달하여 11-12세기에는 중세 영주의 권력에 대항하면서 도시의 정치적·경제적 실권을 쥐었지만, 근대 산업의 발달과 함께 16세기 이후에 쇠퇴하였다.

세속주의자들에게 다가가기

세속주의자들이 성경의 진리 개념을 '듣게' 만드는 것이야말로 오늘날 그리스도인들이 사회에 말을 걸고자 할 때 직면하는 가장 큰 어려움일지도 모른다. 1940년대에 C. S. 루이스는 "종교는 사실에 관한 일련의 진술, 곧 참이거나 거짓일 수밖에 없는 진술을 포함한다"고 썼다.[47] 오늘날 이것은 도발적인 언사다. 대부분의 사람들은 더 이상 종교가 사실을 다룬다고 믿지 않고, 참과 거짓의 문제라고도 생각하지 않는다.

보도기자 존 마크스는 『신앙의 이유』에서 성경의 진리 개념을 설명하려 시도하는데, 마치 인류학자가 미지의 종족의 관습을 해석하는 듯하다. 마크스는 분위기를 고조시켜 가면서 거의 한 페이지 전부를 할애해 성경이 말하는 진리가 무엇인지 전달하고 있다.

"성경을 믿는 기독교인이 말하는 진리는……문화에 의해 좌우되는 것이 아니며, 궁극적으로 언어가 만들어 낸 어떤 것이 아니다"(즉, 진리는 사회적 구성물이 아니다). 그것은 "시간의 흐름에 영향을 받지 않고 세대가 바뀐다고 해서 달라지지 않는다"(진리는 시간이나 장소에 영향을 받는 상대적인 것이 아니다). 성경은 "분명한 하나님의 말씀이다"(그것은 초월적 근원에서 나왔다). 그것은 "존재의 궁극적 사실, 희석되지 않은 있는 그대로의 사실이다"(성경은 궁극적 진리다). 복음은 "물에 풀어지지도, 불에 타지도 않는다. 그것은 궁극의 진리. 최종적인 것이다."[48] 본문이 결론의 클라이맥스로 올라가는 동안 점점 커지는 나팔소리가 들리는 듯하다.

마크스가 성경의 진리 개념(자신은 받아들이지 않는)을 설명하는 데 이렇듯 애를 먹는 모습은 오늘날 그리스도인이 직면한 어려움을 잘 보여 준다. 사람들에게 성경의 메시지가 진리라는 확신을 주려면, 그리스도인은 자신이 **어떤 진리**를 말하고 있는지 먼저 설명해야 한다. 사람들의 마음을 옥죄고 있는 사실/가치의 이분법에서 그들을 해방시켜야 한다. 그리스도인은 세속주의자들이 구사하는 작전을 분석함으로써 그들의 전략에 맞서고 세속적인 사람들과 보다 효과적으로 대화할 수 있게 될 것이다.

이와 같이 중요한 과제를 성취하기 위해 우리는 시야를 넓혀 큰 그림을 보아야 한다. 분열된 진리 개념이 세계화된 세속적 세계관의 핵심이기는 하지만, 그래도 그 한 가지 측면일 뿐이다. 모든 진리관(인식론)은 실재관(형이상학)과 이어져 있다. 사실과 가치의 이분법은 이원론적 인간관으로 이어지고, 이것은 낙태, 안락사, 성(性) 같은 영역에 치명적인 결과를 가져온다. 다음 장에서는 우리 시대의 가장 비통한 윤리적 논쟁점들에 대응하는 법을 살펴보기로 하자.

3.

섹스, 거짓말 그리고 세속주의

"남자나 여자나 일층뿐 아니라 맨 위층도 있거든. 맨 위층은 거부하면서 일층만 가질 수는 없어."

조지 버나드 쇼

기독 청년들 사이에서도 인기 있는 작가 앤 라모트$^{\text{Anne Lamott}}$는 몇 년 전에 누군가의 자살을 도왔다. 그러나 그녀는 전혀 죄책감을 느끼지 않았다.

"내가 죽인 사람은 끝내고 싶어 하지 않았지만 선택의 여지가 별로 없다고 생각했다." 「로스앤젤레스 타임스」에 기고한 글에서 라모트는 이렇게 적었다.[1] 암으로 몸이 점점 망가지고 정신마저 약해지자, 그는 자살에 필요한 치사량의 약을 구해 주겠다는 라모트의 제의를 받아들였다. 라모트는 먼저 의료인을 속여 필요한 약을 구했다. "나는 약삭빠르고 비밀스러운 방법으로 치사량의 알약을 손에 쥐게 해줄 처방전을 구했다." 그 다음에 절구와 절굿공이로 알약을 빻고 애플소스를 섞어 친구에게 건네주었다.

네 이웃을 미워하라

그 친구는 "기독교인인 내가 조력자살에 확고한 지지 의사를 보이는 것에 깜짝 놀랐다." 그녀는 자신의 입장을 정당화하기 위해 성경이나 기독교 도덕사상사의 자료를 뒤지지 않았다. 대신에 인생을 학교에 비유하면서 불완전이수 학점을 받고 중퇴해도 괜찮다는 말로 친구를 안심시켰다. 라모트는 자신이 기독교인이라고 밝히고 있지만, 생명을 하나님이 주신 선물로 여기는 성경의 원리를 던져 버렸다. 그녀의 글은 사람의 목숨에 대한 심각한 문제를 다루고 있지만 기독교적이라 할 만한 요소가 없다.

라모트의 견해는 세계화된 세속주의 교리와 여러 면에서 일치한다. 그녀는 조력자살뿐 아니라 낙태에 있어서도 윤리적·정치적으로 자유주의적인 입장이다. 그보다 전에 「로스앤젤레스 타임스」에 기고한 글에서는 한 콘퍼런스에서 낙태 반대 입장을 사납게 성토한 일을 소개하기도 했다. 그녀는 "그리스도인이자 페미니스트로서 '로 대 웨이드' 판결*로 삶이 바로잡히고 구원받은 여성들"을 지지할 수밖에 없다고 설명했다.[2]

낙태로 "삶이 바로잡히고 구원"받았다? 이것은 본질적으로 세속 윤리의 입장 위에 성경 용어를 덧씌운 것에 불과하며, 그리스도인이 세속주의 세계관에 말려들 수 있음을 잘 보여준다. 일관성 있는 삶을 유지하기 위해서는 세계화된 세속주의의 윤리적 표현방식을 파악해야 한다. 죽음과 절망 쪽에 힘을 보태는 이들에 맞서서 "네 이웃을 사랑함"이 옳다고 적극적으로 주장해야 한다.

생명윤리 분야에서는 최신 논쟁이나 뉴스 기사에 정신이 팔리기 쉽다. 그러나 당장의 사건들은 해수면에 나타나는 파도처럼 표면적인 결과다. 그것은 지각판과 같은 근저의 세계관이 움직인 결과로 생겨난다. 세계관 차원에서 접근할 때 비로소 그리스도인은 낙태 같은 사회적 해악을 성토하는 것밖에 할 줄 아는 것이 없는 가혹하고 성난 사람, 남을 판단하는 사람의 이미지를 넘어서서, 성경의 지혜가 정의롭고 인간적인 사회로 이어질 수 있음을 적극적으로 보여주는 사람이 될 수 있다. 항의 집회와 플래카드만으로는 충분하지 않다. 인간의 존엄성을 전략적으로 지키기 위해서는, 구호를 외치는 것보다 더 깊은 차원으로 들

* '로 대 웨이드' 판결
헌법에 기초한 사생활의 권리가 낙태의 권리를 포함하는지에 관한 미국 대법원의 가장 중요한 판례. 1973년 미국 연방 대법원은 여성은 임신 후 6개월까지 임신중절을 선택할 헌법상의 권리를 가진다고 판결하였다. 이로 인해 낙태를 금지하거나 제한하는 미국의 모든 주와 연방의 법률들이 폐지되었다.

어가 사람들의 생각에 영향을 끼치는 세속적 세계관을 드러내야 한다.

이원론 살인

조력자살과 낙태 같은 생명윤리적 사안 배후에는 어떤 세계관이 놓여 있을까? 한 여자의 사연을 렌즈 삼아 탐색해 보기로 하자. 영국의 방송 진행자 미란다 소이어는 금발의 미인으로 진보적 페미니스트를 자처한다. 그녀는 언제나 당당하게 낙태를 찬성했지만, 첫아이를 임신하고 나서 고민이 시작되었다.

"나는 내 배 속에 있는 생명을 원했기에 그것을 '아기'라고 불렀다. 하지만 내가 원하지 않았다면, 죽여도 무방한 세포 덩어리로 생각할 것이다." 그녀가 생각해도 앞뒤가 맞지 않는 말이었다.

하지만 소이어는 자신이 낙태를 반대하는 상황을 상상할 수가 없었다. 그것은 끔찍한 일이었다. "우리 아기가 생겨난 정확한 시점이 언제인지 한참을 생각해 보았다. 내가 임신검사를 받기 전에 아기가 거기 있었을까? 무언가가 있었다. 그렇지 않다면 검사 결과가 양성으로 나올 수 없었을 것이다. 그것은 무엇이었을까? 사람? 잠재적 사람? 생명체? 생명체가 정확히 무엇을 뜻하는 거지?"

도대체 무엇일까? 소이어는 냉동 배아에서 태어난 '눈송이 아이들'을 만나보았다. "배아를 실험실에서 인공적으로 만들어 냉동시킨 상태로 수백 킬로미터 떨어진 곳으로 배송하여 누군가의 자궁에 착상시켰을 때 살아남아 아이로 자란다면, 낙태 반대론자들이 분명히 옳았던 것 아닐까? 생명은 수정과 더불어 시작되는 것이 분명하다." 하지만 그녀는 어떤 식으로건 낙태를 법적으로 제한하는 것을 여전히 강력하게 반대했다.

그러다 마침내 그녀는 결정적인 구분을 제시한 도덕철학자를 만났다. 태아는 살아있지만 **인격체**는 아니라는 구분이었다. 그녀는 이렇게 결론을 내렸다. "결국, 생명이 수정과 더불어 시작된다는 데에는 동의할 수밖에 없었다. 그러나 그것이 생명체라는 사실보다는 그 생명체가 인격체가 될 수 있을 만큼 충분히 자랐는지가 더 중요하다."[3]

이 구분은 오늘날 널리 받아들여진다. 그러나 '인간'이라는 개념에 어떤 일이 벌어졌는가? 둘로 쪼개져 버렸다. 어떤 시점에 생명이 시작되었어도 인격체는 그보다 나중에 완성된다면, 그 둘은 별개의 것이 된다. 일상 대화에서 우리는 '인간'$^{human\ being}$과 '인격체'^{person}라는 용어로 같은 대상을 가리킨다. 그러나 '로 대 웨이드' 판결에서 대법원이 태아는 처음부터 '인간'이지만 나중의 어떤 시점이 되어서야 '인격체'가 된다고 판결하면서 둘은 갈라졌다. 이것은 인간됨의 의미에 대한 지독히 파편화된 견해이며, 미국인들이 위험천만한 비인간화를 초래하는 시각으로 자신과 다른 사람을 바라보게 만드는 결과를 낳고 있다.

물론 고대로부터 대부분의 사회에서는 인간이 육체적 요소와 영적 요소, 곧 몸과 영혼으로 이루어진다고 생각했다. 오늘에 이르러 새로워진 부분은 이 두 요소를 쪼개 서로 모순되는 방식으로 재정의한 데 있다. 앞으로 살펴보겠지만, 인간의 '몸'은 모더니즘적인 과학 개념과 일치하는 복잡한 메커니즘에 불과하다고 여겨진다(사실 영역). 반대로 인간의 '인격'은 포스트모더니즘의 자아 개념과 일치하는, 근거 없는 선택과 자율성의 관점에서 정의된다(가치 영역). 이 두 개념이 치명적인 이원론으로 분리된 상태에서 상호작용하여 낙태, 안락사, 성, 기타 여러 삶의 문제에 대한 현대의 논쟁을 만들어 낸다. 이층집의 이미지를 활용하여 이원론을 그려 보면 이렇게 될 것이다.

자유주의 인간관

인격 — 자율적 자아(포스트모더니즘)

- -

몸 — 생화학적 기계(모더니즘)

앞 장에서 우리는 진리 개념의 분열이 세계화된 세속주의 세계관의 핵심이라고 진단했다. 그 필연적인 귀결로 인간성의 개념이 분열되었다. 아래층에서 인간의 몸은 기구나 장치 정도의 가치밖에 없는 메커니즘으로 축소되는데, 이 견해에 따르면 인간의 생명과 DNA를 가지고 무제한의 실험을 하는 것이 가능해진다. 동시에 위층에서는 포스트모던한 자아가 자신의 욕망에 대한 일체의 도덕적 제약을 자유에 대한 침해라고 성토하며 거부한다. 인간의 본성 자체를 규제 없이 개조할 수 있는 수문이 활짝 열렸다.

기계 속의 유령

몸과 자아가 어떻게 분리되었는지 이해하기 위해서는 잠시 역사를 되돌아보아야 한다. 계몽주의 이전에는 자연을 하나님의 뜻이 가득 담긴 그분의 피조물로 여겼다. 자연적 영역과 영적 영역 사이의 갈등은 없었다. 둘 다 단일한 지성의 산물이었기 때문이다. 모든 피조물이 통합된 전체로서 조화를 이루었다(핵심적인 구분은 하나님에 대한 사랑과 충성 대 하나

※ 목적론
이 단어는 사물의 목표나 목적, 또는 이상적 상태를 뜻하는 그리스어 *telos*에서 나왔다.

님을 떠난 죄와 소외였다). 전문용어를 써서 말해 보자면, 기독교는 목적론적 teleological※ 자연관을 낳았다. 인간의 이상적 상태는 하나님의 형상이다. 우리는 하나님의 성품을 반영하도록 창조되었다. 도덕법은 그 목표에 이르는 방법을 알려 주는 지침이고, 하나님이 원래 인간에게 바라셨던 온전한 사람이 되는 법에 관한 설명서다.

그 설명서의 가장 중요한 출처는 물론 성경에 기록된 하나님의 말씀이다. 그러나 또 다른 출처는 그분이 자연 속에서 하시는 말씀이다. 우리는 자연에서 하나님의 원래 목적을 가리키는 표적, 타락한 세상에도 여전히 남아 있는 하나님의 형상의 흔적을 읽을 수 있다. 예를 들어, 남녀의 생물학적 대응성은 하나님이 "매우 좋다", 도덕적으로 선하다고 선언하신 본래 창조의 일부이기에 도덕의 기준이 된다. 도덕규범은 자의적인 것이 아니라, 하나님이 인간 본성을 창조하신 방식에 근거하고 있다.

하지만 현대 과학의 발흥과 더불어 많은 서구인이 기계론적 자연 모델을 받아들이기 시작했다. 14세기 무렵, 유럽에서 기계시계는 흔히 볼 수 있었는데 일부는 상당히 정교해서 자동인형이 나왔다 들어갔다 하거나 시계 안에서 돌아다니기도 했다. 프랑스 스트라스부르 대성당의 시계에는 철과 구리로 만들어진 수탉 모양의 자동인형이 있었다. 매일 정오가 되면 녀석은 날개를 펼치고 부리를 움직이며 혀를 내밀고 세 번 울었다(갈대와 풀무를 이용해 소리가 나는 구조였다). 그것을 보며 그 지역 사람들은 베드로가 그리스도를 세 번 부인한 일을 기억했다. 그 다음에는 세 명의 동방박사가 등장해 마리아의 품에 안긴 아기 예수에게 절을 한다. 이 기계시계와 인형들은 자연 자체에 대한 강력한 은유가 되었다. 장난감 모형이 감추어진 기어와 바퀴와 스프링으로 작동해 머

생물도 로봇일까? 스트라스부르 대성당 시계(1354)

리를 움직이고 팔을 흔들 수 있다면, 생물 내부에서 일어나는 현상도 같은 방식으로 설명할 수 있다고 주장하는 사상가들도 나타났다.

　기계론적 모델에 근거한 자연관은 성경적 자연관과 완벽하게 양립할 수 있었다. 기계론적 자연관의 초기 주창자들은 로버트 보일⁺과 아이작 뉴턴 등 대체로 그리스도인들이었다. 따지고 보면 기계는 발명자, 설계자가 있어야 한다. 우주가 태엽으로 돌아가는 기계장치와 같다면, 누군가 그것을 만들어 태엽을 감았을 것이 분명하다. 그 외에도, 장치는 어떤 기능을 수행할 목적으로 만들어진 것이기 때문에, 우주 또한 어떤 목적을 위해 창조된 것으로 볼 수 있었다. 역사학자 존 허먼 랜들John Herman Randall은 이렇게 적었다. "뉴턴 과학의 전체 형식을 받아들이

⁺ 로버트 보일
영국의 화학자이자 물리학자 (1627-1691). 일정 온도에서 기체의 압력과 그 부피는 서로 반비례한다는 보일의 법칙을 발견하고, 원소의 정의를 명확히 밝혔으며, 화학을 실용화학으로부터 하나의 학문으로까지 발전시켰다.

는 한, 과학적 가설로 외적 창조주를 믿을 수밖에 없었다."⁴

그런데 르네 데카르트 철학에 이르러서는 기계론적 접근법이 정신/몸의 과격한 이분법으로 굳어지기 시작했다.⁵ 그는 인간의 몸을 일종의 로봇 또는 태엽 인형으로 보았다. "나는 몸이 흙으로 만들어진 조각상이나 기계에 불과하다고 본다." 그 움직임은 "부분들의 배열에 어김없이" 따른다. 시계의 움직임이 "평형추와 바퀴의 힘과 위치와 모양"에 좌우되는 것과 마찬가지다.

하지만 데카르트는 가톨릭 신자였기 때문에 몸이 죽은 후에도 살아남을 수 있는 정신이나 영혼의 개념을 지키고 싶어 했다. 따라서 그는 정신을 로봇 몸과 어떤 식으로든 연결된 자유롭고 자기 충족적인 의식으로 정의했는데, 그의 표현을 그대로 옮겨 보면 "이 기계와 연결된 이성적 영혼"이다. 한 철학자의 설명에 따르면, 데카르트의 이원론은 "교회와 과학자들 사이에 타협과 화해를 가져오는 것처럼 보였다." 이원론의 규칙은 다음과 같다. "각자에게 각자의 관할구역을. 과학자에게는 물질과 그 기계론적 운동법칙을, 신학자에게는 정신적 실체와 인간의 영혼을."⁶

데카르트의 이원론에는 불손하게도 '기계 속의 유령'이라는 이름이 붙었다. 이 입장은 서구 사상가들에게 어마어마한 어려움을 안겨 주었다. 그렇게 반대되는 실체들이 어떻게 단일한 통합체를 이룰 수 있단 말인가? 로봇의 몸과 생각하는 정신이 어떻게 통합된 전체로 기능할 수 있을까? 이 두 실체는 (성경의 몸과 영혼 개념처럼) 그냥 다른 것이 아니라 상호배타적이다. 철학자 자크 마리탱Jacques Maritain은 이렇게 말한다. "데카르트의 이원론은 사람을 각기 완결된 두 실체로 나눈다. 한편에는 기하학적 연장(延長)에 불과한 몸이 있고, 다른 한편에는 생각이 전부인 영혼이 있다." 인간은 "쪼개졌다."[7]

　이층집 이미지로 설명해 보면, 아래층은 맹목적이고 기계론적인 자연법칙에 따라 움직이는 몸이고 위층은 독립적이고 자율적인 자아다. 한 기독교 철학자가 말한 대로, 데카르트는 "우리의 총체적 경험의 세계를 두 개의 반구로 분리시켰다."[8]

자연에 걸려 있던 마법 벗기기

서구 사상은 마침내 '두 개의 반구'로 나누어졌다. 이 분리에 대해서는 이후 여러 장에 걸쳐 자세히 다룰 생각이지만, 생명윤리의 가장 시급한 문제를 파악하려면 중요한 부분들을 먼저 살펴볼 필요가 있다. 세속주의 세계관의 성장과 함께, 많은 사상가들이 우주(기계)는 더 이상 그것을 창조할 설계자나 태엽을 감을 천상의 기계공이 필요하지 않다고 판단했다. 그들은 우주가 지시를 받지 않는 자동적인 물리력으로 작동하는 자기창조 발전기와 같다는 그림을 내놓았다. 자기창조 우주라는 말이 모순어법이라는 사실은 개의치 말라(어떤 것이 존재하기 전에는, 창조를 담당할 '자기'라는 것이 없다). 자기진화 우주의 개념은 초월적 창조주의 필요성을 몽땅 제거하는 역할을 했다.

　이 세속화된 세계관은 심각한 도덕적 결론을 함축하고 있었다. 자연이 인격적 신의 작품이 아니라면, 자연은 신의 선한 목적을 보여주는 표지를 갖고 있지도 않고 도덕적 진리의 토대를 제공하지도 않는다는 뜻이 된다. 철학자 데이빗 웨스트(David West)의 설명에 따르면, 자연은 "물질이 확장된 기계론적 체계가 되었으며 그 안에는 어떠한 종교적·도덕적 중요성도 없다." 목적과 설계 같은 것은 자연의 범주에서 제외

되었고, 인간 정신에 있는 심적 관념을 설명하는 개념으로만 여겨지게
되었다.

다음 단계가 결정적으로 중요하다. '하나님의 뜻'을 계시하지 않는
자연은 인간이 자신의 뜻을 강요해도 무방한 도덕적으로 중립적인 영
역이 되었다. 웨스트의 설명을 옮기자면, 자연이 "하나님의 뜻의 발현"
이라고 여겨졌을 때 지식의 목표는 "하나님의 뜻을 이루는 것"이었고
그분의 뜻에 맞게 사는 것이었다. 그러나 세속주의가 제시하는 자연은
하나님의 뜻을 계시하지 않는다. 그러므로 지식의 유일한 목표는 "자
연을 예측하고 제어하는 능력"을 향상시켜 우리의 필요를 채우고 원하
는 것을 얻는 것이다.[9]

사실/가치의 이원론으로 표현하자면, 자연은 가치중립적인 **사실**
의 영역이 되어 인간들이 선택하는 **가치**에 봉사하는 역학을 하게 되었
다.[10] 신학자 N. T. 라이트[Wright]의 생생한 표현을 빌려서 말해 보면, 계몽
주의는 "우리가 성인이 되었다, 신은 이제 위층으로 쫓아 버릴 수 있다,
우리가 원하는 대로 마음껏 세상을 굴릴 수 있고 외부의 개입 없이 우
리에게 유리한 대로 세상을 분할할 수 있다"는 생각을 퍼뜨렸다.[11]

가치중립적인 자연관의 대상에는 인간의 몸도 포함되었다. 몸은
자율적 자아의 선택에 내맡겨진 원재료에 불과해졌다. 휘튼 칼리지의
로저 런딘[Roger Lundin]의 말을 빌면, 자연과 몸 모두 "인간의 지극히 사적
인 목적을 위해서도 쓰일 수 있는, 본질적으로 도덕과 무관한 메커니
즘"이 되었다.[12]

우리는 이런 견해를 자칭 자유주의 철학자인 피터 버코위츠[Peter
Berkowitz]의 정의에 따라 '자유주의'라고 부를 수 있다. 그에 따르면, "각
세대의 자유주의 사상가들은 이전까지 자연에 의해 고정된 것으로 여

겨졌던 삶의 차원들"에 초점을 맞추고 실제로 그것들이 "인간의 의지와 재구성에 열려 있다"는 것을 보여주려 한다.[13] 다시 말하면, 이전 세대는 하나님께 받은 목적을 표현해 주는 고정되고 보편적인 인간성이 존재한다고 생각했다. 예를 들어 이성 간의 결혼은 인간 본성에 근거한다는 생각이 그것이다. 그것이 인간에게 적합하게 만들어진 삶의 방식이었다. 그에 반해 자유주의는 고정되거나 보편적인 인간 본성의 존재 자체를 부인한다. 인간은 우연히 물질로 만들어진 존재이자, 우리를 염두에 두지 않은 맹목적인 진화력의 산물이다.[14] 결혼은 진화의 역사상 어떤 시점에서 적응력을 발휘하여 만들어 낸 사회적 행동이지만 인간 본성에 본질적인 것은 아니다. 우리는 결혼을 자유롭게 재정의할 수 있다. 그것은 "인간의 의지와 재구성"에 무제한적으로 열려 있다.

인간의 몸은 제어와 조직이 가능한 일종의 소유물이 되었다고 말할 수 있겠다. 철학자 대니얼 데닛(Daniel Dennett)은 차 운전을 비유로 든다. "17세기 데카르트 이래 우리는 차를 소유하고 제어하듯 몸을 소유하고 제어하는 일종의 비물질적인 혼령으로 자아를 생각해 왔다."[15] 즉, 몸은 더 이상 인간의 인격체를 이루는 통합적인 일부로 인식되지 않고 생물학과 화학의 차원에서만 작동하는 '인격 이하'의 것으로, 자아의 욕망에 이바지하는 소유물로 여겨진다.

인간을 분열시키다

이와 같은 역사를 알고 나면 놀랍게도 낙태 논쟁을 새로운 통찰력을 가지고 바라볼 수 있게 된다. 과거에 낙태 지지자들은 태아가 인간이라는 사실을 부정했다. "그것은 단순한 세포조직의 덩어리"라고 말했다. 하지만 유전학과 DNA 기술이 발전한 현대에 태아가 인간이라는 사실을 부정하는 윤리학자는 사실상 없다. 태아는 생물학적으로도, 유전적으로도, 과학적으로도 분명한 인간이다. 그러나 이것은 '사실 영역'에만 해당한다. 앞에서 보았다시피, 사실 영역에서 바라본 인간의 생명은 맹목적이고 기계론적인 자연의 힘의 산물에 불과하기에, 거기에는 어떠한 본질적 존엄함이나 가치도 없다(아래층). 그 결과, 인간이라는 사실만으로는 아무 도덕적 지위도 부여받지 못하게 되었다. 법적 보호를 받을 수 있다는 보장도 없다. 태아가 '인격체'가 되는 단계에 이르러야 전환점이 찾아오는데, 대체로 이것은 자의식과 자율성을 발휘하고 선택을 내릴 능력을 갖추는 것으로 정의된다(위층).

'인격성 이론'이라 불리는 이 급진적 이원론은 오늘날 자유주의 생명윤리학자들 사이에서 유행하고 있다. 예를 들어, 자유주의 가톨릭 신학자 한스 큉Hans Küng은 이렇게 적고 있다. "수정란은 분명 인간 생명체지만 인격체는 아니다." 프린스턴 대학의 윤리학자 피터 싱어Peter Singer는 "인간 유기체의 생명은 수정과 더불어 시작된다"고 인정하면서도 "인격체의 생명……일정 수준의 자의식을 가진 존재는 그렇게 일찍 시작되지 않는다"고 주장한다. 상황윤리✳의 주창자로 유명한 조지프 플레처Joseph Fletcher는 "중요한 것은 인간의 지위가 아니라 인격체의 지위"라고 말한다. 그의 견해에 따르면, 유전적 결함이 있는 태아와 신생아는 인격체의 지위를 얻지 못한다. 그것들은 '인격체 이하'로서 살 권리를 인정받지 못한다.[16] 앞에서 쓴 도식을 변형하면 인격성 이론을 다음과 같이 나타낼 수 있을 것이다.

이 이론의 결점은, 인격성이 생물학으로부터 분리될 경우 그것을 정의하는 방식이 사람마다 제각각일 수밖에 없다는 점이다. 일부 윤리

✳ 상황윤리
성공회 소속 신부이자 윤리학자였던 플레처 교수가 '새 도덕'을 설명하면서 제시한 윤리사상으로, 구체적인 상황에 처한 개인은 자신의 윤리적 당위를 스스로의 직관을 통해 식별해야 하거나 윤리규범을 글자 그대로 따라야 한다고 주장한다. 인간이 살아가는 삶의 공간에는 경직된 율법적 태도로 "옳다 그르다, 선이다 악이다"를 판단하기 어려운 회색지대가 있으며, 어떤 행위의 정당성은 법이나 보편적 관습에 의해서보다는 발생된 상황과의 관계에서 판단되어야 한다.

인격성 이론

인격 ─ '인격체'는 자유와 도덕적 존엄을 가지고 있다

몸 ─ '인간'은 처분 가능한 기계다

학자들은 발달한 유기체가 신경 활동을 보여주거나 고통을 느끼거나 특정한 수준의 인지 기능이나 의식에 도달할 때 비로소 인격성이 생겨난다고 말한다. 예를 들어 싱어는 이렇게 말한다. "내가 '인격체'라고 부르는 대상은 미래를 예견하고, 미래에 원하거나 바라는 것이 있는 존재를 가리킨다."[17] 이러한 기능이 없는 인간을 그는 '비인격체'nonperson라고 부른다.

다른 윤리학자들은 살고 싶은 욕구에 초점을 맞춘다(여기에는 생명은 누군가 그것을 원할 때만 가치가 있다는 전제가 깔려 있다). 존 해리스John Harris는 인격체를 "자신의 존재를 가치 있게 여길 수 있는 생물"로 정의한다. 살고 싶다는 분명하고 의식적인 욕구를 가질 만큼 인지적으로 충분히 발달한 사람의 경우에만 그를 죽이는 일이 죄가 된다. "비인격체, 또는 잠재적 인격체는 살해를 당해도 부당한 대우를 받았다고 할 수가 없다. 그들에게는 죽음으로 인해 빼앗길 수 있는 것이 없기 때문이다. 살고 싶은 욕구를 가질 수 없다면, 그 욕구가 꺾이는 일도 있을 수 없다. 설령 살해를 당한다 해도."

이렇듯 상충되는 여러 정의를 보면 생물학적 인간이라는 명백한 사실로부터 인격성을 분리할 경우 인격성을 정의하는 일이 얼마나 어려워지는지 알 수 있다. 미란다 소이어는 인간의 인격성이 출생 전 어

느 시점에서 시작된다는 결론을 내렸다. "배아가 고통을 느끼거나 개성을 보여줄 만큼 발달한 후에……그 생명을 끊는 것은 잘못이다." 그러나 해리스는 그런 생각에 코웃음을 친다. "인간 배아가 9개월 동안 발달한다 해도 인격체라 불릴 만한 것이 나타나려면 아직 한참 멀었다."[18] DNA 이중나선의 공동 발견자인 제임스 왓슨James Watson은 갓 태어난 신생아를 대상으로 3일간 유전자 검사를 실시하여 살려 줄지의 여부를 결정해야 한다고 말했다. 싱어에게 인격성은 아이가 세 살이 되었을 때도 여전히 '회색 영역'이다.[19] 따지고 보면, 걸음마쟁이가 인지적 기능이 있으면 얼마나 있겠는가?

결론은 분명하다. 인격성의 개념이 생물학과 분리되면 주관적이고 자의적인 판단이 개입하여 비인도적 행위와 억압의 문이 열리게 된다. 생명의 어떤 단계에 있든지, 누구라도 '비인격체'의 지위로 떨어져, 살 권리가 없는 존재로 취급될 수 있다.

낙태 찬성은 과학에 어긋난다

이러한 배경지식을 알고 있으면 낙태를 지지하는 가장 흔한 논증에 대처할 수 있게 된다. "낙태를 찬성하는 윤리학자들은 과학을 근거로 삼는 반면 낙태 반대론자들은 종교에 호소한다. 그래서 그들의 견해는 공공정책에서 설 자리가 없다"는 말을 자주 듣는다. 스탠리 피시는 가톨릭계 잡지 「퍼스트 띵스」First Things에서 이렇게 적고 있다. "낙태 찬성론자들은 낙태가 과학이 제시하는 생명의 시작 시점을 존중해서 내리는 결정이라 여긴다." 반면 "낙태 반대론자들은 낙태가 수정 순간에 생명을 불어넣는 신에게 저지르는 죄라고 말한다."[20]

그러나 이런 고정관념은 상황을 완전히 거꾸로 제시하고 있다. 2008년 대선 기간에 낙태를 종교적 사안으로 취급한 쪽은 낙태를 찬성하는 후보자들이었다. 인간의 생명이 언제 시작되느냐는 질문을 받은 버락 오바마는 "그런 신학적 질문에 제가 주제넘게 답할 입장이 아니라고 본다"라고 대답했다. 조지프 바이든Joseph Biden ※ 은 "저는 로마가톨릭 신자로서" 말하지만 "유대인과 무슬림 및 여타의 사람들은" 생각이 다를 수 있다고 대답했다.

그에 반해, 낙태를 반대하는 지도자들은 한결같이 과학에 호소한다. 부시 전 대통령의 생명윤리위원회 위원이었던 유발 레빈Yuval Levin 은 이렇게 밝힌다. "인간 생명의 시작 시점을 묻는 질문은 신학적 질문이 아니라 근본적으로 생물학적 질문이다.……인간 생명은 분명하게 과학적으로 정의된다."[21] 그리고 그 과학적 정의는 수정과 더불어 시작된다. 그 순간 이후 본질적으로 새로운 현상은 발생하지 않는다. 벌새건 인간이건, 개별 생명체는 그 유기체에 내재하는 능력을 드러낼 뿐이다.

물론 인간은 생물학적 유기체를 훨씬 능가하는 존재다. 하지만 생물학은 인간의 지위에 대한 객관적이고 보편적으로 탐지 가능한 표지를 제공한다. 그러나 인격성이 생물학과 분리된 채 자유주의적으로 정의되면, 그 정의는 어떤 객관적 기준도 없이 포스트모던 공간을 막막하게 떠다닐 뿐이다. 한 인격체가 도덕적으로 가치가 있는지의 여부를 결정할 때 어떤 능력이나 기능을 고려해야 할까? 그 능력이나 기능이 얼마나 발달해야 인격체로 인정할 수 있을까? 자유주의 윤리학자들은 나름의 개인적 선택과 가치에 따라 각기 다른 지점에 선을 긋는다.

아이러니하게도, 낙태 반대론자들이 공적 영역에 사적 가치를 끌어들인다는 비판을 받지만, 실제로 사적 견해와 가치에 의지하고 있는

※ 조지프 바이든
2008년 미국 대통령 선거의 민주당 부통령 후보로 출마해 당선되어 2009년 1월 20일 제47대 부통령으로 취임했고, 2012년 오바마 대통령에 의해 다시 지명되어 재선에 성공했다.

쪽은 낙태 찬성론자들이다.

심지어 피시도 자신이 한 말을 취소해야 했다. 앞서 인용한 「퍼스트 띵스」의 원고를 쓴 지 2년 만에 그는 자신이 한 말을 철회했다. "오늘날, 생명이 언제 시작되는가라는 과학적 질문을 핵심 사안으로 삼는 쪽은 낙태 반대론자들이다. 반면 낙태 찬성론자들은 이 질문을 '형이상학적'이거나 '종교적'인 질문으로 바꾸고 싶어 한다."[22]

과학이 낙태 반대 입장을 너무나 분명하게 지지하는 상황이라, 이제 일부 낙태 찬성론자들은 과학을 거부하고 나선다. 예일 대학 교수 폴 블룸[Paul Bloom]은 「뉴욕 타임스」에 실은 글에서 이렇게 말했다. "문제는 생물학적 의미의 생명이 아니다. 그보다는 세포들의 덩어리가 물리적 대상 이상의 존재로 넘어가는 마법의 순간을 묻는 것이다." 어떤 마법적 힘에 의해 단순한 물리적 존재가 존엄을 가진 인격체로 바뀌어 그를 죽이는 일이 도덕적으로 문제가 되는 것일까? 블룸은 그것이 "과학자가 결코 대답할 수 없는 질문"이라고 말했다.[23]

이와 비슷하게, 「낙태 평론」[Abortion Review]의 편집장 제니 브리스토[Jennie Bristow]는 본질을 가리는 연막처럼 과학을 취급하며 떨쳐 버리려고 최선을 다하고 있다. "낙태 반대론자들은 태아의 생존 가능성에 대한 '과학적 증거'를 내세우고 있다. 지금은 여성의 선택권을 지지하는 '도덕적 논증'을 재진술해야 할 시점이다." 그녀가 쓴 글의 제목은 이렇다. "낙태, 더 이상 과학의 뒤로 숨지 말라."[24]

한마디로 자유주의자들은 자신들의 입장이 과학에 어긋난다는 점을 인정하고 있다. 직설적으로 말해, 낙태 지지자들은 과학적 차원에서 논증을 펼칠 수 없게 되었다. 그들은 배아가 생물학적으로 인간이라는 사실을 더 이상 부인하지 못한다. 그 결과, 그들은 자신들의 논거를 인격성이라는 위층 개념으로 옮겨 놓았다. 그곳에서 인격성을 규정하는 일은 철저히 그들의 개인적 선택에 달려 있다. 그들의 견해를 법제화하는 것은 그들의 사적 가치를 다른 모든 사람에게 강제하는 것이다.

성경과 몸

물론, 낙태 반대론자 중에 종교를 가진 사람이 많다는 것은 사회학적 사실이다. 하지만 그렇다고 해서 그들의 논증이 영이나 영혼에 대한 신학적 가르침에 의존하고 있다는 뜻은 아니다. 여기서 관건이 되는 진짜 문제는 **몸의 지위**라고 말할 수 있을 것이다. 낙태를 옹호하는 논증들을 보면, 도덕적 가치를 자기 인식이나 자의식 같은 정신 능력에서만 찾고 있다. 몸은 인격보다 낮은 수준의 것으로 폄하된다. 몸은 어떠한 도덕적 부담도 없이 변형, 조작, 실험, 파괴할 수 있는 일종의 원재료 정도로 하찮게 치부된다. 인간의 생명이 비용편익분석만 거치면 되는 공리적 계산의 대상으로 축소된다.

　이것은 성경적 기독교가 가르치는 내용과 달리 인간의 생명을 무시하는 견해다. 성경에 따르면, 물질계는 하나님이 창조하셨고 궁극적으로 구속(救贖)하실 것이기 때문에 그 자체로 본질적 가치가 있다. 초대교회 당시 이것은 혁명적인 주장이었다. 고대 이교 문화에는 플라톤주의*나 영지주의처럼 세상을 부정하는 철학이 퍼져 있었다. 이런 이원론 철학들이 말하는 구원은 몸이라는 감옥에서 영혼이 해방되는 것이었다.

　그와 같은 문화적 상황에서 초대교회가 내세운 성육신, 곧 하나님이 친히 인간의 육체를 입으셨다요 1:14는 주장은 놀라운 개념이었다. 예

❋ 플라톤주의
일반적으로 플라톤의 철학을 계승하는 사고방식을 의미하며, 개별적인 감각적 사물로부터 초월·분리하여 존재하는 이데아의 존재를 세계의 설명 근거로 삼는 입장을 말한다. 플라톤이 중기 대화편에서 사용한 영혼의 육체로부터의 분리, 원형으로서의 이데아와 그 모사로서의 현상세계의 구별과 같은 일련의 설명 방식도 포함해 생각하는 경우가 많다.

수님이 죽은 자들 가운데서 몸으로 부활했다는 주장도 마찬가지였다. 이 가르침이 얼마나 놀라웠던지 2세기의 영지주의자들은 이것을 통째로 부정했다. 그들은 예수님이 고차원의 영적 세계에서 온 '아바타'로, 물리적 세계에 잠시 들어와 깨달음을 전해준 뒤 더 높은 존재 상태로 돌아갔다고 가르쳤다. N. T. 라이트는 그들이 "부활의 언어를 사적 영성과 이원론적 우주론으로 번역했다"고 설명했다.[25]

오늘날처럼 당시 사회도 이원론적 견해를 훨씬 잘 받아들였다. 딱 맞는 예를 들어 보자면, 영지주의자들은 그리스도인들과 달리 로마 제국의 박해를 받지 않았다. 왜 그랬을까? 사적인 영역에 머무는 영성은 권력에(잔혹하고 부패한 권력이라 해도) 전혀 위협이 되지 않기 때문이다. 기둥에 묶여 화형을 당하고 사자에게 던져진 사람들은 그리스도인이었다. 그들은 예수님이 죽은 자들 가운데서 살아나 새로운 부활의 몸을 받으신 것이 하나님이 약속하신 새 창조의 시작이며, 새롭게 창조된 세계에서는 모든 불의와 부패가 일소될 것임을 알고 있었다. 그들은 이원론을 거부하고 현재 자신이 있는 곳에서 불의에 맞설 힘을 얻었다.

교회는 모든 하나님의 백성이 '몸의 부활'을 통해 그 새로운 창조에 참여하게 될 것이라고 사도신경을 통해 담대하게 선언한다. 다시 말해, 우리는 물질세계 바깥으로 구원을 받는 것이 아니라 물질세계와 함께 구원을 받을 것이다. 마지막 때에 하나님은 첫 번째 창조가 실수였다는 듯이 시공간에 자리 잡은 물리적 세계를 폐기하지 않으실 것이다. 성경은 하나님이 이 세계를 회복하고 새롭게 하여 새 하늘과 새 땅으로 재창조하실 것이라고 가르친다. 인간은 죽음의 순간에 일시적으로 몸과 영의 분리를 겪지만, 그것이야말로 죽음이 "마지막 원수"고

전 15:26라고 불리는 이유다. 하나님이 통합된 상태로 있기 원하시는 것을 죽음이 갈라놓고 있기 때문이다. 새 창조의 세계에서는 몸과 영이 재통합될 것이다. 영원히! 몸의 부활 교리는 물리적 세계가 중요하다는 것을 말해 준다. 그것이 하나님께 중요하기 때문에 하나님의 백성도 그것을 중요하게 여겨야 한다.[26]

이 교리는 고대 세계에서 그랬듯 오늘날에도 놀라움의 대상이다. 서구 문화는 이교주의의 행보를 따라 물질적 영역을 폄하하는 이원론으로 역주행하고 있다. 자유주의자들에게 맞서 인간의 몸을 귀하게 보는 이들은 뜻밖에도 정통 그리스도인들이다.

자유주의자들은 흔히 이렇게 말한다. "당신이 낙태에 반대한다면 낙태하지 마세요. 하지만 당신의 생각을 다른 사람에게 강요하진 마세요." 처음에는 그럴듯한 말처럼 들릴 수 있다. 그러나 자유주의자들이 이해하지 못하는 것이 있다. 모든 사회적 관행의 밑바닥에는 세상이 어떤 곳인가에 대한 특정한 가정, 곧 세계관이 놓여 있다는 사실이다. 한 사회가 어떤 관행을 받아들이면, 그것을 정당화하는 세계관도 덩달아 흡수하게 된다. 따라서 낙태는 개인이 선택하는 사적인 문제라고 말할 수 없다. 이 문제의 핵심은 어떤 세계관이 우리 사회 공동체의 삶에 영향력을 행사하게 할지를 결정하는 것이다.

인격성 이론은 인간을 철저히 이원론의 시각으로 바라보고 인간의 몸을 이용 가능한 상품으로 축소시킨다. 그런 세계관을 받아들이면, 태아뿐 아니라 궁극적으로 모든 사람의 생사를 좌우하게 될 결과가 따라오게 된다. 비인간화를 초래하는 그와 같은 세계관은 우리 모두를 위험에 빠뜨린다. 이러한 면에서 볼 때 그리스도인들이 성경적 세계관을 진리로 주장하는 것은 사회 전반에 걸쳐 모든 사람의 인권과 존엄을 보호하려는 노력이 되는 것이다.

테리를 겨냥하다

동일한 이원론적 세계관이 안락사의 근저에 놓여 있다. 자발적 안락사, 또는 조력 자살을 옹호하는 사람들은 인간 존엄의 본질이 자기 생명을 의식적이고 의도적으로 통제할 능력에 있다고 주장한다(위층). 그런 정신적 통제력이 질병이나 부상으로 사라지거나 위협을 받으면, 그때는 인격성 자체가 사라진 것이 된다. 남는 것은 생물적 생명뿐이다(아래층). 앞서 보았다시피, 인간의 몸은 그 자체로는 어떠한 본질적 가치도 없는 생화학적 기계 취급을 받게 된다.

미니멀리즘※ 작곡가 스티브 라이시Steve Reich가 2002년에 작곡한 오페라에 이러한 추론이 잘 드러나 있다. 오페라 대본에는 두 과학자의 인용문이 나란히 실려 있다. 먼저 동물학자 리처드 도킨스가 인간은 "우리 유전자가 만들어 낸 기계"에 불과하다고 주장한다. 다음으로 생물학자 로버트 폴락이 논리적 결론을 이끌어 낸다. "나는 어떤 기계든 플러그를 뽑는 데 죄책감을 느끼지 않는다."[27]

비자발적 안락사는 어떠한가? 놀랄 것도 없이, 개인이 사전 동의를 할 능력조차 없다면 그것 자체는 그가 더 이상 인격체가 아니라는 의미로 해석된다. 가장 잘 알려진 사례가 2005년의 '테리 시아보 사건'※이다. 언론은 그 사건을 죽을 권리의 사례로 제시했지만, 테리는 죽어 가는 상황이 아니었다. 불치병에 걸린 것도 아니었다. 따라서 논쟁의 핵심은 죽음이 아니라 인격성 이론이라고 할 수 있다.

한 텔레비전 논쟁에서 플로리다 대학의 생명윤리학자가 이런 질

※ 미니멀리즘
단순함과 간결함을 추구하여 단순성, 반복성, 물성 등을 특성으로 절제된 형태 미학과 본질을 추구하는 예술과 문화의 흐름. 기교나 각색을 최소화하고 사물의 근본, 곧 본질만을 표현했을 때 현실과 작품과의 괴리가 최소화되어 진정한 리얼리티가 달성된다는 믿음에 근거하고 있다.

※ 테리 시아보 사건
테리 시아보는 15년 동안 식물인간으로 살다가 법원의 판결로 영양공급 튜브를 제거해 숨진 미국인이다. 영양공급관의 제거를 요구하는 남편과 이를 반대하는 시아보의 부모 사이에 7년 동안 법정 소송이 벌어졌으며, 이것은 세계적인 안락사 논쟁을 불러일으켰다.

문을 받았다. "테리가 인격체^{person}라고 생각하십니까?"

"아닙니다. 저는 그렇게 생각하지 않습니다. 의식이 있어야만 인격체라고 말할 수 있습니다."[28]

테리 사건의 구체적인 내용에 대해서 어떻게 생각하든, 이 진술은 그 사건이 가지고 있는 더 광범위한 중요성을 포착하고 있다. 인격성 이론에 따르면, 정신장애가 있는 개인은 분명 인간이기는 하지만 더 이상 **인격체**는 아니다.

테리의 음식과 물 공급 중단을 지지했던 이들 중에는 신경학자 로널드 크랜퍼드^{Ronald Cranford}도 있었다. 그는 의식이 있고 부분적으로 움직일 수 있는 장애인들에 대해서도 음식과 물 공급 중단을 주장했다. 캘리포니아에는 뇌손상을 입었지만 (유명한 물리학자 스티븐 호킹처럼) 색깔 못을 사용해 논리 시험을 치를 수 있고 전동 휠체어를 타고 병원 복도를 다닐 수도 있는 사람이 있었는데, 크랜퍼드는 그 사람에 대해서도 급식 튜브를 제거하고 죽게 내버려 두어야 한다고 주장했다.[29]

물론 전문 의료인들은 생명을 살리는 일과 단순히 죽음을 지연시키는 일의 차이를 실제적으로 구분해야 한다. 하지만 지금 우리는 그런 사례를 논하는 것이 아니다. 최선의 치료에도 불구하고 몸의 모든 기관계가 작동을 중지하는 상태라면, 의사의 개입은 죽음에 이르는 시간을 연장시키는 의미밖에는 없을 것이다. 그에 반해 인격성 이론은 적극적으로 생명을 끊는 일을 정당화하는 데 쓰인다.

인격성 이론에 따르면, 인간이라는 사실만으로는 도덕적으로 의미가 없다. 개인은 선택을 내리고 자의식을 발휘하는 능력 같은 추가적인 기준을 충족하여 인격성의 지위를 얻어야 한다. 거기에 이르지 못하는 사람은 비인격체로 강등된다. 그리고 많은 윤리학자들이 비인격체는 연구와 장기 적출 등 공리적 목적에 쓰일 수 있다고 주장하기 시작했다. 『죽음의 문화』*Culture of Death*의 저자 웨슬리 스미스*Wesley Smith*는 이 것을 가리켜 "인간을 상대로 노천채굴을 하자는" 제안이라며 그렇게 되면 인간의 생명이 사고팔 수 있는 상품이 될 것이라고 경고한다.**30**

배아 농장

※ 인간 배아
정자와 난자의 자연적인 수정을 통한 것이 아니라, 인위적으로 핵을 제거한 난자에 복제하려는 사람의 체세포 핵을 이식하고 이를 실험실에서 배양해 체세포를 제공한 사람과 유전적으로 동일한 세포덩어리(배아)로 키운 것을 말한다.

인간 배아*는 이미 시장성 있는 재화 취급을 받고 있다. 이층집 패러다임에서 인간 배아는 인격체가 아니라 생물학적 개체일 뿐이다. 그러므로 사회에 주는 편익이 비용을 초과한다는 공리적 계산이 나올 경우, 인간 배아를 파괴해도 도덕적으로 문제가 되지 않는다. 많은 미국인들이 새로운 치료법 연구를 위해 인간 배아를 심고, 수확하고, 특허를 내고, 팔 수 있다는 생각을 받아들였다. 인간 배아를 또 다른 자연자원 정도로 여기는 것이다.

하지만 일이층의 이원론을 거부하고 나면, 배아가 모든 발달 단계에서 생물학적으로 인간이라는 사실과 인격성이 떼려야 뗄 수 없이 이어져 있음이 드러난다. 배아를 파괴하는 것은 성인을 죽이는 일과 도덕적으로 유사하다.

더욱이, 전형적인 배아 연구에서는 인간 생명을 파괴할 목적으로 배아를 만들어 낸다. 이는 배아가 온전한 사람인지 확신하지 못하는 이들도 거북하게 여기는 대목이다. 사람을 어떤 외재적 목적의 수단으로써만 보아서는 안 되고 내재적으로 가치 있는 존재로 여겨야 한다는 것은 윤리학의 근본원리다. 우리가 일상 대화에서 말하는 것처럼, 사람을 '이용'하는 것은 잘못이다. 웨슬리 스미스가 지적한 대로, 아무리 초기 단계의 "인간 생명이라 해도 콩처럼 수확할 수 있는 자연자원 정도로 취급하면" 심각한 비인간화를 초래하게 된다.[31] 이렇듯 인명을 공리주의적으로 바라보는 견해는 사회 전체를 거칠고 잔인한 곳으로 변모시킨다.

다윈슈타인

아이러니하게도, 배아 연구는 꼭 필요한 연구가 아니다. 성체줄기세포를 이용한 연구가 도덕적 문제도 없으며 지금까지 탁월한 결과를 내놓았다. 일부 과학자에게 배아 연구의 진정한 의의는 그것이 전면적인 유전공학으로 가는 첫걸음이라는 데 있다. 오늘날 많은 과학자들이 받아들이는 자연주의나 유물론 철학에 따르면 인간은 유전자가 자연적으로 만들어 낸 산물에 불과하다. 그것이 사실이라면, 인류를 향상시키기 위해 유전자를 조정해야 한다는 생각은 논리적인 결론이다. 그리고 배아 연구가 그 도구로 쓰인다.

자칭 '초인간주의'transhumanism라는 운동이 유전자 변형을 통해 진화를 끌고 나가야 한다고 사회에 촉구하고 있다. 초인간주의자들은 오늘날 존재하는 인간 생명이 어떠한 내재적 가치나 존엄성도 없다고 주장한다. 우리는 끝없는 진화의 사슬 중 한 단계에 불과하다. 지금과 같은 우연한 세포 배열은 진화의 다음 단계에서 추월당할 것이다. 철학자 존 그레이John Gray는 시적 표현을 구사하여 인간은 "유전자의 바다에서 생겨나는 해류에 불과하다"고 적었다.[32]

하지만 이것이 함축하는 바는 그리 시적이지 않다. 옥스퍼드의 주도적 초인간주의자 닉 보스트롬Nick Bostrom은 인간 본성이 "진행 중인 작업, 우리가 바람직한 방식으로 개조하는 법을 알아낼 수 있는 설익은 출발점"이라고 썼다.[33] 그러나 무엇이 바람직한 것인지는 누가 결정하는가? 인간 본성을 개조할 힘은 누가 가지고 있는가?

그리고 거기서 멈출 이유가 없지 않은가? 인간이 세포들의 우연한 모음에 불과하다면, 다른 여러 종에서 세포를 추출하고 인간의 그것과 섞어 인간-동물 혼종을 만들어 내지 않을 이유가 없지 않겠는가? 초인간주의자들은 호모 사피엔스가 인지적 척도로 볼 때 다른 종들보다 높지 않으므로(때로는 낮다) 동물 DNA와 인간 DNA의 혼합을 가로막는 어떤 윤리적 장애물도 존재하지 않는다고 주장한다. 또 이런 형질전환(문자적으로 "종을 뛰어넘어")trans-genic 기술이 인간 역량을 향상시키고 탈인류post-human race를 만들어 낼 기회를 제공한다고 말한다.

이 기술은 동물들의 역량을 향상시키는 데도 쓰일 수 있다. 미래학자 제임스 휴스James Hughes는 침팬지를 유전적으로 '끌어올려' 인간 정도의 지적 능력을 갖게 하는 일을 옹호한다. 침팬지의 유익을 생각해서가 아니라, 그렇게 되면 침팬지가 인격체의 법적 지위를 부여받을 자격이 있다는 사실이 입증될 것이기 때문이다. "인격체는 꼭 인간일 필요가 없고, 모든 인간이 다 인격체인 것도 아니다."[34] 휴스의 이 말은 인격성의 개념이 얼마나 불확실하고 모호한지 잘 드러내 준다.

배아학자 브라이언 굿윈Brian Goodwin에 따르면, 이 모든 미래의 시나리오 배후에는 "종 같은 것은 없다"는 다윈주의적 가정이 깔려 있다. 우리가 '종'species이라 부르는 것은 사실 늘 개체수를 달리하며 진화를 거듭하는 유기체들 가운데 일시적으로 정한 분류이며, 유전자의 물줄기에 생기는 소용돌이에 불과하다는 것이다. 이런 다윈주의적 가정 때문에 "인간 본성의 개념마저 잃어버렸다"는 것이 굿윈의 설명이다. 그 결과 "생명은 부분들의 집합", 곧 미래의 진보에 대한 일부 유전학자들의 생각에 맞게 "이리저리 갈아 끼울 수 있는 원자재가 된다."[35]

생물학자 토머스 아이스너Thomas Eisner는 문학적 비유를 사용해 하나의 종은 "자연의 도서관에 보관된 장정본"이 아니라 "낱장을 교체할 수 있는 책이며, 낱장에 해당하는 유전자들을 다른 종에 선별적으로 보내어 변형시킬 수 있다"고 말한다.[36] 많은 것을 말해 주는 비유다. 생명의 책에 저자가 없다면, 생명체를 통합적인 전체로 바라볼 근거가 없다. 저자가 이야기를 들려줄 때는 모든 부분을 하나로 묶어 주는 공통의 주제나 목적이 있기 마련이다. 그러나 만일 생명이 맹목적이고 물질적인 힘에 의해 우연히 생겨났다면, 모든 것을 통합하는 주제는 없을 것이다. 유기체를 마음대로 섞고 짝지을 수 있는 유전자 및 기타 예비 부품들이 임의로 모인 것에 불과하다.

인본주의가 만드는 지옥

초인간주의자들은 기술이 창조한 유토피아가 금세라도 들이닥칠 것처럼 한껏 들떠서 말하곤 한다. 케임브리지 대학의 에이드리언 울프슨Adrian Woolfson은 우리가 "새로운 계몽주의 시대의 첨단"에 살고 있다고 열광적으로 말한다. 마침내 "우리 자신의 본성을 수정해 인공생명을 창조할 가능성을 품을 수 있게 되었다."[37] 그러나 이 유토피아적 비전은 환상이다. 참으로 인간다운 사회를 만들어 내는 데 가장 중요한 요소는 기술 수준이 아니라 해당 사회를 지배하는 세계관이다. 그리고 인간 생명에는 고유한 가치나 존엄성이 없다고 말하는 세계관은 아무리 진보된 도구와 장비를 갖추었다 해도 유토피아를 이룰 수 없다.

이 주장을 입증하기 위해 굳이 유전공학 같은 첨단 사례를 들먹일 필요도 없다. 인격성의 조건을 임의로 정할 수 있다면, 수준 낮은 기술로도 누가 살고 누가 죽을지 얼마든지 결정할 수 있다. 실용주의 철학자 리처드 로티^{Richard Rorty}는 부유한 나라들이 결국 가난한 나라들을 상대로 '경제적 환자 분류'를 해야 할 수도 있다고 진지하게 말한 바 있다. 따지고 보면, 역사상 어느 사회나 부족, 종족, 인종, 종교 등 다양한 기준을 내세워 특정 집단에 '인간 이하'라는 딱지를 붙이고 인간의 범주에서 배제했다. 인권이 누구에게나 보편적이라는 생각은 기독교가 들여온 전혀 새로운 개념이었다고 로티는 지적한다. 보편적 인권의 근거는 "모든 인간이 하나님의 형상으로 창조되었다"는 성경의 가르침이다.

로티는 다윈 때문에 인류가 더 이상 창조를 받아들이지 않는다고 지적한다. 그렇다면 생물학적으로 인간이라고 해서 모두가 동등한 존엄성을 갖고 있다고 더 이상 주장할 수 없으며, 인권을 내세울 자격이 있는 집단은 따로 있다는 기독교 이전의 생각으로 자유롭게 돌아갈 수 있다.

어떤 기준으로 인권의 자격을 얻을 집단을 선택해야 할까? 가장 논리적인 기준은 경제적 기준일 것이라고 로티는 주장한다. 상호부조 개념은 돈을 고려한 개념이어야 한다. "우리에게는 이 사람들을 도울 경제적 자원이 정말 있는가?" 이렇게 물어보자는 것이다. 그러면 모두가 동일한 권리를 가져야 한다는 생각이 "실행 불가능한 것임이 확연히" 드러난다. "우리가 생각할 수 있는 어느 기술로도 모든 가정이 부유해질 수는 없고, 세계의 운 좋은 지역에 사는 가족이 자녀들에게 기본적으로 제공하는 기회는 나머지 사람들에게 꿈같은 이야기일 것이다." 따라서 "50억에 이르는 국제연합의 가난한 회원국 국민들"이 부유한 나라 국민들과 같은 인권을 가지고 있다고 의미 있게 진술할 방법이 없다는 것이 로티의 결론이다.

그래서 어쩌라는 것인가? 부국들은 세계의 가난한 사람들을 도울 도덕적 의무가 없다고 선언해야 하는 것인가? 기독교 이전의 어느 부족처럼 가난한 나라 사람들은 인간 이하의 존재라고 선언해야 하는 것인가? 로티는 이 질문에 직접적으로 대답하지 않지만, 그의 주장은 논리적으로 분명 그 방향을 가리키고 있다.[38] 인간이라는 사실만으로는 인권을 얻기에 부족하고 인격성까지 갖추어야 한다면, 인격성의 기준으로 경제 수준을 선택하는 것은 가혹하기는 해도 철저히 논리적이다. 아니, 그 무엇이라도 기준으로 삼을 수 있다. 어떤 범주의 인간이라도 얼마든지 배제하거나 제거할 수 있다.

이 논쟁의 결과에 따라올 파장은 매우 크다. 스미스의 경고를 들어 보자. "인간이라는 사실만으로 인간 생명의 존엄이 인정되지 않는다면, 도덕적 가치는 주관적인 문제가 되고, 누가 결정권을 쥐느냐에 따라 결과가 달라진다. 우리가 사람들에게 각기 다른 가치를 매기고 그에 따라 여러 범주를 만들어 내면, 정치권력 구조에 의해 가치가 떨어지는 존재로 폄하된 이들은 착취와 억압을 받고 죽임을 당한다. 이것은 역사가 증명하는 사실이다."[39] 누군가가 유토피아의 창조를 위해 인간을 얼마든지 조작할 수 있다고 생각하게 되면, 도덕적으로 끔찍한 결과가 나타난다. 나치즘과 공산주의 같은 20세기 전체주의﹡ 체제가 그 증거다. 유토피아주의와 권력이 만나면 죽음의 수용소로 이어진다.

﹡ 전체주의
개인의 모든 활동은 민족이나 국가와 같은 전체의 존립과 발전을 위해서만 존재한다는 이념 아래 개인의 자유를 억압하는 사상 및 그 체제. 개인은 전체 속에서 비로소 존재가치를 갖기 때문에 강력한 국가권력이 국민 생활을 간섭·통제해야 하는데, 이탈리아의 파시즘과 독일의 나치즘이 대표적이다.

공영방송이 감당할 수 없는 것

생명의 문제를 놓고 벌어지는 논쟁은 흔히, 국가는 도덕적 사안에서 중립을 지켜야 한다고 생각하는 이들과 자신의 신념을 다른 이들에게 '강요하고' 싶어 하는 이들 간의 갈등으로 그려진다. 하지만 세속적인 자유주의 견해는 결코 중립적이지 않다.

몇 년 전, 강연 요청을 받고 한 아이비리그[*] 대학이 주최하는 기독교 세계관 콘퍼런스에 참석했는데, 하나의 패턴이 금세 눈에 띄었다. 강연이 하나 끝날 때마다 학생들은 형태만 다를 뿐 같은 내용의 질문을 어김없이 제기했다. "하지만 우리가 기독교 세계관에 대해 말하는 것은 우리의 견해를 다른 이들에게 강요하는 일이 되지 않나요?" 고등교육을 받은 아이비리그 학생들도 공적 영역에서 기독교의 관점으로 발언하는 것은 적절하지 않으며, 그것은 중립성이나 객관성의 이상을 위반하는 일이라는 세속주의 교리를 받아들인 것이다.

내 강연 후에도 동일한 질문이 어김없이 나왔다. 나는 준비해 둔 다른 질문으로 맞받아쳤다. 자유주의적 입장이 중립적인가? 그것이 편견 없고 객관적인가? 물론 그렇지 않다. 그 입장의 근거가 되는 이원론적 견해는 인간 본성에 관해 논란의 여지가 크고, 인격체에 대한 주관적 견해(위층)와 몸에 대한 터무니없는 공리주의적 견해(아래층)로 이루어져 있다. 그 어느 것도 중립적이지 않다. 정부가 이 세계관에 근거해 정책을 수립하는 것은 세속적 자유주의 이데올로기를 사회 전체에 강요하는 일이다.

문제는 이 세계관이 깔끔한 꼬리표를 붙이고 등장하지 않는다는 데 있다. 생명윤리의 논쟁에서 인간 본성에 대한 상충되는 두 견해가

※ 아이비리그

미국 동북부에 있는 여덟 개의 명문 대학을 통틀어 이르는 말. 예일, 코넬, 컬럼비아, 다트머스, 하버드, 브라운, 프린스턴, 펜실베이니아 대학이다. 명칭은 이들 대학교에 담쟁이덩굴(아이비)로 덮인 교사가 많은 데서 유래했다고 하는데, 1954년에 여덟 학교가 '아이비그룹 협정'을 맺고 1년에 한 번씩 미식축구 대회를 열기로 함으로써 아이비리그가 시작되었다.

부딪힌다고 말하는 사람은 없다. 과학과 종교의 갈등, 사실 대 믿음의 충돌이라는 식으로 많이들 말한다. 그런 식의 표현을 듣거든, 그들의 진짜 세계관을 펼쳐 놓으라고 촉구해야 한다. 그때 가서야 비로소 우리는 진정으로 자유롭고 열린 토론에 참여하게 될 것이다.

샌프란시스코의 공영라디오 프로그램에 게스트로 초대를 받은 적이 있다. 방송에 들어가기에 앞서, 피디는 낙태에 대한 내 입장을 알고 싶어 했다. 그는 "태아가 인격체가 되기 전까지는" 낙태가 허용된다는 것이 용인된 견해라고 평했다.

나는 이렇게 설명을 했다. "그 문장에는 엄청나게 많은 철학적 전제가 담겨 있어요. 인격성 이론은 인간 본성에 대한 파편화된 견해를 받아들이고 있는데, 그 견해는 인간의 몸을 소모품 취급하지요." 그에 반해 "낙태를 반대하는 이들은 인간 본성을 통합적인 통일체로 바라보는 전인적(全人的) 견해를 가지고 있습니다. 그들은 몸이 본질적인 소중함과 가치를 지닌다고 주장하지요."

피디는 이런 논증에 깜짝 놀란 눈치였다. 나는 말을 계속했다. "낙태 찬성의 입장은 배타적입니다. 어떤 사람은 기준에 미치지 못한다고, 그래서 탈락이라고 말하는 겁니다. 그들은 인격성에 따른 권리를 누릴 자격이 없다고 주장하는 것이지요." 그에 반해 "낙태 반대 입장은 통합적입니다. 인류의 일원이기만 하면 인격체의 범위에 들어와 도덕 공동체의 온전한 일원이 될 존엄성과 자격을 갖춘 것으로 봅니다."

며칠 후 해당 피디가 연락해서 프로그램이 취소되었다고 말했다. 자유주의의 견해에 비인간화를 초래하는 함의가 있음을 그들 스스로 받아들이기는 어려울 수 있다. 나는 자유주의자들이 애지중지하는 유행어 몇 가지(전인적, 통합적)를 이용하여 성경적 세계관이 자유주의가 추구하는 최고의 이상을 그 어떤 세속적 세계관보다 잘 실현한다는 것을 보여주었다.

훅업과 우울증

이제 동성애, 트랜스젠더리즘, 훅업hook-up 문화 같이 오늘날 가장 논란이 되는 성적 이슈들로 넘어가 보자. 일이층 이원론을 이해하면 이런 최신 이슈에 대응할 뿐 아니라 인도적이고 전인적인 성경적 대안을 제시하는 데 큰 힘이 된다.

우리가 앞서 보았다시피, 성경적 세계관은 목적론적이다. 우리 몸의 생물학적 구조는 진화론이 설명하는 것같이 우연의 산물이 아니다. 그것은 남녀가 언약을 맺어 서로 사랑하고 새 생명을 기르게 하려는 하나님의 뜻을 보여준다. 성경적 도덕은 하나님이 우리를 창조하신 목적을 반영하고 있다.

그에 반해 세속적·유물론적 자연관은 목적론이 들어설 자리가 없다. 우리 몸은 맹목적이고, 물질적 힘의 산물이다. 그러므로 도덕적으로 중립 상태다. 이렇게 되면 우리가 몸으로 하는 일은 도덕적인 의미가 없다는 뜻이 된다. 이것을 성관계에 대한 잠언 30장의 견해라고 말할 수 있을 것이다. 거기에는 간음한 여자가 등장해 "먹고도 안 먹었다고 입을 씻듯이 '나는 아무런 악행도 한 일이 없다' 한다"잠 30:20, 새번역. 다시 말해, 성관계는 먹는 행위처럼 생물학적 욕구에 충실한 행위일 뿐이라는 것이다. 욕구를 느끼면 채우면 된다. 간단하다. 우리가 몸으로 하는 일은 인격체로서의 우리와 별개로 존재한다.

성관계에 대한 이같이 파편화된 견해는 실제로 어떻게 나타날까?

미국 가치관연구소^{IAV}가 실시한 연구에 따르면 여대생의 40퍼센트가 어떠한 인격적 관계도 기대하지 않는 순전한 육체적 만남인 '훅업'에 참여한다. "훅업의 특별한 점은 그것에 참여하는 이들이 둘 사이에 어떤 헌신이나 배타적인 관계, 감정도 없을 것이라는 데 동의한다는 사실이다."「워싱턴 포스트」의 설명이다. 훅업 상대는 "혜택을 주고받는 친구"라고 불리지만 그것은 완곡어법일 뿐이다. 실은 친구 사이도 아니기 때문이다. 「뉴욕 타임스」 기사는 이야기를 나누거나 함께 시간을 보내기 위해 훅업 상대를 만나지 않는 것이 암묵적인 규칙이라고 설명한다. "그들은 성적 관계만 유지한다. 그렇게 하면 서로 기대가 엇갈리는 일도 없고 상처받는 사람도 없다."[40]

물론 그들도 상처를 받는다. 같은 기사에 멜리사라는 십대 소녀의 말이 인용되어 있다. 멜리사는 훅업 상대와 얼마 전에 헤어져 우울한 상태다. 사람은 기계가 아니어서 몸으로 하는 일과 감정을 칼로 자르듯 나눌 수가 없다.

「롤링 스톤」이 인터뷰한 한 대학생은 훅업 문화[※]에 담긴 세상의 생각을 깔끔하게 요약했다. 그녀의 말에 따르면 사람들은 "하나의 관계에 분명하게 구분되는 두 요소, 곧 감정적 요소와 성적 요소가 있다고 생각하고, 둘 사이를 나누는 분명한 선이 있는 것처럼 가장한다."[41] 이원론의 언어를 알아볼 수 있겠는가? 젊은이들은 자신이 배운 해체의 철학에 충실하게 살아가려 한다. 그들은 성관계가 지성·감성(위층)과 분리된, 순전히 육체적인 관계(아래층)로 이루어질 수 있고, 일층과 이층을 나누는 **분명한 선**이 존재한다고 생각한다.

조지 버나드 쇼는 그의 희곡『너무 진실해서 선할 수 없는』^{*Too True to Be*} ^{*Good*}에서 등장인물의 입을 빌어 문제를 진단했다. "남녀는 그냥 재미나

※ 훅업 문화
미국 대학 캠퍼스에서 유행하고 있는 새로운 성풍조. 연인이 아닌 섹스파트너와 하룻밤의 성관계 후에는 다시 만남을 갖기는커녕 대화하는 일도 없다는 게 특징이다.

훅업 문화

인격적 — 심리적·감정적 관계

- -

육체적 — 성관계

좀 보려고 서로를 집어 올리지만 생각하지 못했던 것이 따라오지. 남자나 여자나 일층뿐 아니라 맨 위층도 있거든. 맨 위층은 거부하면서 일층만 가질 수는 없어. 남녀 모두 늘 그런 시도를 하지만 결과는 신통치 않아." 오늘날의 젊은이들 역시 필사적으로 이런 시도를 하고 있다. 그러나 성과는 여전히 신통치가 않다.

우리는 그러한 시도에 성과가 없다는 사실에서 교훈을 얻어야 한다. 훅업 문화가 인간 본성에 대한 잘못된 이해에 근거하고 있다는 교훈 말이다. 사람들은 자신의 실제 모습과 맞지 않는 세계관에 따라 살려고 노력하고 있는 것이다.

인간은 하나님의 형상으로 창조된 존재이기 때문에 그가 경험하는 바는 인간의 본성에 대한 세속주의의 견해와 맞지 않는다. 비그리스도인은 세속주의 세계관과 모순되는 일들을 실생활에서 항상 경험한다. 그 모순은 세속주의 세계관에 결함이 있다는 주장을 펼칠 수 있는 틈을 제공한다. 세속주의 세계관은 인간의 삶과 경험을 해명하지 못한다. 우리의 참된 본성과 일치하지 않는 세계관에 따라 살아가려 하는 멜리사 같은 젊은이들이 그로 인해 크게 고통받으며 상심하고 있다.

어른들이 방조할 때

슬프게도, 일부 어른들은 위층과 아래층을 분리하여 부담 없는 성행위를 하라고 앞장서서 십대를 부추긴다. 한 성교육 웹사이트에 실려 있는 '성관계 준비 확인 점검표'에는 '정서적 준비'라는 소제목 아래에 다음과 같은 항목이 있다. "나는 섹스를 사랑과 분리할 수 있다"(정서적 거리두기가 가능하다면 성숙하다는 의미다). 패션 잡지 「코스모폴리탄」은 여성들에게 성관계 후에 남자를 감탄하게 하는 방법을 조언한다. "집까지 태워다 달라고 하지 말 것, 이후 모종의 관계를 바라며 매달릴 의도가 없음을 분명히 하라." 「세븐틴」은 십대 소녀들에게 "마음을 감추지" 않으면 남자들이 "지루하고 달라붙는" 여자로 생각한다고 경고한다.

웬디 샬릿^{Wendy Shalit}은 이런 사례들을 그녀의 책 『점잖은 숙녀』^{Girls Gone Mild}에 모아 놓았다.[42] 샬릿은 독자들에게 받은 편지를 그녀의 웹사이트에 올려놓았는데, 그중에는 가슴 아픈 사연도 있다. 내가 사이트에 들어갔을 때는 평범한 고등학생인 16세의 아만다가 보낸 편지가 올라와 있었는데, 아만다는 "자신의 성욕과 정서적 거리를 둘수록 멋진 사람 취급을 받는다"며 탄식했다. 또한 교사를 비롯해 책의 저자, 잡지 기고자, 텔레비전 출연자, 부모 등 어른들조차도 성관계를 "대수롭지 않은 것"으로 여기라고 권한다는 말을 덧붙였다.

이러한 주장을 입증하기라도 하듯, 샬릿의 책에 대한 일부 서평은 사랑 없는 성적 만남을 옹호했다. 「워싱턴 포스트」는 십대 소녀들이 사랑과 섹스를 "뒤섞지 않는 것"이 건강한 일이라며, "둘은 공존할 때도 있고 그렇지 않을 때도 있다"고 말한다. 「네이션」은 도발적으로 묻는다. "섹스에 왜 사랑이라는 영구 보증서가 딸려 있어야 하는가?"[43] 만일 몸이 쾌락을 위한 물질에 불과하고 쾌락의 과정에는 그 어떤 도덕적 의미도 없다면, 참으로 당연한 질문이 아닌가?

　공교육 현장에서도 성관계에 대한 이처럼 암울한 견해를 어린아이들의 머릿속에 주입하고 있다. 한 어린이 텔레비전 워크숍에서 만든 비디오는 성관계를 "두 어른이 서로에게 즐거움을 주기 위해 하는 일"로 정의한다.[44] 성관계에 도덕적·사회적으로 중요한 의미가 있다는 암시는 찾아볼 수 없다. 성관계에는 부부가 함께 보금자리를 만들고 자녀를 기르는 것과 같은, 육감적 만족보다 더 중요한 목적이 있다는 말 역시 찾아볼 수 없다. 성관계는 서로 분리된 자율적인 두 개인이 육체적 서비스를 주고받는 일로 묘사된다. 상품이 된 섹스다.

　존 캐버너John Kavanaugh의 절묘한 구절을 인용하면 "상품화는 성관계와 자아를 분리시킨다."[45] 성관계는 온전한 자아를 몸으로 표현하는 방식이 아니라 육체적 긴장 해소와 오락의 도구로 취급된다.

포모섹슈얼 소외

성관계에 대한 파편화된 접근법은 동성 관계에 대한 자유주의 견해를 이끈다. 위에서 인용한 어린이 텔레비전 워크숍에서는 '동성 간의 성관계'homosexuality를 "동성의 두 사람이 서로에게 즐거움을 주는 일"로 정의한다. 성적 접촉이 육체적 서비스의 교환에 불과하다면, 성별이 문제가될 이유가 무엇이란 말인가?

　오늘날의 최첨단 주장은 젠더※ 자체가 사회적 구성물construction이고, 따라서 해체될deconstructed 수 있다는 것이다. 영향력 있는 책『젠더 트러블』Gender Trouble에서 주디스 버틀러Judith Butler는 젠더가 고정된 속성이 아

※ 젠더
남성다움이나 여성다움을 의미하는 문화적 성을 gender라 하여 신체 구조에 기반한 성을 말하는 sex와 구분해서 쓴다.

니라 개인의 취향에 따라 흘러가는 유동적 변수라고 주장한다. 젠더는 마음대로 만들고 손볼 수 있는 허구, 가공물, 환상이다.[46]

버틀러의 이론은 대학생들 중에서도 특히 트랜스젠더 학생들에게 인기를 얻었다. 이 학생들은 남녀라는 이분 체계가 사회적 구성물에 불과하며 억압적이라고 거부한다. 「뉴욕 타임스」의 한 기사에 따르면, 이제 일부 대학에서는 자신을 남자나 여자로 여기지 않는 학생들을 위해 별도의 욕실과 주택, 스포츠팀을 제공한다. 웨슬리언 대학 보건소는 더 이상 학생들의 건강 기록부에 '남' 또는 '여'로 표시하라고 요구하지 않는다. 대신 "젠더 정체성의 이력"을 밝히면 된다.[47] "당신은 지금까지 어떤 젠더를 거쳤는가?"에 답하는 것으로 충분하다.

이런 유동적 젠더관은 흔히 해방을 선포하는 일, 곧 사회적으로 할당된 정체성을 받아들이는 대신 자신이 정체성을 창조하는 방법으로 제시된다. 한 동성애자 잡지의 설명대로, 현대인은 "게이, 이성애자, 레즈비언, 양성애자 같은 정해진 틀에 갇히기를 원하지 않는다." 그들은 "자유롭게 마음을 바꾸고 싶어 한다." 이 기사는 동성애자로 커밍아웃했다가 나중에 이성애 관계에도 다시 매력을 느끼는 사람들을 독자로 상정하고 있다. 그들은 "그럼 나는 무엇인가?" 하는 의문을 가지게 되었던 것이다. 해당 기사의 기고자는 염려 말라고 그들을 안심시킨다. 사람은 특정한 젠더를 타고나며 그것을 바꿀 수 없다는 생각은 너무나 '모더니즘적'이다. 사회는 원하기만 하면 자기가 원하는 젠더를 언제든 선택할 수 있다는 '포스트모더니즘적' 견해로 옮겨 가고 있다.[48] 그것을 포모섹슈얼pomosexual 견해라고 부른다.[49]

젠더는 한마디로 정의할 수 없는, 조작 가능하고 몸의 구조와는 완전히 분리된 포스트모던한 위층 개념이 되었다.

※ 빅토리아 시대
1837년부터 1901년까지 영
국의 빅토리아 여왕이 다스리
던 시대. 영국 역사상 가장 번
영을 구가하던 시대로, 산업
혁명의 경제 발전이 성숙기에
도달하여 강력한 경제력과 군
사력으로 세계를 지배했다.

물론 이와 같은 경향에는 빅토리아 시대※에서 물려받은 편협한 젠더 역할에 대한 반작용의 측면도 있다. 전통사회에서는 대부분의 노동이 가족 농장과 집에서 이루어졌고, 아버지와 어머니가 함께 자녀를 기르면서 생산적인 노동에 참여했다. 그러나 산업혁명 이후, 노동의 공간은 가정에서 공장과 사무실로 옮겨 갔다. 남녀의 활동 범위는 더 좁아지고 제한적이 되었다. 집에 있는 여자들은 더 이상 가계에 보탬이 되는 노동을 할 수 없었고, 남자들은 이전 시대에 비하면 사실상 자녀 양육에서 손을 떼게 되었다. 남녀의 역할 역시 일면적이고 제한적이 되었다. 젠더에 대한 갑갑한 고정관념으로 생겨난 폐해에 저항하는 사람이 많다는 것은 이해할 만한 일이다.[50] 그러나 젠더의 개념 자체를 완전히 거부하는 것은 또 다른 문제다.

자유주의 그리스도인은 이런 문제들에 대해 진정한 대안을 제시하기보다는 세속주의자의 주장을 그대로 따르는 경향이 있다. 연합침례교 소속의 한 여목사는 성전환 수술을 받고 남자가 된 후에 이렇게 설명했다. "내 몸은 '나'라는 사람과 맞지 않았다."[51] 그녀는 자신의 몸을 "나라는 사람"의 일부로 보지 않았던 것이 분명하다. 신체적 정체성이 부적절했다. 한때 복음주의 저술가였던 버지니아 몰렌콧Virginia Mollenkott은 『옴니젠더』Omnigender라는 책에서 이제 모든 성적 정체성이 모든 이에게 열렸다고 주장한다. 한 독자가 그 책을 읽고 나서 아주 진지하게 이렇게 적었다. "여성안수에 반대하는 논증들은 전면적으로 손을 보아야 하게 생겼다. 이제 여자가 무엇인지 확실히 알 수 없게 되었기 때문이다."[52]

1센트 동전 위에 링컨의 옆모습을 찍어 내는 장면을 생각해 보라. 그것과 비슷하게 몸은 자아가 원하는 대로 얼마든지 조작할 수 있는,

도덕적으로 중립적인 물질이 되어 버렸다.

현대에는 이런 포모섹슈얼 견해가 법의 힘을 얻고 있다. 몇몇 주에서는 고용주가 직장에서 트랜스젠더의 편의를 의무적으로 도모하게 하는 법이 이미 통과되었다. 캘리포니아 주에서는 2007년, 트랜스젠더 학생이 해부학적 성별과 상관없이 원하는 성의 욕실과 라커룸을 쓰도록 허용하는 법이 통과되었다. 이제까지 주 교육법은 '성'[sex]을 다음과 같은 생물학적 용어로 정의했었다. "성은 남녀 인간이라는 생물학적 조건 내지 상태를 뜻한다." 새로운 법은 성을 사회적으로 구성된 '젠더'로 정의한다. "젠더는 성을 뜻하고 자신의 젠더에 대한 인식, 젠더와 관련된 겉모습과 행동을 아우른다. 그것이 출생 시 그에게 할당된 성별과 일치하는지는 중요하지 않다."[53]

포모섹슈얼 소외

젠더 — 심리적 정체성과 성욕

- -

생물학 — 물리적 정체성과 해부학적 구조

사람의 성이 해부학적인 사실이 아니라 그에게 할당된 것으로 보는 시각에 주목하라. 해부학적 신체 구조는 성별을 결정함에 있어 무의미하며 적절하지도 않다고 여기는 세속적 자유주의 세계관을 법이 나서서 모두에게 강요하고 있다.

몸이 중요하다

이것은 신체를 철저히 무시하는 견해다. 일이층 이분법은 사람을 그의 몸으로부터 소외시켜 해부학적 신체 구조에는 본질적으로 어떠한 존엄이나 중요성도 없는 것으로 취급한다.

사람들이 우스꽝스러울 정도로 외모를 가치 있게 여겨 화장, 다이어트, 성형수술, 보톡스가 성행하는 현실에서 서구 사회가 신체의 가치를 떨어뜨린다고 말하면 놀랄지도 모르겠다. 하지만 그것이 사실이다. 일이층의 분리에서 신체의 본질적 선이나 목적*telos*에 대한 존중은 전혀 이루어지지 않는다. 남자됨이나 여자됨에 내재하는 독특한 역량에 어떤 존엄성도 부여되지 않는다. 흥미롭게도, 버틀러 자신이 이러한 문제를 인식하게 되었다. 그녀의 책을 비판한 이들은 그녀가 젠더를 해부학적 구조와 분리시킴으로써 '몸의 물질성'을 무시하고 폄하했다고 주장했다.[54] 결국 그녀는 그 말에 동의하고 후속작 『몸은 중요하다』*Bodies That Matter*를 썼다.

그렇고 말고. 몸은 정말 중요하다. 진정한 성경적 견해는 온전한 인간의 한 요소인 우리의 생물학적 정체성을 귀하게 여기고 존중한다. 시편 139편은 하나님이 우리 몸을 모태에서 "짜 맞추셨다"[13절, 새번역]고 노래한다. 남성 또는 여성이라는 정체성은 감사하며 누리도록 하나님이 주신 선물이다.

아이러니하게도, 사람들은 그리스도인이 몸과 그 기능(성관계 같은)을 부정적으로 바라보는 내숭쟁이 청교도라고 흔히 비판한다. 낙태를 주제로 한 어느 대학 토론에서 낙태를 찬성하는 학생들이 반대하는 학생들에게 이렇게 외쳤다. "너희는 성을 안 좋게 보잖아." 그러나 기독교는 인간의 심리적·성적 정체성을 존중한다.

이 주제에 대한 성경의 기록은 창세기 2장에서 시작한다. 하나님이 두 성을 창조하시는 대목이다. 아담은 하와가 자신과 동류임을 깨닫고 이렇게 외친다. "드디어 내 뼈 가운데 뼈요 살 가운데 살이 나타났구나"^{창 2:23, 우리말성경}. 아담은 남성과 여성의 신체적 대응성만을 인식한 것일까? 분명 그렇지 않을 것이다. 그것은 신체적 연합을 언급한 부분이자 마음과 감정과 영혼을 포함한 모든 차원에서의 즐거운 연합까지 표현한 것이다. 같은 구절에 대해 예수님은 그들이 "이제 둘이 아니요 한 몸"^{마 19:6}이라고 주석하셨다. 성경은 신체적 연합을 온전한 인격체 간의 모든 차원에서의 연합으로 놀랄 만큼 높이 평가하고 있다. 가장 깊은 차원의 신체적 연합은 서로에게 헌신하는 온전한 두 사람이 나누는 가장 깊은 차원의 인격적 친밀함을 표현하는 것이다. 성관계를 그 연합과 떼어 내어 분리하는 것은 거짓말을 하는 것과 같다.

자유주의는 성관계를 육체적 쾌락이나 애정 표현 같은 '외재적' 목표의 도구로 취급한다. 그렇기 때문에 자유주의자들은 성관계가 외재적 목표를 충족시키고 쾌락이나 애정을 주고받게만 해주면, 그 형태가 어떻든 상관하지 않는다. 그에 반해 성경적 세계관은 성관계를 두 사람이 한 몸을 이루는 과정으로 보며 '내재적'이고 선한 것으로 취급한다. 인간은 개인으로서 하나님의 형상을 가지고 있지만, 서로 간의 관계 안에서, 무엇보다 부부관계의 친밀한 성적-감정적-영적 연합 안에서 하나님의 형상을 가장 강력하게 드러내 보인다.

그래서 부부관계는 성경 전체에 걸쳐 하나님이 그분의 백성과 누리기 원하시는 친밀한 관계의 은유로 쓰인다. 구약성경에서 이스라엘은 불륜을 저지른 아내다. 신약성경에서 교회는 그리스도의 신부다. 결

혼의 은유는 우리의 성적 본성이 하나님의 초월적인 사랑과 신실함을
선포하는 '언어'를 담고 있음을 말해 준다.

형이상학적으로 길을 잃다

쟁점이 되는 도덕적 사안을 다룰 때는 세계관 차원에서 접근하는 것이
가장 효과적이다. 모든 사회적 관행은 인간이 된다는 것의 의미에 대
한 근본적인 가정을 표현하고 있다. 한 사회가 어떤 관행을 수용하고
승인하며 인정할 때, 그것과 연결된 세계관을 암묵적으로 받아들이는
것이다. 그 관행을 법으로 명시할 때는 더더욱 그렇다. 법은 교사의 역
할을 맡아 사람들에게 사회가 어떤 것을 도덕적으로 용인하는지 가르
쳐 준다. 미국이 낙태, 안락사, 동성애 결혼 등의 관행을 받아들이면, 그
과정에서 그런 관행을 정당화하는 세계관, 곧 인간을 일이층으로 분리
하는 생각도 흡수하게 될 것이다. 그렇다면 결국 우리 사회생활의 모
든 측면에 부정적인 결과가 나타날 것이다.

    교황 요한 바오로 2세가 마르크스주의와 싸우던 젊은 시절, 그는
공산주의(그리고 모든 무신론 이데올로기)의 가장 해로운 측면은 인명을 하찮
게 보는 것이라는 결론을 내렸다. 그는 "우리 시대의 악"은 인간의 존
엄성을 훼손하는 것이라고 썼다. "이 악은 도덕적인 것이기 이전에 무
엇보다 형이상학적인 것이다."[55] 성경적 용어를 써서 말하면, 사람은
여러 방법으로 길을 잃을 수 있는 것이다. 성경은 그리스도가 없을 때
사람들이 도덕적으로 길을 잃는다고 말한다. 그러나 사람들이 비성경
적 세계관에 따라 살 때 형이상학적으로 길을 잃는 것도 사실이다. 그
리스도인은 세속주의자와 이야기를 나눌 때 인간 본성에 대한 세속적

자유주의 견해가 그들의 실제 모습과 맞지 않는다고 주장해야 한다. 실제의 모습과 일치하지 않는 생각은 개인과 사회에 파괴적인 영향을 끼칠 수밖에 없다.

내 아들이 수업을 받고 있던 아이스링크에 한 '여자'가 나타났다. 긴 머리에 진한 화장, 짧은 스커트와 화려한 타이즈 차림의 반짝이는 아이스스케이팅 복장을 하고 있었다. 그런데 그녀의 체격이 어딘가 이상했다. 우락부락한 몸매에 키가 크고 어깨가 넓었으며 무릎은 울퉁불퉁했다. 한마디로, '그녀'는 남자였다. 성전환 수술을 받는 중이지 싶었다. 그리스도인은 자기 몸을 멸시하고 자신의 해부학적 구조를 거부하라고 부추기는 포스트모던 사회에 붙들린 사람들을 불쌍히 여겨야 한다. 하나님을 사랑하는 것은 그분의 형상을 지니고 이 세상에서 살아가는 사람들을 사랑하는 것이다.

그리스도인은 도덕적 사안에 대해 발언해야 한다. 불쾌감을 느끼거나 '소중한 신념'이 위협을 받아서가 아니라, 파괴적인 생각에 갇힌 사람들을 불쌍히 여기는 마음 때문에 그렇게 해야 한다. 그리스도인이 움직이는 동기는 "그리스도의 사랑"이어야 한다^{고후 5:14}.

교회 안의 소외된 젊은이들

그러나 안타깝게도, 대부분의 교회는 그리스도의 사랑에 못 이겨 도덕적 사안에 대한 입장을 밝히는 상황이 아니다. 교회 내의 청년들에 대해서도 사정은 다르지 않다. 2007년에 바나 리서치^{Barna Research}가 교회에 출석하는 30세 미만 연령층을 대상으로 조사한 결과, 절반에 해당하는 50퍼센트가 "기독교는 남을 판단하고, 지나치게 비판적이며, 과

✧ 바나 리서치
기독교 설문조사 및 마케팅 전문분석 연구가 조지 바나가 설립한 전문연구기관. 조사와 분석을 통해 교회가 현실을 바로 파악하여 변화에 대처하도록 돕는 역할을 하고 있다.

도하게 정치적"이라고 답했다.[56]

이들은 교회 외부의 비판자들이 아니라 교인석에 앉아 있는 젊은 이들이다. 이들의 주장을 기성체제에서 늘 부족한 부분을 찾기 마련인 젊은이 특유의 이상주의로 볼 수는 없다. 이 조사로 젊은 세대가 "이전 세대들에 비해 기독교에 대해 훨씬 더 비판적인 태도"를 보이고 있음이 드러났다.

이것이 의미하는 바는, 복음주의자들이 공적 영역에서 적극적으로 활동한 지난 수십 년 동안 사적 영역에서는 젊은이들과 멀어져 버렸다는 것이다. 낙태와 동성애처럼 뜨거운 쟁점이 되는 사안들에서 이런 현상이 특히나 잘 드러난다. 2008년 미국 대통령 선거기간에는 젊은 복음주의자들이 '종교적 우파'의 전유물로 여겨지던 사안들과 결별하고 가난, 환경보호, 사회정의 등 좌파의 전유물로 여겨지던 사안을 받아들이고 있다는 기사가 하루 수십 편씩 쏟아졌다. ABC 뉴스는 이렇게 물었다. "젊은 복음주의자들이 자유주의로 옮겨 가고 있는가?"[57]

교회의 젊은이들이 낙태 같은 도덕적 문제들에 더 이상 관심이 없는 것이 아니라고 여론조사 전문기관 퓨 리서치의 존 그린John Green은 설명한다. "일부 조사에 따르면, 젊은 복음주의자들이 낙태에 찬성하는 비율은 보다 연령대가 높은 복음주의자들과 비슷하거나 그보다 아주 약간 높을 뿐이다."[58] 그렇다면 그들은 왜 이렇게 환멸에 사로잡힌 것일까? 도덕적 사안이 정치적 논쟁거리로 바뀌는 상황에 신물이 났기 때문이다.

지난 수십 년간 공적 영역에 진출한 그리스도인들은 대체로 표준적인 정치 전략과 전술을 구사했다. 하지만 여러 사안의 근저에 놓여 있는 세계관 문제를 다루는 법은 알지 못했다. 그리고 어느 정치적 접근 방식이 효과가 없으면 꿋꿋하게 목소리를 높이고 더 강하게 밀어붙이는 방식으로 대처했다. 활동가 집단들이 지지 세력을 단결시키고 돈을 더 걷기 위해 사람들의 두려움과 분노를 자극하며 험한 표현을 구사하니, 결국 그들의 자녀들조차 그런 표현을 거북하게 여기게 되었다. 2010년 출간된 『아메리칸 그레이스』$^{American\ Grace}$에 따르면, 젊은 미국인들은 과거의 경우보다 대여섯 배나 빠른 속도로 종교를 버리고 있다. 오늘날의 젊은이 30-40퍼센트가량이 종교가 없는데, 한 세대 전에는 그 비율이 5-10퍼센트에 불과했다. 그들 중 상당수는 그리스도인에 대해 분노하면서 사랑이 없는 도덕주의자라고 생각하고 있다.[59]

교회는 주변 사회를 설득하기에 앞서, 교회 내의 젊은이들을 먼저 설득해야 한다. 그들에게는 규칙만이 아니라 이유도 필요하다. 교회는 사회참여와 정치참여의 전략을 다시 생각하고 판을 새로 짜야 한다. 그리스도인들은 공적 논쟁을 주도하는 세속적 세계관을 다룰 수 있어야 한다. 성경적 도덕에 대한 세계관적인 근거를 분명히 표현하는 법을 배워야 한다. 무엇보다, 지켜보는 세상 사람들 앞에서 진실한 삶으로 자신의 메시지를 뒷받침해야 한다.

여러 세속주의 세계관과 그것이 우리의 일상생활에 미치는 영향을 파악하려면, 일단 그것의 출처를 물어야 한다. 우리는 1부에서 그것의 출처가 진리의 분열과 인간의 파편화라고 진단했다. 2부에서는 이것이 빙산의 일각에 불과함을 알게 될 것이다. 서구 사상은 별개의 두 흐름으로 갈라졌고, 그것이 세속주의로 이어졌다. 세계화된 세속주의에 대한 진정한 대안을 효과적으로 제시하기 위해서는 이 두 갈래의 길이 어떻게 뻗어 왔는지를 짚어 보고 그동안의 이정표를 읽어 내어 지금의 세계를 만들어 낸 주요 세계관을 파악해야 한다.

2부   세속주의로 가는 두 갈래 길

4.

예술과 세계관 특강

"예술과 과학은……서로 진리를 가졌다고 주장하는 라이벌이 되었다."

자크 바전

내가 어릴 때, 미국의 가족들은 성탄 휴가철에 '눈사람 프로스티' 대신 오페라를 시청했다. 정말이다. 그때는 가족들이 텔레비전용으로 작곡된 최초의 오페라 「아말과 밤의 방문자들」을 시청하는 것이 전통이었다. 1951년에 작곡된 이 오페라는 여러 해 동안 성탄절 기간마다 방송되었고, 지금까지도 여러 교회와 콘서트홀에서 계속 공연되고 있다.

줄거리는 잘 알려져 있다. 베들레헴으로 가던 세 명의 왕이 가난한 절름발이 목동의 헛간에 묵는다. 그들은 신의 아기를 찾고 있는데 "그는 사랑으로만 그의 왕국을 세울 것"이라고 말한다. 이 말을 들은 소년은 자기도 선물을 보내고 싶어진다. 소년이 그가 가진 하나뿐인 물건, 손으로 만든 목발을 선물로 내어놓자 그 순간 기적이 일어난다. 그의 다리가 온전하게 나은 것이다. 소년은 걷고 뛰면서 왕들의 여행에 합류한다. 그들과 함께 베들레헴으로 가서 사람 아이로 오신 그리스도께 감사를 드리기로 한다.

아말의 마법

이 오페라에 대해 잘 알려지지 않은 사실이 있다. 작곡가가 직접 체험한 치유의 기적이 줄거리에 반영되어 있다는 점이다. 잔 카를로 메노티Gian-Carlo Menotti는 이탈리아에서 어린 시절을 보내며 "한동안 다리를 절었다"고 회상한다. 오른쪽 발목에 생긴 종양이 크게 부어올라 걸을 수

아름다움은 수치다. 잔 카를로
메노티의 「아말과 밤의 방문
자들」(1951)

가 없었다. 의사들은 치료법을 알지 못했다. 그런데 그의 유모 마리아
가 집에서 멀지 않은 곳에 있는 한 교회에서 하나님이 기적을 행하신
다는 소문을 들었다.

　마리아는 메노티에게 진지하게 물었다. "카를로, 하나님이 너를
고쳐 주실 수 있다고 믿니?" 소년은 아이 특유의 확신을 가지고 고개
를 끄덕였고 두 사람은 그 교회를 찾아갔다. 메노티는 그곳에서 "기도
를 받았고……갑자기 걷게 되었다."[1] 그는 그때의 기억에 영감을 받아
목발을 짚고 다니는 누더기 차림의 소년, 기적이 필요했던 아말의 이
야기를 지었다.

　그렇다면 세 명의 왕은? 그들은 성탄절이 아니라 동방박사의 아기
예수 방문을 기념하는 1월 6일 주현절에 선물을 나누는 이탈리아의 관
습에 근거한 등장인물들이다. 어린 시절 메노티는 졸음과 싸우며 자지

않고 있다가 한밤중에 유향과 몰약과 황금의 선물을 가지고 오는 세 왕을 보려고 했다. 끝내 그들을 보지는 못했지만, 그는 엄숙한 선율과 함께 흐르는 그들의 노랫소리, 규칙적으로 묵직하게 들려오는 낙타의 발굽소리, 은으로 만든 굴레가 쨍그랑거리는 소리가 저 멀리서 들려온다고 상상했다. 메노티는 이러한 기억을 오페라에 담아내려고 했다. 특히 감동적인 한 장면에서 세 왕은 한 아기를 찾고 있다는 내용의 노래를 부른다.

한 아기를 보았나요?
그 눈은 부드럽고
그 손은 왕의 손이지요.
왕으로 태어난 아기니까요.

한 아기를 보았나요?
그 눈은 슬프고
그 손은 가난한 사람의 손이지요.
가난하게 태어난 아기니까요.

우리는 그에게 유향과 몰약과 황금을 가져갑니다.
동방의 별이 우리의 안내자랍니다.[2]

나는 네 살 때 이 오페라를 처음 보았다. 텔레비전에서 본 것이 아니라 실황 공연이었는데, 어머니가 오케스트라에서 바이올린 연주를 맡으셨다. 나는 무대 세트와 복장, 노래에 홀딱 반했고, 무엇보다 그런 아름다움과 마법을 창조하는 데 일조하는 어머니의 모습이 너무나 황홀했다.

아름다움, 야수 취급을 받다

오페라 「아말과 밤의 방문자들」은 큰 인기를 얻었지만 모두가 감동을 받은 것은 아니다. 메노티의 노래들은 논란을 불러일으켰다. 그 노래들이 전위적이라서가 아니라 너무 아름다웠기 때문이다. 20세기의 대표적인 클래식 작곡가들은 지독한 불협화음으로 귀에 거슬리는 무조음악(無調音樂)을 작곡하고 있었다. 대중은 그런 음악을 좋아하지도 않았고 이해할 수도 없었다. 대중이 즐길 수 있는 음악을 작곡하는 사람은 동료 음악가들로부터 돈벌이를 위해 음악가로서의 신념을 버렸다는 비판을 받았다. 음악평론가 헨리 플레전츠^{Henry Pleasants}에 따르면, 당시의 클래식 작곡가는 "감히 인기를 얻을 수가 없었다. 인기 있는 음악은 가벼운 음악, 쉬운 음악, 따라서 열등한 음악과 같은 말로 여겨졌기 때문이다." 플레전츠는 메노티를 예로 들면서 이렇게 적었다. "대중의 환심을 샀던 작곡가들은 어느 정도 대중적 성공을 거두기는 했지만 동료들 사이에서는 인정을 받지 못했다.……그들은 음악사에 중요한 기여를 했다고 평가받지 못했다."³ 첨단 예술가로 인정받고자 하는 작곡가는 충격과 거부감, 수치심을 불러일으켜야 한다는 부담을 느껴야 했다.

메노티는 평론가들이 무슨 말을 하는지 알았지만 혼란스러웠다. 그에 따르면, 평론가들 사이에서는 "어떤 작품이 귀에 거슬리고 무미건조하고 거북하고 부담스럽다는 말이 칭찬이다. 반면 어떤 작품을 듣기 좋고 우아하다고 말하는 것은 혹평이다." 그런데도 그는 이렇게 말

※ 무조음악
악곡에서 중심이 되는 조성(調性)이 없는 음악. 각 음이 중심 음과 관련하여 이루어지지 않고 한 옥타브 가운데의 12음이 모두 대등하게 다루어진다.

했다 "감히 나는 유행하는 불협화음을 전혀 쓰지 않았고……고상한 우아함과 듣기 좋은 음악이 주는 즐거움을 재발견했다."[4]

혼란스럽기는 대중도 마찬가지였다. 불협화음이 왜 그렇게 유행했을까? 왜 예술작품이 눈이나 귀에 거슬리고 불쾌감을 주어야 칭찬을 받았을까? 많은 예술가들이 아름다움의 개념 자체를 거부해 버린 이유가 무엇일까? 이 문제는 이제 각 가정에서 다루어야 할 문제가 되었다. 부모들은 자녀가 텔레비전을 보거나 최신 음악을 듣는 일을 놓고 쉽게 허락할 수가 없다. 그 안에 욕설이나 유해한 내용이 없는지 점검해야 한다.

예술이 한 사회의 세계관을 반영한다면, 이 모든 상황은 오늘날의 세속주의 세계관에 대해 무엇을 말해 주는가? 예술가들은 새로운 생각이 문화 전반에 스며들 때 민감하게 반응하여 그 사실을 알려 주는 사회적 지표다. 그들은 이야기와 이미지를 사용해 그런 관념들을 구체화하는 재능이 있다. 예술을 해석하는 법을 배우면 오늘날 전 세계로 퍼져 가는 거대한 세속주의를 이해하는 데 큰 힘이 된다.

1부에서 우리는 진리 개념이 분열되었고 그 귀결로 인간 개념까지 분열되었다는 진단을 내렸다. 그런데 여러 관념을 훨씬 쉽게 이해할 수 있는 방법이 있다. 조감도를 확보하여 각 관념이 어디서 나왔는지를 보면 된다. 2부에서 우리는 서구 사상 자체가 두 개의 흐름으로 나누어졌다는 사실을 알게 될 것이다. 이 두 흐름은 현대사에서 나란히 뻗어 나가 세속주의로 이어진다. 우리는 이 두 길을 추상적인 말로만이 아니라, 예술작품과 문학작품이 보여주는 이미지와 이야기로 살펴볼 것이다. 이렇게 입체적인 구조로 살펴보면 각 관념들을 생생하게 파악하게 될 것이고, 세상에서 삶의 지침을 찾는 이들의 질문에 대답할 준비가 될 것이다.

먼저, 예술작품에서 세계관과 관련된 주제들을 탐지하는 법을 알려 줄 특강이 필요하다. 그 다음, 세속주의로 이어지는 두 길의 항공지도를 제시할 것이다. 다음 장부터는 고도를 낮추어 세부 내용을 살필 것인데, 도로의 가장 중요한 굽이굽이들을 알아볼 수 있을 것이다.

예술가는 사색가

우선, 예술은 관념이나 세계관과 무관하다는 고정관념의 오류부터 지적해야 한다. 연극평론가 에릭 벤틀리^{Eric Bentley}는 『사색하는 극작가』^{The Playwright as Thinker}라는 책을 출간하여 큰 성공을 거두었다. 하지만 독자들은 제목이 주는 충격을 극복해야 했다. 서평자들의 초기 반응은 제목이 말도 안 된다는 항변이었다. "극작가가 어떻게 사색형^{thinker}일 수가 있는가? 그들이 감정형^{feeler}이라는 사실은 다들 알지 않는가? 그들은 관념이 아니라 감정을 다룬다. 그렇지 않은가?"[5]

그러나 예술가들은 당대의 사상과 깊이 상호작용하여 세계관을 이야기와 이미지로 번역한다. 다행히 학자들이 이 사실을 파악하기 시작했다. 그러한 흐름을 주도한 마이어 샤피로^{Meyer Schapiro}는 1950년대에 발표한 획기적인 논문에서 평론가들이 "스타일을 세계관의 예술적 표현이라고 설명"하기 시작했고, 그에 따라 "숨어 있던 여러 층위의 의미"가 드러났다고 지적했다. 1960년대에 핀리 에버솔^{Finley Eversole}은 모든 문화가 나름의 세계관을 가지고 있으며 "예술가는 우리에게 이 세계관의 구체적인 이미지를 제공한다"라고 썼다. 네덜란드의 예술사가 한스 로크마커^{Hans Rookmaaker}는 "예술은 말 그대로 철학이 주의 깊게 사색하여

말로 표현해 낸 내용을 그려 내려는 시도"라고 말했다. 현대 건축가 데
이비드 고벨[David Gobel]은 예술 안에서 "세계관은 구체적인 것이 된다"고
말했다.[6]

　국제예술운동[IAM]이 2006년에 주최한 콘퍼런스에서 나는 명예롭
게도 시인 데이나 조이어[Dana Gioia]와 같은 연단에 서게 되었다. 당시 미
국립예술기금 회장을 맡고 있던 조이어는 이렇게 말했다. "모든 예술
은 언어다. 색깔, 소리, 움직임, 말의 언어다. 우리가 예술작품에 몰입할
때, 우리는 예술가의 **세계관 속으로** 들어간다. 그것은 포괄적이고 영광
스러운 세계관일 수도 있고, 쪼그라들어 비인간화를 초래하는 세계관
일 수도 있다."[7]

　물론 이 학자들 중 누구도 예술작품이 인지적 차원으로 환원될
수 있다고 말하지 않았다. 스타일, 색상, 질감, 어조, 줄거리, 등장인물
의 성격묘사 등의 미학적 요소는 예술가의 핵심 도구이고 나름의 영향
력을 가지고 있다. 작곡가 구스타프 말러는 "내 경험을 말로 압축할 수
있다면, 그 경험으로 곡을 만들지 않을 것이다"라고 말했다. 하지만 일
반인들은 예술작품의 전문적 특성을 평가할 역량이 없다. 휘튼 칼리지
의 존 월포드[John Walford]에 따르면, 비예술가들은 예술이 "인간의 더 큰 문
제와 관심사들"과 어떻게 이어지는지에 주로 관심을 갖는다.[8] 예술가
는 상상의 세계를 만들어 내고 우리를 그 세계로 초대한다. 특정한 시
각에서 삶이 어떻게 보이고 느껴지는지 체험해 보라고 손짓한다. 관객
(독자나 청중)은 예술의 효과를 만드는 데 쓰인 전문 기술에는 그다지 관
심을 갖지 않는다. 그들의 주된 관심사는 예술가가 세계를 어떻게 이
해하고 어떻게 구체성을 부여했는가에 있다.

　게다가 앞으로 살펴보겠지만, 미적 요소들도 궁극적으로는 세계

관에서 나온다. 이것은 파악하기 어려운 개념일 수 있다. 예를 들어, 작곡가가 대중음악에서 노래 가사를 통해 자신의 시각과 경험을 표현하면, 대부분의 사람이 그것을 쉽게 알아본다. 그런데 음악의 스타일은 중립적이라고 생각한다. 이것은 오류다. 예술적 양식은 원래 특정한 세계관을 표현하기 위한 수단으로 발전한다. 화가 루이스 핑클스타인^{Louis Finkelstein}은 "모든 양식상의 변화는 근저의 세계관이 달라졌음을 뜻한다"고 말했다.[9]

이것은 예술 양식의 변화사를 통해 관념의 역사를 '읽어 낼' 수 있다는 뜻이다. 정신과 상상력, 지성과 감성을 포괄하는 전인적이고 대단히 매력적인 세계관 해석의 길이 열린 것이다.

예술을 읽는 새로운 방법

기독교 미학을 다루거나 성경에 근거해 예술의 정당성을 논하는 좋은 책이 이미 많다. 이 책의 목적은 그와 같은 작업이 아니다. 내가 묻고 있는 것은 예술작품이 아름다운지, 잘 만들어졌는지의 여부가 아니라, 그 작품들이 "어떻게 세계관을 그림처럼 생생하게 표현하는가"이다. 철학자 장 폴 사르트르^{Jean Paul Sartre} 는 어떤 소설의 서평을 쓰면서, 자신은 그 책을 즐겁게 읽었지만 작가의 세계관에 동의하지는 않는다고 적었다. "그의 예술은 마음에 들지만 그의 형이상학은 믿지 않는다."[10] 독자들은 이제부터 소개되는 예술작품이 마음에 들 수도 있고 그렇지 않을 수도 있다. 하지만 목표는 당신이 예술가의 세계관에 동의하는지를 결정하는 것이다.

화가 앤서니 토니^{Anthony Toney}의 말을 인용해 보면, "그림이나 예술에

※ 장 폴 사르트르
프랑스의 현대 철학자이자 작가이며, 실존주의를 대표하는 사상가 중 하나(1905-1980). 잡지 「현대」를 주재하면서 문단과 논단에서 활약하였고, 무신론적 실존주의를 제창하였다. 문학자의 사회참여를 주장하고, 공산주의에 접근했다.

서 접근 방식이 달라지는 것은 대체로 다른 실재관의 표현이다." 다양한 실재관을 탐지하는 법에 대한 간략한 입문으로, 가상 미술관을 둘러보자.

기하학을 사랑한 그리스인들

"궁극적 진리는 수학과 기하학에서 발견되었다"는 믿음은 서구 사상의 구조에서 주요한 축을 이루고 있다. 이러한 생각을 처음 해낸 사람들은 고대 그리스인이다. 당시만 해도 이것은 전혀 새로운 생각이었다. 이집트 문명과 메소포타미아 문명 같은 이전의 문명은 기하학을 계산에 필요한 실용적 도구들이 담긴 도구상자 정도로 취급했다. 목수와 측량사에게 유용한, 시행착오로 발견된 경험적인 어림셈법으로 여긴 것이다. 기하법칙은 단순히 실용적 도구만이 아니라, 공식으로 진술할 수 있고 논리적·연역적 증명으로 정당화할 수 있는 입증 가능한 진리다. 이 사실을 처음 발견했을 때 그리스의 철학자들은 대단히 흥분했을 것이다. 고등학생들이 기하학을 지루해하는 이유는 이와 같은 엄밀한 추론이 획기적인 돌파구였다는 사실을 아무도 설명해 주지 않았기 때문일 수도 있다. 그리스인은 기하학에 너무나 감탄했고, 그중 많은 이들이 그것을 논리적이고 확실한 지식으로 가는 '유일한 문'으로 떠받들었다.

예를 들어, 피타고라스의 정리로 유명한 피타고라스를 생각해 보자. 그는 음악적 조화까지도 기하학적 비율에 근거하고 있음을 발견했다. 진동수의 비율이 정확히 2:1인 두 음은 한 옥타브 떨어져 있다. 두 음파가 딱 들어맞아 완벽한 화음으로 느껴지기 때문에 우리는 그 두

고전 그리스: 수학적 이상을 추구한 예술. 바티칸 벨베데레 궁전의 아폴로

음을 같은 음으로 인식한다. C음보다 한 옥타브 높은 음도 같은 C다. 2:3의 비율은 5도 화음으로 맑고 열린 소리가 난다. 3:4의 비율이면 4

도 화음이 나온다. 피타고라스는 수(數)가 완벽하고 조화로운 질서로 우주를 붙드는 신적 힘이라는 결론을 내렸다. 그는 음악과 수학으로 영적 깨달음을 얻을 수 있다고 가르치는 신비종교를 창설하기까지 했다. 페르시아에 갔다 온 후에는 페르시아 옷과 터번 차림으로 무대에 올라 기하학적 증명을 시연해 대중을 놀라게 하고는 했다.

피타고라스의 영향을 받은 플라톤은 기하학이 인간의 정신을 이끌어 영원한 진리의 영역으로 들어가게 하는 수단이라고 믿었다. 그가 설립한 학교 아카데메이아 정문 위에는 이런 문구가 새겨져 있었다. "기하학을 모르는 자는 누구도 여기 들어오지 말라." 심지어 그는 신의 정신은 영원히 기하학을 숙고하는 것보다 더 나은 일을 할 수 없다고 생각하고 이렇게 말했다. "신은 언제나 기하학을 연구하신다."

이와 같은 생각은 예술로도 흘러들어 갔다. 우주의 근저를 이루는 질서가 아름다움을 반영한다면, 아름다움 자체가 수학의 문제임이 분명했다. 조각가들은 손가락과 손, 손과 팔, 허벅지와 다리, 머리와 몸 등의 이상적인 비례를 정하는 정확한 수학적 규칙을 산출했다. 조각가 폴리클레이토스*는 이렇게 말했다. "아폴로가 아름다운 것은 그의 몸이 특정한 비례의 법칙을 따라 수학의 신적 아름다움에 참여했기 때문이다."[11] 월포드의 설명에 따르면, 그리스인들에게 "인체의 비례와 우주의 수학적 구조는 서로 연결되어 있었다."[12]

예술사학자 케네스 클라크[Kenneth Clark]는 이렇게 말한다. "모든 예술은 믿음 위에 세워진다. 조화로운 수에 대한 그리스인의 믿음은 그들의 그림과 조각으로 표현되었다."[13] 그렇게 해서 명료함과 절제, 균형과 수학적 비례를 특징으로 하는 양식이 탄생했다.

어떤 인체도 그리스의 조각상만큼 완벽한 비례를 갖추지는 못한

❋ 폴리클레이토스
기원전 5세기 후반의 그리스의 조각가. 인체 각부의 비례, 전신의 균형 따위를 연구하여 인체미의 기준을 수립하였다.

다. 이 조각상들은 특정한 개인이 아니라 보편적인 이상 또는 원형을 나타낸다. 고전 시대 철학자들은 실재보다 이상을, 개별적인 것보다 보편적인 것을 우선시했다. 그들은 각 사람을 독특하게 만드는 특성에 존엄이나 가치를 부여하지 않았다. 중요한 것은 보편적인 인간의 본성을 이루는 공통적인 특성이었다. 개성은 이상적인 모습에서 벗어난 일탈이나 변칙, 이탈 정도로 간주되었다.[14] 사람들이 의식하든 못하든, 고전 예술은 고전 철학을 반영하고 있다.

비잔틴 시대의 성화

이제 비잔틴 시대로 건너뛰어 보자. 이 시기는 콘스탄티누스 황제가 로마 제국의 수도를 비잔틴으로 옮긴 기원후 330년경에 시작되었다 (그는 그곳의 이름을 콘스탄티노플로 바꾸었다). 비잔틴 성화(聖畵)에 나오는 인물들은 형식적이고 대단히 양식화되어 있으며 이차원적이다. 다음에 나오는 그림을 보면 성탄절 포장지를 벽에 붙여 놓은 것 같은 느낌을 받을 것이다. 이 양식은 무엇을 말하는 것이었을까? 비잔틴 시대 화가들은 정말 공기가 금이라고 생각한 것일까? 그들은 이 양식을 통해 무엇을 전달하려 했을까?

비잔틴 문화에 가장 큰 영향을 끼친 신플라톤주의는 그리스 사상과 동양의 신비주의를 혼합한 철학이다. 그 결과, 물질계를 죽음과 부패, 악과 타락의 영역으로 보는 과격한 이원론이 생겨났다. 지혜로 가는 길은 오감으로 알 수 있는 물질계에서 물러나 이성이라는 내적 눈으로 이상과 보편의 영역을 숙고하는 것이었다. 삶의 궁극적인 목적은 육체의 감옥에서 벗어나 영적 영역으로 올라가는 것이었다.

비잔틴: 신플라톤주의 기독교. 이스탄불 하기아 소피아 성당에 있는 「예수 그리스도」 모자이크화(12세기경)

신플라톤주의 이원론의 요소는 아우구스티누스, 오리게네스, 보이티우스, 카파도키아 교부들 같은 기독교 신학자들의 사상에 흘러들었다. 우리는 그 영향을 수도원 운동에서 볼 수 있다. 물질계는 악과 타락의 근원으로 간주되었기 때문에, 수도사는 수도원으로 물러나 영적 이상을 숙고했다. 자연은 별 가치가 없다고 생각하여 재산도 소유하지 않았다. 육체는 죄의 근원이었기에, 수도사는 소박한 음식을 먹고 거친 옷을 입으며 성관계와 결혼을 금하는 등 금욕적 실천을 통해 몸의 욕구를 억눌렀다. 그리스도인은 피조세계를 성(聖)과 속(俗)의 두 영역으

✧ 보이티우스
고대 로마의 철학자(?-524). 플라톤·아리스토텔레스 등 그리스 철학을 중세에 전하였고, 현세적 쾌락을 버리고 덕에 의한 마음의 평안을 얻을 것을 역설했다.

155

로 나누었다. 피조계의 어떤 부분들을 피하는 것만으로도 거룩함을 이
룰 수 있다는 듯이, 부정적 규칙의 관점에서 도덕을 재구성했다. 그들
은 창조된 모든 실재가 하나님의 손에서 나왔고 본질적으로 선한 것이
라는 성경의 가르침을 잃어버렸다.

　　우리는 5세기 무렵에 신플라톤주의가 예술에 미친 영향을 볼 수
있다. 당시의 예술가들은 일상 세계를 묘사하는 작업에 대한 관심을
잃어버렸다. 비잔틴 성화는 예수님의 인성이 아니라 신성을 강조했다.
그분은 전능한 재판장이자 우주의 통치자로 그려졌다. 마리아는 갈릴
리 출신의 가난한 농촌 소녀가 아니라 (가톨릭 신학과 동방정교회 신학에 따라)
하늘에 높이 들리신 하나님의 어머니였다.

　　그림 속 등장인물이 이야기의 일부로 등장하지 않는다는 점에 주
목하라. 배경에 나무나 도시 풍경은 없다. 황금색 배경은 보는 이의 마
음을 영원한 진리로 이끌려는 시도다(영원한 진리는 황금처럼 녹슬지도, 부패하
지도 않는다). 붉은색은 짙은 선홍빛이고 파란색은 투명한 사파이어를 닮
아 값진 보물처럼 보일 정도다. 장엄한 화려함은 작품 안에 신성하고
기적적인 무엇이 있음을 말해 준다. 등장인물은 대체로 보는 사람과 눈
을 마주하여 직접 대면하는 듯한 느낌을 주는데, 이것은 멈추어 서서
신성한 메시지에 주목하라는 촉구와도 같다. 성화는 시각적 설교였다.[15]

　　비잔틴 예술가들은 개인적인 감정을 표현하려고 노력하지 않았
다. 반대로, 일체의 개인적 시각을 제거하기 위해 엄격한 규칙과 공식
을 따랐다. 성화는 예배자를 초월적인 영의 영역으로 이끄는 '창문'으
로 떠받들어졌다.

최초의 예수 탄생 장면

13세기는 수도사들의 시대였다. 프란체스코 수도회 수사들과 도미니크 수도회 수사들, 이들은 수도원을 떠나 세상에서 가르치고 설교하며 자선을 베풀었다. 그들이 세상에 그렇게 많은 관심을 기울였던 이유는 세상을 보다 성경적으로 바라보게 되었기 때문이다.

도미니크 수도회는 1216년경에 설립되었다. 그들은 당시에 재발견한 아리스토텔레스 철학을 기독교 신학에 맞추어 각색하는 데 공을 들였다. 피타고라스나 플라톤과 달리, 아리스토텔레스는 기하학이 아니라 생물학에 관심을 가졌다. 그는 자연계에 등을 돌리고 추상적 이상의 영역을 바라보는 것이 아니라 오감으로 감지되는 자연의 대상을 관찰해야 보편적 진리에 접근할 수 있다고 가르쳤다. 그리고 자연의 과정은 사물이 그 참된 본성인 '텔로스'^{telos}를 달성하는 수단이기 때문에 선하다고 주장했다. 도토리는 참나무가 되고, 알은 독수리가 된다. 토마스 아퀴나스를 비롯해 아리스토텔레스의 영향을 받은 도미니크 수도회 수사들은 창조세계가 선하신 창조주의 작품이기 때문에 선하다고 주장하기 시작했다.[16]

같은 시기에 아시시의 프란체스코는 프란체스코 수도회를 설립했다. 프란체스코는 말구유에 진짜 아기를 누이고 황소와 나귀들을 배치하여 최초의 예수 탄생 장면을 연출해 낸 사람으로 알려지고 있다. 그 전까지 기독교의 중심되는 절기는 성탄절이 아니라 부활절이었다. 프란체스코는 무슨 이유로 예수의 탄생에 초점을 맞추었을까? 그리스도의 인성에 대한 새로운 관심 때문이었다. 성육신에 대해 묵상한 신학자들은 하나님을 묵상하기 위해 자연에서 물러날 필요가 없다고 주장하게 되었다. 하나님이 친히 예수 그리스도라는 사람의 몸을 입으셨기 때문이다. 하나님은 창조된 세계 안에서, 이 세계를 통해 자신을 알리셨다. 예수께서도 "나를 본 자는 아버지를 보았다"^{요 14:9}고 친히 말씀하시지 않았는가. 하나님이 친히 육신이 되셨으니, 물리적 생명이 본질적으로 나쁘거나 악한 것일 수는 없다. 우리는 영성을 갖추기 위해 물질계를 거부할 필요가 없다.

보편적인 것을 선호하는 그리스적 편향이 구체적이고 개별적인 것의 가치에 대한 인식으로 균형이 잡히기 시작했다. 궁극적 보편자이신 하나님이 친히 독특한 개별자가 되셨다. 개별성은 더 이상 보편적 이상에서 제멋대로 벗어난 일탈이 아니었다. 그 자체로 가치와 존엄을 가지고 있었다.[17]

이러한 신학적 경향은 예술에 어마어마한 영향을 끼쳤다. 한 역사가는 이렇게 적었다. "그리스도의 인성에 초점을 맞추면서 예술의 흐름이 바뀌었다. 예술가들은 작품 속의 인물은 최대한 사실적으로, 배경은 최대한 자연스럽게 묘사하려고 노력했다."[18] 프라 안젤리코는 도미니크 수도회 수사였고, 조토 디본도네[*]는 프란체스코 수도회의 영향을 받았다. 이들의 그림을 비잔틴 성화들과 비교해 보자. 어떤 차이점이 보이는가? 인물들은 더 이상 평면적이거나 형식적이지 않다. 진정한 무게감, 부피감, 덩어리감이 있다. 그들은 물리적 배경이 실제와 같은 삼차원 공간에 서 있다. 그리고 두 그림 모두 이야기의 줄거리를 가지고 있다. 이야기를 들려주거나 사건을 말해 주는 것이다. 조토의 「애도」에서 인물들은 격한 얼굴 표정과 극적인 손짓을 통해 슬픔을 표현한다. 천사들도 비탄에 사로잡혀 얼굴이 일그러진다. 이 드라마의 비극적 분위기를 더욱 고조시키는 돌담은 우측 위에서 대각선으로 내려와

중세: 자연은 하나님의 선한 창조물이다.

프라 안젤리코의 「수태고지」
(1438)

조토 디본도네의 「애도」
(1305)

예수의 머리에 이르면서 '낮아지심'의 테마를 상징하고 있다[빌 2:5-8].

한 학자는 "조토의 세계관이" 비잔틴 시대의 세계관과 "근본적으로 다르다"고 설명한다. 조토는 신플라톤주의에 영감을 받은 "이원론적이고 금욕적인 신학"을 버리고 "성육신 신학"을 받아들였다. 물질계는 더 이상 벗어나야 할 감옥이 아니다. 물리적 세계는 "인간적인 것과 신적인 것, 물리적인 것과 영적인 것, 일시적인 것과 영원한 것이 만나는" 자리다.[19]

예술가들은 성육신의 주제를 강화하기 위해 주위의 방이나 뜰의 건축적 특성에 해당하는 정교하고 현실적인 세부 내용을 그려 넣기 시작했다. 프라 안젤리코도 같은 맥락에서 기둥과 아치를 그려 넣었다. 그림이 방의 일부인 것 같은 시각적 착각을 만들어 내어, 보는 이들이 정말 그림 속으로 건너가서 성경의 등장인물과 만나고 그 사건을 직접 목격하는 듯한 느낌을 갖게 하는 것이 목적이었다. 그림 속의 원근법은 작품의 사건이 우리 세계에서 실제로 벌어졌고 영적인 영역이 일상 생활 속으로 깊숙이 들어왔다는 메시지를 강조해 주었다.

가장 유명한 사례는 레오나르도 다빈치의 「최후의 만찬」이다. 이 그림은 원래 식당에 걸려 있었는데, 식당과 이어진 실제 공간에서 벌어지고 있는 일로 보이도록 기가 막히게 고안이 되었다. 5세기 전에 식탁에 앉아 빵을 뜯고 포도주를 홀짝이던 수사는 단단한 벽이 물러나고, 제자들이 "저입니까, 주님?"이라고 묻던 그 극적인 대면의 순간으로 자신이 이끌려 들어가는 것을 느꼈다. 바흐가 「마태 수난곡」에서 말하는 것처럼, 각 사람은 이렇게 대답해야 한다. "그렇습니다. 저와 저의 죄가 예수님을 십자가에 못 박았습니다. 제가 받았어야 할 고통인데 예수님이 저를 사랑하셔서 저 대신 겪으려 하시는 것입니다."[20] 이 그림은 말이 아니라 시각적 이미지를 통해 심오한 영적 진리를 전달했다.

너희가 신이 되리라

레오나르도 이야기를 했으니 그 다음 시기로 넘어가 보자. 르네상스
기간에 피렌체의 플라톤 아카데미가 신플라톤주의를 되살려 냈다. 마
르실리오 피치노^{Marsilio Ficino} ※ 같은 철학자들은 하나님이 히브리인에게
구약성경을 주셨듯이 이방인에게도 '영원한 지혜'를 주셨는데, 그것이
신플라톤주의라고 보았다. 그들은 이 영원한 지혜가 기독교와 조화를
이룰 수 있다고 확신했다. 그렇게 해서 그들은 르네상스 인문주의를
만들어 냈다.

    신플라톤주의는 이원론을 악과 고통의 근원으로 보았다는 사실을
기억하자. 영혼은 죽음과 부패를 피할 수 없는 물질(몸) 안에 갇혀 있었
다. 따라서 피치노의 철학은 이러한 질문과 함께 시작되었다. "이원론
을 어떻게 극복할 수 있을까?" 그가 찾은 대답은 인간이 물질을 지배
해야 한다는 것이었다. 하나님의 형상으로 창조된 인간은 '지상의 신'
이 되어야 한다. 그는 동물을 다스리기 때문에 '동물의 신'이다. 물질을
사용해 자기에게 필요한 것들을 만들어 내기 때문에 '모든 물질의 신'
이다. 르네상스 인문주의는 세상에서 물러나 수도원으로 들어가라고
요구하는 대신, 세상을 지배하라고 촉구했다. 영혼과 물질의 유서 깊은
이분법은 영혼이 물질을 정복함으로써 극복될 것이었다. 한 역사가는
르네상스 사상가들이 이런 식으로 "인간의 이원론적 본성으로부터 생
겨나는 장애물과 한계"를 극복하기 바랐다고 썼다.[21]

    이것은 예술과 과학을 통틀어 폭넓은 분야에 통달한 개인, 곧 '르

※ 마르실리오 피치노
중세 이탈리아의 철학자이자
신학자(1433-1499). 플라톤
과 플라티노스의 연구와 번역
에 종사했고, 플라톤 철학과
기독교의 일치를 주장했다.

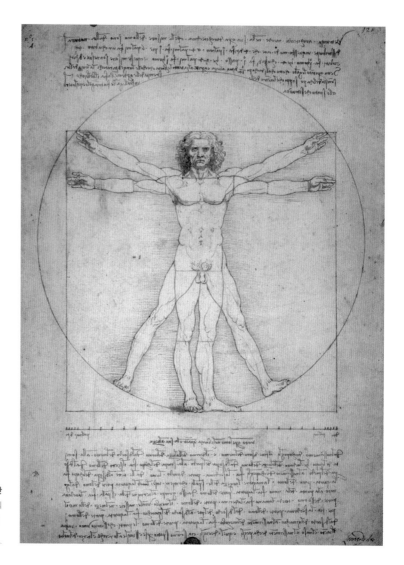

르네상스: 자연에 대한 인간의 지배. 레오나르도 다빈치의 「비트루비우스의 인간」(1487)

네상스적 인간'이라는 이상을 설명해 준다. 최고의 사례인 레오나르도 다빈치는 과학자, 발명가, 수학자, 공학자, 그리고 무엇보다 예술가였다. 레오나르도는 화가를 마음껏 이미지를 창조해 내는 '신'으로 보았다. 그의 작품 「비트루비우스※의 인간」은 인간이 영혼과 물질의 두 영역을 통합시키는 소우주라는 신플라톤주의적 개념을 표현하고 있다. 한 역사가는 "당대의 도상적 상징에 따르면, 정사각형은 대체로 땅을 상징하고 원은 하늘의 영원성을 나타냈다"고 설명했다. 그렇다면 레오나르도가 이미지로 표현해 낸 이상적인 인간은 "땅과 하늘에 모두 속하여……우주를 통합하는 존재"다.[22]

이 박식한 사람이 '인간의 이원성'을 극복한다는 르네상스의 목표를 이루었을까? 철학자 조반니 젠틸레^{Giovanni Gentile}는 슬프게도 그렇지 못했다고 말한다. 공학자이자 수학자로서 레오나르도는 그로부터 얼마 후에 시작될 과학혁명의 기계론적 세계관을 내다보았다. 기계론적 세계관은 자연을 "고정된 폐쇄 체계 안에 필연적이고 기계론적으로 정돈된 불변의" 것으로 보았다. 하지만 예술가로서 레오나르도는 이상적인 것과 보편적인 것을 파악하려는 노력을 멈추지 않았다. 젠틸레는 한 비통한 구절에서 "화해할 수 없는 두 세계 사이에서 분열된 이 보편인의 고뇌와 내면의 비극"을 말한다.[23] 근대의 문턱에 서 있던 레오나르도는 근대적 정신의 상징이자, 통합적 진리를 찾지 못한 비극적 무력함의 상징이 되었다.

세상은 책이다

그에 반해 종교개혁은 이원론을 극복하고 통합된 세계관을 회복할 자원을 가지고 있었다. 마르틴 루터는 가톨릭교회를 떠나면서 수도원적 사고방식의 이원론을 거부했다. 그는 사제나 수녀가 상인이나 농부, 방앗간 주인, 주부보다 우월한 존재가 아니라고 말했다. '소명'^{vocation}이라

※ 비트루비우스
인체의 이상적인 비례를 계산했던 고대 로마 건축가.

바로크 개신교: 평범한 생활과 노동의 신성함.

얀 페르메이르의 「우유를 따르는 여인」(1658)

는 개신교의 교리에 따르면, 인간이 정직하게 행하는 모든 일이 하나님께 받은 부름, 곧 문화명령(땅을 경작하라는 창세기의 명령)을 성취하는 방법이 될 수 있다. 종교개혁에 영감을 받은 예술작품은 흔히 부지런히 자기 일을 하는 보통 사람들을 보여준다. 이러한 그림은 "평범한 삶에 영적 존엄과 중요성이 배어 있다"는 성경적 개념을 묵묵히 전하며 환히 빛난다.[24]

종교개혁의 영향으로 자연을 그리는 일에도 새로운 관심이 일어

야코프 판 라위스달의 「강가
의 풍차」(1670)

낳다. 교부 시대 이래로 신학자들은 계시의 '두 책'이 있다고 말해 왔
다. 하나님의 말씀의 책(성경)과 하나님의 세계의 책(창조세계)이었다. 네
덜란드 신앙고백서는 로마서 1장의 내용을 이렇게 표현한다. "세상은
우리 눈앞에 아름다운 책처럼 펼쳐져 있고, 그 안에 있는 모든 피조물
은 글자와도 같아서 하나님의 보이지 않는 속성을 볼 수 있게 해준다."
야코프 판 라위스달^{Jacob van Ruisdael} 같은 네덜란드 풍경화가들은 자연을
"하나님의 두 번째 계시의 책"으로 그려 내려고 노력했다.[25]

  무엇보다, 종교개혁자들은 살아있는 인간이 가톨릭교회에서 흔히
볼 수 있는 나무나 돌로 만든 조각보다 더 나은 하나님의 형상이라고
주장했다. 이것을 생각하면 렘브란트 같은 화가들이 인물화 습작을 그
렇게 많이 내놓은 이유를 알 수 있다. 베드로의 배신 장면을 정교하게
그려 낸 작품에서 우리는, 예수의 제자냐고 묻는 하녀의 질문에 베드

더 나은 하나님의 형상. 렘브
란트의 「그리스도를 부인하는
베드로」(1660)

로의 얼굴에 떠오른 복잡한 두려움을 '읽을' 수 있다. 렘브란트는 각 개
인의 영적 투쟁과 선택이 세계를 형성한다는 사실을 부각시키고 있다.
그림의 오른쪽 배경에서 베드로를 돌아보는 예수님의 고통스러우면
서도 부드러운 표정은 장래의 용서와 회복을 암시한다. 렘브란트는 유
혹과 배신을 오가는 베드로의 가장 어두운 순간에 구원의 복선을 깔고
있다.

물질은 영적이다

가톨릭교회에도 나름의 종교개혁이 있었다(반동 종교개혁이라 불리기도 한

다). 개신교 종교개혁의 한 가지 안타까운 결과는 조각상과 형상들을 부수는 성상파괴운동의 급등이었다. 이 일은 예술 자체에 반대하는 입장과는 아무 상관이 없었고, 신학을 둘러싼 우려에서 나온 것이었다. 시각예술 분야에서 종교개혁자들은 고대 이스라엘에서 놋뱀이 우상이 된 것처럼 왕하 18:4, 형상은 쉽사리 우상으로 전락하게 된다고 주장했다. 언어예술에서는 알레고리적 성경해석이 지나친 상징과 은유를 사용하여 복음의 핵심 메시지를 흐려 놓았다고 주장했다. 결국 그들은 유물, 스테인드글라스, 고해성사, 면죄부, 성지순례, 성수(聖水), 미사 등 중세의 많은 신앙적 관행을 통째로 거부했다. 그들은 이 의식들이 마법과 비슷하다는 느낌을 받았는데, 영적 힘이 물질적 대상에 내재되어 인간에 의해 통제되고 조작될 수 있다는 생각이 깔려 있다고 보았다.

많은 종교개혁자들, 특히 칼뱅주의자들은 형상이나 의식이 아니라 말씀에 초점을 맞춘 꾸밈없고 깔끔한 예배를 추구했다. 그들은 하나님의 초월성을 강조하기 위해 교회 벽에 그려진 종교화 위에 회칠을 하고 장식이 없는 소박한 벽으로 만들었다. 설교에서도 우아함이나 달변을 연마하는 대신에 분명하게 표현하려고 노력했다. 영국의 종교개혁자 토머스 크랜머Thomas Cranmer는 자신의 설교가 "너무나 명료해서 어린아이도 이해할 수 있는 것"이 되기를 바란다고 말했다.[26]

가톨릭 신학자들은 형상의 사용을 옹호해야 하는 과제에 직면했다. 성상파괴론자들과 마찬가지로, 그들의 논증 역시 예술 자체와는 상관이 없었다. 그들은 형상을 둘러싸고 7세기와 9세기에 맹렬하게 펼쳐진 논쟁들을 더듬어 보았다(그렇다. 교회에서는 이전에 동일한 논쟁이 펼쳐진 바 있었다). 그들은 당시에 성공적이었던 방어 논리를 되살려 냈다. 바로 성육신의 교리였다. 그들은 그리스도께서 "보이지 아니하는 하나님의 형

바로크 가톨릭: 세상은 영광의 '무게'를 계시한다.

카라바조의 「십자가에서 내려지시는 그리스도」(1604)

상"^{골 1:15}이시므로 형상을 받아들일 수 있다고 주장했다. 말씀이 육신이 되셨다. 그러므로 물질계는 하나님이 임재하시는 수단으로서의 위엄을

루벤스의 「십자가에 달리시는
그리스도」(1611)

가지고 있다. 한 역사가는 "하나님이 그리스도를 통해 친히 인간의 형
상을 입으셨고 지상 세계가 신적인 것을 담을 수 있음을 드러내셨다"
고 정당화했고, "기독교의 형상 사용은 보이는 지상의 것을 들어 올려
보이지 않거나 영원한 것을 비추는 위엄을 갖게 하려 한다"고 말했다.[27]

따라서 바로크 시대의 가톨릭 예술은 하나님의 임재와 능력이 물질계 안에, 물질계를 통해 내재한다는 생각을 전달하려 했다. 이러한 확신이 양식 자체에서 어떻게 표현되는지 앞의 그림을 보라. 페테르 파울 루벤스 같은 바로크 화가들은 꽉 찬 느낌의 덩어리감을 가진 구체적인 인물들을 그린 것으로 유명하다. 전통적인 미술관을 생각하면, 현대의 이상적인 여성미와는 전혀 다른 풍만하고 몸집 있는 누드의 이미지가 떠오른다. 그것을 '루벤스 스타일'이라고 할 수 있을 것이다. 그는 이런 스타일로 무슨 말을 하고자 한 것일까? 경건한 가톨릭 신자였던 그는 창조세계가 영적 영광의 무게를 담고 있다는 성경적 개념을 표현한 것이다. '영광'에 해당하는 히브리어 단어는 '카봇'^{Kabod}인데, 말 그대로 무게 또는 실체를 뜻한다(우리가 누군가를 가리켜 '묵직한 존재감'이 있다고 말할 때와 비슷한 느낌이다). 따라서 물질계는 하나님의 거처가 되는 위엄을 지닌다. 루벤스 스타일은 그렇게 말하고 있는 것이다.

계몽된 지배

가상 미술관의 다음 차례는 계몽주의다. 다들 고등학교 역사 시간에 배운 이 용어를 기억할 것이다. 현대 과학의 발흥으로 시작된 계몽주의의 주된 은유는 자연이 거대한 기계라는 것이었다. 그 기계가 작동하는 법칙을 배우면 인간이 자연을 통제할 수 있으리라는 희망이 있었다.

계몽주의 시대의 미술은 인간의 자연 지배에 대한 확신에 찬 태도를 표현한다. 장 앙투안 바토는 자연을 상류사회의 품위 있는 사람들의 유흥을 위한 유원지로 취급한다. 게인즈버러는 자연을 소유물로 바라본다. 초지(草地)에 반듯하고 평행하게 이랑이 만들어진 것으로 보아

계몽주의: 소유물로서의 자연. 토머스 게인즈버러의 「앤드루스 부부」(1750)

새로 발명된 파종기를 썼다는 것을 알 수 있고, 부유한 젊은 부부가 과학적인 최신 유행을 따르려 한다는 것을 보여준다. 저 뒤쪽에서는 양 떼가 울타리 안에 안전하게 들어 있다. 울타리를 두르고 그 안에서 가축떼를 기르는 것도 당대의 혁신이었다. 남자는 사냥총을 편안한 각도로 팔꿈치에 끼고 있다. 그는 자신이 자연에서 원하는 것을 원하는 시점에 얻을 수 있다는 것을 안다. 부부는 그들의 소유물을 보여주려는 듯 자랑스럽게 비스듬한 각도로 자세를 취하고 있다. 자연 전체를 자신들의 뒷마당으로 만들려는 듯 벤치를 바깥에 내놓기까지 했다. 자연이 길들여졌다. 이 그림에는 자신감과 자부심, 만족의 분위기가 배어 있다.[28]

낭만주의의 제안

하지만 계몽주의 세계관에는 어두운 면도 있었다. 자연이 자연법칙에

의해 작동하는 기계라면, 여기에는 모든 것이 확고한 자연법칙의 지배를 받는다는 결정론적 생각이 함축되어 있기 때문이다. 자유도, 창의성도, 도덕적 책임도 없다. 자연은 차갑고 죽은 것으로 보였다. 낭만주의자들은 기계의 은유를 생명체의 은유로 바꾸자고 제안했다. 자연을

초월적 창조주. 재스퍼 프랜시스 크롭시의 「허드슨 강의 가을」(1860)

살아있고 성장하고 자유로우며 영적인 힘과 생명력으로 가득 찬 무엇으로 보자는 것이었다. 그들은 요정, 도깨비, 엘프가 등장하는 중세의 신화를 되살렸다. 낭만주의^{Romanticism}라는 용어 자체에 '아서 왕의 로망스' 같은, 원정과 모험을 가리키는 이 단어의 더 오랜 용례가 반영되어 있다.

　　많은 낭만주의자들이 정통 기독교 대신 유사-범신론 철학을 받아들였는데, 이 철학에서 하나님은 자연의 초월적 창조주가 아니라 자연 안에 내재하는 영적 임재였다. 랠프 월도 에머슨은 하나님을 대령(大靈) ^{Oversoul}, 전체의 영(靈), 영원한 일자(一者)라고 불렀다.[29] 그림에서 이것은 자연에서 뿜어져 나오는 듯 보이는 편만한 빛으로 표현되었다(전통적으로 빛은 신적 임재의 상징으로 쓰였다). 위의 그림들은 루미니즘^{luminism}이라고 불리는 운동에서 나왔는데, 이것은 미국식 낭만주의에 해당하는 초절주의^{transcendentalism}✝의 산물이다. 진 에드워드 비스$^{Gene\ Edward\ Veith}$의 설명에 따르면, 루미니즘은 "모든 것이 뒤섞여 조화로운 통일체를 이루게 될 때 개별적인 세부 내용은 흔히 지워진다"고 본다.[30]

✝ 초절주의
19세기 중엽에 미국에서 일어난 관념론적 입장의 철학 운동. 칸트, 셸링 및 동양 사상의 영향을 받아 범신론, 직관주의, 신비주의, 유니테리언주의 등의 철학을 주장했다. 에머슨, 파커 등이 대표자다.

허드슨 강파(派)의 화가들을 보면 차이점이 잘 드러날 것이다. 다른 낭만주의자들처럼 그들도 자연을 종교적 체험의 근원으로 보았다. 하지만 신적 초월성에 대한 보다 정통적인 개념을 견지하려는 경향이 있었다(재스퍼 크롭시는 네덜란드 개혁교회의 일원이었다). 그들의 그림은 세부 묘사가 또렷하고 객관적이다. 햇빛은 흔히 위에서 내려오는데 "하늘의 원천으로부터 아래를 비추고" 빛줄기가 곳곳으로 뻗어 간다. 그것은 하나님이 자연 안에 내재하는 영이 아니라 자연의 **초월적 창조주**이심을 강조하기 위한 시각적 수단이었다.[31]

세속주의로 가는 두 갈래 길

지금까지 예술작품 몇 개를 추려서 예술사의 주요 흐름을 짧게 살펴보았다. 이 작업을 통해 알게 된 것은 무엇인가? 예술이 자연의 복제가 아니라는 것은 분명해졌다. 예술가는 재료를 선택하고 배열하고 정리해서 하나의 해석 내지 시각을 제시한다. 이 말은 예술작품이 요약된 말로 환원될 수 있다는 뜻은 아니다. 예술은 여러 차원에서 많은 것을 전달한다. 예술가의 깊은 확신 가운데 많은 부분은 무의식적인 것일 수도 있다. 그렇지만 예술가는 자신이 보는 바를 기계적으로 기록하지 않는다. 그들은 자신이 참이라고 굳게 믿는 바를 전달한다.

근대로 좀 더 나아와 보면 앞 장에서 진단했던 진리의 분열이 예술에 깊이 영향을 끼쳤다는 사실을 발견하게 될 것이다. 문화평론가 마사 베일스Martha Bayles는 『구멍 난 영혼』Hole in Our Soul에서 그 내용을 간결하게 요약했다. 그녀는 근대가 "예술의 의미와 목적을 깊이 성찰한" 시기였고, 그 모두는 예술이 "진리와의 관계를 근본적으로 의심하게 되면

서" 시작되었다고 적었다.[32]

위의 문장은 근대 예술에서 벌어진 일을 이해하기 위한 해석학적 열쇠다. 예술이 진리 개념과 분리되어 버린 것이다.

어쩌다 그런 일이 벌어진 것일까? 역사가들이 '근대'[modern]라고 말하는 시기는 대체로 계몽주의와 더불어 시작되었다. 많은 사상가들은 과학혁명에 깊은 인상을 받았고 과학을 진리의 유일한 원천으로 여기기 시작했다. 과학적 방법으로 알 수 없다면 그것이 무엇이든 실재는 아니라고 보았다. 이제 과학은 세상을 연구하는 한 가지 방법이 아니라 배타적인 세계관, 곧 과학주의[scientism] 또는 실증주의[positivism]로 격상되었다.

바로 앞에서 본 것처럼, 계몽주의에 대한 반발로 낭만주의 운동이 생겨났고 이후 둘은 줄곧 불화해 왔다. 사실/가치 분리의 언어로 말하자면, 계몽주의 사상가들은 경험적 **사실**의 영역에 대해 권리를 주장했다. 그들 중 상당수가 철학적 자연주의 또는 유물론을 받아들였는데, 이것은 근본적인 실재가 물질로 이루어져 있다는 주장이다. 그에 반해 낭만주의자들은 **가치**의 영역을 보호하고 싶어 했다. 그들은 철학적 관념론을 제안했는데, 이것은 근본적인 실재가 마음 또는 정신으로 이루어졌다는 주장이다. 관념론[idealism]이라는 용어는 높은 이상[ideals]을 품는다는 통상적 의미가 아니라, 궁극적 원인이 되는 실재는 물질이 아니라 정신적인 것, 곧 관념[ideas]의 영역이라는 철학적 의미를 담고 있다.

소설가 워커 퍼시[Walker Percy]의 은유를 빌어 말하면, "모든 철학은 모종의 궁극적 범주를 제안하고 모든 실재를 그 한 가지 범주로 설명하려 한다"고 말할 수 있겠다. 이것은 우주 전체를 하나의 상자에 집어넣으려는 시도와 비슷하다. 유물론은 모든 것을 '물건 상자'에 넣으려 하

고, 관념론은 모든 것을 '마음 상자'에 넣으려 한다.[33]

서구 사상의 분열

낭만주의 — 마음 상자

- -

계몽주의 — 물건 상자

이제 각 상자에 들어 있는 것들의 목록과 그것들이 역사적으로 발달해 온 단계를 짤막하게 살펴보기로 하자. 그러고 나면 두 상자가 예술에 미치는 영향을 이야기할 수 있을 것이다. 그렇게 되면 우리가 2부의 나머지 부분에서 좀 더 자세히 다루게 될 영역을 전체적으로 보여줄 조감도를 얻게 될 것이다.

기계에서 유령 쫓아내기

진리 분열에서 중심축이 되는 사상가는 18세기 철학자 이마누엘 칸트다. 그의 철학은 계몽주의를 지지했다. 그는 인간의 이성은 경험과학이 연구하는 자연계, 곧 '물건 상자' 너머에 있는 것은 알 수 없다고 선언했다. 인간의 정신구조는 종교, 도덕, 형이상학의 영역에 대한 어떤 것도 알 수 없다는 것이다.

이것은 중대한 전환점이었다. 칸트는 과학을 제외한 모든 형태의 지식을 잘라냄으로써 사실상 서구 사상의 역사 전체를 묵살해 버렸다. 고대 세계의 플라톤이나 아리스토텔레스는 인간의 추론 능력이 자연

영역 너머의 어떠한 진리도 이끌어 낼 능력이 없다는 생각을 전혀 하지 않았을 것이다. 중세에는 이성적 탐구에 관한 기념비적 저작들이 탄생했는데, 토마스 아퀴나스의 『신학대전』 *Summa Theologica* 같은 저작은 이성을 사용해 초자연적 진리를 탐구했다. 칸트가 지식의 범위를 경험적 현상으로 제한한 것은 그야말로 급진적인 발걸음이었다. 그는 "관념의 날개를 타고 가능한 모든 경험 너머로 훌쩍 솟아오를 능력이 있다고 믿는" 모든 사람을 비웃은 것이다.[34]

칸트의 철학은 인간을 '기계 속의 유령'으로 쪼개 버린, 당시에 친숙했던 데카르트의 이원론과 잘 맞아떨어졌다. '유령'은 경험적으로 관찰할 수 없는 대상이기 때문에 쉽게 떼어 버릴 수 있었다. 유물론이나 자연주의에 매력을 느끼는 사람들은 인간을 폐쇄된 인과관계에 갇힌 복잡한 물리적 메커니즘에 불과한 존재로 축소했다. 1749년, 라 메트리 la Mettrie ✿ 는 "그렇다면 인간은 기계라고 담대하게 결론을 내리자"고 말했다. 그 담대한 결론은 물리적 뇌와 별도로 존재하는 마음 같은 것은 없다는 뜻이었다. 신념, 감정, 욕구, 목표, 의도는 궁극적으로 신경체계라는 물리적 메커니즘의 부산물이며 뉴런들의 작용에 불과했다. 인간의 본질은 로봇이나 자동인형과 다를 게 없다는 말이었다.

이러한 견해는 오늘날에도 생생하게 살아 있다. 과학 저널 「네이처」의 한 칼럼니스트는 유전학과 신경과학이 "인간 본성에 대한 궁극적인 유물론적 설명에 가까워지고 있다"고 선언했는데, 이런 그림에서 인간은 "유령 없는 기계일 뿐이다." 유령이 없다면 자유는 망상이다. 의식조차도 실재가 아니다. 철학자 존 그레이는 "인간은 자신이 자유롭고 의식이 있는 존재라고 생각하지만 그들은 착각에 빠진 동물"이라고 말했다. 하나뿐인 개별적 자아를 가진 존재라는 느낌도 "비현실

✿ 라 메트리
프랑스의 의학자·철학자이자 계몽 시대의 대표적 유물론자 (1709-1751). 혼은 육체의 소산이라고 했으며, 뇌도 '생각하는 근육'으로 정의했다.

적인 생각"에 불과하다. MIT의 스티븐 핑커 같은 일부 신경과학자들은 인간이 본질적으로 좀비와 같다고 말하기까지 했다. "사람 비슷하게 행동하지만 실제로 무엇을 느끼는 자아가 없는" 영화 속 괴물과 비슷하다는 것이다.[35]

물론 일상생활에서 우리가 자의식을 가지고 선택을 내리는 존재라는 믿음 없이, 다시 말해 우리가 어떤 일을 하는 것은 그 일을 '하고 싶고' 그것이 최선이라고 '생각하기' 때문이라는 믿음 없이 살아가기란 불가능하다. 인지과학자들은 원함이나 생각 같은 내면의 상태는 실제로 존재하지 않는다고 말한다. 그것은 환상이다. 그런 환상을 받아들이도록 인간을 프로그램한 주체는 자연선택이다. 인간의 행동을 생각과 선택의 관점에서 설명하면 살아가기가 훨씬 수월해지기 때문이다. 울프슨이 쓴 것처럼, 진화는 우리에게 "영혼 같은 개념을 믿게 만드는 유전자"를 부여했지만 그 개념들 자체는 환상에 불과하다. "이런 비합리적 성향은 언젠가 두뇌 회로망을 적절하게 조정함으로써 제거될 수 있을 것이다." 그때까지 "우리는 우리가 기계에 불과하다는 불쾌한 사실을 체념하고 받아들여야 할 것이다."[36]

이 이론의 치명적인 결함은 자기모순적이라는 데 있다. 의식이 환상이라면, 그 사실을 누가 의식할 수 있단 말인가? 생각 같은 것은 존재하지 않는다고 말하는 과학적 환원주의자들의 생각은 어떻게 믿는단 말인가? 더 의미심장한 것은, 실세계가 의식의 개념 같은 '환상'을 우리에게 강요한다면, 어쩌면 그것은 결국 환상이 아닐 수도 있다는 사실이다. 모든 세계관의 출발점은 **현실 세계**에서 살아가는 데 없어서는 안 되는 관념이어야 한다는 것에 있다.

이러한 결점에도 불구하고 급진적 형태의 환원주의는 계속해서 인기를 더해 간다. 『믿지만 증명할 수 없는 것』*What We Believe but Cannot Prove*이라는 책에는 100명의 과학자와 철학자가 등장하는데, 그중 어느 누구도 의식과 통합적 자아의 실재성을 받아들이지 않는다.[37]

낭만주의자들의 반발

이와 같은 일면적인 인간관은 인간의 존엄성과 중요성을 근본적으로 해친다. 이것이 처음 등장했을 때, 낭만주의자들은 경악했다. 그들이 볼 때는 기계 속의 '유령'이 우주적 드라마의 진짜 주인공이었다. 그들은 그것을 무대의 중심으로 옮겨 놓기로 마음먹었다. 자유와 의식은 그들이 가장 관심을 가진 대상이었다.

역설적으로 보일지 모르지만, 낭만주의자들은 경쟁 세력인 계몽주의자들과 똑같이 칸트의 철학에서 지원을 얻고자 했다. 칸트에 따르면 이성이 무엇인가를 증명하는 방식은 그 원인을 자연법칙까지 추적하는 것인데, 이것은 이성이 신, 도덕, 자유 같은 것을 입증할 수 없다는 뜻이 된다. 그런 것은 자연적인 힘으로 환원될 수 없기 때문이다. 하지만 같은 이유로, 이성은 그런 것이 존재하지 않음을 입증할 수도 없다. 칸트는 인간이 '두 세계'에 속한다고 결론을 내렸다. 한편으로 인간은 '자연의 일부'다. 여기서 자연은 과학으로 알 수 있는 결정론적이고 기계론적인 체계다. 다른 한편으로 인간은 도덕적 선택을 내리는 자유로운 행위자로서 '자유의 세계'에서 살아간다.

이 두 세계는 분명 서로 모순적이다. 모든 행동이 자연의 힘에 의해 결정되는 유물론 세계에서 자유는 불가능하다. 칸트는 이 모순을 해결할 길을 끝내 찾지 못했다. 따라서 그의 철학은 하나의 통합된 전체로서 일관성을 이루지 못한다. 철학자 로버트 솔로몬^{Robert Solomon}은 "칸트는 그의 지식 개념과 도덕 이론 사이에 거대한 심연을 만들었고, 인간의 마음도 둘로 쪼개진 것처럼 보이게 만들었다"고 적었다.[38] 철학자들은 이 거대한 심연을 칸트의 '자연/자유 이원론'이라고 부른다. 아래층에서 인간은 뉴턴적 세계라는 기계의 일부가 된다. 반면 위층에서는 자율적인 자아로 존재한다.

　한 세계관 안에 분명한 모순이 들어 있을 때, 한쪽이 필연적으로 우위를 점하게 된다. 칸트의 경우, 승자는 자연의 세계였다. 경험과학은 시험과 검증이라는 무기를 가지고 있기 때문이다. 반면 자유의 세계를 옹호할 수 있는 근거는 도덕적 필연성뿐이다. 인간은 자유로운 존재처럼 행동할 수밖에 없다. 우리가 진정한 선택을 내릴 수 없다면 도덕적 책임도 있을 수 없기 때문이다. 사람은 신이 존재하는 것처럼 행동할 수밖에 없다. 보편적인 도덕법칙이 있다면 초월적인 입법자도 있어야 하기 때문이다. 인간은 내세가 존재하고 내세에서 우주적 정의가 확립될 것처럼 행동할 수밖에 없다. 그렇지 않으면 도덕법이 궁극적으로 의미가 없기 때문이다.

　칸트가 볼 때, 인간은 이러한 것이 존재하는지 실제로 알 수 없다. 도덕의 자극제로서 기능을 하기 때문에 존재한다고 믿을 따름이다. 칸트의 용어를 써서 말하자면, 형이상학적 개념은 '구성적'이지 않아서 세계에 무엇이 존재하는지 말해 주지 못한다. 그것은 '규제적'일 뿐이다. 그래서 우리 행동을 규제하는 이상으로 기능한다. 본질적으로 칸트는 도덕과 신학이 인지적으로 무의미하다는, 곧 실제로 존재하는 것에 대해서는 아무 의미가 없다고 주장하는 데이비드 흄에게 동의했다(2장). 그럼에도 불구하고 그는 형이상학적 개념이 도덕에 필수적이라고 주장하여 그것을 살려 내기를 바랐다. 그의 표현을 써서 말하면, 그것은 "알아내기가 불가능하지만 그 존재를 가정하는 것이 도덕적으로 필요하다."[39]

칸트의 이원론

자유 — 알 수 없는 이상들

- -

자연 — 알 수 있는 사실들

하지만 칸트의 생전에도 비판자들은 그가 위층을 유용한 허구들의 집합소로 바꾸어 버렸다고 비난했다. 한 철학자가 밝힌 것처럼, 칸트는 "정의상 아무것도 알 수 없는 대상의 존재를 가정해야 하는 당혹스러운 입장에 몰렸다."[40]

실제로 둘 사이에 갈등이 생기면, 알 수 있는 것이 알 수 없는 것을 매번 이긴다. 칸트의 이분법이 끼친 영향의 구체적인 사례로, 과학적 유물론의 주장이 성경과 모순될 때마다 신학자들은 자신들의 성경 해석을 조정하고 적용해야지 그 반대는 아니라는 말을 들었다. 그들은 기독교가 자연계에 대한 진술을 하는 것 자체가 부당하다는 말까지 들었다. 기독교는 도덕을 장려하기 위해 주일학교용 이야기를 들려주며 실물교육을 실시하는 것은 허용되었지만, 그 이야기가 진짜라고 주장하는 것은 허락되지 않았다. 이것이 신학적 자유주의가 등장한 이유다. 스탠리 하우어워스^{Stanley Hauerwas}에 따르면, "칸트의 영향을 받은 기독교 신학자들은 자연계를 과학에 넘겨주고" 신학을 도덕의 치장물 정도로

취급하기 시작했다.[41]

하지만 낭만주의자들의 시대에 칸트가 위층을 지지했다는 사실은 의식, 창의성, 사랑, 영성, 이타심, 도덕적 자유 등 유물론의 공격을 받고 있던 본질적인 인간의 특성에 피난처를 제공하는 것처럼 보였다. 그 결과, 칸트의 이원론은 엄청난 영향력을 행사하게 되었다. 시인 W. H. 오든(Auden※)은 그것을 이러한 말로 표현했다. "생물학적 유기체로서 인간은 자연의 필연성(결정론)에 종속된 자연적 동물이지만, 동시에 의식과 의지를 가진 존재로서 영혼의 자유가 있는 역사적 인물이기도 하다."[42] 낭만주의자들에게 일층과 이층의 분열은 영혼의 자유를 보호하는 전략이었다.

※ W. H. 오든
영국 태생의 미국 시인 (1907-1973). 신시(新詩)운동의 대표적 시인으로 정치성이 짙은 사회주의적 시를 발표했다. 기법적으로는 고대 영시풍의 단음절 낱말을 많이 써서 조롱이 섞인 경시와 모멸을 덧붙인 독특한 스타일을 만들어 냈다.

주권적 자아

칸트가 낭만주의자들에게 준 선물은 또 있었다. 그는 아래층인 자연계도 궁극적으로는 인간의 마음이 창조한 것이라고 말했다. 지식의 원재료들은 감각 인상으로서 뒤죽박죽 섞인 혼란 상태로 우리 눈과 귀에 쏟아져 들어온다. 이런 지각 내용이 어떻게 일관성 있고 질서정연한 우주 개념으로 조직화될까? 바로 인간 정신의 작용에 의해서다. 마음은 전후(前後), 원인과 결과, 시간과 공간, 수 등의 질서를 부여하는 데 필요한 원리를 제공한다. 세계 안에 법칙과 질서가 있는 것처럼 보이는 이유는 인간의 정신이 찰흙을 틀에 넣고 찍어 내는 것처럼 질서를 만들어 내기 때문이다.

하나님이 우리가 사는 세상에 구조를 부여하셨다는 전통적인 가르침과 달리, 칸트는 우리가 사는 세상에 구조를 부여한 주체가 인간

의 의식이라고 말했다. 그에 의하면 "마음이 자연의 입법자"이고, 이것
은 철학적 관념론, 곧 마음 상자다.

　낭만주의자들이 볼 때, 이것은 초월적 마음이 존재한다는 말과 그
리 다르지 않았다. 유령은 인간의 몸이라는 기계에만 있는 것이 아니
라, 세계라는 기계에도 세계정신[*]이나 절대정신의 형태로 존재한다.
개별적 자아는 어떤 식으로든 초월적 자아의 일부다. 물질적 우주 자
체가 심적·정신적 실체에서 나온 것이었다.

　하지만 낭만주의 시대 이후 절대정신의 관념은 신비주의적 모호
함의 무게를 이기지 못하고 결국 무너졌다. 철학적 관념론은 실존주의
에 자리를 내주었는데, 실존주의에서는 초월적 자아가 사라져 인격성
을 잃어버린 우주에 개별적 자아만이 홀로 남았다. 실존주의에서는 의
미와 중요성을 추구하는 사람들의 깊은 갈망을 해결해 줄 그 어떤 초
월적 실재도 없었다. 고립된 자아는 인간의 열망에 무심하거나 노골적
으로 적대적인 기계론적 우주에서 소외되었다. 인간에게 남은 것이라
고는 칸트가 말한 '처럼의 영역'뿐이다. 인간은 도덕적 선택이 중요한
것처럼, 인생에 의미가 있는 것처럼 살려고 노력할 수밖에 없다.

　오늘날 실존주의는 포스트모더니즘에 자리를 내주었는데, 포스트
모더니즘에서 자아는 끊임없이 움직이는 진화의 흐름에 푹 잠겨 있다.
안정된 것이란 없으며 모든 것이 재해석의 대상이 된다(3장에서 논했던 포
스트모던의 성을 기억해 보라). 따라서 철학의 위층 흐름이 현대에 물려준 유
산은 자아가 자기우주의 창조자라는 확신이다. 포스트모던 자아는 세
계를 살피고 자신이 선택한 정신적·도덕적 의미를 자유롭게 세계에
부과한다.[43]

⁂ 세계정신
역사철학에서, 세계사 속에
자기를 전개하여 실현하는 신
적 이성으로서의 정신.

철학의 분열과 선

지금까지 서구 사상의 분열사를 압축해서 살펴보았다. 우리는 여기서 무엇을 배울 수 있을까? 칸트 이후 철학은 계몽주의의 후계자 대 낭만주의의 후계자, 이렇게 대립하는 두 흐름으로 갈라졌다. 20세기 철학에서는 이 두 흐름을 '분석적 전통'과 '대륙적 전통'이라고 불렀다.

20세기 철학

대륙적 전통 — 낭만주의의 후계자

- -

분석적 전통 — 계몽주의의 후계자

각 전통은 칸트의 자연/자유 이원론의 한쪽씩을 맡아 확장시켰다.[44] 분석적 사상가들은 계몽주의, 곧 칸트의 아래층을 옹호한다. 그들은 자연계에 대해서만 참된 지식이 가능하다는 칸트의 주장에 동의했다. 결국 그들은 신과 도덕 같은 거대한 형이상학적 질문은 답을 알 수 없기 때문에 완전히 무의미하다고 선언했다. 철학의 유일하고도 적절한 역할은 과학의 시녀 노릇이며, 그 과제는 과학에서 쓰이는 개념과 방법론을 분석하고 명료하게 다듬는 것이었다.

오늘날 분석철학*은 미국 전역의 철학과에 단단히 자리를 잡았다. 시카고 대학의 법철학교수인 브라이언 라이터[Brian Leiter]는 이렇게 말한다. "모든 아이비리그 대학, 모든 일류 주립대학, 캘리포니아의 모든 캠퍼스, 최고의 인문교양 대학 대부분, 이류 주립대학의 주력 캠퍼스 대

※ 분석철학
과학과 일상적 언어의 여러 개념이나 명제를 분석하고, 그 의미를 밝히는 것을 목적으로 삼는 철학을 통틀어 이르는 말. 현대 영미철학의 주류를 이루는 것으로, 주로 기호나 언어의 분석을 통하여 인식의 참과 거짓 또는 그 의미를 비판하려는 학문이다.

부분이 자신들의 철학과가 확고하게 '분석적' 전통에 서 있다고 자랑한다. 분석철학만큼 학문적 성취나 교수직 확보에서 제대로 자리를 잡은 '운동'을 상상하기는 어렵다."[45] 영어 사용권 지역의 주요 대학 소속 철학자들을 대상으로 최근 조사한 바에 따르면, 91퍼센트가 자신이 분석적 전통에 속해 있다고 밝혔다.[46] 그래서 이 전통은 종종 영미철학이라 불리기도 한다.

이에 반해, 대륙 사상가들은 낭만주의, 곧 칸트의 위층을 옹호한다. 미국 대학의 철학과에서 대륙적 사상은 찾아보기가 쉽지 않다. 하지만 대륙적 사상은 신학, 예술사, 문학비평, 문화연구, 정치이론 등의 인문학을 사실상 점령했다. 삶의 의미, 선과 악, 압제와 정의, 예술과 아름다움의 본질 등 '큰 질문'을 던지는 과정을 포기하지 않았기 때문이다. 하지만 처음부터 그 어조는 방어적이있다. 칸드에 따르면, 그런 질문 자체가 경험적 영역을 벗어나는 터라 이성이 대답할 수 없는 것이기 때문이다.[47] 그러나 대륙철학은 여전히 이성을 그런 질문에 답할 수 있는 포괄적인 것으로 보고 싶어 한다.

오늘날 분석철학과 대륙철학을 가르는 심연은 너무나 넓다. 한 철학자는 "철학이 두 세계로 나뉘었다"고 불평한다. 또 다른 철학자는 "이 상황은 서로 다른 학과에서 연구하는" 일과 비슷해서 "심연 건너편으로 고함을 지르는 것" 같은 느낌이 든다고 염려한다. 이렇게 말하는 사람도 있다. "가끔은 분석철학과 대륙철학이 두 개의 분리된 학문이고 공통점이 전혀 없는 것처럼 보인다."[48] 칸트의 이원론은 서구의 사상과 문화에서 주요 분기점이 되었다. 세속주의로 가는 두 갈래 길이 나온 것이다.[49]

세계관이란 외우고 숙달하고 이해해야 하는 일관성 없는 관념들의 모음이 아니다. 세계관은 같은 길로 움직이며 같은 방향으로 나아가는 진행형의 전통을 형성하고, 계몽주의 지도나 낭만주의 지도 가운데 하나를 따라간다. 그 둘은 가족 유사성으로 연결된 두 개의 족보로 생각할 수도 있다. 개별적인 세계관을 이해하기 위한 첫 번째 단계는 그것이 어떤 혈통에 속하고 어떤 공통 주제를 공유하는지 알아내는 것이다.

　이러한 논의는 추상적이고 난해해서 소수의 지식인 집단만 관심을 가질 문제라고 생각하는가? 그렇다면 우리가 방금 다룬 주제가 지난 사반세기에 나온 최고의 베스트셀러 중 한 권의 테마라는 사실을 지적하고 싶다. 로버트 피어시그^{Robert Pirsig}의 『선과 모터사이클 관리술』 *Zen and the Art of Motorcycle Maintenance*은 27개 언어로 번역되어 4백만 부가 넘게 팔렸고 이제껏 가장 많이 읽힌 철학서로 알려져 있다. 이 책의 주제는 분석적 시각과 낭만적 시각의 양립 불가능성이다. 둘 다 진리의 요소를 담고 있고, 따라서 이 둘은 우리 모두가 공유하는 사고 양식에 각각 대응한다. 피어시그의 설명을 들어 보자. "낭만주의 양식은 주로 영감을 따르고 상상력이 풍부하며 창의적이고 직관적"인 반면 분석적 양식은 "이성과 법칙을 따른다." 현대 세계에서 이 둘은 철저하게 나뉘어 있어서, "별개의 두 세계" 중 하나를 골라야 하는 진퇴양난에 빠진 느낌이다.[50]

　피어시그는 해결책을 추구하다 오토바이로 미국을 횡단하는 여행에 나섰다. 그는 오토바이 엔진을 만지작거리고 별 아래서 자면서 사색한 내용을 적어 내려갔다. 혹시 모를까 봐 밝히자면, 선(禪)은 낭만주의에 해당하고 오토바이 엔진 관리는 철저한 분석주의다. 이 책의 놀라운 인기를 보면 철학자들이 쓰는 전문용어가 과연 보통 사람들이 제기하는 진짜 질문을 반영하는지에 관한 일체의 의구심을 떨칠 수 있다.

공격받는 예술

예술가 또한 보통 사람들의 경험을 표현하는데, 전문용어가 아니라 이야기와 이미지를 사용한다. 철학의 분열이 예술에는 어떤 영향을 끼쳤을까? 이 부분도 간략한 지도를 그려 보고 자세한 내용은 다음 장부터 다루기로 하자.

계몽주의로 다시 돌아간다. 다들 알다시피 계몽주의 시대는 기독교가 수세에 몰린 시기였다. 몇 세기만에 처음으로, 기독교를 공개적으로 공격하거나 공적으로 무신론자임을 밝히는 일이 사회적으로 용인되었다. 때는 바야흐로 볼테르^{Voltaire} ✛ 의 시대였다.

그러나 잘 알려지지 않은 사실은, 예술과 인문학도 계몽주의 시대에 수세에 몰렸다는 것이다. 합리주의자들은 평범한 일상의 세계에 존재하지 않는 것은 모두 예술에서 배제해야 한다고 주장하기 시작했다. 그들은 신과 여신이 등장하는 그리스 신화 같은 시적 요소들의 사용을 공격했다. 거인, 마녀, 날개 달린 말, 마법의 숲, 마법검이 등장하는 판타지와 동화를 헐뜯었다. 심지어는 비유적 언어와 상징과 은유의 사용까지 비판했다. 왜? 그것은 과학에서 쓰는 사실적이고 문자적인 언어가 아니기 때문이다.[51]

비판자들은 예술이 기껏해야 장식적인 기능밖에 없다고 말했다. 꾸미는 기능과 재미가 전부라는 것이다. 아이작 뉴턴은 시를 "기발한 허튼소리"라고 불렀다. 당시에는 시^{poetry}가 예술 일반을 의미했는데, 이 단어는 "만들다"라는 뜻의 그리스어 *poiein*에서 나왔다. 흄은 시인을

✛ 볼테르
프랑스 계몽기의 사상가 (1694-1778). 일찍부터 풍자 시인으로 이름을 얻었으나, 뒤에 신앙과 언론의 자유를 추구하는 합리주의적인 계몽사상가로 활약하였다.

"직업적 거짓말쟁이"라고 강하게 비난했다. 철학자 제러미 벤담도 그 말에 동의하며 "모든 시는 허위 진술"이라고 했다. 그는 "정확한 논리적 진리"를 표현하는 용도로만 말을 써야 한다고 믿었다. 왕립학회(최초의 전문 과학자 협회)의 역사를 기록한 토머스 스프랫^{Thomas Sprat}은 은유와 비유적 표현이 "평화와 예절에 치명적인 해를 끼치므로 모든 시민사회"에서 추방되어야 할 때가 왔다고 말했다. 산문이 사실과 계몽된 사상의 수단이 되었고, 시는 사실이 아닌 이야기와 감정을 전달하는 수단으로 강등되었다.

누가 진리를 보유하는가

이 모두가 더해져 예술을 강력하게 공격했다. 그전까지 예술의 목표는 모종의 **진리를 표현**하는 것이었다. 허구와 판타지를 사용하기는 했지만, 그 목적은 인간의 조건에 대한 영구적인 진리를 전달하는 것이었다. 고대로부터 예술에 대한 다양한 정의가 있었지만, 그 모두는 예술이 세계의 거울이요 반영이라는 생각을 포함하고 있었다. 예술의 가치를 따지는 시금석은 그 진실성, 곧 삶을 충실하게 그려 내는 능력에 있었다. 아리스토텔레스는 "시가 역사보다 더 참되다"고 말하기까지 했다. 왜 그러한가? 역사는 개별적 사실을 다루지만, 시는 보편적 진리를 전달하기 때문이다.

그러나 깜짝 놀랄 반전이 벌어져 계몽주의 사상가들은 예술과 진리의 관련성을 완전히 부인하기 시작했다. 한 역사가가 설명한 대로, "18세기 이전에는 예술이 지식의 한 형태로, 객관적인 진리의 한 측면으로 여겨졌다." 그러나 "원자들의 움직임으로 이루어지는 우주에서 아름다움은 객관적인 특성으로 존재하지 않는다."[52] 원자는 객관적 사실의 영역에 속했고, 아름다움은 주관적 가치의 영역으로 밀려났다.

19세기 후반, 철학자 조지 산타야나[George Santayana] ☀는 사실/가치의 분리를 자명한 이치로 내세웠다. 그는 "지적 판단이 사실에 대한 판단"이라면 "미학적·도덕적 판단은 가치에 대한 판단"이라고 썼다.[53]

어떤 예술가들, 특히 기독교 예술가들은 이런 급진적 환원주의에 계속해서 저항했다. 성경의 진리 개념은 총체적인 것이기 때문이다. 그것은 과학적 방법론을 진리에 이르는 하나의 길로 받아들이되, 진리를 시험관에서 연구할 수 있는 것으로 환원하지 않는다. 칼뱅주의 철학자 캘빈 시어벨트[Calvin Seerveld]는 "진정한 예술은 신뢰할 만한 구체적인 지식을 제공한다는 것이 기독교 미학이론의 통찰이다"라고 썼다. 예술은 과학이나 철학과는 다른 숙어를 사용하는데, 색깔과 모양, 색조와 질감, 소리와 리듬의 숙어다. 그렇지만 예술은 "진정한 지식의 수단"이며, 그 지식은 다른 형태의 지식이 그렇듯 "타당하고 확실하다."[54]

비슷한 맥락에서 가톨릭 소설가 워커 퍼시는 예술이 "실재를 탐험하는 제대로 된 도구"라고 주장한다. 그것은 "갈릴레오의 망원경이나 윌슨의 안개상자☀처럼 과학적이고 인지적인 가치가 있다."

하지만 이같은 입장은 이제 찾아보기 어렵다. 퍼시가 말한 바 있듯이, 오늘날 대부분의 사람들은 "자연과학이 모든 진리를 가지고 있고" 예술은 "인지적 케이크 위에 올려놓은 아이싱"일 뿐이라고 생각한다.[55] 그와 비슷하게, 듀크 대학교의 '신학과 예술 연구소' 소장 제러미 베그비[Jeremy Begbie]는 이렇게 말한다. "사람들은 자연과학이 공적으로 검증 가능한 진리를 제공하고, 예술은 사적 취향의 문제를 다룬다고 여긴다."[56] 공적 진리 대 사적 취향이다. 사실/가치의 분열이 목청을 높이면서 예

☀ 조지 산타야나
에스파냐 태생의 미국 철학자·시인·평론가(1863-1952). 자연주의적 입장을 발전시켜 비판적 실재론을 주장했고, 미학 연구에 있어서도 중요한 공헌을 했다.

☀ 안개상자
영국의 물리학자 윌슨이 개발한, 과포화 상태의 기체 속을 전기를 띤 입자가 통과할 때 발생하는 안개로 입자의 궤적을 관측하는 장치.

술이 한때 누렸던 지위와 존경은 약화되었다

예술가들의 생존 전략

예술이 진리의 원천이라는 전통적 지위를 잃어버림에 따라, 예술가들은 수세에 몰렸다. 과학주의는 진리에 이르는 다른 길을 허용하지 않았다. 미술평론가 도널드 커스핏$^{Donald Kuspit}$은 예술가들이 직면한 어려운 질문을 유려하게 요약했다. 그에 따르면 시급한 사안은 다음과 같다.

> 예술적 창의성이 과학기술적 창의성에 맞서 자기 입장을 지킬 수 있는지의 여부였다. 과학기술적 창의성은 인간 복지에 많은 기여를 했다. 예술은 어떤 기여를 했는가?……과학은 자연의 작동 원리를 이해했다.……예술은 무엇을 이해했는가? 오늘날의 절박한 질문은……예술이 현대 생활에서 어떤 자리를 차지하는가, 이것이다.[57]

예술가들은 이 절박한 질문, 곧 과학 중심의 문화가 제기하는 어려운 질문에 어떻게 대답했을까? 그들에게는 두 가지 선택지가 있었다. 맞서 싸우거나 그쪽 편에 붙거나. 맞서 싸우기로 선택한 이들도 있었다. 그들은 예술을 계몽주의에 맞선 저항으로 바꾸어 놓았다. 그것은 낭만주의자들의 전략이었다. 그들은 예술이 "물질계가 부인하고 회피했던 영성의 저장소와 피난처로"[58] 기능해야 한다고 판단했다. 한마디로, 사실상 대체종교가 되는 것이었다.

과학 편에 붙는 것을 최선의 전략으로 판단한 예술가들도 있었다. 진리를 정의하는 주체가 과학이라면, 예술이 진리와 **다시 이어질 수 있**

근대 예술의 두 흐름

관념주의 — 과학적 세계관에 저항

- -

자연주의 — 과학적 세계관을 묘사

는 유일한 길은 과학을 모방하는 것이라고 생각한 것이다. 예술에 경험주의와 자연주의 같은 계몽주의 세계관을 담아냄으로써, 예술이 진리의 근원이라는 전통적 지위를 회복할 수 있다고 보았다.

이렇게 해서 예술은 두 개의 흐름으로 갈라졌다. 예술사가들은 이것을 관념주의 흐름과 자연주의 흐름의 대립이라 불렀다(각 흐름은 몇 개의 예술운동을 아우른다).[59] 자연주의 흐름의 예술가들은 과학적 세계관을 그려 냈다. 관념주의 흐름의 예술가들은 그것에 저항했다.

20세기에 와서는 표현주의와 형식주의라는 용어를 더 많이 사용했다. 표현주의는 예술을 내면적 감정의 분출로 정의했다. 형식주의는 예술이 주관적 경험을 표현하거나 이야기를 들려주어서는 안 되고 선, 색깔, 공간, 부피 등 객관적이고 형식적인 요소를 탐구하는 일만 해야 한다고 주장했다.[60]

20세기 예술

표현주의 — 주관적 감정의 표현

- -

형식주의 — 객관적 형식의 분석

예술의 분열에서 분석적 전통과 대륙적 전통으로 나뉜 현대 철학의 분열을 고스란히 볼 수 있다. 2부의 나머지 부분에서는 세속주의에 이르는 이 두 길을 추적할 것이다. 예술과 관념을 아우르는 총체적인 접근법을 택하여, 오늘날 우리가 직면한 세계관들, 우리에게 도전장을 내미는 세계관들을 보다 충실히 파악해 보려 한다.

그리스도인의 자유

현대 세계에서 예술과 종교는 비슷한 운명에 처했다. 예부터 예술과 종교는 '진리에 이르는 길'로 인정되었지만, 계몽주의 시대 이후 그 전통적 지위를 빼앗기고 말았다. 둘 다 수세에 몰렸고, 사적이고 주관적인 경험으로 축소되었다. 둘 다 사실 영역에서 내쫓겨 가치 영역으로 밀려났다. 그래서 교육학자 더글러스 슬론Douglas Sloan은 이렇게 말한다. "예술도 거의 종교만큼이나 객관적 사실과 주관적 의미라는 현대의 이원론에 걸려들었다."[61]

노골적으로 말하면, 둘 다 사적 공상의 지위로 전락했다. 문학평론가 M. H. 에이브럼스가 지적한 대로, 과학이 진리의 자리를 독점하게 되면 "전통적인 종교의 진술은 전통적인 시의 진술보다 더한 허구와 환상이 된다."[62]

서구 사회가 과학에 열광하면서 예술과 종교가 주변부로 밀려난 형편이니, 그리스도인이 자연스럽게 예술가에게 관심을 보이고 그들의 곤경에 공감할 것이라고 생각할 수 있다. 과연 그럴까? 글쎄, 그렇지는 않다. 오늘날의 복음주의자들은 대체로 예술가를 격려하는 사람이라는 평판을 얻지 못하고 있다. 그들도 두 진영으로 나뉜다. 전형적인 교인들은 예술에 도덕주의적으로 접근한다. 예술 안에 있는 부도덕한 요소를 성토하고 관심을 끄고 귀를 막아 버린다. 이것은 "아이들이 보지도 듣지도 못하게 하라"고 말하는 요새구축 심리다. 그런가 하면, 자신은 편협한 근본주의자가 아니며 교양 있고 세련된 사람이라는 사실을 입증하는 데 혈안이 되어 거의 모든 것에서 바람직한 요소를 찾아내는 이들도 있다.

세계관 차원에서 접근하는 것이 이러한 딜레마에서 벗어나는 대안이 될 수 있다. 이렇게 접근할 때 그리스도인은 예술의 미적 특성을 향유할 뿐 아니라 예술을 이끄는 관념들을 비판적으로 분석할 도구를 얻게 된다. 앞으로 알게 되겠지만 크리스천 예술가들은 사실상 모든 예술 양식에서 활동했다. 성경의 진리는 매우 풍부하고 다차원적이기 때문에 그에 힘입어 모든 세계관에서 참된 요소를 가려낼 수 있고, 동시에 각 세계관의 오류를 비판하고 그 한계를 뛰어넘을 수 있다. 기독교 안에서 지적·예술적으로 가장 큰 자유를 누릴 수 있다.

다음 장부터 우리는 철학자와 과학자, 예술가, 작가, 작곡가들이 지속적으로 진행해 온 대화 안에서 여러 세계관을 찾아낼 것이다. 진 에드워드 비스의 말대로, 예술은 "추상적 관념을 구체적인 형태로 표현하여 그것이 인간에게 어떤 의미가 있는지 보다 분명히 볼 수 있게 해준다."[63] 예술을 교사로 삼아 어떤 관념들이 세상을 지금과 같은 모습으로 만들어 왔는지 배워 보자.

5.

미의 기준, 기계
: 계몽주의 유산

"예술은 말 그대로 철학이 주의 깊게 사색하여 말로 표현해 낸 내용을 그려 내려는 시도다."

한스 로크마커

생각하는 기계로 길러진 소년이 있다면 그에게 어떤 일이 생길까? 철학자 존 스튜어트 밀은 어린 시절의 그가 바로 그러한 소년이었다고 말했다. 1806년에 태어난 존은 그의 아버지와 철학자 제러미 벤담이 진행한 실험의 대상이 되었다. 19세기 초반, 이 두 사람은 '철학적 급진파'라는 영국의 정치운동을 이끌었다. 철학적 급진파는 철저히 이성에 따라 사회정치를 개혁하는 데 전념했다. 그들이 말하는 '이성'은 최대 다수의 최대 행복이라는 공리주의 원리였다(벤담은 공리주의의 창시자로 여겨진다). 꼬마 존이 태어났을 때, 두 사람은 그를 지적 신동으로, 공리주의 신조의 예언자로 키워 보자고 의기투합했다.

　　존 밀은 세 살 때부터 아버지에게 그리스어를 배우기 시작했다. 여덟 살 때는 라틴어도 배웠고 플라톤, 아리스토텔레스, 베르길리우스,＊ 키케로 등 고전 사상가들을 원전으로 공부할 수 있었다. 11세에는 뉴턴, 논리학, 수학, 역사, 정치경제학을 공부했다. 13세부터는 홉스와 흄, 스승 벤담 같은 철학자들의 책을 읽었다. 실험은 성공하는 듯 보였다. 어린 존은 동년배보다 수십 년 앞서 있었고, 철학적 급진파 운동의 황태자로 환영을 받았다. 그때 그는 이미 몇 개의 지식인 학회를 창설했고 전문 잡지에 글을 기고했다.

＊ 베르길리우스
기원전 1세기 고대 로마의 시인. 아우구스투스 황제의 직접 권고로 후세에 남길 만한 기념비적 작품으로서 로마의 건국과 사명을 노래한 민족 서사시 『아이네이스』를 썼다.

존 스튜어트 밀의 위기

하지만 성공에는 값비싼 대가가 따랐다. 20세가 된 밀은 정신적 위기를 겪었다. 자신이 '추론하는 기계'에 불과한 존재가 되었다는 사실이 그를 무겁게 짓눌렀다. 이성적인 정치개혁이라는 목표를 달성한다 해도 자신은 행복하지 않으리란 것을 깨달았다. 밀은 『자서전』에 이렇게 적었다. "내 인생의 토대 자체가 무너졌다. 삶의 목표가 더 이상 보이지 않았다."[1] 그는 지독한 우울증에 시달렸고, 자신의 상태를 종교적 회심자가 회심 직전에 처하는 상태에 비유했다. 영국의 복음주의자들은 대부분 감리교도였기 때문에 그는 당시 자신의 심리 상태가 "감리교 회심자들이 처음 '죄를 자각'할 때 보이는 상태"와 같았다고 말했다.

하지만 밀은 종교가 아니라 시에서 돌파구를 찾았다. 그는 워즈워스, 콜리지[*]를 비롯한 낭만주의자들의 시를 읽으면서 우울증에서 벗어났다.

이러한 위기를 겪은 후, 밀은 자신이 푹 젖어 있던 계몽주의의 사고방식에 의문을 제기하게 되었다. 예를 들어 결정론이라는 원칙이 있다. "내가 지금까지의 상황에 꼼짝없이 매인 노예라는 사실이 과학적으로 입증된 것 같았다. 내 성품과 다른 이들의 성품이 우리의 통제력을 벗어난 힘의 결과물처럼 보였다." 하지만 그것이 참이라면, 사회개혁과 정치개혁은 불가능한 것이었다. 사람이 자기가 처한 상황의 무력한 노예에 불과하다면 어떻게 그 상황을 바꿀 수 있단 말인가? 꼭두각시는 자기를 조종하는 사람의 뜻을 거스를 수 없다.

밀을 사이에 두고 줄다리기가 벌어졌다. 한쪽에는 그가 주입받은 계몽주의 세계관이 있었다. 다른 쪽에는 그가 이루어 내고 싶어 한 사

[*] 콜리지
영국의 시인·평론가(1772-1834). 워즈워스와 함께 『서정 가요집』을 발간했으며, 낭만주의의 선구자가 되었다.

회개혁이 있었다. 그의 말로 표현하자면, 그는 인간의 행동은 결정되어 있다는 "하나의 견해가 참이라는 생각"과 도덕적 개혁은 가능하다는 "정반대의 견해가 도덕적으로 유익하다"는 생각 사이에 갇혀 있었다.[2] 간단히 말해 그는 칸트의 자연/자유 이원론, 곧 아래층의 합리주의(결정론) 대 위층의 도덕적 자유 간의 대립을 직접 겪고 있었던 것이다. 그 둘은 모순적이었기 때문에 모두 참일 수는 없었다. 하지만 밀은 둘 중 어느 것도 부인할 수 없었다.

젊은 밀의 고민은 계몽주의와 낭만주의라는 두 사유방식의 충돌이 얼마나 사람을 긴장시키는지 보여준다. 사실, 낭만주의 관념론을 나타내는 말로 '대륙철학'이라는 표현을 처음 쓴 사람이 밀이었다.[3] 그에게 이 문제는 교과서에 나오는 추상적 주제에 그치지 않았다. 그의 마음과 영혼에서도 동일한 투쟁이 벌어지고 있었다.

대부분의 사람은 긴장에서 벗어나기 위해 발버둥 치는 가운데 어느 한쪽으로 기울어진다. 밀도 그랬다. 시를 좋아하기는 했지만 그는 계몽주의 세계관에 여전히 충실했다. 과학적 방법이 진정한 지식을 얻는 유일한 길이라는 생각에도 변함이 없었다. 시에서 큰 영감을 얻었으면서도, 시를 진리의 매개체로 보지는 않았다. 그러나 스승 벤담처럼(4장) 예술과 시를 완전한 거짓으로 매도한 것은 아니었다. 그는 예술이 거짓이라는 비난을 받지 않게 할 요량으로 "예술은 참도 거짓도 아니다"라고 말했다. 예술은 세계에 대한 주장을 전혀 하지 않고 예술가의 감정만을 표현한다는 것이었다. 시는 세계의 어떤 측면을 묘사하는 것(예를 들어, 흉포한 사자)처럼 보일 수 있지만, 실제로는 시인의 마음 상태(사자 앞에서 그가 느끼는 경외감, 놀라움, 두려움)를 묘사할 뿐이다. 간단히 말해, 밀은 예술을 진리 주장의 형식은 갖추었으나 실제로는 주관적인 감정만

표현하는 진술, 곧 사이비진술로 강등시켰다.[4]

이것은 새롭고 더없이 파괴적인 예술관이었다. 그전까지 대부분의 사람들은 예술이 진리와 관계가 있다고 생각했다. 예술의 목표는 모종의 방식으로 현실을 나타내거나 반영하는 것이라 여겼다. 그러니까 밀을 포함한 계몽주의 사상가들은 전통적 예술관에 보란 듯이 도전장을 내민 것이다. 이번 장과 다음 장에서 우리는 이와 같은 도전에 직면하여 '그쪽 편에 붙는' 전략을 택했던 예술가들의 노선을 되짚어 볼 것이다. 그들은 예술이 인지적 지위를 회복하려면 과학의 안내를 따라가야 한다고 판단했다. 예술이 과학적 세계관을 반영하게 함으로써 진리와의 관련성을 회복하려 한 것이다. 역사가들은 이러한 입장을 예술의 자연주의 흐름(아래층)이라고 부른다. 이 흐름은 초월적 영역을 전혀 인정하지 않으며, 이후 비인간화를 초래하는 치명적인 인간상에 기여하게 된다.

계몽주의 사상가들의 도전에 '맞서 싸우는' 전략으로 대응한 예술가도 있었다. 그들은 예술에서 관념주의 흐름(위층)을 형성했다. 이 두 개의 큰 흐름은 평행선을 달리기 때문에, 엄격한 시간 순서에 따라 역사를 추적하려면 둘 사이를 쉴 새 없이 오가면서 설명을 해야만 한다. 그런 산만한 구조를 피하기 위해, 우리는 엄격한 연대기적 접근을 하지 않고 각 흐름을 별도로 기술할 것이다. 먼저 계몽주의의 유산에서 출발해 20세기까지 이어지는 분석적 전통을 따라가 보고, 그 다음으로 낭만주의에서 다시 시작하여 20세기에 이르는 대륙적 전통을 살펴볼 것이다. 이렇게 두 흐름을 떼어 놓고 하나하나의 개요를 선명하게 바라보면, 각 전략을 더욱 잘 파악할 수 있을 것이다. 그리고 우리는 세속주의로 가는 두 길을 간파하고 각각을 상대하는 데 필요한 기술을 얻게 될 것이다.

과학의 스타들

계몽주의 이전에는 과학이 예술이나 종교에 적대적이라고 생각한 사람이 거의 없었다. 코페르니쿠스, 케플러, 갈릴레오, 보일, 뉴턴 등 현대 과학을 개척한 주요 인물 대부분이 독실한 그리스도인이었다. 사회학자 로드니 스타크Rodney Stark는 2003년의 한 연구에서 과학혁명의 출현에 획기적인 역할을 한 52명의 최고 '스타'를 꼽았다. 그는 그들의 전기 자료를 검토했는데 두 명을 제외한 모두가 그리스도인이었다.[5]

의외의 이야기인가? 오늘날에는 과학과 종교가 본질적으로 충돌한다고 생각하는 이들이 많다. 그러나 과학사가들은 그러한 생각을 뒤집어엎었다. 오늘날 대부분의 역사가는 성경적 자연관에서 나온 근본 개념들이 과학적 시각의 바탕을 이룬다는 말에 동의한다.

예를 들어, '자연법'* 개념을 살펴보자. 오늘날에는 자연법이라는 말이 너무나 친숙한 상식이 되었지만, 역사학자들은 동서양과 고대·근대를 막론한 그 어떤 문화도 자연법 개념을 내놓지 못했다고 밝힌다. 이 개념은 문화 전체에 성경적 전제가 퍼져 있던 중세 유럽에서 처음으로 나타났다. 역사학자 A. R. 홀Hall이 지적한 바에 따르면, 자연적 사건을 두고 '법' 운운하면 "고대 사람들은 이해를 못했을 것이다. 하지만 창조주이자 입법자 신을 믿었던 히브리인과 기독교인의 믿음에 의거할 때 자연법의 개념은 타당한 것이 되었다." 게다가 자연법에서 말하는 법 개념은 은유나 비유적 표현이 아니라 문자 그대로 참으로 여겨졌다. 랜들은 "자연법은 말 그대로 복종의 대상인 전능자의 진짜

⁜ 자연법
인간 이성을 통하여 발견한 자연적 정의 또는 자연적 질서를 사회질서의 근본원리로 생각하는 법. 고전적 개념은 신법(神法) 또는 영구법의 한 부분이었으며, 근세의 개념은 인간 이성의 우위에 입각하여 합리주의, 개인주의, 급진주의의 특징을 지니고 있다.

법이자 명령, 법령이라고 간주되었다"고 썼다.[6]

물론 모든 사회는 자연의 인과관계를 파악했고, 그것을 기초로 하여 건물을 올리고 다리를 세우며 무기를 만들었다. 하지만 그들은 그것을 실용적인 어림짐작 정도로 여겼고, 자연의 고유한 질서는 인간 정신이 이해할 수 없다고 생각했다. 사람들이 자연현상 배후에 이성적인 법이 존재한다고 믿지 않으면, 그런 법을 찾아 나설 리 없고 과학은 본격적으로 시작되지도 못하는 법이다.

예를 들어, 많은 고대사회는 물활론(物活論)[*]적이었다. 자연에 신이나 영이 가득하다고 생각했고, 제대로 된 의식으로 달래지 않으면 그들이 언제 폭풍, 홍수, 가뭄, 기근 등의 재난을 일으킬지 모른다고 생각했다. 역사학자 칼 베커[Carl Becker]에 따르면, 이와 같은 사회에서는 자연을 "다루기 힘든 것, 심지어는 신비롭고 위험한 것"으로 여겼다.[7] 자연은 질서를 갖추고 있거나 예측 가능한 대상이 아니었다.

반면 성경은 자연에 어떤 식으로든 종교적 지위를 부여하는 것을 거부한다. 창세기의 앞부분을 보면 해와 달과 별은 신이 아니다. 신적 본질이 유출된 것도 아니다. 그것들은 창조된 대상이다. 따라서 인간을 지배하는 궁극적인 힘을 가지고 있지 않다. 초월적 신에 대한 성경의 가르침 덕분에 인간은 자연 속의 영적 힘들에 대한 두려움에서 벗어날 수 있었다. 신학교수 하비 콕스는 이렇게 썼다. "한 문화의 관찰 능력이 고도로 발달하고 측정 장비가 아무리 정교해져도, 사람이 자연계를 두려움 없이 직면하지 못하면 실질적인 과학적 돌파구 역시 불가능하다."[8] 자연에서 신들을 쫓아낸 성경의 일신론 덕분에 인류는 두려움 없이 자연을 연구할 자유를 얻었다. 사람들은 자연을 규칙적이고, 예측 가능하며, 체계적으로 연구할 수 있는 대상으로 생각하게 되었다.

[*] 물활론
모든 물질은 생명이나 혼, 마음을 가지고 있다고 믿는 자연관. 범심론(汎心論)의 한 형태로 그리스의 탈레스, 독일의 헤겔 등이 주장했다.

　　신학자 토머스 더$^{Thomas\ Derr}$에 따르면, 성경적 세계관이 펼쳐 보이는 "인간이 사는 세상은 자연계라는 물체 안에 모호하고 변덕스러운 신들이 거하는 곳이 아니었다." 세상에는 "한분, 최고의 창조주 하나님"이 계셨고 "그분의 뜻은 한결같았다." 따라서 "자연에는 규칙성, 신뢰성, 질서정연함이 있었다. 자연은 이해 가능하고 과학적으로 연구될 수 있었다."[9]

　　한마디로, 이해 가능한 자연 질서라는 개념의 출처는 과학적 관찰이 아니라 관찰 이전의 성경적 신학이다. 그것이 애초에 과학 연구 자체를 가능하게 만든 조건이다.

방직기에 바치는 송가

과학을 기술에 적용해야 한다는 생각의 근원 또한 성경적 세계관이다. 인간의 타락으로 창조세계를 맡아 다스릴 인류의 청지기 지위가 훼손되었는데, 많은 기독교 신학자들은 과학을 활용해 그 지위를 회복하기를 간절히 바랐다. 신학자 언스트 벤즈$^{Ernst\ Benz}$의 말을 인용하면, "현대 기술의 창시자들은 하나님의 형상$^{imago\ dei}$이라는 인간의 운명과 하나님의 동역자라는 소명"에 의거해 "땅을 다스리시는 하나님의 통치에 동참"할 것을 호소했다.[10]

　　이러한 맥락에서 자주 인용된 사례가 과학 방법론의 창시자 프란시스 베이컨이다. 17세기에 그는 인간이 "타락하면서 순수 상태와 창조세계를 다스릴 힘을 잃었다"고 적었다. 하지만 "잃어버린 이 두 가지는 이생에서도 어느 정도 회복할 수 있다. 전자는 종교와 믿음으로, 후자는 예술과 과학으로." 베이컨이 말하는 예술^{arts}은 기술$^{technical\ arts}$을 뜻

한다. 그의 말은 자연을 과학적으로 연구한 성과를 기술로 적용해 쓸
수 있다면 타락의 영향을 되돌리는 결과를 낼 수 있다는 의미다.

따라서 처음부터 과학은 타락이 초래한 수고와 고통을 완화시킨
다는 인도주의적 목표를 가지고 있었다. 역사가 린 화이트[Lynn White]에 따
르면, 산업 및 기술 발달에 영감을 제공한 성경의 '영적 평등주의'는
"하나님의 자녀에게 합당하지 않은 가혹하고 단조로운 움직임을 반복
해야 하는 공정에서 동력 기계로 인간의 노동을 대체해 보려는 종교적
욕구"를 만들어 냈다.[11]

이렇듯 성경적이고 인도주의적인 맥락에서 보면, 과학혁명을 유
익하고 바람직한 것으로 환영한 상황이 당연하게 느껴진다. 많은 예술
가들이 과학의 치어리더 역할을 기꺼이 감당했다. 1757년, 존 다이어
[John Dyer]※는 새로 나온 방직기계에 바치는 송가를 발표했다. 방직기의 방
추와 실린더를 찬미하는 시가 잘 상상이 되지 않겠지만, 그중 한 대목
을 읽어 보자.

※ 존 다이어
영국의 시인(1699-1757).
현실의 풍경을 은유적인 수사
법으로 묘사해 철학적 명상으
로 승화시킨 베르길리우스풍
의 시를 썼다.

원추형 새로운 디자인의
원형 기계에……방모사가
실린더의 둘레를 부드럽게 휘감으면
실린더가 점잖게 돌아가며 방모사를
곧추선 방추의 고리로 보낸다.
방추는 팽팽 돌면서
고르게 만들어진 실을 죽죽 내놓는다.[12]

과학과 그 기술적 파생 효과가 종교적 인도주의의 영향을 받는 동

안, 예술가들은 그것을 기쁘게 여기며 환호했다.

경험주의의 등장

하지만 시간이 가면서 세속주의의 접근 방식이 기독교 세계관을 몰아내기 시작했다. 계몽주의 이론가들이 놀랍고 새로운 과학이론을 손에 넣고는 기독교적인 맥락을 제거해 버렸다. 성경에 근거해 경험적 사실을 존중하던 태도는 감각을 진리의 유일한 근원으로 승격시키는 경험주의 철학에 자리를 내주어야 했다. 경험적 방법으로 알 수 없는 것은 모두 신화나 은유로 치부되었다.

이러한 변화는 17세기 중반의 에이브러헴 카울리[Abraham Cowley] 같은 시인들의 작품에 잘 나타나 있다. 카울리는 "자연철학(과학을 가리키던 초기 용어)의 시인"이라는 별명을 자랑스럽게 여겼다. 그는 몇몇 초기 과학자들과 그들의 발견을 기리는 송시를 썼다. 하지만 카울리의 시는 이미 과학이 삶의 다른 영역까지 잠식했음을 보여준다. 그는 사랑이 자력(磁力)과 유사한 자연적 힘이라고 썼고, 성경의 기적을 자연적인 현상으로 설명했다. 예를 들어, 소돔과 고모라를 다루는 시에서는 성경에 나오는 불과 유황이 특이한 천둥과 번개였을 것이라고 추측한다. 카울리는 그리스도인으로 자처했지만, 경험과학이 허용하는 제한된 범주 안에서 진리를 정의한 것으로 보인다. 한 학자는 그를 가리켜 "이 세계를 초월하는 다른 세계를 창조하는 척 꾸미지 않고 이 세계의 물질적 사실만을 보고하는" 시인이라고 묘사했다.[13]

예술은 "이 세계의 물질적 사실을 보고하는" 일만 해야 한다는 생각이 생겨나면서 예술의 주제도 급격하게 달라졌다. 그전까지만 해도

경험주의의 리얼리즘: 하늘이 닫혀 있다.

프란시스코 고야의 「5월 3일」
(1814)

예술가들은 보이지 않는 실재를 보이게 표현하는 데 전혀 부담을 느끼지 않았다. '정의'를 눈을 가린 여인으로 묘사하는 등 의인화를 통해 추상적 이상을 나타냈다. 그리스 신화와 전설에 나오는 인물을 그렸고, 신과 천사 같은 영적 실재를 묘사했다. 하지만 경험주의의 영향을 받으면서 예술가들은 시각으로 포착할 수 있는 것만을, 눈으로 볼 수 있는 것만을 그릴 수 있다고 주장하기 시작했다.

　　그와 같은 맥락에서 프란시스코 고야Francisco Goya는 다음과 같이 선언했다. "내 붓이 나보다 더 많은 곳을 보아야 할 이유는 없다." 다시 말하면, **보이는 것만** 그릴 수 있다는 뜻이다. 그래서 그는 프랑스 군인들이 스페인 농부 5,000명을 끔찍하게 학살한 사건을 그리면서도 그 장면에 어떠한 신학적 의미도 부여하지 않았다. 전기작가 프레드 릭트Fred Licht는 고야가 "순교자 그림의 오랜 전통"을 고의적으로 뒤엎었다고

미구엘 감보리노의 「다섯 발렌시아 수도사의 처형」(1813)

말한다.[14] 고야의 그림은 감보리노의 작품에서 구도를 차용한 것으로 보이는데, 두 그림을 비교해 보라. 순교자 그림에서 희생자는 하나님이 궁극적으로 정의를 이루실 것이라는 확신을 품고 하늘을 올려다본다. 그러나 고야의 희생자는 살인자들에게 절망적으로 호소한다. 전통 기독교 예술에서 순교자는 그리스도의 대의를 위해 고통받는 신앙의 영웅이다. 그러나 고야의 희생자는 끝없이 이어진 대열 안에서 "덧없이 죽어 가는 이름 모를 수백만 명" 중 하나에 불과하다. 기독교 미술은 흔히 하늘이 열리고 천사들이 순교자의 면류관을 준비하고 있는 모습을 보여준다. 그러나 고야의 경우, 하늘은 닫혀 있고 어둡고 고요하다. 교회는 어두운 배경에 묻혀 있어 기독교에 아무런 답도 없음을 암시한다. 미술평론가 존 캐너데이[John Canaday]는 "고야처럼 세계를 구원의 은혜가 없는 곳으로 본 화가는 없었다"고 말한다.[15]

리얼리즘은 사건을 객관적 또는 가치중립적으로 묘사하는 것을 목표로 삼는 운동이라고 정의할 수 있는데, 고야는 리얼리즘의 초기 대

신문 보도에 준하는 시각적 보도. 에두아르 마네의 「멕시코 막시밀리안 황제의 처형」 (1867)

표자였다. 하지만 그의 그림과 에두아르 마네가 그것을 본으로 삼아 이후에 그린 다른 그림을 비교해 보면, 마네의 접근 방식이 눈에 보이는 대로만 전달한다는 경험주의의 정신에 훨씬 충실한 것을 알 수 있다.

마네의 그림은 고야의 그림과 어떻게 다른가? 무엇보다, 마네의 그림에는 비극적인 분노감이 없다. 고야는 희생자들의 얼굴을 부각시켜 그들에게 가해지는 불의를 강조한다. 그러나 마네의 그림에서는 희생자들의 얼굴을 거의 알아볼 수 없다. 고야의 군인들은 뻣뻣하고 양식화되어 있고 얼굴이 보이지 않아 기계화된 잔혹함을 나타내는 듯하다. 그러나 마네의 군인들은 할 일을 하고 있을 뿐이다. 특히 뒤쪽에 나와 있는 장교를 보라. 최후의 한 방을 위해 옆으로 나와 심드렁하게 총을 점검하고 있다. 담장 너머로 쳐다보는 구경꾼들은 무서워 떨고 있는가? 아니다. 그들은 그저 호기심에 차 있을 뿐이다.

고야는 예술이 주제를 전달하고 사건의 내적 진리나 중요성을 진술해야 한다는 유서 깊은 견해에서 벗어나지는 않았던 것이다. 그의 그림은 열정적인 항변이다. 그 테마는 '끔찍한 불의' 또는 '인간이 인간에게 저지르는 비인간적 행위'라고 말할 수 있을 것이다. 고야는 "예술의 목표는 사물의 외적 모습을 나타내는 것이 아니라 내적 의미를 드러내는 것"이라는 아리스토텔레스의 격언에 여전히 충실했던 것이다.

그에 반해 마네는 사물의 겉모습만 묘사한다. 그는 그림에서 모든 비극적 드라마를 제거하고 가치중립적 보고서에 해당하는 장면만을 보여준다. 한 미술사가에 따르면, 마네가 그린 "장면에는 교훈이나 의미를 분명히 드러내 줄 몸짓이나 얼굴 표정, 장식물 같은 수사적 장치가 없다." 참으로 "그 그림에는 교훈이 전혀 없다." 마네는 그 사건을 역사적 사실, 일시적 사건으로만 기록한다.[16]

따라서 마네의 작품은 예술의 자연주의 흐름에 보다 충실한 사례라고 할 수 있다. 캐너데이는 이렇게 썼다. "고전주의자들은 영원하고 보편적인 가치를 요약한 이미지를 창조하려 했다. 그러나 자연주의는 도덕과 관계없다.……자연주의는 더없이 일시적인 순간만을 다룬다."[17]

눈에 보이는 것만 보여주는 예술가

리얼리즘은 원래 귀스타브 쿠르베Gustave Courbet의 작품을 묘사하기 위해 고안된 용어다. 그는 경험주의의 기획을 이렇게 공언했다. "예술은 예술가들이 보고 만질 수 있는 대상만을 표현해야 한다."[18] 쿠르베가 한 교회를 위해 그림을 그리기로 한 적이 있는데, 천사들을 그림에 넣어

천사를 보여주십시오. 귀스타브 쿠르베의 「오르낭의 매장」 (1850)

달라는 요청에 예의 그 유명한 대답을 했다. "나는 천사를 본 적이 없습니다. 천사를 보여주십시오. 그러면 그리겠습니다." 그의 요점은 분명했다. 볼 수 없는 것은 그릴 수 없다는 것이다.

쿠르베가 큰아버지의 장례식을 담아낸 그림을 내놓자 격한 논쟁이 벌어졌다. 장례식은 아픔과 슬픔을 느끼고 자신이 어떻게 살아왔는지 돌아보게 되는 자리다. 하지만 한 미술사가가 지적한 것처럼, 쿠르베의 그림은 "격한 감정적 반응을 불러일으키는 방식으로 구성되지 않았다." 아니, 그 안에는 그 어떤 주제도 보이지 않았다. 당시 비평가들은 "노파들은 못생겼고 남자들은 거친 데다 술 취한 모습이고, 성직자는 경건해 보이지 않는다고 불평했다."[19] 심드렁한 묘사, 되는대로의 구도, 음산한 하늘과 황량한 절벽은 이 장례식이 딱히 중요할 것 없는 사건, 촌구석 동네 사람들이 모이는 별 볼 일 없는 사건에 불과하다고 말해 준다. 하지만 이 그림은 거대하다. 당시에 이 정도 크기의 그림은 무언가 고상한 교훈을 담은 영웅적이고 세계사적으로 중요한 사건을

관습으로 그려지는 종교. 빌헬름 라이블의 「마을 교회의 세 여인」(1881)

다루었다. 쿠르베는 미술이 도덕적 교훈을 주는 위대한 사건을 다루어야 한다는 생각을 의도적으로 뒤집은 것이다.

리얼리즘 화가들은 종교를 철저히 인간적인 현상으로 취급했다. 종교는 흥미로운 사회학적 요소이자 진기한 의식(儀式)에 불과하다고 보았다. 빌헬름 라이블[Wilhelm Leibl]의 그림처럼 종교를 긍정적으로 그리는 경우에도 초점은 예배자가 예배하는 객관적 대상(무엇 또는 누구)이 아니라 예배자에게 맞추어져 있다. 라이블은 십자가나 제단 등 예배를 드리는 여인들이 귀하게 여길 만한 어떤 것도 보여주지 않는다. 저 높은 지평선 너머 어딘가로 시선을 이끌지도 않는다. 이 그림은 기독교를 시골 지방의 관습에 불과한 감상적인 것으로 묘사한다.

성경과 감각 자료

모든 세계관은 일말의 진리를 담고 있다. 경험주의에 담긴 진리는 창조주가 그분의 창조세계에 우리가 접근할 수 있도록 우리의 오감을 만드셨다는 것이다. 복음은 그 자체로 중요한 경험적 요소를 가지고 있다. 사도 요한은 그리스도의 죽음과 부활의 메시지가 "우리가 들은 것이요, 우리가 눈으로 본 것이요, 우리가 지켜본 것이요, 우리가 손으로 만져본 것"[요일 1:1, 새번역]이라고 주장한다. 바울은 로마의 통치자들에게 말할 때, 예수의 생애와 죽음과 부활은 "어느 한 구석에서 일어난 일이 아니"라고[행 26:26, 새번역] 지적했다. 그 일은 공적인 사건이었고, 그 일을 목격한 많은 증인들이 당시에도 여전히 살아있었다. 그러므로 증인들이 반대 증거를 가지고 있었다면 사도들의 주장을 반박할 수 있었을 것이다. 사복음서는 목격자들의 증언에 근거하고 반대신문과 검증이 가능한 공적 진리의 기록이라고 주장한다.[20]

경험적 자료를 존중하는 복음서의 입장에 힘입어 학자들은 신약성경 속 사건들의 역사적 증거를 탐구하는 경험주의 형식의 변증론을 개발했다. 이러한 변증 방식은 1700년대 너대니얼 라드너$^{Nathaniel\ Lardner}$의 『복음 역사의 신빙성』$^{Credibility\ of\ the\ Gospel\ History}$에서도 볼 수 있고, 게리 하버마스$^{Gary\ Habermas}$의 『역사적 예수』$^{Historical\ Jesus}$와 N. T. 라이트의 『하나님의 아들의 부활』$^{The\ Resurrection\ of\ the\ Son\ of\ God}$ 같은 책에 드러난 최신 연구 성과로도 확인할 수 있다. 그리스도의 부활을 중립적인 관점에서 입증할 수 있다는 말은 아니다. 이것은 궁극적으로 세계관이 걸린 문제다. 그렇지만 신약성경 속 사건들에 대한 세속주의적 해석에 대해 역사에 근거하여 문제를 제기하는 일은 가능하고, 그 과정에서 그러한 해석의 출발점이 되는 세속주의 세계관에 문제를 제기하는 일 또한 가능하다.

경험적 방법론을 내세우는 현대 과학도 성경적 세계관에 큰 빚을 지고 있다. 기독교가 등장하기 전, 그리스인들은 주로 논리의 관점에서 과학을 정의했다. 그리스 고전철학은 사물이 질료와 형상으로 이루어진다고 보았고, 과학은 형상에 대한 지식이라고 정의했다. 형상은 수(數)처럼 이성적이고 영원한 것이므로, 과학은 수학처럼 논리적으로 필연적일 수밖에 없었다. 과학의 진리는 경험적으로 발견한 내용이 아니라 엄격하게 논리에 근거한 것이었다.

그러나 과학을 이런 식으로 정의하게 되면 애초부터 경험적 조사를 할 필요가 없다는 결론이 따라온다는 문제가 있다. 어떤 대상의 본질을 파악하기만 하면 될 뿐, 그것을 직접 살펴볼 필요는 없는 것이다. 추론만으로 대상에 대한 중요한 정보를 모두 끌어낼 수 있다. 예를 들어, 냄비를 살펴보자. 냄비의 목적이 액체를 끓이는 것임을 알게 되면, 그것이 액체를 담을 수 있는 특정한 형태를 가져야 하고, 가열할 때 타거나 녹지 않도록 금속으로 만들어져야 한다는 것 등을 연역할 수 있다. 이런 연역적 방법은 모든 지식의 본이 되었고, 그 결과로 고전 사상가들은 구체적인 실험과 관찰이 불필요하다고 생각하게 되었다.

하지만 기독교 신학자들은 몇 세기에 걸쳐 성경 본문을 숙고하는 과정에서 그리스식 과학의 정의에 의문을 품기 시작했다. 중세의 신학자들은 하나님이 전능하시니 세상을 수많은 다른 방식으로 만드실 수도 있었을 것이라고 추론했다. 그분은 우주를 원하는 방식으로 자유롭게 창조하실 수 있었다. 자연의 질서정연한 패턴은 논리적으로 필연적인 것이 아니라, 하나님의 뜻에 따라 이루어진 것이었다. 이것이 과학을 향해 말하는 바는 무엇일까? 상아탑에 앉아 어떤 일이 반드시 일어나야 한다고 연역할 수는 없다는 것이다. 대신 우리는 세상으로 나아가 실제로 어떤 일이 벌어지는지 살펴보고, 하나님이 실제로 어떤 질서를 창조하셨는지 알아내야 한다. 한마디로, 관찰하고 실험해야 한다. 17세기에 뉴턴의 친구 로저 코츠Roger Cotes ※는 이런 식의 새로운 견해를 제시했다. 그는 자연이 "하나님의 완전히 자유로운 뜻"에서 생겨났고, 그러한 이유로 우리는 "관찰과 실험으로" 그것을 배워야 한다고 썼다.[21]

한 가지 예를 들자면, 아리스토텔레스는 지구가 우주의 중심에 있는 것이 분명하다고 주장했는데, 그의 우주론에 따르면 모든 요소가 각기 '자연스러운' 위치를 찾기 때문이었다. 그러나 프랑스의 수사이자 수학자였던 마랭 메르센Marin Mersenne은 그런 식의 연역적 추론에 반기를 들었다. 역사가 존 헤들리 브룩John Hedley Brook은 이렇게 썼다. "메르센이 볼 때 우주에 '필연성'은 존재하지 않았다. 우주의 중심이 지구의 자연스러운 위치라고 말하는 것은 잘못이었다. 하나님은 모든 것을 그분이 원하시는 곳에 두시며, 그곳이 어디인지를 알아내는 것이 우리의 의무였다."[22]

※ 로저 코츠
영국의 수학자(1682-1716). 1714년에 오일러의 공식을 맨 처음 발견한 사람인데, 스위스의 수학자 오일러는 1731년에 만족할 만한 공식을 통해 자연로그의 밑 e가 무리수라는 것을 최초로 증명했다.

212

이것으로 볼 때 현대 과학의 실험적 방법도 성경의 창조주 개념에서 나온 것이라고 말할 수 있다. 현대 과학 초기의 과학자들은 "연역에 근거한, 논리적으로 확실한 지식"이라는 아리스토텔레스의 과학관을 거부했다. 대신에 그들은 경험적 증거에 근거한 개연성 있는 지식이라는 과학의 새로운 정의를 받아들였다. 철학자 리처드 팝킨[Richard Popkin]이 지적한 대로, 신학자들은 "서구 사상에서 너무나 큰 역할을 감당한 영국 경험주의"가 탄생하는 데 과학자와 철학자 못지않게 중요한 몫을 했다.[23]

농부와 밴조

기독교 예술가들은 경험 세계를 존중하는 성경의 입장을 예술로 표현했다. 일부 역사가들은 리얼리즘의 원조가 기독교라고 말한다. 고전주의 및 신고전주의 문화에서는 예술이 거대한 역사적·신화적 주제를 다루어야 한다고 생각했다. 중요한 사건은 신과 영웅, 왕과 용사들 사이에서만 벌어진다고 보았기 때문이다. 이와는 대조적으로, 노동자들과 농부들은 우스꽝스러운 촌놈으로 그려졌다. 리얼리즘은 이와 같은 주류 전통에서 떨어져 나와 평범한 사람들, 심지어 미천한 사람들의 존엄을 강조했다. 이런 새로운 양식의 기원은 무엇이었을까? 바로 성경의 성육신 교리였다.

문학평론가 에리히 아우어바흐[Erich Auerbach]는 다름 아닌 "그리스도의 이야기가 일상의 현실과 가장 고상하고 숭고한 비극을 아우름으로써" 고전적 규칙의 양식과 결별했다고 적고 있다. 세상을 바꾸어 놓은 복음서 속의 사건들은 보통 사람들의 일상 속에서 일어났다. 예수님은

기독교 리얼리즘: 가난하고 소외된 사람들에게 존엄을 부여하다.

장 프랑수아 밀레의 「씨 뿌리는 사람」(1850)

죄인과 창녀를 환영하셨다. 미천한 어부들을 제자로 부르셨고 세리(경멸의 대상이던 로마 점령군의 협력자들)와 함께 식사하셨다. 하나같이 고전 예술의 대상으로 적합하지 않았다. 그러나 놀랍게도, 그들의 삶에서 하나님의 구원 계획의 위대한 클라이맥스가 펼쳐졌고, 그 결과 역사상 처음으로 "시각예술과 문학에서 현실 속의 지극히 일상적인 현상을 진

헨리 태너의 「밴조 수업」
(1893)

지하고 의미심장하게 표현하는 일이 가능"해졌다. 게다가, 그리스도가
사형수로 수치스러운 죽음을 당했기 때문에 "추한 자들과 초라한 자
들, 신체적으로 열등한 자들까지도" 호의적으로 그리는 일이 가능해졌

다고 아우어바흐는 덧붙인다.[24]

미술사가 프레더릭 하트[Frederick Hartt]에 따르면, 독실한 가톨릭 신자였던 장 프랑수아 밀레가 "농부에게 미켈란젤로의 작품에나 나옴직한 위엄을 부여한 첫 번째 화가"가 되었다. "그 이전에는 농부의 모습이 어리석거나 우스꽝스럽게 그려졌다."[25] 그들은 기껏해야 희극이나 장르화에 나올 뿐 진지한 예술에는 등장하지 않았다. 처음에 사람들이 밀레의 그림을 보고 충격을 받았던 이유는 그림 속의 미천한 인물들에게 대단한 위엄을 부여했기 때문이다. 그가 새로운 경지를 개척할 수 있었던 것은 기독교적인 시각 덕분이었다. 한 역사가가 말한 대로 밀레는 "일상생활에 성경의 가르침에 걸맞은 중대성"을 부여했고 인간을 "보이지 않는 하나님의 실물 형상"으로 그려 냈다.[26]

미국의 화가 헨리 태너[Henry Tanner] 또한 독실한 그리스도인이었고 아프리카 감리회 소속 목사의 아들이었다. 태너는 "흑인의 삶을 표현한 기존의 많은 예술가들이 그 안에서 우습고 어리숙한 면만 보았다"고 불평했다.[27] 밴조※ 조차 희화화되었는데, 밴조를 퉁기는 노예의 이미지는 상투적인 시각적 표현이었다. 태너는 다정다감함이 듬뿍 담긴 그림으로 기존의 고정관념을 뒤집었다.

기독교 사실주의자들은 가난한 사람들에 대한 깊은 연민을 품고 있었다. 그들은 눈에 보이는 모습뿐 아니라 대상의 내면적 존엄과 중요성까지 표현하려 했다.

※ 밴조
미국 민속 음악이나 재즈에 쓰는 현악기. 기타와 비슷하나 공명동이 작은 북처럼 생겼으며 현은 네다섯 줄이다.

자연에서 하나님 발견하기

영국 예술가들 사이에서 일어나 라파엘전파[Pre-Raphaelites]라고 불렸던 유파는 여기서 한 걸음 더 나아가 정밀하고 과학적으로 정확하게 그림을 그리려 했다. 과학혁명의 여파로 자연신학 관련 도서가 엄청나게 쏟아졌다. 자연의 합리적 조화에 근거해 신의 존재를 뒷받침하는 주장을 펼치는 책들이었다. 이 책들의 주제는 자연을 제대로 해석하면 그 안에서 영적·도덕적 진리가 드러난다는 것이었다.

19세기에는 화석, 돌, 보석, 조개껍질, 압화(押花)로 가득한 자연 진열장을 집에 두는 것이 크게 유행했다. 1855년, 찰스 킹즐리 ^{Charles} ^{Kingsley}_❋ 는 해변의 바위 사이 웅덩이에 있는 게와 말미잘 안에도 하나님의 모습이 나타나 있다고 했다. 그에 따르면, 자연을 사랑하는 사람은 "하나님의 손자국을 인정하고 놀라워하며 경배한다."[28]

라파엘전파는 자신들의 그림이 하나님의 손자국을 드러내고 그 결과로 관객이 경이감에 사로잡혀 하나님을 경배하게 되기를 바랐다. 이 학파의 명칭은 라파엘로 이전의 신선함을 되찾고 싶어 하는 마음을 보여준다. 라파엘로 스타일은 너무 많이 모방된 나머지 판에 박힌 이미지가 되고 만 것이다. 그들은 예술가들에게 라파엘로 스타일 대신 자연을 모방하라고 촉구했다. 이 운동의 지도자 존 러스킨 ^{John Ruskin}은 눈을 훈련하면 나뭇잎 하나도 종교적·도덕적 진리의 체현으로 볼 수 있다고 생각했다. "자연의 가장 단순한 형태도 하나님이 그것에 계신다는 느낌이 있을 때 묘하게 생기를 얻는다. 나무와 꽃도 신의 자녀들처럼 보인다."[29]

러스킨이 볼 때 이것은 예술가가 경험적 정밀함과 과학적 정확성이 담긴 양식을 추구해야 한다는 뜻이었다. 그는 예술가가 과학의 최신 성과를 반영하는 방식으로 자연을 묘사함으로써 하나님의 손자국을 드러낼 수 있다고 생각했다. 라파엘전파가 추구한 미학은 자연신학

❋ 찰스 킹즐리
영국의 성직자이자 소설가
(1819-1875). 노동 계급의
비참한 상태를 동정하여 기독
교적 사회주의를 제창하였다.

라파엘전파: 시각적 버전의 자연신학.

윌리엄 홀먼 헌트의 「고용된 목동」(1851)

의 시각적 버전에 해당한다고 말할 수 있을 것이다.

이것이 윌리엄 홀먼 헌트^{William Holman Hunt}가 세밀한 부분까지 공들여 정확하고 또렷하게 그린 이유다. 멀리 있는 대상도 흐릿하지 않고 테두리가 선명하다. 「고용된 목동」은 양을 돌보지 않는 삯꾼 목자를 그린 그림이다. 예수님의 비유에 이 이야기가 등장한다. 오른쪽의 양을 보면 무리에서 벗어나 밭으로 들어가려 하고 있다. 아가씨의 무릎에 앉은 어린 양은 양에 해로운 풋사과를 먹고 있다. 「속죄 염소」는 유대인의 대속죄일을 보여주는데, 그날에는 백성의 죄를 짊어진 속죄 염소 한 마리를 광야로 내보냈다^{레 16장}. 이 이미지는 구약성경의 의식에 예시된 예수님의 고난과 대속을 떠올리게 하려는 것이었다. 헌트는 사해를 직접 관찰하고 지리적·역사적·고고학적으로 세세한 부분까지 정확하게 그려 내기 위해 성지를 방문했다.

미술평론가 피터 풀러^{Peter Fuller}는 라파엘전파가 제시한 극사실주의

윌리엄 홀먼 헌트의 「속죄 염소」(1856)

의 목표가 "새로운 과학의 영적 계시에 근거한" 미적 특징을 만들어
내는 것이었다고 설명한다.[30] 그들은 경험주의나 유물론 같은 세속주
의 철학에 맞서기 위해 상징적 리얼리즘을 동원했고, 작은 것 하나까
지 과학적이고 사실적으로 묘사한 그림 안에 여러 복잡한 영적 의미를
담아냈다.

　　자연적 요소와 영적 요소의 연결은 기독교 리얼리즘의 주요 특징
이다. 가톨릭 변증가 프랭크 쉬드Frank Sheed는 이렇게 말했다. "세속주의
소설가는 눈에 보이는 것을 보지만, 기독교 소설가는 거기에 존재하는
것을 본다." 실제로 그렇다. 한편으로 기독교 사실주의자들은 오감으
로 감지할 수 있는 경험적 영역의 선함을 인정했지만, 그것은 하나님
이 창조하신 더 풍성하고 다차원적인 실재의 한 측면에 불과하다고 여
겼다. 아우어바흐가 설명하기를, 하나님의 영향력은 "일상 속 깊은 곳
까지 파고들기 때문에 궁극의 영역과 일상의 영역은 나뉘어 있지 않고

나눌 수도 없다."³¹ 진리는 통합되어 있었다. 기독교 사실주의자들은 일시적인 것에 영원한 중요성을 부여했다.

인상주의자들의 세계관

이것은 세속주의 형태의 리얼리즘과 전혀 달랐다. 세속주의 리얼리즘은 대상의 영적·도덕적 의미를 모두 벗겨 냈고, 사실에 해당하는 실재, 곧 "눈에 보이는 것만" 가치중립적으로 묘사하는 것을 목표로 삼았다. 이 주제를 다시 한 번 살펴보자. 예술이 눈에 보이는 것만을 묘사한다면, 눈에 보이는 것이란 정확히 무엇을 말할까?

이 질문을 심각하게 제기한 이들이 인상주의자들이었다. 그들은 빛을 다루는 과학인 광학 자료를 꼼꼼히 읽어 시각 작용, 곧 우리가 세계에 대한 지식을 획득하는 생리적 과정을 더 잘 이해하고자 했다. 당시는 경험주의의 극단적 형태에 해당하는 실증주의의 시대였다. 실증주의에 따르면 우리는 세계를 있는 그대로 알 수 없다. 세계에 대한 우리의 감각을 보고할 따름이다. 인상주의자들은 예술을 시각적 감각의 기록으로 바꾸었다.

당대의 경험주의 철학자들은 백내장으로 눈이 멀었다가 수술을 받고 시력을 되찾은 (백내장 수술은 1743년에 처음 가능해졌다) 환자들의 사연에 매료되었다. 감각경험으로부터 지식을 세워 나가는 과정을 확인할 수 있는 이상적인 실험으로 보였던 것이다. 과학적 예술 접근법의 대표적 옹호자였던 히폴리트 텐^{Hippolyte Taine}✽은 어른이 되어 수술을 받고 처음 세상을 보게 된 환자들이 대상을 별도의 항목으로 파악하지 못했다고 보고했다. 그들은 사람과 땅을 구분하는 것과 같은 근본적인 기

✽ 히폴리트 텐
프랑스의 평론가·철학자·역사가(1828-1893). A. 콩트의 실증주의적 방법을 써서 과학적으로 문학을 연구했다. 인종·환경·시대의 3요소를 확립하고, 『영국문학사』를 썼다.

능도 수행할 수 없었다. 그들이 본 것은 알록달록한 선과 면이 전부였다. "눈은 알록달록한 조각들에 대한 감각을 가지고 있을 뿐이다." 환자들은 눈부신 여러 색깔의 조각을 가지고 일관성 있는 세계를 구성하는 법을 배워야 했다.³²

우리는 모두 세계를 동일한 방식으로 구성하지 않는가? 실증주의자들은 이렇게 물었다. 예를 들어, 나무 탁자를 쳐다볼 때 우리는 실제로 무엇을 보는 것일까? 색깔의 조각이다. 갈색에 평평하고 매끈하고 단단한 정사각형. 실증주의에 따르면, 이런 직접적인 감각 인상이 지식의 궁극적인 원천이다. 이와 같은 기초 수준에서는 틀리거나 오해할 수 없다. 다들 가끔씩 실수를 저지르기도 하지만, 그것은 감각 자료를 **해석**하는 과정에서 발생한다. 갈색 정사각형은 나무 탁자가 아니라 플라스틱 상자일 수도 있다. 하지만 모든 추론과 해석을 중지하고 원감각과 바로 접촉하면, 그 감각에 대해서는 절대적으로 확신할 수 있다. 걸러지지 않은 직접적 감각 자료는 틀림없고 절대 확실한 지식의 토대가 될 것이다. 갈색 조각이 무엇인지는 확신하지 못한다 해도, 갈색 조각이 있다는 것만은 분명히 알 수 있다.

이제 우리는 클로드 모네^{Claude Monet}✢가 이렇게 말한 이유를 알 수 있다. "그림을 그리러 나가서는 눈앞의 대상이 나무나 집, 들판이라는 것을 잊어라. 그냥 이렇게 생각하라. '여기에 파랑색 작은 네모가 있다. 여기 분홍색 직사각형이 있다. 여기 노란색 줄이 있다.'" 색깔의 조각이다. 모네는 자신이 눈먼 채로 태어났다가 어른이 되어 처음으로 시력을 얻은 경우라면 좋겠다는 말까지 했다. 그렇게 되면 그는 "내 앞에 보이는 대상이 무엇인지 알지 못한 채" 색깔을 칠할 수 있을 터였다. 다시 말해 그는 눈에 보이는 것을 어떻게 해석해야 하는지 몰랐을 것

✢ 클로드 모네
프랑스의 화가(1840-1926). 마네, 세잔 등과 함께 신예술 창조 운동에 힘썼으며, 1874년에 출품한 「인상·일출」이란 작품의 제명에서 '인상파'란 이름이 생겨났다. 색조의 분할이나 원색의 병치를 시도해 인상파 기법의 전형을 개척하였다.

실증주의의 인상주의: 색의 조각으로 세계를 구성하다.

클로드 모네의 「아르장퇴유의 보트 경주」(1872)

카미유 피사로의 「몽마르트르 대로의 밤 풍경」(1897)

이고, 지식의 확실한 토대, 곧 해석의 개입이 없는 원감각 자료에 접근할 수 있었을 것이다.

미술사가 로버트 윌리엄스$^{Robert Williams}$는 "'인상'이라는 용어가 19세기의 여러 지각이론에서 아주 구체적인 의미를 가지고 있었다"고 설명한다. 이 용어는 세계의 지식이 시작되는 원시적이고 자연 그대로의 원감각 자료를 나타내는 데 쓰였다.[33] 모네는 예쁜 그림을 그리는 데는 관심이 없었다. 그는 철학적 용어가 아니라 예술적 용어를 사용하여 지식의 철학적 문제와 씨름했다.[34]

전형적인 미술책에는 인상주의자들이 반사된 빛의 효과를 모방하려 했다고 나와 있다. 그러나 그들이 **왜** 그런 일을 시도했는지에 대해서는 설명하지 않는다. 대학생 때 나는 1년짜리 현대 철학 수업을 들었는데, 수업 시간에 학생들은 지식의 궁극적 근원이 색깔 조각인지의 여부를 놓고 끝없는 토론을 벌였다. 그것이 바로 인상주의자들이 던졌던 질문이다. 그들이 순수한 감각 자료에 의거해 지식을 새롭게 세우고자 했던 실증주의에 영향을 받았다는 사실을 알고 나면 그들의 양식은 충분히 이해할 만한 것이 된다. 미술사가 H. W. 잰슨^{Janson}은 그들의 접근 방식을 "색깔 조각의 혁명"이라는 말로 요약한다.[35]

다빈치 vs 드가

마음속의 모든 해석을 제거하고 처음부터 다시 시작함으로써 진리를 발견할 수 있다니, 참으로 근대적인 생각이었다. 이론적인 이상으로 볼 때 이러한 생각은 이전의 모든 것과의 근본적인 단절을 뜻했다. 고대 그리스 이래로 예술의 목적은 줄곧 삶의 주제나 해석을 전달하는 것이었다. 캐너데이에 따르면, 이전의 예술운동은 여러 면에서 차이를 보였지만 "우리가 여기 있는 데는 어떤 이유가 있고, 우리의 존재는 정당하고 의미가 있으며……조화, 발견 가능한 진리, 의미 있는 질서, 우주적인 계획, 모종의 목적이 존재한다는 것만은 다들 철석같이 믿었다."

근대는 이 확신을 잃어버린 시대다. 캐너데이에 따르면, 인상주의자들의 시대에 이르러 사람들은 "이상적인 보편적 질서 또는 보편적 지식을 표현하는 일"을 원하지 않았다. 인간이 정말로 아는 것은 즉각적인 경험, "무한히 복잡한 세상의 작고 아주 흔한 조각"뿐인 것처럼 보였다.[36]

예술은 이런 파편화된 느낌을 반영하기 시작했다. 에드가르 드가의 「특별석에서 바라본 발레」를 살펴보자. 제멋대로 잘라낸 듯한 구도, 한쪽으로 치우친 시각, 가장자리에 잘려 나간 인물들(머리가 잘린 이들도 있다)을 보자. 무엇을 찍을지 정하지도 않고 찍어 낸 사진처럼 보인다.

드가는 사실 재능 있는 아마추어 사진사였다. 그의 그림이 되는대로 그린 것처럼 보이는 이유는 카메라 덕분에 사람들이 의도적으로 구도를 잡지 않은 이미지를 '보는 법'을 익혔기 때문이기도 하다. 따지고 보면, 이것은 우리가 세상을 보는 자연스러운 방식이 아니다. 우리 눈에 비치는 사람들의 모습은 머리가 잘려 나간 형태가 아니다. 예술가들은 사진을 통해 해석을 거치지 않은 세상의 모습, 곧 선택하고 구도를 잡고 배열하고 조정하고 정렬하고 균형 잡고 틀을 잡는 등의 과정을 배제한 세상의 모습을 그려 내는 법을 배웠다.[37] 이것은 화법에 있어서 완전히 새로운 접근법이었다. 이 접근법의 목표는 이야기를 들려주거나 도덕적 주제를 전달하는 것이 아니라, 스냅사진처럼 흘러가는 순간을 포착하는 것이었다. 철학자들이 모든 해석을 배제해야 진리에 이를 수 있다고 말하자, 예술가들은 해석되지 않은 세상의 모습을 보여주기 시작했다.

파편화된 세계관. 에드가르 드가의 「특별석에서 바라본 발레」(1885)

이것은 이렇게도 표현할 수 있다. 인상주의자들은 개별 요소를 일관된 전체로 묶어 내는 전통적 구도의 원칙을 버리기 시작했다. 레오나르도 다빈치의 「암굴의 성모」를 보면, 전통적인 피라미드 구도를 활용해 여러 요소를 모아 중심에 있는 가장 중요한 대상에 관객의 관심

삶의 단면: 임의로 흘러가는
순간.

에드가르 드가의 「발레 연습」
(1874)

을 집중시킨다. 이에 반해, 드가의 「발레 연습」의 중앙에는 무엇이 있
는가? 글쎄, 아무것도 없다. 모든 대상이 부수적이며 구석에 몰려 있고
그림틀에 부분적으로 잘려 나갔다. 발레 연습(제목에 따르면 그림의 주제일 텐
데) 장면조차도 계단에 일부 가려져 있다. 드가는 연습 공간 뒤쪽으로
불쑥 들어온 사람이 보았음직한 우연한 장면, 미처 자세를 잡을 틈도
없이 무방비로 노출된 모습을 포착했다.[38]

　　전통적으로 화가는 빛과 그림자를 사용해 그림의 한 부분을 돋보
이게 만들어 이야기의 절정으로 삼고, 나머지 부분은 뒤로 밀려나 부
차적인 것이 되게 한다. 그러나 드가의 그림에는 그런 요소가 없다. 밝
은 부분이 인물을 부각시키지 않는다. 초점도 없고, 전경과 배경의 구
분도 없으며, 제재의 이해를 돕는 전반적인 '모양'도 없다. 현대인이 삶
의 일관된 줄거리를 믿지 않게 되면서, 예술가도 그림으로 일관된 이
야기를 들려주는 작업을 멈추었다. 그리고 되는대로 요동치는 삶의 조

에두아르 마네의 「철로」
(1873)

각을 포착하려 시도했다. 삶의 단면을 보여주는 효과를 노린 것이다.

마네의 「철로」도 초점이 없다. 제목은 철로지만 기차는 보이지 않는다. 왼쪽의 여자는 읽고 있던 책에서 고개를 들고 앞을 바라본다. 마치 지나가던 사람이 그녀의 독서를 방해하고 스냅사진을 찍은 것 같다. 한 미술평론가가 말한 것처럼 이 그림은 "어떤 이야기도, 어떤 관심사나 인물 간의 긴밀한 관계도 보여주지 않는다. 해석되지 않은 현실의 단면 같다."[39]

불협화음 연출

동시대의 인상주의 작곡가들은 전통적인 작곡 규칙을 버리기 시작했다. 그들은 도입, 전개, 절정, 해소 같은 식별 가능한 형태와 줄거리를 갖춘 음악을 만들어야 한다는 부담에서 벗어났다. 모차르트의 「피가로의 결혼」 같은 전통 오페라 속의 아리아를 보면 도입부에 이어 전개부가 펼쳐지면서 음악적 주제를 쌓아 올리다가 고음으로 절정에 이르고 이어지는 종결부에서 모든 것을 하나로 엮는다. 「피가로의 결혼」은 같은 조성(예를 들면 다장조)으로 시작하고 끝남으로써 출발과 돌아옴의 느낌을 전달한다. 이야기의 줄거리를 이끄는 추진력은 대조, 반복, 화음 연결 같은 구조적 요소들이다. 기타를 치는 사람이라면 G7코드의 불협화음이 전진하는 느낌을 만들어 내고, 이 느낌이 C코드로 해소되는 것을 생각하면 된다.

19세기 후반 드뷔시*와 라벨 같은 인상주의 작곡가들은 일체의 줄거리를 내버린 음악을 작곡하기 시작했다. 방향이 있는 움직임의 느낌을 완전히 제거하기 위해 드뷔시는 흩어진 선율의 조각, 협화음으로 이행하지 않는 화음(병행화음), 종결을 알리는 마침꼴이 없는 종결부를 구사했다. 그 결과, 시작도 끝도 없는 듯한 느낌의 작품이 탄생했다. 마치 끝없이 이어지는 무한히 긴 곡의 한 부분을 잘라낸 것 같았다. 흘러가는 삶의 단면처럼.

음악학자 도널드 그라우트$^{Donald Grout}$의 말을 빌면, "인상주의는 강렬한 감정을 표현하거나 이야기를 들려주려 하지 않고 어떤 기분이나 일시적 감정, 분위기 등을 불러일으키려 한다."[40] 음악에 나타난 삶의 단면 효과다.

❋ 클로드 드뷔시
프랑스의 작곡가(1862-1918). 바그너와 상징파 시인의 영향으로 몽환의 경지를 그리는 인상파 음악을 창시하고 완성했다.

누구도 위하지 않는 예술

오늘날에는 예술을 개성의 표현이라는 관점에서 정의하는 경우가 많다. 그러나 그것은 낭만주의적 정의다. 인상주의자들은 그것을 단호하게 거부했다. 경험론의 영향을 받은 그들은 예술이 감각의 기록, 곧 시청각 효과의 기록에 머물러야 한다고 선언했다. 미국의 인상주의자 제임스 휘슬러James Whistler에 따르면, 예술은 "눈과 귀의 예술적 감각"에만 호소해야지 "연민, 사랑, 신앙심, 애국심" 등을 고취하려 해서는 안 된다.[41]

에드거 앨런 포Edgar Allan Poe는 이 같은 생각을 더욱 노골적으로 드러내며 예술은 "의무나 진리, 그 어느 것과도 아무 관련이 없다"고 했다.[42]

시각예술가들은 작품에다 음악 곡명을 붙여 자신의 그림이 색깔의 추상적 조화만 나타낸다는 것을 밝히기 시작했다. 이것을 잘 보여주는 사례가 휘슬러의 「흰색의 교향곡 1번」이었다. 사람들은 이 여인이 누구인지, 흰색 드레스가 무엇을 의미하는지(그녀는 신부였을까?), 늑대가죽 깔개는 무엇을 뜻하는지, 그녀가 왜 백합(흔한 종교적 상징물)을 들고 있는지 등을 놓고 끝없이 논쟁을 펼쳤다. 당시의 관람자들은 그림의 여러 요소가 각기 무엇인가를 **의미해야** 한다는 생각에 익숙해 있었던 것이다.

그러나 이것은 대중을 겨냥한 장난이었다. 미술평론가 로버트 휴스Robert Hughes는 "이야기가 없다는 것이 그림이 전달하는 이야기의 핵심"이라고 말했다. 그 여인은 "휘슬러가 극도의 기교와 섬세함을 발휘해 여러 색조의 흰색을 그릴 수 있도록 작업실에서 자세를 취한 모델"일 뿐이었다.[43] 이 그림은 색상, 선, 모양, 질감 등 형식적 요소로만 평가해

시각과 청각에 미치는 효과가 전부다. 제임스 휘슬러의 「흰색의 교향곡 1번」(1862)

야 할 작품이었다.

예술작품의 타당성이 형식적 요소에만 있다는 생각을 '형식주의'라고 한다. 이것은 전통적 예술 개념과 상당 부분 결별한 입장이다. 원래 예술의 목적은 메시지나 교훈을 전달하고 미덕과 용기를 고취시키는 것이었다. 가르치고 영감을 주어 정신을 풍요롭게 하고 고상하게 만들며 도덕심을 향상시키고 개선시키는 것이었다. 헨델의 「메시아」가 초연되었을 때, 한 귀족이 '고상한 오락물'이라며 찬사를 보냈다. 헨델은 이렇게 대답했다. "제가 사람들에게 즐거움만 준다면 유감일 것입니다. 저는 사람들을 더 낫게 만들기 원합니다."

하지만 19세기에 접어들면서 예술가들은 도덕성 향상과 개선이라는 관념 자체를 공격하기 시작했다. 그들은 문학평론가 라이어널 트릴링 Lionel Trilling이 말하는 '반(反)문화'를 형성해 부르주아 사회를 약화시키는 데 예술을 사용했다.[44] 이전 시대의 예술가들은 사회 안에 단단히 뿌리를 내려 사회의 주된 관심사와 확신을 표현했다. 그러나 19세기 예술가들은 기성 규범에 저항함으로써 자신이 보통 사람들보다 우월한 존재임을 자랑스럽게 내세웠다. 미술평론가 수지 개블릭 Suzi Gablik은 이렇게 말한다. "근대 이전까지만 해도 모든 예술은 사회적 의미와 사회적 의무를 가지고 있었다." 그러나 "우리의 위대한 예술은 사회질서에 공공연히 적대적이다."[45]

이것이 '예술을 위한 예술'이라는 19세기 구호의 실제적 의미였다. **공공**을 위한 예술을 거부한다는 뜻이다. 예술가들은 부르주아가 유용성과 수익에만 관심을 가지며, 저속하고 이기적이고 타산적이라고 비판했다. 그 비판이 어느 정도 정당하다는 것은 인정해야 할 것이다. 부르주아 정신에 영향을 미친 자유주의 신학은 죄와 구원이라는 성경

⁎ 예술을 위한 예술
예술지상주의라고도 불리는, 예술 자체를 최고의 목적으로 여기는 사상이나 태도. 19세기 유럽 문화에서 나타난 사상으로, 정치·종교·과학 따위를 예술과 분리하고 오직 예술의 미적 창조만을 최고의 목적으로 한다.

반문화: 예술가들이 빈민굴 탐방에 나서다. 에드가르 드 가의 「압생트를 마시는 사람」 (1876)

적 개념 대신 물질적·도덕적 진보라는 자기만족적 교리를 받아들였다. 자유주의 기독교인들은 점잖고 교양 있고 도덕주의적이고 독선적이었다. 그들의 빅토리아풍 예수는 온순하고 상냥하고 감상적이었다.

로크마커가 말한 것처럼, 부르주아 정신은 근대성이 제기한 문제와 정직하게 씨름하지 않고 "옛 가치들이 지배력을 상실했다는 사실을 은폐하려고만" 했다.[46] 그 결과, 예술가들은 소심하고 반동적인 전통사회를 경멸하게 되었다. 그들은 냉혹한 진실을 똑바로 바라보는 자신들의 용기를 자랑스럽게 여겼다.

이 무렵 예술가와 작가들은 '빈민굴 탐방'을 시작했다. 그들은 범죄자, 매춘부와 함께 나이트클럽이나 매음굴에서 어울렸고 사회의 지저분한 면을 묘사했다. 부르주아에게 충격을 주어 '진짜 삶'을 보게 하려고 작심한 것이다.

여러 경험주의적 전제에도 불구하고 많은 인상주의자의 그림과 음악은 상당히 아름답다. 그 작품들은 지금까지도 엄청난 대중적 인기를 누리고 있다. 그 이유는 인상주의자들이 서구의 미술과 음악 선동을 많은 부분 담아내었기 때문이다. 하나의 세계관과 거기에 함축된 모든 내용이 사회 구석구석에 스며들기까지는 대체로 여러 세대가 걸린다.

더욱이, 모든 시대의 위대한 예술가가 그렇듯이 그들도 자기 분야의 달인이었다. 하나님은 모든 사람에게 기술과 통찰력 같은 좋은 재능을 주셨다. 이것이 일반은총의 교리다. 하나님은 "악한 사람에게나 선한 사람에게나 똑같이 해를 떠오르게 하시고, 의로운 사람에게나 불의한 사람에게나 똑같이 비를 내려주신다"[마 5:45, 새번역]. 그 결과, 대부분의 예술가들의 통찰력은 그들의 세계관보다 낫다. 세속주의 세계관을 받아들였다 해도 그 비좁은 틀에 완전히 갇히지 않고 그보다 훨씬 멀리까지 뻗어 있는 실재의 여러 차원을 민감하게 포착한다. 예술가가 진짜 인간의 경험에 익숙해질수록 자신의 세계관에 덜 매이게 되고 세상을 더욱 풍성한 곳으로 바라보게 된다.

합리주의자들의 반발

결국 인상주의에 대한 반발이 일어났다. 일부 예술가들은 예술이 시각
적 효과에 불과하다는 예술관이 너무나 피상적이라고 생각했다. 폴 세
잔$^{Paul\ Cezanne}$※ 은 "모네는 눈이 전부"라며 불평했다. 걸어 다니는 눈에 불
과하다는 것이었다. 그들은 예술이 실재의 더 깊은 차원을 드러낸다는
예전의 이상을 회복시키고 싶어 했다.

그러나 그들 역시 근대인이었던지라 여전히 '과학적'이고 싶어 했
다. 그래서 더 깊은 진리가 무엇인지 판단할 때 경험주의 대신 그 경쟁
상대인 합리주의 철학에 의지했다. 로크마커의 설명에 따르면, 그들은
"인간의 합리성이 이해하는 대로의 실재의 구조, 곧 보이는 사물 '배후
에' 존재하는 합리주의적 원리를 그려 내고" 싶어 했다.[47]

그런데 더 깊은 "실재의 구조"란 무엇일까? 합리주의에 따르면 그
것은 수학이었다. 이 생각의 근원을 추적하려면 다시 한 번 현대 과학
의 출발점으로 돌아가야 한다. 초기의 과학자들은 창조주가 이성적인
신이기 때문에 우주를 수학적 구조로 만들었을 것이라고 생각했다. 그
리고 그 구조를 밝히는 것이 창조주에게 영광을 돌리는 길이라 믿었
다. 수학자 모리스 클라인$^{Morris\ Kline}$의 말을 빌면, "자연의 수학적 법칙을
찾는 것은 하나님이 하신 일의 영광과 위엄을 드러내는 신앙 활동이었
다."[48]

세계를 이렇게 수학적으로 바라보는 견해의 뿌리는 물론 그보다
더 멀리, 피타고라스와 유클리드까지 거슬러 올라간다. 고대 그리스

인들을 현대 과학의 근원으로 보는 경우가 종종 있는데, 그것은 잘못된 생각이다. 그리스인은 수학적 진리가 이상적 형상이 모여 있는 플라톤적 하늘에 있다고 보았다. 물질계의 모든 물체의 정신적 청사진이 있는 영역을 따로 상정한 것이다. 문제는 이 청사진이 그 대상과 정확히 일치하지 않는다는 것이었다. 그럴 수밖에 없었다. 그리스인은 질료matter가 창조된 것이 아니라 영원한 것이라고 여겼기 때문이다. 그러므로 질료는 고유하고 독립적인 특징을 보유하고 있다고 여겨졌고, 그것이 이상적 영역의 청사진과 반드시 일치하라는 법은 없었다. 기하학을 생각해 보자. 기하학의 규칙은 우리가 분필이나 잉크로 어설프게 그리는 세모 모양에는 적용되지 않는다. 삼각형이라는 추상적인 이상에 대해서만 적용된다.

그 결과, 고전철학자들은 자연 안에서 정확한 수학적 관계를 보게 될 것을 기대하지 않았다. 역사가 더들리 샤피어Dudley Shapere의 설명에 따르면, 플라톤 사상에서 물질계는 "본질적으로 비합리적 요소를 담고 있다. 그 안의 어떤 것도 정확한 이성, 그중에서도 수학적 개념과 법칙으로 묘사할 수 없다."[49] 따라서 물질계가 수학 법칙을 따른다는 생각의 근원은 고대 그리스가 아니다.

그 근원은 무로부터의ex nihilo 창조라는 성경적 개념이다. 물질은 영원하지 않다. 창조되었다. 그러므로 물질은 고유하고 독립적인 특성을 가지고 있지 않다. 하나님이 각각의 물질에 부여하기 원하신 특성만이 있을 뿐이다. 이것의 실제적인 의미는, 물질이 정확히 이성적이고 수학적인 법칙을 따를 것이라는 기대가 생겨났다는 말이다. 노벨물리학상 수상자 C. F. 폰 바이츠제커von Weizsäcker는 이 둘의 차이점을 이렇게 요약했다. "플라톤이 말하는 질료는……수학적 법칙을 정확히 따르지 않을 것이다." 그러나 "하나님이 무로부터 창조한 물질은 당연히 그 창조주가 제정하신 규칙을 엄격하게 따를 것이다." 그는 이런 식의 사유를 통해 현대 과학이 "기독교의 유산, 혹은 다음과 같이 말할 수도 있겠는데, 기독교의 자식"이라는 결론을 내렸다.[50]

오늘날의 우리는 과학의 핵심이 수학 법칙을 만들어 내는 것이라는 점을 당연시하기 때문에 이것이 얼마나 새로운 발상이었는지 잘 깨닫지 못한다. 역사학자 R. G. 콜링우드Collingwood에 따르면, "응용수학의 가능성 자체가……자연이 전능하신 하나님의 창조물이라는 기독교적 믿음의 표현이다."[51] 내가 어릴 때 아버지는 퍼듀 대학과 텍사스 공대 등에서 응용수학을 가르치셨다. 그래서 나는 아버지의 전공 분야 존재 자체가 기독교 세계관에 의지하고 있다는 사실을 즐거이 상기시켜 드린다.

갈릴레이 vs 아리스토텔레스

※ 요하네스 케플러
독일의 천문학자(1571-1630). 화성에 관한 정밀한 관측 기록을 기초로 화성의 운동이 태양을 중심으로 하는 타원 운동임을 확인하고, 행성의 운동에 관한 케플러의 법칙을 발견하는 등 근대과학 발전의 선구자가 되었다.

이와 같은 생각은 역사적으로 엄청난 영향력을 행사했다. 요하네스 케플러※는 행성궤도가 타원형이라는 사실을 어떻게 발견했을까? 고대로부터 사람들은 행성이 원궤도로 돈다고 생각했다. 맨 처음 이 생각을 한 사람은 아리스토텔레스였다. 그는 하늘이 '완전'하고 원이 '완전한' 형태이므로 천체는 원운동을 할 것이 분명하다고 추론했다(그리스인들이 과학에서 연역법을 사용한 사례). 케플러는 2,000년 동안 지배력을 행사했던 원궤도에 대한 확고한 믿음을 어떻게 돌파할 수 있었을까?

화성의 공전궤도를 그리다가 어려움을 겪은 것이 그 출발점이었다. 케플러가 관찰에 근거하여 내놓았던 가장 정확한 원은 약간 기우

뚱한 형태였다. 그가 그리스적 사고방식에 붙들려 있었다면 그 정도의 사소한 오차는 무시했을 것이다. 원래 물리적 대상은 기하학적 이상과 딱 맞아떨어지지는 않는다고 생각하고 말았을 것이다. 그러나 케플러는 독실한 루터파 교인이었다. 그는 하나님이 어떤 선(線)이 원을 이루기를 원하신다면 정확한 원이 될 것이라고 확신했다. 그런데 그것이 정확한 원이 아니라면 무언가 다른 것임이 분명했다. 이상적인 원에서 제멋대로 벗어난 것으로 대충 정리하고 넘어갈 수 없었다. 이러한 신학적 확신에 힘입어 케플러는 6년에 걸친 지적 분투와 수천 쪽이 넘는 과학적 계산 끝에 마침내 타원 개념을 생각해 낼 수 있었다.

나중에 케플러는 화성 궤도의 사소한 오차를 '하나님의 선물'이라고 부르며 고마워했다. 그것이 그가 최대의 과학적 돌파구를 열도록 박차를 가해 주었기 때문이다. 그는 과학의 주된 목표가 "하나님이 부과하시고 수학의 언어로 우리에게 계시하신 합리적 질서와 조화를 발견하는 것"이라고 말했다.[52]

갈릴레이도 케플러처럼 하나님이 세상을 수학적 구조로 창조하셨다고 믿었다. 그러나 모두가 그 확신에 동의한 것은 아니었다. 그 유명한 '갈릴레이 논쟁'의 핵심에 바로 이 문제가 자리 잡고 있었다. 흔히 갈릴레이가 코페르니쿠스의 태양중심설(지동설)을 옹호했기 때문에 박해를 받았다는 식으로 알고 있다. 그러나 진실을 말하자면, 당시에 태양중심설에 반대하는 사람은 없었다. 그것을 측정 도구로만 쓴다면 아무 문제가 없었다. 태양중심설과 지구중심설(천동설) 중 어느 한쪽을 선택할 만큼 경험적 자료가 충분하지 않던 시절이었다. 당시 천문학의 주된 실용적 용도는 항해였는데, 두 체계 모두 항해에 활용하기에 무난했다. 대부분의 사람들은 잘 들어맞기만 하면 지동설이든 천동설이든 사용할 의향이 있었고, 그것이 물리적으로 옳은지의 여부는 염려하지 않았다.

갈릴리이가 논쟁에 말려든 이유는 코페르니쿠스 체계가 유용한 측정 도구일뿐 아니라 물리적으로도 옳다고 주장했기 때문이었다. 여기서 관건은 수학적 진리의 지위였다. 수학은 물리계에서 무엇이 옳은지 말해 주는가? 이것은 신학적 질문이 아니라 철학적 질문이었다. 그리고 갈릴레이의 주된 적수는 교회 사람들이 아니라 아리스토텔레스를 신봉하는 대학교의 철학자들이었다. 그들은 세상을 지금의 모습으로 만드는 데 수학이 크게 기여했다고 보지 않았다. 아리스토텔레스는 우주의 핵심 특징이 양(量)이 아니라 뜨거움과 차가움, 젖음과 마름, 부드러움과 단단함 같은 질(質)이라고 보았다. 당시 대학에서는 수학의 지위가 물리학보다 훨씬 낮았다. 수학자 따위가 물리학자에게 어떤 이론을 받아들여라 마라 지시하는 것은 있을 수 없는 일이었다.

갈릴레이의 적수였던 피사 대학 철학교수의 말에서 당시의 사고방식을 읽어 낼 수 있다. "자연의 사실을 수학적 추론의 방법으로 입증하려 하는 이들은 진리에서 멀어도 너무 멀리 떨어져 있다. 수학적 논증으로 자연의 특성을 입증할 수 있다고 생각하는 이는 정신이 나간 사람이다. 두 과학은 성질이 전혀 다르다."[53]

강연 시간에 이 인용문을 읽어 주면 청중들은 어김없이 웃음을 터뜨린다. 오늘날에는 수학 공식을 써서 자연을 설명하는 일이 과학이라고 당연히 생각하기 때문이다. 갈릴레이 당시에는 그렇지 않았다. 그가 하나님이 수학의 언어로 자연의 책을 쓰셨다고 선언했을 때, 그것은 도발적인 언사요 아리스토텔레스 철학에 대한 선전포고였다.[54]

갈릴레이 이야기는 흔히 과학과 종교의 갈등으로 제시된다. 그러나 실제로 그것은 올바른 자연철학이 무엇인가를 놓고 그리스도인들 끼리 벌인 싸움이었다. 아리스토텔레스의 질이냐, 갈릴레오의 양이냐? 갈릴레이의 승리는 곧 자연이 수학적 청사진 위에 세워졌다는 생각의 승리였다.

뉴턴 훔치기

하지만 자연을 설명하는 수학의 힘을 사람들이 마침내 받아들이게 된 것은 뉴턴의 연구 덕분이었다. 그의 만유인력의 법칙은 지구상의 친숙한 운동(대포알의 궤도)부터 멀리 떨어진 하늘의 운동(행성궤도)에 이르는 광범위한 자연현상을 단일한 수학 공식으로 기술할 수 있음을 보여주었다. 너무나 단순했다! 너무나 우아했다! 뉴턴이 과학계 최초의 슈퍼스타가 된 것은 당연한 일이었다.

그의 극적 돌파구는 성경적 통찰을 통해 열렸다. 아리스토텔레스는 변화와 부패의 영역인 지구와 불변하고 영원한 곳으로 여겨지던 하늘을 날카롭게 구분했다. 아리스토텔레스는 그 둘이 전혀 다른 물질로 이루어졌다고 판단했다. 지구상에서 작동하는 물리학의 원리를 별과 행성 같은 하늘의 천체들에 적용할 수는 없다는 결론을 내렸다.

아리스토텔레스의 우주관은 거의 2,000년 가까이 사실상 의심 없이 받아들여졌다. 그렇듯 유서 깊은 지적 전통이 어떻게 무너지게 되었을까? 그것은 성경의 창조 개념을 숙고한 결과였다. 클라인은 "하나님이 우주를 설계하셨으므로 모든 자연현상이 단일한 기본 계획을 따를 것이라는 예상이 가능했다"고 설명했다. "우주를 설계한 단일정신이 한 묶음의 기본 원리를 활용해 연관된 현상들을 다스릴 것이 거의

단일한 기본 계획. 윌리엄 블레이크의 「뉴턴」(1795)

확실하다"는 생각은 자연스러웠다.[55] 뉴턴은 그러한 생각에 입각해 연구를 진행했고, 결국 하늘이 다른 물질로 이루어져 있지 않음을 보여주었다. 우주는 통합된 코스모스다. 우주 어디서나 동일한 수학 법칙을 적용할 수 있다.

뉴턴은 신학을 과학 안에 엮어 넣었을 뿐 아니라, 과학을 이용해 신학을 옹호했다. 그는 과학의 '본업'이 기계적 인과관계의 사슬을 거슬러 올라가 "기계적이지 않은 것이 분명한 제1원인", 곧 인격적 창조주에게까지 마침내 이르는 것이라고 말했다. 뉴턴은 이러한 추론의 몇 가지 사례를 제시했는데, 태양계의 절묘한 균형을 설명하려면 "맹목적이거나 우연적인" 자연의 원인만으로는 부족하고, "역학과 기하학에 대단히 능통한" 지적 원인을 상정해야 한다는 것이 그중 하나다.

뉴턴이 볼 때는 그가 발견한 가장 중요한 과학적 성과물인 중력 개념조차도 하나님의 증거였다. 중력은 질량과 전충성(塡充性, 물질이 공간을 메우는 성질) 같은 물질의 고유한 특성에서 끌어낼 수 있는 것이 아니었다. 그래서 뉴턴은 중력을 하나님이 세상을 직접, 적극적으로 다스리시는 증거라고 생각했다.

뉴턴은 시간과 공간을 포함한 우주의 가장 기본적인 요소들이 사실 하나님의 특성이라고 보았다. 절대시간은 "영원부터 영원에 이르는" 하나님의 지속이었다. 절대공간은 "무한부터 무한에 이르는" 하나님의 무소부재(無所不在)였다.[56] 뉴턴 물리학이 본 우리는 말 그대로 하나님 안에서 살고 움직이고 존재한다[행 17:28].

하지만 결국 계몽주의 이론가들이 손을 썼고, 뉴턴의 새로운 과학도 세속화의 부식 과정을 거쳤다. 볼테르는 뉴턴의 연구 결과를 유럽 대륙에 소개했는데, 그 과정에서 위대한 과학자 뉴턴의 성경적 시각은 전혀 언급하지 않는 주도면밀함을 보여주었다. 대신에 그는 뉴턴의 물리학을 끌어다 계몽주의의 입장에 유리한 방향으로 사용했다. 이것은 앞서 CBS가 각색한 존 에릭슨의 행크 이야기에서 본 것처럼 오늘날까지도 여전히 이어지는 세속화 패턴이다. 뉴턴의 중력 개념이 유물론적으로 해석되었다. 그것은 더 이상 우주를 붙드시는 창조주의 능력이 나타나는 방식이 아니라 물질 안에 내재하는 힘에 불과했다. 뉴턴의 절대시간과 절대공간은 논리적 범주 정도로 축소되었다. 그의 이론은 결국 그가 반박하려 했던 유물론적 세계관으로 흡수되었다.[57]

얄궂게도, 유물론적 세계관은 '뉴턴 세계관'이라고 불리게 되었다. 뉴턴이 결코 받아들이지 않았을 세계관인데 말이다. 이 세계관은 우주를 변하지 않는 수학 법칙으로 작동하는 거대한 기계로 그렸다. 수학적 모델은 과학뿐 아니라 사회, 정치, 도덕에도 적용되었다. 너무나 간단해 보였다. 갈릴레이는 경사면에서 공이 굴러 내려오는 것을 관찰한 끝에 움직이는 모든 물체의 가속도를 밝히는 수학 법칙을 발견했다. 뉴턴은 떨어지는 물체(일설에 따르면 사과)를 관찰하여 모든 물체에 작용하는 수학적 중력 법칙을 계산해 냈다. 동일한 방법론을 사회과학에 적용해서는 안 될 이유가 무엇이겠는가? 몇 가지 단순한 사례를 관찰하면 인간 행동을 지배하는 보편법칙을 발견할 수 있지 않을까? 한 역사가에 따르면, 18세기에는 "보편적 물리학의 관점에서 만물이 설명될 때가 멀지 않았다고 많은 이들이 믿었다."[58] 물리학에서 통했던 수학적 방법이 다른 모든 분야에서도 통할 것처럼 보였다. 그렇게 되면 자연뿐 아니라 인간 본성을 지배할 수단까지 확보하게 될 터였다.

피카소의 합리주의 수업

이와 같은 배경지식을 염두에 두면 합리주의 철학자들이 수학을 참된 지식에 이르는 가장 확실한 길로 제시한 이유를 알 수 있다. 데카르트는 모든 분야의 지식이 "산술과 기하의 증명이 보여주는 확실성에 맞먹는 확실성"을 추구해야 한다고 주장했다. 철학자 라이프니츠^{Leibniz}※는 인간의 추론이 모종의 계산법으로 환원되어 일련의 연산 과정을 통해 모든 의견 충돌이 해소될 날을 간절히 고대했다. 그는 우리의 추론을 "수학자만큼이나 확실하게" 다듬어서 "사람들 사이에 논란이 생길 때 '더 이상 이러쿵저러쿵 할 것 없이 계산을 해보고 누가 옳은지 판단합시다'라고 말할 수 있게" 노력해야 한다고 했다. 경험주의자들이 감각 인상 위에 지식의 건축물 전체를 세우려 했다면, 합리주의자들은 수학으로 같은 일을 하고자 했다.

　합리주의의 이상이 예술에서는 어떻게 표현되었을까? 초기의 과학자들이 거론한 수학은 주로 기하학을 뜻했다. 갈릴레이는 자연의 책

※ 라이프니츠
독일의 수학자·물리학자·철학자·신학자(1646-1716). 신학적·목적론적 세계관과 자연과학적·기계적 세계관과의 조정을 시도하여 단자론에서 "우주 질서는 신의 예정조화 속에 있다"라는 예정 조화설을 전개했다. 수학에서는 미적분법을 확립하여 후세에 크게 공헌했다.

합리주의의 입체주의: 자연에 감추어진 기하학적 청사진. 조르주 브라크의 「기타를 든 여인」(1913)

이 "수학의 언어로 기록되었다"는 유명한 말을 하면서 그 문자는 "삼각형, 원, 기타 기하학적 도형"이라고 덧붙였다. 예술에서는 합리주의가 기하학적 형식주의의 등장에 영감을 제공한 것이다.

자연에 내재하는 기하학적 청사진을 그려 내려 한 '입체주의'[cubism]는 이렇게 해서 등장했다. 예술가는 "자연을 실린더, 구, 원뿔의 관점에서 해석해야 한다"는 세잔의 발언이 입체주의의 발판을 제공했는데, 그 말은 갈릴레이의 말을 달리 표현한 것이나 마찬가지였다. 미술사가 루시 아델만[Lucy Adelman]과 마이클 컴튼[Michael Compton]의 말을 빌면, "입체주의 그림은 주로 직선과 곡선의 교차로 이루어지는데, 이것은 자와 컴퍼스로 실습하는 초등학교 기하학의 구성물이다." 수평과 수직의 요소가 교차하는 평평한 격자 구조가 그림의 바탕을 이룬다. 유명한 입체주의 격자다.

과학처럼 수학도 인간의 자연 지배를 뜻했다. 아델만과 컴튼의 말을 다시 인용하면, "기하학은 세계에 질서를 부과하고 지성을 사용해 자연을 지배·통제하는 인간의 능력을 나타내는 도구로 쓰였다."[59] 입체주의 격자는 합리적이고 형식적인 질서의 부과를 나타냈다.

앞서 18세기에 칸트는 감각이 지식의 기본 자료를 제공하고 이성은 지식의 이성적 형식을 제공한다고 주장했다. 경험주의와 합리주의의 상충되는 주장을 통합하려 한 것이다. 입체주의자들의 관심을 끈 부분은 '이성적 형식'이었다. 그들이 그려 낸 잘린 면, 기하학적 선, 모난 평면은 그림의 초점을 바꾸어 놓았다. 예술은 이제 대상의 묘사가 아니라 **형식의 탐구**였다.

가장 유명한 사례라 할 만한 피카소의 「아비뇽의 처녀들」은 홍등가의 다섯 매춘부를 기하학적 패턴으로 나누어 놓았다. 웬디 스타이너

순수 형식 파악하기. 파블로 피카소의 「아비뇽의 처녀들」 (1907)

Wendy Steiner에 따르면, 피카소의 이 그림은 일종의 합리주의 수업용으로 그려진 것이었다. 수업의 목표는 관람객이 그림에서 성적 대상이 된 여자들이 아닌, '공간 관계'에 제시된 한 가지 문제만 보도록 가르치는 것이었다. 관람객은 순수 형식을 파악하기 위해 부도덕한 소재를 '꿰뚫어 보아야' 했다.[60]

실제로, 형식주의자들은 위대한 예술의 힘이 언제나 그 근저에 놓인 기하학에서 나온다고 주장했다. 그림의 주제나 이야기는 주의를 분

※ 피에타
기독교 미술에서, 십자가에서
내린 그리스도의 시체를 무릎
위에 놓고 애도하는 마리아를
표현한 주제. 중세 말부터 르
네상스 시대의 조각과 회화에
서 많이 볼 수 있다.

산시키는 방해 요소에 불과했다. 그림을 예술작품으로 만드는 요인은
그 추상적인 기하학 구조였다. 예를 들어 머릿속으로 '피에타'^{Pieta}※를
한번 떠올려 보라. 형식주의자들에 따르면, 이 그림이 주는 감동은 구
주의 죽음이 갖는 신학적 의미와는 아무 관련이 없다. 그들은 진지한
태도로 이렇게 주장했다. "이 그림을 보고 종교적 감정을 느끼게 되는
이유는 그리스도의 죽음이나 동정녀 마리아의 눈물 때문이 아니라 두
신체가 모여 만들어 내는 구도 때문이다."[61]

미술사 관련 책들은 대체로 입체주의가 위아래와 좌우 여러 관점
에서 동시에 보이는 대상을 그려 내려 했다고 설명한다.[62] 그렇다면 그
들은 왜 대상을 기하학적 도형들로 해체하려 했을까? 그들이 합리주의
철학의 영향을 받았다는 사실을 알면 이 기하학적 형식주의를 이해하
기가 한결 쉬워진다. 샤피로의 설명대로, 입체주의는 "과학적 시각과
계몽주의 철학, 합리주의 철학에 전폭적으로 동의한다."[63]

계단을 내려오는 기계

입체주의와 관련된 유파인 '미래주의'는 새롭게 산업화된 세계의 도래
를 찬양했다. 20세기 초는 라디오, 자동차, 비행기, 네온등 같은 발명품
이 연이어 쏟아진 시대였다. 많은 사람들이 새로운 기계의 힘과 속도
에 도취되었다. 그들은 자연이 제조품보다 열등하다고 확신했다. 그래
서 달빛은 전등으로 대체되었다. 미래주의의 설립자는 '달빛을 죽이자'
는 도발적인 제목의 글에서 "거룩한 전등빛의 지배와 기계적 미(美)의
관념"을 환영했다. 그는 살아있는 생명체인 양 기계를 숭앙했다. "그러
므로 우리는 기계에 대한 사랑을 드높인다." 모터 안에는 "개성과 영혼

미래주의: 기계의 모습. 마르셀 뒤샹의 「계단을 내려오는 누드」(1912)

과 의지가 있다."[64]

기계가 생명체와 비슷한 대접을 받는다면, 그것은 인간이 기계로 축소되었기 때문이다. 미래주의 그림에 나오는 인물은 흔히 기계나 로봇 같은 모습이다. 마르셀 뒤샹[Marcel Duchamp]의 「계단을 내려오는 누드」는 1913년 뉴욕의 아머리 쇼[Armory Show*]에 전시되어 격렬한 논란을 불러일으켰다. 이 전시회는 미국에 최초로 현대미술을 소개하며 많은 논쟁을 낳았다. 미래주의는 저속도촬영 사진을 흉내 낸 움직이는 입체주의쯤 된다고 이해할 수 있다. 뒤샹은 움직임을 묘사하기 위해 "기계를 만들려고 하는 사람처럼 기하학과 수학의 영역으로 들어간다"고 설명했다. 그는 이 그림에 '기계의 모습'이라는 별명을 붙였다.

프란시스 쉐퍼는 "미국의 신학자들이 1913년의 아머리 쇼를 이해했다면" 현대 문화를 이해하는 데 유리한 위치를 선점했을 것이라고 말한 적이 있다. 그러나 그들은 "뒤처졌다." 늘 일이 터지고 나서야 반응했고 늘 수세에 몰렸다.[65] 오늘날 그리스도인이 주도적인 역할을 하고 싶다면, 예술을 읽는 안목을 키워야 한다. 그래야 문화의 흐름에서 앞서 나가고 각 세대에 하나님의 진리를 전달하는 새로운 방법을 배울 수 있을 것이다.

수학예술가들

마침내 대상이 완전히 사라졌고, 검은색 직선과 색깔 평면으로 이루어진 기하학적 추상 구조가 그 자리를 채웠다. 그것은 더없이 단순하고 장식 하나 없는 입체주의 격자였다. 피에트 몬드리안[Piet Mondrian]에 따르면 기하학적 추상은 입체주의의 "논리적 결론 중 하나"이고, "자연

* 아머리 쇼
1913년에 뉴욕에서 열린 미국 최초의 국제 근대 미술전. 세잔, 고흐 등의 19세기 작품을 비롯해 야수파, 입체파 따위의 유럽 미술 작품이 처음으로 소개되어 미국 미술사상 중요한 이정표가 되었다.

기하학적 추상: 우주의 수학적 구조를 반영하다. 테오 판 두스부르흐의 「동시적인 카운터 콤포지션」(1929)

을 모방하기보다는 수학적인" 예술이다. 그의 목표는 우주의 근원적인 수학 구조를 자신의 예술 안에 복제해 내는 것이었다. 그는 "보편적인 수학 구조가 모든 미적 감정의 본질"이라고까지 믿었다.[66] 몬드리안은 '데스테일'(신조형주의)$^{De\ Stijl}$로 알려진 유파를 창설했는데, 계승자들은 그의 그림이 이 유파에 포함되는 것을 반대했지만, 그의 작품은 해당 유파의 다른 화가들과 분명한 공통점을 보여준다.

　입체주의자들이 예술의 초점을 칸트의 보편적 형식으로 옮기는 작업을 시작했다면, 추상주의자들은 그 일을 마무리했다. 그들의 목

✧ 데스테일
1917년 네덜란드에서 화가 몬드리안을 중심으로 창설된 미술가 단체. 건축, 회화, 그래픽 디자인 따위의 추상적 표현을 시도했다.

표는 예술을 보편적 시각언어로 바꾸는 것이었다. 그러나 몬드리안은 "구체적인 것이 길을 가로막는 한, 보편적인 것을 순수하게 표현할 수가 없다"라고 썼다.[67] 따라서 기하학적 추상은 구체적이고 개별적인 대상의 흔적을 모두 제거함으로써 예술을 '정화'하는 수단으로 여겨졌다. 앞서 4장에서 살펴본 것처럼, 고대 그리스 이래로 합리주의는 개별성의 가치를 인정하지 않는 경향을 쭉 보여 왔다. 기하학적 형식주의는 개별적인 것을 무시하고 보편적인 것과 이상적인 것을 높이 평가하는 합리주의 세계관의 시각적 표현으로 볼 수 있다.

톰 울프의 미술관

형식주의에 대한 흔한 비판이 있다. 미학보다 철학에 끌려다니는, 지나치게 지적인 운동이라는 것이다. 1911년, 입체주의의 주요 이론가 기욤 아폴리네르Guillaume Apollinaire는 이 양식이 "감각적이기보다 지적"이라고 인정하면서, "형이상학적 형식의 위엄을 표현"하려다 보니 그렇다고 설명했다. 형이상학적 형식은 눈보다 지성에 호소한다. 결국, 검은색 직선과 원색 블록으로 축소된 미술이 시각적으로 다양한 결과를 만들어 내기는 어렵다. 커스핏이 지적한 바 있듯, 휑한 정육면체가 그리 흥미롭지는 않다. "그것을 분석할 필요도, 그것에 대해 생각할 필요도 없다. 그 공리적 특성을 직관적으로 파악하고 나면 그것에 더 이상 신경을 쓰지 않는다"(수학자라면 얘기가 다르겠지만).[68] 기하학적 형식주의는 시각적 아름다움보다는 합리주의 세계관을 전달하는 데 더 관심이 있는 듯하다.

소설가 톰 울프Tom Wolfe는 『현대미술의 상실』The Painted Word에서 미술이 너무 지적인 것이 되어 버렸다고 불평한다. 그러니 미술관에서 작품 옆에 붙이는 안내판이 점점 더 커질 수밖에 없다. 그는 지금은 그래도 그림이 안내판보다 크지만, 장래의 미술관에는 엽서만 한 그림 옆에 거대한 안내판이 달릴 거라고 농담을 한다. 그림 배후에 어떠한 세계관이 놓여 있는지 설명하려면 장문의 글이 필요할 것이기 때문이다.[69] 울프의 말은 물론 농담이지만, 그 안에는 분명히 뼈가 있다. 오늘날에는 최고 수준의 예술작품을 만드는 것보다 이데올로기적 진술을 더 중요하게 여긴다. 울프의 책 『현대미술의 상실』 원제목에는 이런 현실이 담겨 있다. 그림이 '그려낸 말'painted words이 되어 버린 것이다. 세계관이 미학을 압도했다.

쇤베르크, 계산으로 작곡하다

모더니즘 음악에 대해서도 동일한 비판을 자주 들을 수 있다. 귀가 아니라 지성에 호소한다는 비판이다. 20세기 클래식 음악의 대표적 인물은 이고르 스트라빈스키Igor Stravinsky다. 그의 스타일은 삭막하고 반(反)낭만주의적이었다. 분명하고 날카롭고 감정이 배제되어, 표현적인 것과는 거리가 멀었다. 그의 대표곡들에는 조성(調性)이 남아 있지만 그야말로 희미하다. 그는 다조성polytonality※과 폴리리듬polyrhythm※을 가지고 실험을 했다. 예를 들어, 그의 발레곡 「페트루슈카」에서 첫 번째 클라리넷이 다장조로 연주를 하는데, 두 번째 클라리넷은 변형된 같은 선율을 올림바장조로 연주한다. 1913년, 그의 발레곡 「봄의 제전」이 처음 무대에 올랐을 때 엄청난 소란이 일었다. 대중은 불협화음이 가득한 작품을 소화하지 못했다. 많은 역사가들은 그날 저녁에 모더니즘 음악

※ 다조성
두 개 이상의 조성을 동시에 사용하는 기법.

※ 폴리리듬
둘 이상의 리듬을 동시에 연주하는 방법.

	I_0	I_{11}	I_3	I_4	I_8	I_7	I_9	I_5	I_6	I_1	I_2	I_{10}	
P_0	B	A#	D	D#	G	F#	G#	E	F	C	C#	A	R_0
P_1	C	B	D#	E	G#	G	A	F	F#	C#	D	A#	R_1
P_9	G#	G	B	C	E	D#	F	C#	D	A	A#	F#	R_9
P_8	G	F#	A#	B	D#	D	E	C	C#	G#	A	F	R_8
P_4	D#	D	F#	G	B	A#	C	G#	A	E	F	C#	R_4
P_5	E	D#	G	G#	C	B	C#	A	A#	F	F#	D	R_5
P_3	D	C#	F	F#	A#	A	B	G	G#	D#	E	C	R_3
P_7	F#	F	A	A#	D	C#	D#	B	C	G	G#	E	R_7
P_6	F	E	G#	A	C#	C	D	A#	B	F#	G	D#	R_6
P_{11}	A#	A	C#	D	F#	F	G	D#	E	B	C	G#	R_{11}
P_{10}	A	G#	C	C#	F	E	F#	D	D#	A#	B	G	R_{10}
P_2	C#	C	E	F	A	G#	A#	F#	G	D	D#	B	R_2
	RI_0	RI_{11}	RI_3	RI_4	RI_8	RI_7	RI_9	RI_5	RI_6	RI_1	RI_2	RI_{10}	

음열주의의 12음계: 수학계산
으로 작곡하기

이 탄생했다고 입을 모은다.

조성과 완전히 단절한 사람은 아널드 쇤베르크[Arnold Schoenberg]였다. 음악을 모르는 독자를 위해 설명을 하자면, '조성'은 장음계와 단음계를 쓰는 음악을 가리킨다. 영화 「사운드 오브 뮤직」에 나오는 '도레미송'의 "Doe a Deer" 대목을 생각해 보자. 다장조의 조성에서 '다' 음은 '도' 역할을 하고 기본 음정이 되풀이되는 방식으로 곡이 구성된다. 기본 음정이 곡에 조성의 안정감과 든든함을 부여하고 마지막에는 끝나는 느낌을 만들어 낸다. 그에 반해 무조음악은 음계, 조성, 코드 진행등을 사용하지 않는다. 더 중요한 음정도 덜 중요한 음정도 없다.

처음에 쇤베르크는 완전히 자유로운 무조음악을 작곡했다. 그러나 무조성을 이끄는 원리 자체가 없었기에, 결국 그는 질서와 구조를 부여하기 위한 새로운 방법이 필요하다고 느꼈다. 1921년, 쇤베르크는 12음계를 도입했는데, 이 음악적 형식에 따라 한 곡에서 음이 오르내리는 순서를 음정 계산을 통해 미리 정해 두었다. 피아노 건반의 흰색과 검은색 건반을 모두 더해 보면 한 옥타브 안에 12개의 음이 있음을 알 수 있는데, 규칙은 간단하다. 한 옥타브 안의 모든 음을 한 번씩 다 써야만 어떤 음을 다시 쓸 수 있다. 이렇게 하면 중심음이 주는 청각적 느낌이 배제된다.

작곡은 이런 식으로 이루어진다. 반음을 포함한 모든 음에 수치를 부여한 다음 순서대로 음을 배열한다. '음열주의'[serialism]라는 이름은 여기서 나온 것이다. 처음의 음열에서 위아래나 앞뒤 순서를 바꾸고 계산을 조금 하면 왼쪽 표와 같은 행렬을 얻게 된다. 이 행렬을 이용해 작곡을 한다. 작곡은 작곡가 개인의 어떤 것을 표현하는 일이 아니라 수학 계산의 문제가 된다. 그저 공식을 따르면 된다. 입체주의 격자를 음악에 적용한 것이다.

수학이 되어 버린 음악

이번에도 입체주의 격자는 수학적 질서를 부과하는 일을 했다. 쇤베르크의 추종자 피에르 불레즈[Pierre Boulez]와 밀턴 배빗[Milton Babbitt]은 수를 활용한 작곡 전략을 극단적으로 밀어붙였다. 그들은 쇤베르크의 12음에다 12단계의 음량과 12줄의 지속 시간, 피아노 건반을 두드리는 12가지 방식을 덧붙였다. 그 결과로 완전히 통제된 음악, "철저히 체계적인 음

악"이 탄생했다.[70]

불레즈는 음악에 대해 그가 아는 모든 내용을 머리에서 지우고 새롭게 시작하는 것이 목표라고 설명했다. 그에 의하면 그의 음악은 "모든 것에 다시 의문을 제기하며 물려받은 유산을 말끔히 쓸어버리고 처음부터 다시 시작하는, 데카르트적 회의라고 부를 만한 실험이었다." 앞서 보았다시피, 마음속의 모든 해석을 배제하고 처음부터 다시 시작하는 것은 모더니즘의 대표적인 특징이다. 베그비가 지적한 대로, 불레즈는 "예술가를 초(超)모더니즘적으로 바라보는" 대표주자인데, 그에게 "예술가란 모든 것을 제 뜻대로 구성하는 지성으로 소리 세계에 질서와 의미를 부여하는 존재다."[71]

그러나 불행히도, 이 복잡한 수학적 형식에 의거해 만들어진 음악은 도저히 듣고 있을 수가 없었다. 쇤베르크는 조성을 거부한 것을 두고 "불협화음의 해방"이라고 말했지만, 대부분의 관객은 그의 음악을 괴로워했다. 그것은 듣고 있으면 휘파람이 나오거나 발을 구르게 되는 음악이 아니다. 멜로디도, 알아볼 수 있는 코드 진행도, 청중이 알아듣고 곡을 '따라가게' 해주는 반복 악구도 없다. 작곡가가 무작위한 음열로 시작하면, 그것을 수학적으로 아무리 많이 조작해 보아야 그 결과는 무작위한 소음일 뿐이다.

음열주의 옹호자들은 자신들의 음악이 무작위한 것이 아니라 질서를 가지고 있으며, 그것은 귀가 아니라 눈으로 탐지할 수 있는 질서라고 주장했다. 종이에 펼쳐진 수학적 관계의 형태로 볼 수 있다는 것이었다. 그러나 비판자들은 바로 그것이 문제라고 말한다. 음열주의는 너무나 지적이었다. 음악을 청각적 현상이 아니라 수학적 구조물로 대했다. 베그비는 그것이 "철저히 지적이었다"고 적고 있다. "음악이 들기 좋은지, 연주하기 쉬운지 여부는 부차적인 문제였다. 머리로 고안해 낸 체계를 고수하는 것이 가장 중요했다."[72]

음열주의자들은 과학과 수학의 전문용어를 모방하여 신뢰성을 확보하려 했다. 그들은 화음 대신 '밀도', '집합', '부류' 등의 용어를 사용했다. 음악 '실험실'에서 작곡했고, 「구성」이나 「구조」 같은 과학적 어감의 제목을 붙였다. 그들의 복장도 과학자 비슷했는데, 두꺼운 검은 안경을 쓰고 연구복 앞주머니에 펜을 여러 개 꽂았다.[73] 「뉴욕 타임스」의 어느 음악평론가가 쓴 것처럼, "작곡가들은 12음계 음악과 음열주의를 대학에서 연구하는 과학 분과의 한 종류처럼 취급했다."[74] 그렇게 만들어진 곡이 귀에 거슬린다면, 그것은 과학의 시대에 지적 입지를 확보하기 위한 대가였다. 배빗은 한 영향력 있는 글에서 작곡가를 이론물리학자에 비교하며, 대중이 이해할 수 없기는 둘 다 마찬가지라고 했다. 그 글의 제목은 '누가 듣건 말건 무슨 상관인가?'였다.

간단히 말해, 음열주의 작곡가들은 미학을 버렸다. "음악이 어떻게 들리는가?"를 더 이상 묻지 않고 합리주의의 기획을 받아들였다. 베일스가 적은 바와 같이, 음열주의는 "사람의 귀에 적합하지 않은……빈약하고 수학에 지나치게 경도된 시도"였다.[75] 여기서도 음악 **배후의 세계관**이 음악 자체보다 더 중요했다. 합리주의를 떠받드느라 아름다움이라는 이상을 잃어버렸다.

불레즈는 수학적 접근법의 목표가 "개인의 독창성을 배제하는" 방식으로 작곡하는 것이라고 말했다.[76] 수학적 계산으로 작곡 과정이 정해지자 개인의 창의성이 들어설 자리가 남지 않았다. 알았든 몰랐든, 그는 맹목적이고 물질적인 힘을 출발점으로 삼는 합리주의 세계관의 논리적 결론을 드러냈다. 논리적으로 말해, 원인은 결과를 설명하기에 적합해야 한다. 비인격적 출발점을 가정하는 세계관은 인격적 행위 주체를 설명할 지적 자원을 가지고 있지 못하다. 따라서 그런 세계관은 필연적으로 인간을 폄하하고 인간의 창의성을 억누르는 결과를 가져온다.

세속적 무오류성의 추구

이번 장을 마무리하면서 지금까지 소개한 두 가지 주류 계몽주의 세계관, 곧 경험주의와 합리주의를 평가해 보자. 성경의 용어를 써서 말하자면 세계관은 '마음의 우상'이라고 할 수 있다. 우상은 거짓 신이요, 신에 대한 잘못된 개념이다. 우상이 전통적 의미에서 종교적일 필요는 없고 공식 예배의식이 있어야 하는 것도 아니다. 세속주의 세계관은 한 사람의 삶에서 전통 종교와 똑같은 역할을 할 수 있다.

성경은 우상숭배를 "피조물 가운데 어떤 것을 하나님처럼 떠받드는 인간의 성향"이라고 정의한다. 로마서 1:25에서 사도 바울은 "사람들은 하나님의 진리를 거짓으로 바꾸고, 창조주 대신에 피조물을 숭배하고 섬겼다"^{새번역}고 적고 있다. 인간은 본질적으로 종교적이기에 창조주를 부인하면 피조세계 안의 다른 것에 매달리고 그것을 숭배하기 마련이다. 실생활에서 보자면, 하나님을 거부하는 사람들은 권력, 이익, 쾌락 등 정서적 욕구를 채워 줄 대체물을 찾는다. 생각의 영역에서 보자면, 하나님의 역할을 감당할 대체물로 궁극적 실재, 다른 모든 것의 근원을 찾는다.[77] 세계관은 마음의 우상이다^{겔 14:3}.

세계관 분석의 주요 과제는 그런 우상들의 정체를 폭로하고 그것들이 내세우는 거짓 주장의 실체를 밝히는 것이다. 같은 취지로 티머시 켈러는 이렇게 썼다. "모든 사람과 공동체, 사고 형식, 문화는 신이나 신의 대체물에 대한 모종의 궁극적 관심사 또는 궁극적 충성 위에서 있기 마련이다.⋯⋯문화를 분석하는 최고의 방법은 그들의 집합적 우상을 파악하는 것이다."[78]

현대의 세속주의 우상이 생겨난 시기는 진리의 본질에 대한 의문이 제기된 시기와 겹친다. 출발점은 종교개혁이었다. 종교개혁은 종교 전쟁의 세기를 낳았고, 종교적 진리를 둘러싼 의견 차이 때문에 기독교인들끼리 말 그대로 서로 피를 흘렸으며 여러 나라가 분열했다. 그리고 플라톤, 아리스토텔레스, 데모크리토스,⁎ 에피쿠로스 등 고전 문헌이 재발견되었고 그것이 원동력이 되어 르네상스가 일어났다. 그런데 그들 모두 의견이 달랐다. 근대의 여명은 당황스러운 지적 충돌의 시기였다. 당대의 긴박한 질문은 이것이었다. 서로 경쟁하는 진리 주장 중에서 어떤 것이 정말 옳을까? 그것을 어떻게 확신할 수 있을까?

계몽주의 사상가들은 이와 같은 지적 혼란을 해결해 줄 전략을 생각해 냈다. 그들은 상충하는 온갖 주장과 반대 주장보다 더 근본적인 진리의 근원을 모색했다. 그것은 경쟁하는 신학과 철학이 내놓는 어떤 주장보다도 더 즉각적이고 직접적으로 접근 가능한 진리여야 했다. 이 말은 개인 안에 자리 잡은 진리여야 한다는 뜻이었다. 무기를 들고 서로 싸우는 정치조직이나 서로를 맹렬히 비난하는 교파들, 최고 권위를 내세우며 경쟁하는 고대 문서나 경전 안에서는 찾을 수 없다는 뜻이었다. 그 어떤 외적 원천에서도 찾을 수 없다는 뜻이었다. 계몽주의는 각 개인이 스스로 지식을 발견할 수 있게 해줄 방법을 찾기 원했다.[79]

어떤 방법이 이러한 조건을 만족시켰을까? 두 가지 주요한 철학적 접근법이 후보로 떠올랐는데, 경험주의와 합리주의였다. 철학 도서

⁎ 데모크리토스
기원전 4세기 고대 그리스의 철학자. 진실로 실재하는 것은 불생불멸의 아토마와 이것이 존재하는 장소로서의 공허뿐이라 하여, 원자설에 입각한 유물론을 제창하였다.

들은 이 둘의 경쟁 관계를 자주 다룬다. 그러나 나는 이 둘의 공통점을 강조하고 싶다. 둘은 분명히 다르지만 한 꺼풀 벗기면 피를 나눈 형제와도 같다. 둘 다 인간의 지식을 신의 계시가 아닌 별도의 확고한 토대 위에 세우려는 시도였다. 계시만큼 확실하고 보편적인 지식의 근원을 찾아 계시를 대신하려 했고 개인의 의식 안에서 무오류성을 찾고자 했다. 두 철학의 차이는 그 근원이 무엇인가에 대한 의견뿐이었다.

경험주의자들은 감각을 우상으로 만들었다. 원감각 자료가 절대적으로 신뢰할 수 있는 지식의 원천이 된다고 보았다. 프랜시스 베이컨은 현대 경험주의의 시조로 역사에 기록되었다. 그는 지식 추구는 "토대부터 새롭게 시작해야" 한다고 말했다.[80] 우리가 안다고 생각하는 모든 것, 모든 추론과 해석을 버리고 반석과도 같은 지식의 토대에 이르러야 한다. 베이컨이 볼 때 그 토대는 가공되지 않은 감각 인상이었다. 그것은 가장 단순하고 직접적이며, 따라서 오류도 없는 지식으로 가는 길이었다.

합리주의자들은 다른 길을 택했다. 그들은 지식이 이성으로 직접 알 수 있는 것에 근거해야 한다고 주장했다. "나는 생각한다. 고로 나는 존재한다"는 유명한 말을 남긴 데카르트를 생각해 보라. 그는 마음에서 모호하고 불분명하고 설익은 모든 생각을 벗겨 내는 체계적인 의심법(데카르트적 의심)을 제안했다. 그는 그렇게 더없이 깊게 파고 내려가 너무나 분명하고 확실해서 의심의 여지가 없는 진리에 이르기를 바랐다.

그 반석 같은 확실성이 무엇이었을까? 데카르트가 의심할 수 없었던 것은 의심하고 있는 자신의 정신작용이었다. 그는 자신의 모든 생각이 망상일 수 있지만, 그래도 그런 망상을 겪고 있는 '나'는 확실히 존재한다고 말했다. 그는 사람이 물리적 대상의 세계는 의심할 수 있지만 자아의 존재를 의심할 수는 없다는 결론을 내렸다. 그것이 가능한 가장 확실하고 직접적인 지식이었다. 데카르트는 이렇게 오류 없는 토대 위에서 처음부터 시작하여 지식의 구조물 전체를 다시 쌓아 올리기를 바랐다.

놀랍게도, 베이컨과 데카르트 모두 세속주의 사상가가 아니었다. 적어도 어느 정도는 기독교 신앙을 가지고 있음을 보여주었다. 하지만 그들이 제안한 철학은 결국 서구 사상의 세속화에 기여했다. 경험주의와 합리주의는 모든 가르침, 모든 전통, 진리라고 받아들인 모든 사실, 성경 같은 모든 계시를 거부하고 처음부터 새롭게 시작해야 진리에 이를 수 있다는 생각을 함축하고 있었다. 인간의 법과 관습과 전통은 틀리거나 잘못될 수 있는데, 이 모든 문화적 잔재를 벗겨 내고 남는 그 무엇은 틀리거나 잘못될 수 없다는 생각이 형태를 막론한 모든 모더니즘 기획의 핵심이다. 왜 아니겠는가? 추론이나 논증적 판단이 아니라 의식의 직접 자료를 성찰함으로써 알게 된 것이 아닌가. 이것은 의심이나 논박의 여지가 없는 것, 그 어떤 외부의 비판이나 도전도 이겨 낼 수 있는 것이었다. 집의 기초처럼, 지식의 구조물을 쌓아 올릴 든든하고 틀림없는 기초를 제공할 그 무엇이었다.

다시 말해, 이것은 신적 계시의 대체물로 기능하여 신적 계시가 제공하던 확실성과 보편성을 그대로 제공할 것이었다. 철학자 칼 포퍼[Karl Popper]가 "계몽주의 인식론의 종교적 특성"을 말한 이유도 이 때문이다. 그의 설명에 따르면, 베이컨의 경험주의는 '감각의 권위'에 호소했고 데카르트의 합리주의는 '지성의 권위'에 호소했다.[81] 그러나 둘의 목표는 동일했다. 신의 계시를 다른 권위로 대체하는 것이었다.

같은 논지에서 랜들은 계몽주의 사상가들이 갈망한 것은 실상 신의 계시만이 줄 수 있는 절대적 지식이었다고 말한다. "우주를 온전하고 완벽하게 이해하고 설명하는 것은 신에게만 가능한 일이다. 그들은 그것을 추구했다. 그들은 계시라는 방법을 내버렸다. 그러나 계시 체계는 여전히 그들의 이상이었다."[82] 즉, 그들은 신의 계시라는 개념을 거부했으면서도 살아있는 창조주의 계시만이 제공할 수 있는 절대적인 진리를 여전히 찾고 있었다. 그들의 목표는 각 개인에게 시공간의 제한된 자리를 초월해 실재에 대한 신감도(神瞰圖)를 얻게 해줄 방법을 찾는 것이었다. 간단히 말하면, 그들은 신의 대체물을 추구하고 있었다.

신의 대체물

이것을 보면 세속주의가 스스로 중립적이라고 주장하지만 그렇지 않은 이유를 알 수 있다. 세속주의자는 성경의 하나님에 대해서는 회의주의자라 할 수 있다. 그러나 자신들의 신 대체물에 대해서는 진정한 신자의 모습을 보여준다. C. S. 루이스의 말을 각색해서 표현해 보면, 그들의 회의주의는 표면적인 것에 불과했다. 그것은 다른 사람의 믿음에 대해서만 작동한다. **자신의 믿음**에 대해서 "그들은 별로 의심할 줄 모른다."[83] 그리고 그들이 법, 교육, 성, 의료보험 등의 영역에서 세속주의적 견해를 강제하는 것은 사회 전반에 걸쳐 모든 사람에게 자신의 신념을 강요하는 것이다.

이러한 세속주의적 견해는 결과적으로 비인간화를 초래할 수밖에 없다. 세속주의는 형태를 막론하고 환원주의적이기 때문이다. 하나님을 출발점으로 삼지 않는 세계관은 하나님보다 못한 것을 출발점으로 삼아야 한다. 피조물 중 하나가 모든 실재를 설명하는 범주로 자리

잡는다. 워커 퍼시의 상자 은유를 떠올려 보자. 경험주의는 모든 것을 감각의 상자에 집어넣는다. 합리주의는 모든 것을 인간 이성의 상자에 집어넣는다. 상자에 들어가지 않는 것은 무시하거나 폄하하거나 실재하지 않는 것으로 선언한다. 하나님이 창조하신 다양하고 다면적인 세계를 단일 범주로 환원해 버린다.

사람도 상자 속에 쑤셔 박힌다. 이런 식으로 모든 우상은 결국 비인간화를 초래하고 그것이 지나간 자리에는 고통과 소외의 잔해만 남는다.

세속적 우상을 상대하는 최고의 방법은 그보다 나은 것을 내놓는 것이다. 세속적 경험주의를 반박하기 위해 기독교 경험주의를 말할 수 있을 것이다. 기독교 경험주의는 감각계의 가치를 인정하되, 실재를 사람의 눈에 보이는 것으로 축소시키지 않는다. 진, 선, 미, 사랑 같은 보이지 않는 영역을 부인하지 않는다. 그리고 세속적 합리주의에 대해서는 기독교 합리주의를 말할 수 있다. 기독교 합리주의는 합리성의 가치를 인정하되, 진리를 유한하고 타락한 인간 이성에서 유래하는 관념으로 환원시키지 않는다. 성경에 근거한 세계관은 환원주의에 빠지지 않으면서도 세속주의 철학이 내놓는 최고의 통찰을 인정할 수 있다. 그 출발점이 피조물 중 하나가 아니라 초월적 창조주이기 때문이다. 성경적 세계관은 창조계의 어떤 부분도 신격화하지 않기에 창조계의 나머지 부분 또한 거부해야 할 필요가 없다. 창조된 실재의 다양성과 복잡성을 인정하고 그것을 기뻐한다.

이것은 정말 좋은 소식이다. 우리는 성경적 세계관에 힘입어 모든 환원주의적 기획의 비좁은 한계에서 벗어나 풍요롭고 아름다운 하나님의 피조세계를 마음껏 누릴 수 있다. 우리는 경험적^{empirical}, 합리적

^{rational} 같은 좋은 말들을 세속주의 세계관이 독차지하게 내버려 두어서는 안 된다. 그 용어 안에 균형 잡힌 성경적 내용을 채워 넣는 노력을 해야 한다.

강제수용소 음악

같은 이유로, 기독교 예술가들은 세속주의 예술이론이 예술 양식을 규정하도록 내버려 두어서는 안 된다. 더 풍성하고 인도적인 성경적 시각 안에서 여러 양식적 요소가 모두 쓰일 수 있다.

하나만 예를 들어 보자. 바로 무조음악이다. 불레즈의 스승 중에는 프랑스 무조음악 작곡가 올리비에 메시앙^{Olivier Messiaen ※}이 있었다. 제2차 세계대전 당시 메시앙은 독일의 포로수용소에 억류되었다. 그는 동료 수감자 중에 클라리넷 연주자, 바이올린 연주자, 첼로 연주자, 피아노 연주자가 있음을 알고 색다른 조합의 이 악기들로 함께 연주할 수 있는 곡을 지었다. 「세상의 종말을 위한 사중주」라는 제목의 이 곡은 제7 포로수용소에서 400명의 남루한 동료 수감자들이 지켜보는 가운데 초연되었다.

메시앙은 독실한 가톨릭 신자였고 자신의 신념을 거리낌 없이 드러냈다. 그는 악보 앞부분에 요한계시록의 한 대목을 적어 놓았다. "오른손을 하늘로 쳐들고 '시간은 얼마 남지 않았다'^{계 10:6, 공동번역}고 말하는 천사에게 경의를 표하며." 이 작품은 나치 정권이 아무리 강력해 보여도 그 시간은 기필코 끝날 것이라는 단언이었다. 이 사중주의 두 악장, '영원한 예수께 바치는 송가'와 '불멸하신 예수께 바치는 송가'는 천상의 평온함을 전달한다. 작곡자가 보통 연주자에게 빠르거나 느리게 연

※ 올리비에 메시앙
20세기 프랑스 음악에 가장 많은 영향을 끼친 작곡가이자 오르간 연주자(1908-1992). 당시 성행하던 신고전주의적 추상미를 추구하는 경향에 반대해 현대에 '살아 있는 음악'을 창조하고, 음악을 인간과의 깊은 관계 속에서 찾으려 하는 공통된 목적에 따라 실험적인 작곡 활동을 하였다.

주하라고 지시하는 대목에 메시앙은 "사랑을 담아 연주하라"고 적었다. 한 음악평론가는 비인간적인 나치스 치하에서 작곡되었다는 사실이 이 곡의 힘이라고 말한다. "이 정직한 기독교인은 증오에 직면해서도 '주님, 왜입니까?'라고 묻지 않고 '주님, 사랑합니다'라고 말했다."[84]

「세상의 종말을 위한 사중주」는 분명 20세기의 작품이다. 메시앙은 작품 내내 고정 박자를 전혀 쓰지 않았다(일정한 박자로 행진하는 군화 발자국 소리는 질리도록 들었을 것이다). 대신 리듬이 유동적으로 확장과 수축을 되풀이하면서 초월성의 느낌을 전해 준다. 메시앙은 음조와 무조 요소를 섞는 바람에 사방에서 비판을 받았다. 20세기 중엽의 전위집단은 그의 음악이 너무 듣기 좋고 감상적이라며 비판했고, 전통적인 음악에 익숙한 대중은 그의 음악이 너무 금욕적이고 귀에 거슬린다고 생각했다. 오늘날 많은 작곡가들은 메시앙이 최고의 모더니즘과 최고의 전통을 결합하는 본을 보여주었다고 생각한다. 메시앙은 불레즈처럼 무조 음악을 환원주의적이고 데카르트적인 틀에 가두지 않았다. 무조음악으로 하나님이 창조하신 세상의 아름다움을 표현할 방법을 찾아냈다.

다음 장에서 우리는 아래층의 계몽주의 세계관을 계속 추적하면서 현대사상의 만신전에 있는 다른 우상들에게 감히 의문을 제기할 것이다. 다음번 우상은 오늘날 가장 영향력 있는 우상을 거론할 때 빠뜨릴 수 없는 우상이다. 이제 다윈주의의 영향력을 살펴보자.

6.

이빨과 발톱이 피로 물든 예술
: 계몽주의 유산

"한 나라를 알려면 오늘의 신문보다 어제의 소설을 읽어야 한다."

제임스 H. 빌링턴

인간은 모두 죽는다. 이것이 모든 생물의 법칙이었다. 자연은 생물에 친절하지 않았다. 자연은 개인이라 불리는 구체적 존재에 관심이 없었다. 자연의 관심사는 종, 종족이었다.……자연은 무심했다. 어디서든 누구에게든 마찬가지였다. 코스쿠시는 클론다이크 강 상류에 아버지를 버렸던 어느 겨울의 일을 기억했다. 그는 불 위에 나뭇조각을 하나 올리고 먼 옛일을 떠올렸다. 풍요롭던 시절, 어린 소년이었던 그는 늑대들의 공격으로 쓰러지는 사슴을 보았다.……피투성이가 된 채 찢어진 옆구리, 목덜미 가죽에 구멍이 숭숭 뚫린 늙은 수사슴이 마지막 순간에 갈라진 뿔을 쳐들었다. 그때 소년은 회색으로 번뜩이는 형체들을 보았다. 번뜩이는 눈, 늘어진 혀, 침을 흘리는 어금니. 늑대 무리가 만든 원은 거침없이 좁아지다 짓밟힌 눈 한복판에서 마침내 검은 점이 되었다. 들어 봐! 무슨 소리였을까? 온몸에 한기가 돌았다. 허공을 가르며 길게 이어지는 친숙한 울부짖음. 가까이서 나는 소리였다. 그는 모닥불에서 불타는 장작을 꺼내 들었다. 침을 질질 흘리는 회색의 무리가 몸을 웅크린 채 그를 에워싸고 있었다. 노인은 원이 좁혀져 오는 소리에 귀를 기울였다. 살겠다고 연연할 이유가 어디 있단 말인가? 그는 물었다. 그리고 불붙은 나뭇가지를 떨어뜨렸다. 장작이 눈을 만나면서 치익 소리와 함께 불이 꺼졌다. 그의 눈에 다시 한 번 늙은 수사슴의 마지막 모습이 비쳤다. 코스쿠시는 무릎 위로 지친 머리를 떨구었다. 이건 결국 아무것도 아니지 않은가? 이것이 생명의 법칙 아닌가?

— 잭 런던의 「생명의 법칙」(1901) 중에서

잭 런던의 신

각진 턱과 헝클어진 검은 머리, 잭 런던^{Jack London}은 야외 활동에 익숙한 거친 남자의 표상이었다. 그 이미지는 책 판매고를 높이기 위해 솜씨 좋게 쌓아 올린 것이었다. 그 결과, 그는 자연주의 문학의 대표자가 되었다. 자연주의 문학은 철학적 자연주의 교리를 픽션에서 구현한 운동이었다. 여기에 참여한 소설가와 극작가들은 인간을 유전과 환경에 의해 완전히 결정된 존재, 어떠한 실질적 자유도 갖지 못한 생물체로 묘사했다.

젊은 시절 런던은 선원, 해적, 떠돌이 일꾼이었고 알래스카 골드러시 때는 금을 찾으러 나서기도 했다. 그가 경험한 거칠고 힘든 일들은 다윈주의 세계관을 받아들이게 하는 준비 과정으로 작용했다. 런던은 대체로 독학을 했는데, 공공도서관에서 닥치는 대로 책을 읽어 지식을 습득했다. 도서관에서 그는, 19세기 미국에서 진화론의 대중화에 가장 크게 기여한 영국의 철학자 허버트 스펜서^{Herbert Spencer}의 저작을 만났다. 그리고 한 역사가가 '회심 경험'이라고 표현한 일을 겪었다.[1] 그는 스펜서의 글을 통해 진화론이 대형 스크린에 투사되어 생물학뿐 아니라 사회학, 문학, 예술, 상업에까지 적용되는 광경을 보았다. 진화론이 완전한 세계관으로 확장되는 것을 목격한 것이다. '적자생존'이라는 문구를 만들어 낸 사람도 스펜서였다(다윈은 그 표현을 빌려 썼다). 스펜서는 적자생존의 과정이 모든 곳에서 작동하는 것을 보았다. 자연뿐 아니라 인간 사회도 다르지 않았다. 스펜서는 진화론을 미국에 소개하는 데

* 허버트 스펜서
영국의 철학자·사회학자(1820-1903). 다윈의 진화론에 입각하여 생물학, 심리학, 윤리학을 종합한 철학 체계를 수립했으며, 사회 유기체설을 주창하고 사회의 발전을 진화론적으로 설명했다.

있어 19세기의 그 누구보다 큰 역할을 했다.

그리고 런던은 소설 안에 진화론적 세계관을 담아내는 데 누구보다도 큰 역할을 했다. 그는 스펜서를 통해 다윈을 만났고, 모든 구절을 외울 수 있을 만큼 다윈의 책을 샅샅이 읽었다. 그는 카를 마르크스와 프리드리히 니체 같은 다른 유물론 사상가들도 받아들였지만, 그의 '신'은 여전히 스펜서였다. "그는 죽을 때까지 그의 신에게 충성을 다했다."[2]

런던이 그의 신을 섬긴 방식은 스펜서의 진화론적 세계관을 구현하는 이야기를 쓰는 것이었다. 「생명의 법칙」The Law of Life에서 늙은 에스키모인 코스쿠시는 부족에게서 버림받은 후 눈을 맞으며 죽음을 기다린다. 노쇠하고 눈먼 채로 자신을 집어삼킬 늑대를 기다리던 그는, 진화론적 세계관에 따르면 개인은 중요하지 않다는 사실을 숙고하면서 자신의 운명을 받아들인다. 자연이 유기체에게 부과하는 임무는 단 하나, 새끼를 낳아 길러 종(種)의 생존을 도모하는 것이다. 따지고 보면 개체가 죽는다 한들 "결국 아무것도 아니지 않은가? 이것이 생명의 법칙 아닌가?" 이 이야기는 인간에게 생물학적 존재를 넘어서는 더 높은 목적 따위는 없다는 자연주의의 테마를 실감 나게 전달한다.

자연주의는 오늘날 가장 영향력 있는 계몽주의 세계관일 것이다. 한 철학자는 대륙철학과 구분되는 분석철학의 가장 "근본적이고 결정적인" 요소가 자연주의라고 본다.[3] 이번 장에서 우리는 분석적 전통(아래층)에 대한 해석을 이어갈 것이다. 다윈주의와 자연주의를 살펴본 후 논의를 계속 진행하여, 그것들이 어떻게 어우러져 20세기의 분석적 사상이라는 구조물을 만들었는지 보여줄 것이다. 7장으로 넘어가서는 낭만주의 또는 대륙 전통(위층)에서 유래하여 자연주의와 경쟁 관계를 형성한 세계관들을 살펴보겠다.

진화와 스칼렛 요한슨

경쟁하는 두 전통, 세속주의로 가는 두 길은 대체로 평행선을 달리며 적대적인 입장을 유지했다. 자연주의 문학이 일어난 19세기 말, 낭만주의는 쇠퇴하여 도덕주의적이고 우아한 빅토리아풍 낭만주의로 전락한 상태였다. 문학계에서는 그것을 '고상한 전통'이라고 불렀다.[4] 이 전통은 보다 냉정하고 사실적으로 문학에 접근한다고 자처하는 자연주의자들의 만만한 표적이 되었다. 자연주의는 실상 사실주의의 자연스러운 결과물이었다. 불쾌한 현실을 더 생생하게 보여주며, 더 냉혹하고 비관적이라는 점이 다를 뿐이었다. 자연주의가 그리는 인간은 오롯이 진화적 힘이 만들어 낸 생물체였다.

자연주의 문학가들은 진화론적 세계관을 일반 대중에게 대단히 효과적으로 전달했다. 그리고 오늘날 이 세계관은 사회 전반에 스며들었다. 2005년, 런던동물원은 다음과 같은 표지판을 걸고 도발적인 전시회를 열었다. "경고: 자연환경 속의 인간." 전시회에는 무화과나무 잎을 단 수영복 차림의 남녀들이 등장했다. 그들은 신나게 뛰어다니고, 바위 위에 자세를 잡고 앉아 개코원숭이처럼 서로 털을 고르며 이를 잡아 주는 시늉을 했다. 그 광경을 본 여러 아이들이 물었다. "사람들이 저기서 뭐해?" 동물원 측에서는 바로 그 질문을 끌어내고 싶었다고 대변인을 통해 말했다. "인간이 다른 환경에서 다른 동물 사이에 있는 모습을 볼 때, 대중은 인간이 또 다른 영장류에 불과하다는 사실을 배우게 된다."[5]

인간을 "또 다른 영장류로만" 보는 것이 어떤 의미가 있을까? 할리우드의 여배우들도 이 질문의 답을 안다. 한 인터뷰에서 스칼렛 요한슨은 많은 이들과 성관계를 갖는다는 소문에 대해 어떻게 생각하느냐는 질문을 받았다. 그녀의 대답은 노골적인 자연주의를 드러냈다. 인간은 생물체에 불과하므로 한 사람에게만 성적 정절을 지키는 일부일처제는 자연스럽지 않다는 내용이었다. 요한슨의 말을 직접 들어 보자. "기본적으로 우리는 동물이잖아요. 그리고 동물의 본능에 따라 짝짓기를 하지요."

여배우 시에나 밀러는 더욱 신랄하다. 「롤링 스톤」과의 인터뷰에서 그녀는 이렇게 말했다. "한 상대와만 맺는 성관계는……과대평가된 미덕이에요. 솔직히 말하자고요. 우리는 성적 동물이잖아요."[6] 다윈주의 진화론은 그저 과학이론이 아닌 것이다. 그것은 고전문학에서부터 할리우드를 거쳐 우리 거실에까지 스며든 세계관이다.

아리스토텔레스, 노벨상을 타다

어떻게 다윈주의 개념이 생물학에서부터 시작해 문학, 예술, 대중문화에서도 득세하게 되었을까? 다윈 시대 이전, 물리학과 화학 같은 분야에서는 기계론적 이론을 흔히 볼 수 있었다. 그러나 생물학에서는 그 이론이 제대로 작동하지 않았다. 생물은 너무나 복잡해서 맹목적인 자연적 과정들로 설명할 수 없었다.

가장 중요한 것으로, 생명체의 구조는 기계론적 설명이 불가능한 목적 지향성(목적론)을 보여준다. 예를 들어 수정체, 홍채, 간상체, 추상체* 등 눈의 모든 물리적 구성 요소를 자세히 설명하는 것으로 눈이

※ 간상체·추상체
색을 느끼는 것은 망막에 있는 간상체와 추상체라는 두 시각세포 덕분인데, 약한 빛에는 간상체가, 강한 빛에는 추상체가 반응한다.

269

무엇인지 말할 수 있을까? 그렇지 않을 것이다. 눈을 정의하는 것은 물리적 구성 요소가 아니라 그 **목표와 목적**이다. 눈은 보는 데 쓰는 기관이다.

이런 점에서 생물은 물리학이나 화학에서 연구하는 바위나 분자 같은 대상과 다르다. 그보다는 인간이 만든 물건과 더 비슷하다. 도구나 장치를 설계한 뒤 그것이 무엇인지 설명하고 싶으면, 그것이 무슨 일을 하며 목적이 무엇인지를 말하면 된다. 외계인이 지구에 착륙해 컴퓨터를 발견한다고 상상해 보자. 그들은 컴퓨터를 구성하는 물질을 샅샅이 분석할 것이다. 그리고 그것이 전자기와 역학 법칙에 따라 상호작용하는 전선과 실리콘칩의 모음이라고 추측할 것이다. 그렇게 분석을 마친 외계인은 컴퓨터가 무엇인지 알아냈다고 할 수 있을까? 천만의 말씀이다. 물리적·화학적으로 아무리 철저하게 분석해도 계산을 수행하고, 기록을 남기고, 게임을 하고, 이메일을 확인하는 등 컴퓨터가 만들어진 목적은 드러나지 않을 것이다. 인공물을 규정하는 것은 그 목표와 목적이다.

서구 문화의 여명기에 아리스토텔레스는 생물학적 과정을 이끄는 것이 내재된 목표 또는 목적론이라는 사실을 이미 직감했다. 현대 유전학을 내다보기라도 한듯, 그는 병아리가 말이 아니라 닭이 되게 하고, 올챙이가 개가 아니라 개구리가 되게 하는 모종의 내적 프로그램이 있으며 그에 따라 생물체의 발달이 이루어진다고 보았다. 이에 대해 오늘날의 생물학자들은, 세부 내용에서 틀린 부분이 있을지 몰라도 원리적으로 그가 옳았다고 말한다. 동물학자 에른스트 마이어[Ernst Mayr]는 생물을 설명하는 데는 "물리법칙 이상의 것이 필요하다"는 아리스토텔레스의 주장이 DNA의 발견으로 입증되었다고 썼다. 거기에는 목적론적 원리, 현대 유전학자들이 '유전자 암호'라고 부르는 것이 필요했다. "발달과 행동의 청사진, 곧 유전 프로그램은 아리스토텔레스가 상정했던 형성 원리에 해당한다."

유전학자 막스 델브뤼크$^{Max\ Delbrück}$는 DNA를 발견하는 데 있어서 아리스토텔레스의 공로를 인정하여 사후 노벨상을 주어야 한다는 농담을 했다. 아리스토텔레스의 목적론적 원리 개념은 배아부터 성인까지의 발달 과정을 지배하는 "현대의 유전 프로그램 개념과 놀랄 만큼 유사하며, 이는 사전에 부과된 계획"에 해당한다.[7]

'간격의 신'은 없다

생물체를 지배하는 계획이나 목적 개념은 성경적 세계관과 잘 맞는다. 사실, 현대 생물학의 창시자는 대부분 그리스도인이고 그중 상당수가 성직자였다. 마이어는 "18세기와 19세기 초의" 생물학 연구는 "거의 전적으로 아마추어들, 특히 시골 목사들이 수행했다"고 말한다. 설계의 분명한 증거는 '자연신학'이라는 일종의 변증론이 생겨나는 데 영향을 주었다(5장). 그 논증은 이렇게 펼쳐졌다. 스스로 작용하는 자연 과정은 맹목적이다. 그것이 생물체에 어떤 구조가 필요하게 될지 미리 예측하고 그에 따라 설계하는 일은 있을 수 없다. 그러므로 생물체의 구조는 지적인 창조주의 '지혜로운 고안물'임이 분명하다. 1702년에 식물학자 존 레이$^{John\ Ray}$※가 쓴 책의 제목 『창조세계라는 작품에 드러난 하나님의 지혜』에 자연신학의 주제가 잘 요약되어 있다. 생물과 그 환경이 놀라울 만큼 딱 들어맞는 상황은 목적 있는 설계의 증거로 받아들여졌다. 하나님은 새에게 날 수 있는 날개를 주셨고, 물고기에게

※ 존 레이
영국 박물학의 아버지로 불리는 생물학자(1627-1705). 최초로 외떡잎식물과 쌍떡잎식물을 구별하고, 후에 해부학적 지식에 의거하여 종(種)의 개념의 생물학적 정의를 시도하였다.

271

는 헤엄치는 데 쓸 지느러미를, 꽃에게는 수분(受粉)을 해줄 곤충을 끌어들일 밝은 색상을 주셨다.

자연신학[⁜]은 '간격의 신' 논증이 아니라는 데 주목하기를 바란다. 비판자들은 그리스도인들이 과학에 신을 끌어들여 과학 지식의 빈틈을 메우려 한다고 비난한다. 그리스도인은 설명을 해볼 생각일랑 일찌감치 포기하고 그냥 하나님이 하셨다고 말한다는 것이다. 폭풍을 두고 제우스가 지상에 번개를 던지는 것이라고 말했던 고대 그리스인과 다를 바 없다는 것이다. 그러나 그것은 희화화일 뿐이다. 우리는 모르는 내용에 근거하여 자연신학을 내세우는 것이 아니다. 자연신학의 근거는 우리가 생물체에 대해 아는 내용이다. 생명 과정은 목적 지향적이지만, 물리화학적 힘은 아예 지향 자체가 없이 맹목적이고 자동적이다. 그러므로 생명의 기원을 설명하는 데 적절하지 않다.

설계 논증의 토대는 무지가 아니라 지식이기 때문에, 과학이 진보함에 따라 더욱 강력해졌다. 과학자들이 생물체 안에서 나타나는 목표 지향적 과정에 대해 더 많이 알아낼수록, '지향성 없는' 물질적 원인에 의해 생명이 생겨나는 일은 점점 더 개연성이 없어 보였다. 1650년에서 1850년 사이의 대략 200년 동안 자연신학은 엄청난 인기를 끌었고, 그 기간의 생물학 현장 연구는 대부분 자연신학에서 영감을 얻어 진행되었다. 마이어는 이렇게 적고 있다. "현대인이 당시에 존재했던 과학과 기독교의 통일성을 이해하기는 어렵다. 창조론이라는 기독교 교리와 자연신학이 제시한 설계 논증은 몇 세기 동안 생물학적 사고의 주류를 형성했다."⁸

⁜ 자연신학
신의 존재 및 그 진리의 근거를 초자연적인 계시나 기적에서 구하지 않고, 인간의 이성이 인식할 수 있는 자연적인 것에서 구하는 신학. 초자연의 특정한 교리에 의지하는 신학과 대응하는 것이다.

무의미한 유물론

이러한 배경을 염두에 두면 1859년에 다윈의 자연선택설이 나오면서 폭풍 같은 논쟁이 벌어진 이유를 이해할 수 있다. 진화 개념 자체는 전혀 혁명적인 것이 아니었다. 다윈 훨씬 이전부터 다양한 종류의 진화론이 이미 제안된 바 있었다(여기에 대해서는 7장에서 살펴보기로 하자). 그러나 이전의 진화론은 진화 과정의 배후에 어떤 계획과 목적, 설계에 따라 진화를 섭리적으로 이끄는 신이나 정신이 있을 것이라고 가정했다. 다윈의 이론이 그토록 많은 논쟁을 불러일으킨 이유는 그가 설계 개념 자체를 거부했기 때문이었다. 생물학자 제리 코인Jerry Coyne이 설명하는 것처럼, 다윈의 생각은 "생명의 드라마에서 신이 인간 종에게 정하여 준 역할이 있는 것이 아니며, 인간은 순전히 자연 과정의 우연하고 우발적인 결과일 뿐이라는 사실을 암시한다." 다윈의 한 전기에서는 이 부분을 다음과 같이 표현한다. "대부분의 사람들은 자연 안에 모종의 설계, 곧 모종의 계획과 질서가 있고 그들의 존재가 의미가 있다는 뿌리 깊고도 표현할 길 없는 믿음을 가지고 있었다. 하지만 다윈은 그들이 모든 생명에는 어떠한 신적 목적도 없다고 보기를 원했다."[9]

진화론 논쟁의 핵심은 간단히 말하자면 이렇다. "정신이 물질을 창조했는가? 아니면 물질에서 정신이 나왔는가?" 유신론적 세계관에 따르면, **정신**이 기본이다. 하나님이 명령을 내려 빠르게 세상을 창조하셨든, 아니면 점진적 과정을 통해 서서히 창조하셨든, 정신은 우주의 근본적인 창조력이다. 다윈은 이런 생각을 뒤집었다. 그의 이론에 따르면 **물질**이 주된 창조력이고, 정신은 진화의 역사에서 상당히 뒤늦게 등장했다.[10]

보다 정확히 말하자면, 정신은 아예 존재하지 않는다. 뇌가 존재할 뿐이다. 우리의 생각은 궁극적으로 생존 욕구가 뇌 속의 신경세포를 자극하여 생겨난 부산물에 불과하다. 하버드 대학의 고생물학자 스티븐 J. 굴드^{Stephen J. Gould}의 말을 빌면, "다윈은 일관된 자연주의 철학을 적용해 자연을 해석했다." 이 입장에 따르면 "정신과 영혼, 신까지도 신경망이 복잡해져서 생겨나는 놀라운 결과물을 표현하는 단어에 불과하다."[11] 즉, 그런 것은 뇌의 전기회로가 진화하여 일정 수준의 복잡성에 이르렀을 때 인간 정신에 나타나는 관념일 뿐이다.

이 견해의 문제점은 스스로 제 발등을 찍는다는 데 있다. 모든 생각이 "신경망이 복잡해져서 생겨나는 결과"일 뿐이라면, 모든 관념이 다 같은 상황에서 유물론이라는 관념도 예외는 아닐 것이다. 유물론 또한 뇌에서 신경세포가 자극을 받아 만들어진 부산물이라는 말이 된다. 그렇다면 우리가 그것을 조금이라도 믿어야 할 이유가 무엇인가?

유물론자는 자신들이 동의하지 않는 견해를 선택하여 그 기원을 진화론적으로 해석하고 신빙성 없는 것으로 만들기를 좋아한다. 그러나 그 과정에서 그들은 자신들이 걸터앉은 가지를 잘라 내고 있다. 논리적 일관성을 유지하려면 자신들의 견해 역시 동일하게 진화론적으로 설명해야 한다. 그런데 그렇게 되면 그들의 견해도 무의미해져 버린다. 그들이 믿을 수 없는 것으로 만들려고 애쓰는 다른 견해들과 다를 바 없는 처지가 되는 것이다. 변증가 그레그 쿠클^{Greg Koukl}의 은유를 빌자면, 유물론은 자살을 저지른다. 자기 범주의 올가미에 걸려들어 스스로를 파괴하고 만다.[12]

유물론자가 자살을 피할 길은 논리적 일관성을 포기하고 자신이 만들어 낸 분석의 범주에서 자기만 예외로 만드는 것뿐이다. 한 철학자가 말한 대로, 유물론자는 모든 사람을 결정론적 우리에 가두어 놓고는 자기만 그 위로 붕 떠오를 수 있는 "천사 같은 관찰자"라도 되는 듯 행세해야 한다.[13] 어떤 철학이 자기가 만들어 낸 설명의 범주에서 자기만 배제시킨다면, 그것은 논리적으로 결정적인 결함이 있다는 분명한 표지다.

종교 산산조각 내기

진화론적 유물론은 이런 결함에도 불구하고 생물학뿐 아니라 모든 현대 사상에서 정설로 자리 잡았다. 많이 쓰이는 대학 교재의 표현을 인용하면, "다윈의 진화론은 기계론과 유물론의 핵심 강령이었고" 예술과 인문학을 포함해 "대부분의 서구 사상이 펼쳐진 무대가 되었다."[14]

자연주의 문학자들은 픽션을 이용해 인간 사회를 이빨과 발톱의 법칙에 따르는 진화의 산물로 그려 냈다. 그들은 훌륭한 사회라는 허울을 찢어 버리고 인간 본성의 핵심에 자리 잡은 동물성, '내면의 야수'를 드러내려 했다. 예를 들어, 오노레 드 발자크$^{Honoré de Balzac}$※에게 소설은 서식지에 적응하면서 형성된 여러 인간 유형을 다루는 '동물학'이었다. 그의 목표는 점잖은 사회의 위선을 벗겨 내고 그 아래 웅크린 이기주의, 열정, 폭력을 보여주는 것이었다.[15]

인간이 야수에 불과하다면, 실질적인 자유가 없이 생물학적 유산과 사회적 조건화에 의해 결정되는 존재가 된다. 시인 에드거 리 매스터스$^{Edgar Lee Masters}$는 『스푼 리버 사화집』$^{Spoon River Anthology}$에서 인간을 덫에 걸린 채 철망 안에서 무력하게 발버둥 치는 쥐로 그렸다. 자연주의자들의 신조는 시어도어 드라이저$^{Theodore Dreiser}$의 『미국의 비극』$^{An American Tragedy}$에

※ 오노레 드 발자크
프랑스의 소설가(1799-1850). 근대 사실주의 문학 최대의 작가로, 소설에 의한 사회사라는 거창한 구상 아래 많은 소설을 썼으며 그 총서에 '인간 희극'이라는 종합적 제목을 붙였다.

나오는 대사로 흔히 요약된다. "정도 차는 있지만 우리는 모두 장기판의 졸이다. 어찌해 볼 도리가 없는 상황에 떠밀려 체스의 말처럼 이리저리 옮겨진다."[16]

드라이저의 여정은 런던과 비슷한 궤적을 그린다. 그도 스펜서와 다윈의 글을 읽고 자연주의자가 되는 통과의례를 거쳤다. 그의 회상에 따르면, 스펜서는 그를 지적으로 "산산조각 냈고" 가톨릭식 가정교육의 마지막 흔적까지 박살 냈다. 그는 인간의 모든 이상, 분투, 박탈, 슬픔, 기쁨이 뇌 속 화학반응의 산물에 불과하다는 결론을 내렸다. 그는 그것을 '화학적 강박'이라고 불렀다.[17]

프랭크 노리스Frank Norris도 인간을 문명의 얇은 허울을 뒤집어썼지만 실체는 속속들이 짐승인 존재로 묘사했다. 『문어』The Octopus에서 자연은 신의 대체물이라 할 만한데, 그나마도 잔인한 신이다. "자연은 거대한 엔진, 거대하고 끔찍한 키클롭스˚ 같은 막대한 힘, 냉혹한 바다 괴물이었다. 거리낌도 없고, 용서도 관용도 몰랐다. 자연은 길을 가로막는 인간 원자를 부수고 지나갔다." 소설의 끝부분에서 주인공은 '존재의 진상'을 파악하게 된다. 그는 "인간이 아무것도 아니라는" 것을 깨닫는다. "오직 힘만 존재했다. 인간을 세상에 나게 한 힘, 세상에서 인간을 몰아낸 힘……밀이 자라게 하는 힘, 땅에서 밀을 수확한 힘." 자연주의자들은 자연을 엄청나고 강력하고 무자비하고 무심한 대상으로 묘사했다. 자연의 힘 앞에서 인간의 보잘것없고 하찮은 노력은 아무것도 아니었다.

˚ 키클롭스
그리스 신화에 나오는 거인족. 이마 한가운데 눈이 있는데, 사람을 먹고 양을 기르며 대장일에 능하다. 그들 가운데 폴리페모스가 오디세우스에게 눈을 찔려 맹인이 된 이야기가 유명하다.

졸라의 인간 동물학

자연주의 작가들은 다른 아래층 예술가들과 마찬가지로 과학을 본으로 삼았다. 그들은 소설이나 희곡을 일종의 실험실로 구상했다. "과학적 세계관이 성공하면서 무대가 도구가 되어야 한다는……인간 행동을 과학적으로 조사하는 도구가 되어야 한다는 생각이 나타났다." 한 연극평론가는 이렇게 썼다. 무대를 "실험실 삼아 인간과 사회계급의 상호작용을 지배하는 법칙을 연구할 수 있을 것이다."[18] 자연주의자들은 과학적 조사에 적합한 어조, 곧 무심하고 냉담하며 무엇보다 가치중립적인 어조를 목표로 삼았다. 사건은 도덕적 논평 없이 제시되어야 했다.

귀스타브 플로베르$^{Gustave Flaubert}$의 『보바리 부인』$^{Madame Bovary}$에서 주인공은 여러 차례 간통을 저지르고 인격이 서서히 무너지며 고통받다가 결국 자살한다. 하지만 그 과정은 객관적 거리를 두고 무심하게 묘사된다. 연민도 구제도, 이야기의 교훈도 없다. 플로베르가 풍기문란 혐의로 기소되었을 때, 변호사는 그 책의 장면들이 카메라처럼 사실을 충실하게 보여준다고 주장하며 그를 변호했다. 그러나 바로 그것이 문제였다. 사진 찍듯이 도덕적 논평 없이 사건을 묘사한 것. 플로베르는 예술이 "물리 과학의 엄밀함을 추구해야 한다"고 쓴 적이 있다. 그는 자신의 등장인물을 핀셋으로 집어 올려 살피는 역겨운 표본으로 취급한다.

오늘날의 독자들은 노골적인 성적 묘사가 담긴 것도 아닌 책이 음란죄 혐의로 고소당한 것을 의아하게 여긴다. 그러나 19세기 독자들은 세계관의 변화에 지금보다 훨씬 민감했다. 그들은 일체의 초월적 시각이나 도덕적 원칙을 거부하는 이 소설의 자연주의 세계관에 기겁을 했다. 그 세계관이 환원주의적이며, 비인간화를 초래할 것을 알아본 것이다.[19] 자연주의 문학가들은 자신이 과학적이고 객관적이라고 주장했을지 모르지만, 그들은 인간 경험을 관찰만 한 것이 아니었다. 그들은 인간을 다윈주의적인 생존 투쟁에 참여하는 생물체로 환원시키는 철학적 선입견을 강요하고 있었다.

자연주의의 가장 유명한 이론가는 에밀 졸라다. 그는 이전의 사실주의자들(찰스 디킨스 같은)이 도덕적 주제를 가지고 이야기를 장식한 것이 마땅치 않았다. 졸라의 견해에 따르면, 소설가는 도덕적 판단을 유보하는 관찰자가 되어야 한다. "기록만 해야지 판단을 내려서는 안 된다." 소설가는 과학자처럼 실험실의 조건을 정하고 인간 표본이 어떻게 반응하는지 기록한다. "이런 조건에서 실험을 수행하면 저런 결과가 나온다." 목표는 "인간이라는 기계를 하나하나 해체하여" 마침내 소설가가 인간의 감정을 "고정된 자연법칙으로 설명"할 수 있게 되는 것이다.[20]

졸라의 『테레즈 라캥』*Thérèse Raquin*에서 한 남녀는 순전히 동물적 충동에 이끌려 사랑도 없이 정사를 벌이고 여자의 남편을 살해하기로 모의한다. 후에 그들은 서로의 몸을 망가뜨리고 마침내 자살한다. 이 책이 처음 출간되었을 때, 많은 독자들은 이야기의 줄거리가 죄와 벌이라는 도덕적 주제를 전달한다고 생각했다. 이러한 반응에 격분한 졸라는 2판에 서문을 붙여 자신은 죄와 죄책감의 주제를 다루거나 도덕적 교훈을 전달할 의도가 **없었음을** 분명히 밝혔다. 이 책에서 그는 인간의 성격을 과학적으로 분석하는데, 과학자가 시체를 해부하듯 냉정하게 정신을 해부한다. 그의 표현을 인용하면, "나는 살아있는 두 몸뚱이에다

의사가 시체에 적용하는 분석적 방법을 적용했을 뿐이다." 그는 "자유
의지 없이" 물리적 본성의 거역할 수 없는 법칙에 지배를 받는 등장인
물을 묘사했다. 그들은 "더도 말고 딱 인간 동물이었다."[21]

무신론이 지루한 이유

하지만 인간을 "자유의지 없는" 동물로만 묘사하는 것은 그리 쉬운 일
이 아니었다. 아무 결정도 내리지 않고 사회적·생물학적 힘에 휩쓸려
다니는 운명의 꼭두각시를 가져다가 그럴듯한 캐릭터로 실감 나게 만
들어 내기란 어려웠다. 그 결과, 믿을 수 없을 만큼 지루한 등장인물이
나타났다. 환경의 무력한 피해자만으로는 등장인물의 진정한 발전을
그려 낼 수 없다. 한 영화학 교수는 자연주의가 솔직히 "지루하다"고
말한다. 작가들이 졸라의 처방에 따라 환경에 반응하는 인간의 모습만
기록하면 힘 있는 줄거리가 사라지고, 그 결과 탄생하는 드라마는 "정
처 없이 흘러갈 뿐 결코 해소에 이르지 못한다."[22]

　　안톤 체호프Anton Chekhov ✢ 의 『세 자매』The Three Sisters가 좋은 본보기다. 세
자매는 시골 마을을 벗어나 모스크바로 이사하고 싶어 한다. 그러나
그들은 이 희곡 4막 내내 그 문제를 가지고 이야기만 할 뿐 생각을 행
동에 옮기지는 않는다. 가족의 관습과 사회적 기대라는 덫을 떨치지
못하는 것이다. 한 연극사가는 자연주의 안에서 "인간은 환경의 산물
이자 무력하게 환경의 영향을 받을 뿐, 환경에서 벗어날 자유가 없다"
고 설명한다. 따라서 자연주의 연극에는 "결정적인 시작이나 끝이 없
고, 분명한 절정이나 전환점도 없다. 인간이 중요한 결정을 내릴 것이
라는 기대가 없기 때문이다."[23] 이런 연극을 보는 관객은 흔히 답답함

✢ 안톤 체호프
제정 러시아의 소설가이자 극
작가(1860-1904). 객관주의
문학론을 주장하였고 시대의
변화와 요구에 대한 올바른
목소리를 전달하기 위해 저술
활동을 벌였는데, 담담한 필
체로 인간의 속물성을 비판하
고 휴머니즘을 추구하는 단편
소설을 주로 썼다.

과 우울함을 맛본다.

하지만 더 의미심장한 것은, 결정론적 세계관에 충실한 작품에서는 현실감 있는 등장인물이 나오지 않는다는 점이다. 현실에서 사람들은 진짜 결정을 내린다. 인생의 드라마는 상당 부분 괴로운 도덕적 딜레마와 씨름하는 과정에서 펼쳐진다. 자연주의가 사실주의에서 갈라져 나왔지만, 그것의 가장 큰 결함은 사실을 제대로 담아내지 못하는 것이라고 할 수 있다. 우리 모두 매 순간 선택을 현실로 경험한다. 자유의 경험은 역사상 모든 시대와 지구상 모든 지역에 있는 모든 인간 사회에서 입증된다.

'자유는 환각'이라는 자연주의의 선언은 이 보편적인 경험을 부인하는 처사다. 그리고 그것은 세계관 논의를 펼치는 정당한 방법이 아니다. 세계관의 취지는 인간 경험이라는 기본 자료를 **설명**하자는 것이지 부인하자는 것이 아니기 때문이다.

자연주의 소설가들의 삶조차 그들이 공언한 자연주의 세계관과 따로 놀았다. 역사학자 신시아 러셋^{Cynthia Russett}은 자연주의 문학가들의 인생을 보면 그들이 주장한 내용과 큰 차이가 있었다고 말한다. 그들은 "결정론을 이론으로" 수용했지만 "그에 따라 살지는 않았다."[24] 나는 거기서 한 발짝 더 나아가 그들이 "그에 따라 살 수 없었을 것"이라고 말하고 싶다. 그것은 인간의 본성에 위배되는 일이기 때문이다.

모든 세계관은 이중의 시험대를 통과해야 한다. 첫째, 내적으로 논리적 일관성을 갖추고 있는가? 둘째, 실제 세계에 들어맞는가? 즉, 인간 본성을 존중하면서 일관성 있게 적용하고 그대로 살 수 있는가? 이 두 번째 질문은 성경적 형태의 실용주의를 제창하고 있다. 결국 세계관의 취지는 세계를 설명하는 것, 현실을 항해할 정신의 지도를 제공하는 것이다. 지도가 실세계를 헤쳐 나가는 데 유용하지 않다면 제대로 된 지침이 될 수 없다. 과학이론을 시험할 때 실험실에 들어가 화학물질을 시험관에 넣고 섞어 어떤 일이 벌어지는지 보는 것처럼, 세계관을 시험할 때는 그것이 일상생활에서 제 역할을 잘 감당하는지 보면 된다.

인간은 하나님의 형상으로 창조되었고 하나님의 세계에서 살기 때문에, 비성경적 세계관은 모두 어떤 지점에서 실기 시험에 실패하기 마련이다. 지지자들이 그것을 일관성 있게 적용하려 해도 여의치가 않을 것이다. 그것이 그들의 실제 모습과 맞지 않기 때문이다. 그들은 아마도 성경이 말하는 인간 본성관이 옳은 것처럼 살아가고 있을 것이다. 그것이 그들의 실제 모습이기 때문이다. 자연주의자의 현실 지도가 "너무 작다"고 표현할 수도 있겠다. 그 지도가 보여주는 것은 실재의 일부에 불과하다. 그래서 그들은 그 안내에 만족하고 살아갈 수가 없다. 그들은 자꾸만 지도에서 벗어나 그들의 지도가 해명해 주지 못하는 '미지의 땅'*terra incognita*으로 들어서게 된다.

뒤죽박죽 추론

최근의 사례를 생각해 보자. '다윈의 경호견'이라는 별명을 얻은 리처드 도킨스는 자연주의적 시각에서 보면 사람의 행동에 책임을 물어서는 안 된다고 주장한다. 인간의 뇌는 고급 컴퓨터일 뿐이기 때문이다. 기계가 기능 고장을 일으키면 기계를 벌하는 것이 아니라 수리하지 않는가.

그는 영국의 코미디 '펄티 타워'에 나오는 장면으로 자신의 주장을 실감 나게 전달한다. 주인공 바질 펄티는 시동이 걸리지 않자 먼저 차에게 엄중하게 경고한다. 셋까지 세도 여전히 시동이 걸리지 않자 나뭇가지를 집어 들고 자동차를 매질한다. 볼 때마다 웃음이 나는 이 에피소드를 두고 도킨스는 이렇게 묻는다. "범죄자를 처벌하는 재판관도 비웃어야 하지 않을까?······신경계를 과학적이고 기계론적으로 바라보면, 책임 개념 자체가 허튼소리가 되는 것 아닌가?"[25] 서구의 사법 체계 전체가 끝장난 것 같다.

하지만 실제로 도킨스는 자신이 내세우는 세계관의 결론을 안고 살 수 없음을 인정한다. 몇 년 전 그가 워싱턴 D.C.에 머물며 신간 홍보를 한 적이 있었다. 워싱턴의 한 젊은이가 내 책『완전한 진리』를 읽고 그 자리에 있다가 질의 시간에 도킨스에게 물었다. "인간이 기계이고 인간의 행동을 탓하거나 칭찬하는 것이 부적절하다고 하셨습니다. 그렇다면 교수님이 홍보하시는 책에 대한 교수님의 공로를 우리가 인정해야 합니까?"

도킨스는 금세 한 발 물러섰다. "그렇게 하고 싶지 않습니다만, 저는 실제로 감정적으로 반응하고 사람들을 탓하며 다른 이들의 공로를 인정합니다." 실생활에서는 도킨스가 자신의 지도에서 자꾸만 벗어난다고 말할 수 있겠다. 그의 세계관은 그의 행동을 설명하지 못한다.

그 젊은이는 요점을 좀 더 밀어붙였다. "하지만 그것이 교수님의 견해에서 일관성이 부족한 부분이라고 보지 않으십니까?"

도킨스가 대답했다. "어느 정도 그렇다고 봅니다. 그러나 그 정도의 일관성 부족은 감수할 수밖에 없습니다. 그렇게 하지 않으면 사는 것을 참을 수 없게 될 것입니다."[26] 놀랍게도 그는 자신이 홍보하는 자연주의적 세계관에 충실하게 살 수 있는 사람은 없으며, 그렇게 살려고

하다가는 참을 수 없는 결과를 맞게 되리라는 사실을 인정한 것이다.

나의 세계관을 실생활에서 적용할 수 없다면, 그것은 그 세계관에 무엇인가 심각한 오류가 있다는 신호다. 실용적인 시험대를 거치게 되면, 기독교 세계관의 우월성이 잘 드러난다. 기독교 세계관에 따르면 인간은 생각과 선택과 행동의 최고의 주체이신 인격적인 하나님의 형상으로 창조되었다. 따라서 기독교는 어떻게 인간이 생각하고 선택하고 행동할 역량을 갖춘 인격적 주체일 수 있는지를 설명할 지적 기반 위에 서 있다. 기독교는 인간 경험의 모든 측면을 포괄하는 충분히 큰 지도를 제공한다. 성경적 세계관은 실세계에 들어맞는다.

기독교 사실주의

그렇다면 역사적으로 성경이 예술 분야에서 사실주의를 일으킨 것은 놀랄 일이 아닐 것이다. 5장에서 보았다시피 시각예술에서 나타난 사실주의의 기원은 성경적 세계관이었다. 문학의 경우도 마찬가지다. 고전문학에서 귀족과 신을 다룰 때는 고상한 양식을, 소작농과 자작농을 다룰 때는 통속적이고 희화화된 양식을 썼다. 고대 세계에는 평범한 일상의 삶을 진지하게 공감하며 묘사할 양식이 존재하지 않았다.

그런데 성경만은 예외였다. 베드로의 배반 기록을 살펴보자. 베드로는 일개 어부에 불과했고 그의 배반은 군인이나 하녀 같은 보통 사람들 사이에서 일어난다. 아우어바흐에 따르면 고전문학에서 그런 초라한 사건은 베드로가 코믹한 조수나 어릿광대로 그려지는 "웃음극이나 희극으로만" 다루어질 것이다. 하지만 신약성경은 그를 "가장 고상하고 심오하고 비극적인 의미에서" 온전한 인간으로 그린다. 그렇게 성경은 고전적인 양식의 규칙을 무너뜨렸다. "베드로의 배반 같은 장면은 고대의 어떤 장르에도 들어맞지 않는다. 희곡치고는 너무 심각하고, 비극치고는 너무 현대적이고 일상적이며, 역사치고는 정치적으로 너무 사소한 사건이다." 그야말로 둘도 없는 장면이다.

신약성경의 거의 모든 사건이 그렇다. 성경의 사건은 평민들의 삶에서 벌어지지만, "중요성으로 따지면 세상을 뒤집어엎을 만한 것이다." 각 개인이 우주적 중요성을 띤 도덕적 드라마에 참여한다. 그 결과, 성경은 모든 시대의 문학을 바꾸어 놓을 사실주의 양식을 도입했다.[27] 성경적 사실주의는 세속적 사실주의와 달리 환원주의적이지 않았다. 인간의 삶을 자연적 힘의 부산물로 환원하지 않았다. 오히려 정반대로, 보통 사람과 평범한 역사의 존엄을 알아보았다. 보통 사람이나 평범한 일은 그저 평범하고 흔하기만 한 것이 아니라, 하나님이 펼쳐 가시는 구원 계획의 요소였기 때문이다.

제인 에어와 성경

성경적 사실주의가 역사를 제대로 읽기 위한 열쇠로 제시한 것은 모형론typology이었다. 이것은 사건을 모형이나 예표로 인식하는 입장이다. 예를 들어, 이삭의 희생은 그리스도의 희생을 예표한다. 출애굽은 죄의 노예살이에서 벗어남, 구원의 모형이었다. 홍해를 건넌 것은 세례의 모형이었다. 이스라엘이 광야를 방랑한 것은 그리스도가 광야에서 보낸 40일의 모형이었다. 광야에 내린 만나는 성찬의 모형이었다. 레위기에 나오는 희생제물과 예물은 그리스도의 희생을 예표한다. 장대에 달린 놋뱀은 십자가에 달리시는 그리스도의 모형이었다. 모세가 반석을 친

것은 그리스도의 고난을 예표했다^{고전 10:4}.

한마디로, 역사는 엄연한 사실들의 연속이 아니었다. 역사는 모형과 상징으로 가득한 예술작품, 일종의 시(詩)였다. 모형론은 인간이 물질계와 영계라는 서로 이어진, 의미의 두 영역 안에 산다는 사실을 드러내 주었다. 순전히 역사적인 사건이 추가적인 차원의 의미에 동시에 참여한다. 18세기의 찬송작가 윌리엄 쿠퍼^{William Cowper}는 이렇게 말한 바 있다.

먼 옛날 이스라엘은

불붙은 시내 산만

본 것이 아니라

복음도 배웠다.

모형과 예표라는 거울 안에서

구주의 얼굴을 보았다.²⁸

성경의 영향 아래서 모형론은 인기 있는 문학 기법이 되었다. 문학사가 조지 랜도^{George Landow}에 따르면, 시인들과 화가들은 모형론에 힘입어 "다른 차원의 의미를 추가할 수 있었고, 그로 인해 물리적이고 물질적인 것이 영적인 것으로 보완되어 더욱 풍성하고 적절하게 되었다."

예를 하나 살펴보자. 샬럿 브론테^{Charlotte Bronte ✤}의 소설 『제인 에어』에서 주인공은 자신이 미친 듯 사랑에 빠진 나머지 "더 이상 하나님을 볼 수 없음을" 깨닫는다. 로체스터가 그녀의 "우상이 되어 버린" 것이다. 로체스터에게 아내가 있다는 사실을 알게 되자 제인은 성경의 이미지를 사용해 자신의 절망을 표현한다. "내 희망은 모두 쓰러졌다. 어

✤ 샬럿 브론테
영국의 여성 소설가(1816-1855). 격정과 강한 반항의 정신이 작품의 기조를 이룬다. 그녀의 두 여동생인 에밀리와 앤 브론테 또한 소설가였다.

느 날 밤 이집트 땅의 모든 장자에게 임했던 것처럼 부지불식간에 파멸이 닥쳤다." 제인은 자기 인생에 벌어진 사건을 영적인 맥락에서 파악하여, 이집트의 경우처럼 하나님이 자신의 우상을 앗아 가시는 것으로 인식한다. 모세가 일으킨 열 가지 재앙 하나하나는 다신교를 믿던 이집트의 신들을 압도하는 하나님의 능력을 보여준다.

로체스터는 제인에게 같이 달아나자고, 자신의 정부(情婦)가 되어 같이 살자고 설득한다. 자신의 집을 "저주받은 장소, 아간의 장막"이라 부르며 어서 떠나자고 한다. 그런데 이렇게 구약성경 모형을 사용함으로써 그는 자신이 미처 깨닫지 못한 사실까지 인정하고 만다. 아간은 자신의 정당한 소유가 아닌 약탈품을 훔쳐다가 하나님의 눈을 피해 숨기려고 했던 이스라엘 사람이다. 로체스터도 그와 똑같이 정당한 아내가 아닌 제인을 자기 사람으로 만들고 싶어 하는 것이다.

랜도는 19세기 작가들이 "수년에 걸친 성경 묵상을 통해 한 가지 마음의 습관, 곧 모든 것이 중요한 의미를 지닌다는 확신을 습득했다"고 설명한다. 그렇다면 그런 의미는 어떻게 읽어 낼 수 있을까? 주어진 사건을 "모형과 상징으로 읽을 수 있는 예민한 눈이 있어야 한다."[29] 성경의 모형론에서 생겨난 역사 이해에 따르면, 평범하고 흔한 사건에는 다양한 차원의 의미가 들어 있다. 그 사건은 하나님의 구원을 이루어 가는 역사의 한 요소이기에 엄청난 위엄으로 가득 차 있다.

하지만 모형론은 문학적 장치 그 이상이다. 신약성경 저자들은 그리스도의 죽음과 부활이 모든 시대 모든 사람이 참여할 수 있는 우주적 사건이라고 말한다. "내가 그리스도와 함께 십자가에 못 박혔나니"[갈 2:20]. "우리가 그와 함께 영광을 받기 위하여 고난도 함께 받아야 할 것이니라"[롬 8:17]. "너희가 그리스도의 고난에 참여하는 것으로 즐거워하

라. 이는 그의 영광을 나타내실 때에 너희로 즐거워하고 기뻐하게 하려 함이라"^{벤전 4:13}. 그리스도의 생애는 모든 개인의 생애를 해석하고 의미를 부여할 수 있는 원형이며, 그것을 본으로 삼을 때 고난과 기쁨에 여러 겹의 영적 의미가 더해진다. 또한 우리의 삶이 어떻게 하나님의 구원 역사라는 더 큰 이야기의 일부로 엮여 들어갈 수 있는지를 보여 주는 본이 된다.

헤밍웨이를 당황스럽게 만든 것

자연주의 문학가들이 거부했던 것은 바로 삶에 더 높은 차원의 의미가 있다는 생각이었다. 사실, 그들은 인간의 삶에 이해할 수 있는 줄거리가 있다는 생각 자체를 거부했다. 한 소설가는 「뉴요커」 최근 기사를 통해 이렇게 말했다. "진화론을 둘러싼 논쟁을 문학 논쟁으로 생각해 볼 수 있을 것 같다. 우주에는 저자가 있을까? 자연사는 줄거리가 있는 이야기일까, 아니면 일화들이 임의로 쌓인 것에 불과할까? 세상에는 이차적이고 더 높은 의미가 울려 퍼지고 있을까, 아니면 있는 그대로 의 모습이 전부일까?"[30]

자연주의자들은 우주에는 저자가 없으며 따라서 세상에 이차적이고 더 높은 의미는 없다고 주장했다. 인간은 단순한 생물학적 생존이라는 일차원 세계에 갇혀 있고, 자연은 "이빨과 발톱이 피로 물들었다." 삶은 가혹하고 살벌한 생존 투쟁이다. 많은 자연주의자들이 이런 어둡고 우울한 세계상에 호응하여 미(美) 개념 자체를 거부했다. 플로베르는 "아름다움의 시간은 끝났다"고 직설적으로 선언했다. 대중은 많은 현대 예술가들이 아름다움의 이상을 거부한 이유를 이해하지 못한다. 자연주의 작가들의 작품에는 흔히 지저분한 배경, 폭력적인 줄거리, 거친 등장인물, 속어와 음담패설이 등장했다.

그밖에도 자연주의 철학은 미와 선 같은 형이상학적 이상이 실재하지 않는다고 가르쳤다. 그런 것은 사실이 아니라 가치일 뿐이며 인간의 주관성이 만들어 낸 것이라고 했다. 그리고 주관성은 과학에 편견과 왜곡을 가져온다. 그것이 "자료를 망친다"고 졸라는 말했다. 그는 소설가가 도덕적 주제나 미덕과 악덕의 상징 같은 것을 내버리고, 과학자처럼 사실을 있는 그대로 기록해야 한다고 주장했다. 졸라는 이렇게 썼다. "자연으로 충분하다. 자연을 변경하거나 잘라 내지 않고 있는 그대로 받아들여야 한다. 이것이 출발점이다. 작품은 더도 말고 딱 한 편의 보고서가 된다."[31]

그렇다면 자연주의 소설가들이 기록하는 **사실**은 무엇이었을까? 경험주의나 실증주의가 인정하는 사실, 보고 만지고 무게를 달고 크기를 잴 수 있는 구체적인 사실뿐이다. 이것은 어니스트 헤밍웨이의 『무기여 잘 있거라』에 나오는 유명한 구절의 테마이기도 하다. "나는 신성한, 영광스러운, 희생 같은 단어들이 언제나 당혹스러웠다." 헤밍웨이 본인을 대변하는 등장인물은 이렇게 말한다.

지명에만 위엄이 있었다. 특정한 수와 날짜도 그랬다.……구체적인 마을 이름, 도로 번호, 강 이름, 부대 번호, 날짜 등과 비교하면 영광, 명예, 용기, 거룩 등의 추상적 단어는 터무니없었다.

이 구절의 의미는 무엇일까? 추상적인 이상이나 개념은 실재하지 않으며, 당혹감을 주는 공허한 미사여구나 호화로운 종교언어일 뿐이라는 것이다. 실재는 이름, 번호, 날짜 같은 구체적인 사실, 엄연한 사실로만 이루어진다.

추상적인 개념을 거부하는 자연주의 문학가들은 그들의 자연주의 세계관 자체가 추상적인 개념이라는 사실을 알아채지 못하는 것 같다. 자연주의 세계관은 경험적 사실이 아니라 사실에 대한 형이상학적 해석이고, 자주 그렇듯이 그들의 비판은 선별적이다. 비판은 다른 사람의 세계관에만 적용된다.

뒤샹이 우리 면전에 집어던진 것

시각예술에서 헤밍웨이의 '엄연한 사실'에 해당하는 것은 '발견된 오브제'$^{objet\ trouvé}$ ※로, '기성품'이라고 부르기도 한다. 예술가들은 전선, 나사, 합판, 못 같은 잡동사니들을 그리모아 예술품이라고 내놓는다. 거기에 어떤 창조적 시각이 더해진 것도 아니다. 사람들은 이것을 반(反)예술운동이라고 불렀다. 대중의 눈에는 그렇게 탄생한 작품이 소년의 터무니없는 장난과 다를 바 없었다. 그러나 그 작품들은 진지한 주제를 함축하고 있었다. '엄연한 사실'이 유일한 실재이며, 거기에는 이해 가능한 어떤 질서도 없다는 것이다. 예술가들은 현실을 "변경하거나 잘라 내지 않고 있는 그대로" 받아들이라는 졸라의 자연주의 규범을 그대로 따랐다.

그들의 목표는 평소 흔히 말하던 대로 예술가의 손을 제거하는 것이었다. 뒤샹은 기성품을 선택할 때의 규칙이 "미적 가치가 없어야 한다"는 것이라고 설명했다. 맨 레이$^{Man\ Ray}$도 "나는 오브제의 미적 특성은 전혀 고려하지 않는다. 나는 장인의 솜씨에 반대한다"라고 말했다.[32]

※ 오브제
초현실주의 미술에서, 작품에 쓴 일상생활 용품이나 자연물 또는 예술과 무관한 물건을 본래의 용도에서 분리해 작품에 사용함으로써 새로운 느낌을 일으키는 상징적 기능의 물체를 이르는 말. 상징, 몽환, 괴기적 효과를 얻기 위해 돌, 나뭇조각, 차바퀴, 머리털 따위를 쓴다.

반(反)예술: 예술가의 손을 제거하다.

맨 레이의 「선물」(1921)
마르셀 뒤샹의 「샘」(1917)

다시 말해, 아름다움이나 설계가 없는 것을 내놓는 것이 그들의 목표
였다. 자연이 맹목적이고 방향성 없는 과정에 의해 작동되고, 그것을
아우르는 목적이나 질서, 설계가 없다고 확신하게 된 예술가들은 의식
적이건 아니건 시재료에 어떤 질서나 설계도 부과하지 않는 방식으로
세계관을 표현하기 시작한 것이다.

　　때로 관람자들은 예술가가 비범한 곳에서 아름다움을 찾았을 뿐
이라는 말로 이 논쟁적인 작품들의 혁명적 의도를 누그러뜨리기도 한
다. 나는 뒤샹의 소변기의 매끄럽고 빛나는 선을 극찬하며 그것을 헨
리 무어^{Henry Moore}※의 조각품과 비교하는 글을 읽은 적이 있다. 그러나
우리는 예술가들을 존중하고 그들이 자신의 작품에 대해 하는 말에 귀
를 기울여야 한다. 뒤샹은 자신의 반예술 오브제를 길들이려 하는 사
람들의 주장에 화를 내며 반박했다. "나는 소변기를 그들의 면전에다
집어던졌다. 그것은 도전장이었다. 그런데 그들은 그것을 미학적 아름
다움을 지닌 예술품으로 흠모하고 있다."[33] "예쁘기도 하지"라는 말로

※ 헨리 무어
영국의 조각가(1898-1986).
추상적 형체를 조각하여 현대
조각의 새로운 국면을 개척하
였다. 뼈, 돌, 바위, 고대유물
등의 깊은 관찰에서 생기는
유기적인 형태와, 대지에서
뻗어나는 생명력이 넘치는 이
미지는 현대 영국 조각의 지
위를 한층 높인 것으로 평가
된다.

이 예술가들의 저항의 몸짓을 길들이는 것은 이들을 너그럽게 대하는 태도가 아니다. 반예술운동에 담긴 자연주의적 입장이나 허무주의적 입장을 지적하는 것은 자의적인 판단이 아니다. 반예술운동가의 주장을 액면 그대로 받아들이는 것일 뿐이다. 우주에 저자가 없다면, 우주가 최고 예술가의 창조물이 아니라면, 인간이 예술작품을 창조할 근거는 무엇인가? 이것은 정직한 질문이며, 반예술운동이 제기한 질문이다.

자연에서 하나님 배제하기

다윈의 진화론을 이미 받아들인 예술가들과 작가들은 자연주의와 실증주의 같은 철학을 채택했다. 그러나 순서가 거꾸로 진행되기도 한다. 다윈은 자연주의와 실증주의를 받아들이고 나서 자연선택설에 도달했다.

다윈의 자서전 『나의 삶은 서서히 진화해 왔다』를 보면 그가 자연선택설을 내놓기 여러 해 전에 이미 자연주의를 받아들였고 성경의 기적 개념을 거부했다는 것을 알 수 있다. "정해진 자연법칙을 알면 알수록 기적은 더욱 믿을 수 없는 것이 된다."[34] 역사학자 닐 길레스피[Neal Gillespie]에 따르면, 다윈이 종의 기원을 고려하기 시작할 무렵, "그는 진화론자로서 그 작업을 진행했다. 그는 먼저 실증주의자가 되었고, 자신의 확신을 입증해 줄 이론을 발견한 것은 나중의 일이었다."[35] 다윈은 이미 받아들인 철학을 만족시킬 이론의 필요성에 이끌려 연구를 추진해 나갔다.

다윈의 많은 지지자들의 경우도 마찬가지였다. 다윈의 진화론은 사실에 부합했기에 승리를 거두었다는 말을 종종 듣는다. 그러나 길레스피에 따르면, 많은 사람들이 이미 실증주의 철학을 받아들인 상태였다는 것이 다윈의 진화론이 승리한 진짜 비결이었다. "과학에서 실증주의가 먼저 성공을 거두었기에 생물학에서 진화론이 승리할 수 있었다." 기독교를 직접 공격할 필요는 없었으며 "과학에서 실증주의를 인식론적 기준으로" 채택하는 것으로 소기의 성과를 거둘 수 있었다고 길레스피는 덧붙인다. "실증주의는 무신론 못지않게 효과적으로 신을 자연에서(실재에서는 아닐지라도) 배제하는 결과를 가져왔다."[36] 이 말은 일단 철학에서 실증주의를 받아들이면, 과학에서는 다윈주의 또는 그와 상당히 비슷한 학설이 거의 불가피하게 따라온다는 의미다.

자유주의 분서자들

다음으로 등장하는 주요 철학은 실증주의의 극단적 형태인 논리실증주의였다. 우리는 여기서 앞 장의 테마들을 다시 접하게 되는데, 논리실증주의는 어떤 면에서 두 철학, 곧 경험주의와 합리주의를 결합한 것으로 볼 수 있기 때문이다. 데이비드 흄도 다시 등장한다. 논리실증주의는 지식에 대해 '흄의 포크'라고 불리는 것을 적용한다. 흄은 믿을 만한 지식은 첫째, 감각에서 도출되는 관념과 둘째, 수학처럼 논리적으로 필연적인 관념이라는 두 가지 형태로 찾아온다고 말했다. 그가 염두에 둔 지식은 과학이었다. 그 외의 다른 것은 지식의 범주에 들어오는 것이 허용되지 않았다. 형이상학, 신학, 윤리학, 미학은 설 자리가 없었다.

흄은 그의 두 갈래 포크를 써서 도서관 서재에서 책을 걸러 내라고 촉구했다. 각각의 책을 집어 들고 이렇게 물으라고 했다. "이 책은 사실에 근거한 실험적 추론을 담고 있는가? 이 책은 수학에 근거한 논리적 추론을 담고 있는가?" 둘 다 아니라면, 다시 말해 형이상학이나 신학 같은 책이라면 "불 속에 던져 버리라"고 외쳤다. "그런 책은 궤변과 망상만을 담고 있기" 때문이다.[37]

 몇 세기 후, 1920년대에 이르자 논리실증주의자들은 흄의 과격한 제안을 마음에 새겼다. 그들의 목표는 지식을 흄의 두 요소, 곧 순수한 경험적 사실만 진술하는 문장과 논리적 연결사(그리고, 또는, 만일 …라면 …이다)로 정리하여 '정화'하는 것이었다. 논리실증주의의 가장 악명 높은 부분은 이른바 '검증 원리'verification principle였다. 검증 원리는 경험적으로 검증될 수 없는 것은 단지 틀린 것이 아니라 완전히 무의미하다고 진술하는 규칙이다. 과거의 무신론자들은 종교적 진술이 틀린 것이라고 주장했다. 그러나 논리실증주의자들에 따르면, 종교적 진술은 틀렸다기보다는 의미가 없다. "신이 존재한다"는 문구는 명제(참이거나 거짓인 진술)처럼 보일 수 있다. 그러나 이 문구는 진정한 명제가 결코 아니라고 그들은 말했다. 왜 아니란 말인가? 초자연적인 것의 존재는 경험과학으로 직접 검증되거나 반증될 수 없기 때문이다. 그들은 신에 대한 진술이 개인적 감정을 위장한 표현이라는 결론을 내렸다.

 논리실증주의자들은 동일한 추론을 도덕에도 적용했다. "이 행동이 옳다"고 말할 때, 우리 대부분은 우리가 그 행동에 대한 정보를 제공한다고 생각한다. 그러나 논리실증주의자들은 그렇지 않다고 말했다. 도덕적 평가를 내리는 것은 "야호!"나 "잘한다!"라고 외치는 것과 비슷하다는 것이었다. 물론 "야호"는 참이나 거짓일 수가 없다. 좋게 여긴다, 마음에 든다는 표현일 뿐이다. 이 말이 친숙하게 느껴지는가? 그럴 것이다. 이것은 치명적인 형태로 나타난 사실/가치의 분리다.

오늘날 검증 원리는 세상에서 잊혔다. 그렇게 되어야 마땅했다. 수많은 것을 날려 버린 검증 원리의 매서운 칼날에는 논리실증주의 자체도 살아남을 수 없었다. 검증 원리가 경험적으로 검증이 될 수 있을까? 불가능하다. 그것은 과학으로 검증 가능한 경험적 사실에 대한 진술이 아니라 형이상학적 규칙이었다. 그것은 자체의 진리 기준을 충족시키지 못했다. 한 철학자는 이렇게 평한다. "논리실증주의는 모든 형이상학적 주장을 제거하겠다고 공언했지만 실제로는 한 가지 중심되는 형이상학적 신조 위에 서 있어야 했고, 그것이 바로 검증 가능성 원리였다."[38] 논리실증주의는 다른 모두에게 적용한 규칙을 자신에게는 면제해야 살아남을 수 있는 철학이었다. 그렇지 않으면 밑동을 자르는 꼴이 될 것이기 때문이었다. 그리고 끝내 그것은 제 밑동을 잘라 냈다. 논리실증주의는 자살했다.

큰 질문을 포기하다

논리실증주의의 자멸성에도 불구하고 그 정신은 여전히 살아있다. 논리실증주의는 철학의 역할을 재규정했다. 아이러니하게도, 철학 전체가 흄의 포크 테스트를 통과하지 못한다. 철학은 경험과학의 분과도 아니고 수학의 분과도 아니다. 그럼 철학에는 어떤 역할이 남을까? 많은 철학자들은 진리 발견이라는 심각한 업무는 더 이상 철학의 과제가 아니라고 판단했다. 그것은 이제 **과학의 과제**였다. 철학은 용어의 명료화를 도울 따름이었다. 철학은 과학에서 사용하는 개념과 언어를 분석하는 방법이 되었다.

철학의 지위가 이렇게 극적으로 축소된 것을 두고 언어적 전환, 언어분석이나 분석철학 등으로 표현했다. 이것은 참으로 중대한 전환이었다. 고대 그리스 이래 처음으로, 철학이 나름의 고유한 제재를 가지고 있다는 사실을 스스로 부인해 버린 것이었다. 철학은 과학의 시녀에 불과했다. 철학의 기능은 부주의한 언어 사용으로 생겨나는 혼란과 혼동을 해소하는 것이었다. 용어의 명료화가 이루어지면 오래된 철학적 문제들이 상당수 눈 녹듯 사라지리라는 희망이 여기에 깔려 있었다.

분석철학은 20세기의 상당 기간 내내 미국 대학의 철학과를 지배했다. 비판자들은 분석철학이 철학이 아니라 반(反)철학이라고 공격했다. 분석철학은 인류가 여러 시대에 걸쳐 물었던 다음의 큰 질문들을 포기했기 때문이다. "신은 누구인가?" "인간이 된다는 것은 무엇인가?" "정의는 무엇인가?" "선악을 어떻게 구별하는가?" 한마디로, 분석철학은 2,500년 동안 철학의 심장부에 놓여 있던 거대한 형이상학적 질문을 폐기했다. 그리고 그런 질문 대부분은 생각의 혼란에서 나온 것이며, 그 혼란은 엄밀한 언어분석을 통해 명료해질 수 있다고 주장했다. 어지러운 말을 잘라 버려라! 추상적 용어와 형이상학적 억측을 치워 버려라! 오랜 세월 쌓이고 쌓인 거미줄을 걷어 버려라! 분석철학의 목표는 일상 언어를 형식논리학*의 용어로 표현된 이상적인 보편언어로 환원시키는 것이었다.

철학은 실재의 본질에 대한 형이상학적 주장 대신, 명제의 논리적 구조를 분석하는 일만 하게 될 터였다. 철학 책은 다음과 같은 모습을 한 형식논리의 상징으로 가득하게 되었다.

$$\exists x (P(x) \land \forall y (P(y) \rightarrow (x=y)))$$

※ 형식논리학
올바른 논증의 형식적 구조를 연구하는 학문. 변증법적 논리학 같이 경험 내용에 관한 논리학에 대립되는 것으로, 경험이나 사실의 내용에는 관여하지 않고 오직 사유의 형식에만 관여한다. 아리스토텔레스 이래, 연역추리를 중심으로 발전하여 전통적으로는 삼단논법을 중심으로 타당한 사유형식 일반을 다루었다. 현대의 기호논리학에서는 이를 기호의 수학적 연산 체계로 발전시켰다.

철학은 논리적 형식주의로 인해 수학적 정밀성이라는 아우라를 덧입었지만 보통 사람들이 이해할 수 없는 것이 되었다. 비판자들은 이것을 '공허한 형식주의'라 성토하며 철학이 진리를 찾는 데는 더 이상 관심이 없고 명제들의 형식성을 조사하는 데만 여념이 없다고 비판했다.

입체주의 빌딩

형식주의라는 용어는 미술을 다룬 5장에서 이미 접했기 때문에 낯설지 않을 것이다. 논리실증주의자들의 유명한 모임 '빈^{Wien} 서클' 회원 중에는 예술가도 있었고 형식주의 운동에 참여한 건축가도 있었는데, 이 건축가들이 국제주의 양식을 일으켰다. 따라서 국제주의 양식은 논리실증주의의 시각적 표현으로 볼 수 있다.[39] 독일의 바우하우스^{Bauhaus}※와 네덜란드의 데스테일$^{De\ Stijl}$이 이 운동에 포함된다. 국제주의 양식의 특징인 유리와 강철로 된 휑한 상자들은 오늘날 여러 도시에서 너무나 친숙한 것이 되었다.

유사성은 분명하다. 철학자들이 일상 언어에서 특이한 부분을 배제하고 그것을 보편적인 형식언어로 축소시키고 싶어 한 것처럼, 예술가들은 건축에서 모든 장식을 제거하고 보편적인 기하학 형식으로 축소시키는 것을 목표로 삼았다. 둘의 구호도 비슷했다. 어지러운 것을 잘라 버려라! 처마 돌림띠, 소용돌이무늬, 야단스러운 장식을 걷어 내라! 그리스풍 기둥이나 고딕풍 첨탑 같은 역사적 양식은 던져 버려라! 그 결과로 지붕이 평평하고 정면이 밋밋한 입체주의 형태(실제로 입체주의 그림의 영향을 받은)의 건물이 생겨났다. 데스테일의 창시자 가운데 한

논리실증주의의 국제주의 양식: 건축에 적용된 모더니즘 정신. 발터 그로피우스의 바우하우스 빌딩(1926)

사람은 "번호, 치수, 추상적 선으로만 이루어진 양식"을 만들어 내는 것이 목표라고 말했다.[40]

　이것은 모더니즘 정신이 건축에 적용된 결과였다. "과거를 통째로 쓰레기 더미에 던지고 처음부터 다시 시작하라." 그들은 도시 전체를 "완전히 새롭고 기능주의적인 관념을 새겨 넣을 수 있는 빈 서판"으로 취급했다.[41] 그 결과로 나타난 기하학적 형식주의는 건축가들 사이에서 폭발적인 인기를 끌어 그러한 설계가 실효성이 없는 경우에도 쓰였다. 눈과 비가 많이 내리는 기후에서 평지붕은 걸핏하면 새는 것으로 악명이 높았다. 로버트 휴스는 이 양식이 그토록 강력한 매력을 발휘한 것은 극단적인 합리주의 때문이었다고 말한다. 건축가들의 눈에 그것은 "직선, 이성적 사고 등으로 이루어진 이성의 전형으로 보였다."[42]

　국제주의 양식은 오늘날 우리에게 너무나 친숙하다. 그래서 그것

기계 미학: 집 안의 바우하우스.

게리트 리트벨트의 「슈뢰더 테이블」(1923)

마리안 브란트의 「찻주전자」(1924)

298

이 처음 등장했을 때 사람들이 얼마나 큰 충격을 받았을지를 느껴 보려면 역사적 상상력이 필요하다. 당시의 대표적 건축물로 꼽을 수 있는 파리 오페라하우스는 화려하게 장식한 원기둥과 날개 달린 조각상들을 갖추고 있었다. 그에 반해 바우하우스 건물들은 상자 같은 격자와 유사했다. 입체주의 격자가 건축에 적용된 결과였다.

바우하우스와 연계된 디자이너들은 기하학적 원칙을 **건물 내부**의 물품들, 곧 가구와 주방용품에도 적용했다. 이 양식에는 '기계 미학'이라는 이름이 붙었는데, 기계의 매끄럽고 빛나는 선을 모방했기 때문이었다.

바우하우스 감옥

국제주의 양식의 가장 유명한 사도는 르코르뷔지에(까마귀)Le Corbusier라는 별명으로 불렸던 프랑스인 건축가다. 그는 모든 장식을 배제하고 콘크리트를 붓는 식으로 "공장의 조립라인처럼 효율적으로 집을 대량생산하는 것"이 목표라고 말했다. 그 결과로 표준화된 입체주의 구조물이 탄생했는데, 그는 그것이 기계와 같은 기능적 효율성을 갖추었다며 '들어가 사는 기계'라고 불렀다. 그의 말대로라면 학교는 들어가 배우는 기계, 병원은 들어가 치료를 받는 기계다. 사실 르코르뷔지에는 도시 전체를 거대하고 효율적인 기계라고 생각했다. 그가 기대하는 이상적인 도시는 반복적인 단순한 선들이 직각으로 만나서 이루어진 곳이었다. 그것은 거대한 규모의 입체주의 격자였다. 다음은 그가 내놓은 파리의 도시계획이다. 그는 파리 대부분의 지역을 완전히 부수고 처음부터 다시 짓고 싶어 했다. 르코르뷔지에는 자신의 접근 방식을 '과학

사회통제의 수단, 격자. 르코 르뷔지에의 「파리 도시계획」 (1925)

적 건축'이라 불렀고, 도시계획 입안자들에게 합리적인 도시계획과 사 회통제의 도구로 제시했다.

르코르뷔지에의 도시계획은 대부분 실현되지 않았지만 엄청난 영 향력을 행사했다. 그가 도시에서 반란과 폭동의 온상이 될 수 있는 어 둡고 변칙적인 구역을 일소하겠다고 장담한 것도 거기에 한몫을 했다. 르코르뷔지에는 고대 로마에서 이루어진 초대 기독교회의 성장을 사 례로 제시했다. 고대 로마의 "평민들은 복잡하기 그지없는 혼란 속에 서" 살았기에 "경찰 활동이 극도로 어려웠다." 결과적으로 "다소 출신 의 사도 바울이 빈민가에 머무는 동안에는 그를 체포할 수 없었고, 그 가 설교한 내용은 입에서 입으로 들불처럼 퍼져 나갔다."[43] 기독교의 사례는 르코르뷔지에의 격자를 적용하여 합리적인 도시계획을 실시하 지 않을 때 그들이 직면하게 될 위험을 보여주는 그림이 되었다.

건축이 사회변혁의 수단이 되는 유토피아를 꿈꾼 사람은 르코르뷔지에만이 아니었다. 많은 모더니즘 건축가 스스로가 사회개혁의 선봉에 서 있다고 확신했다. 그들은 인간의 생활방식에 영향을 주는 물적 구조를 바꿈으로써 인간의 **사고방식**을 바꾸고 싶어 했다. 사람들은 현대건축의 합리주의에 힘입어 더욱 합리적으로 생각하고 살게 될 것이었다.[44] 루트비히 반 데어 로에Ludwig van der Rohe는 1927년에 이렇게 선언했다. "새로운 거주지를 찾는 투쟁은 새로운 사회질서를 얻기 위한 더 큰 투쟁의 일부일 뿐이다."

나중에 필립 존슨Philip Johnson은 건축가들의 이상주의적 희망을 농담조로 회상했다. "우리는 좋은 건물에서 살면 사람들의 삶이 개선되고……마침내 완전함이 성령처럼 강림하여 오래오래 행복할 거라고 철석같이 믿었다." 존슨은 이런 메시아적인 시각이 "20세기의 여러 망상 중 하나"였다고 씁쓸하게 넛붙인다.[45]

그것은 분명 망상이었다. 최소한의 것만 남은 건물은 보통 사람들의 눈에 삭막하고 계산적이고 비인간적으로 보였다. 거대한 상자를 이루는 유리와 콘크리트가 전부였다. 그 외에는 따스함을 더해 줄 다른 재료나 장식 요소도, 호젓한 구석이나 틈도, 튜더풍 집의 반목조※ 같은 지역 고유의 예스러운 양식도, 오스트리아 교회의 양파형 돔도 없었다. 모든 건물이 하나같이 획일적이고 균일할 따름이었다. 유명한 바우하우스 학교는 인간미라고는 찾아볼 수 없는 그 삭막한 구조 때문에 인근 주민들이 아이를 겁줄 때 쓰는 물건이 되었다. 독일 엄마들은 "말썽 부리면 바우하우스에 보내 버린다"고 아이를 으르곤 했다.[46]

많은 도시에서 건축가들이 너무나 현대적이고 기능적이라고 여겼던 균일한 양식의 대규모 주택단지가 일반인들의 반대를 무릅쓰고 들

※ 반목조
나무로 만들어진 기둥과 들보 사이사이에 벽돌과 흙을 채우는 건축법.

어섰다. 아파트는 각 시민에게 많은 주거 공간과 공기, 기타 필수 요소들을 제공하도록 수학적으로 계산된 방들의 조합이었다. 도시계획 입안자들은 과학적 합리주의의 전제를 고스란히 받아들였고, 르코르뷔지에가 말한 '들어가서 사는 기계' 안에 집어넣기만 하면 모든 문제가 해결되는 복잡한 기계장치로 인간을 취급했다. 괜찮은 주택을 건설해 놓으면 빈곤부터 범죄와 마약에 이르는 온갖 사회문제가 일거에 해결되기를 바랐던 것이다.

그러나 인간은 물질적 존재만이 아니라 사회적·도덕적·영적 존재이기도 하다. 이러한 측면을 무시하면 재난이 닥친다. 그렇게 해서 만들어진 건물들은 그야말로 고층 시멘트 감옥으로, 따분하고 우울하고 삭막했다. 많은 건물이 범죄와 사회병리의 온상이 되었다. 일부 건물은 결국 폭파되었는데, 가장 유명한 폭파 사례는 1972년 세인트루이스의 프루이트 아이고 주택단지였다. 건물이 무너져 내리는 순간, 그곳에 거주했던 사람들은 환호했다.

국제주의 양식은 개별성을 희생하고 균일성을 강조한 합리주의와 기능주의 세계관을 건축으로 표현했다. 사회평론가 시어도어 달림플Theodore Dalrymple의 말을 빌면, "암울한 르코르뷔지에식 형식주의는 인간 개개인의 왜소함을 구체적인 형태로 표현한다." 지금도 전 세계 여러 도시에서 볼 수 있는 쇠락해 가는 주택단지들은 "유물론과 합리주의가 이해하는 인간 생명"의 가시적인 표현으로 남게 될 것이다.[47]

우리는 여기서 철학적 관념이 상아탑에 머물지 않는다는 교훈을 배울 수 있다. 관념은 사람들이 어떻게 생각하고 살아가는지, 그들이 어떤 건물을 짓는지에도 영향을 끼친다. 국제주의 양식의 기하학적 선이 미학적 기쁨을 줄 수 있다는 점을 부인하는 것이 아니다. 바우하우스 양식의 가구를 집에 갖추어 놓고 좋아하는 사람이 있을 수 있다. 하지만 이러한 양식에 영감을 준 유물론과 합리주의는 합당한 세계관이 아니다. 그것들이 거둔 수확물은 망가진 삶과 쓸쓸한 동네였다.

ABC 예술

논리실증주의의 시각적 형태가 바우하우스였다면, 언어분석의 시각적 형태는 미니멀리즘이었다. 언어분석으로 인해 철학이 언어의 형식구조 분석으로 쪼그라든 것처럼, 미니멀리즘으로 인해 미술은 그 형식적 언어의 분석으로 쪼그라들었다. 미술품의 '문자'는 선, 색상, 질감, 형태, 덩어리감, 공간 같은 것이다. 이것들이 미술의 ABC다. 미니멀리즘은 삭막하고 단순한 기하학적 형태로 인해 'ABC 미술'로 불렸다.[48] 비판자들은 미니멀리즘 때문에 미술이 화가가 알파벳을 가지고 벌이는 놀이 정도로 왜소해졌다고 비난한다.[49]

클래식 음악에도 나름의 미니멀리즘이 있었다. 극도로 단순한 선율의 조각이 거듭 반복되는 리듬 패턴으로 구성되어 아무런 흐름도 느껴지지 않고, 아무런 진전도 없는 듯한 음악이었다. 단순한 선율이 거의 기계처럼 반복되었기 때문에, 미니멀리즘은 "기계 시대의 정서적으로 공허한 사운드트랙"이라는 비판을 받았다.[50] 그 단순함 때문에 일종의 ABC 음악이라고 폄하되기도 했다. 음악평론가 해럴드 숀버그Harold Schonberg는 미니멀리즘을 "고전적인 삼화음으로 되돌아가는 것이 전부인 일종의 아기 음악"이라고 말한다.[51]

예술의 ABC를 가지고 노는 것만으로 충분하지 않을까? 1970년대에 열린 라브리 콘퍼런스 강연에서 한스 로크마커는 빨강과 초록으

분석철학의 미니멀리즘: 예술의 알파벳을 가지고 놀기. 브라이스 마든의 「빨강노랑파랑 그림 1호」(1974)

로 환하게 칠해진 두 사각형이 나란히 놓인 그림을 논했다. 강연이 끝나자 한 젊은 예술가가 불편한 심기가 묻어나는 성난 목소리로 그런 그림 양식을 반대하는 이유를 따져 물었다.

"색상의 흥미로운 대조를 좋아하는 것이 잘못입니까?"

로크마커는 이렇게 대답했다. "잘못은 아니지요. 그러나 그것은 팔레트에 여러 색깔을 바르고 놀면서 좋아하는 것과 같습니다. 완성된 예술품은 아니지요." 그것을 **예술**이라고 부르는 것은 인간의 조건에 대한 깊은 통찰력을 전달하는 예술의 전통적인 목적을 버리는 일이다.

색깔만으로도 시각적인 자극, 때로는 강렬한 자극을 줄 수 있다.
그래서 미니멀리즘 그림도 눈길을 사로잡고 미적 감각을 만족시킬 수
있다. 코드 진행 역시 매력적인 화음을 만들어 낼 수 있다. 두운과 모음
운은 귀를 사로잡는 소리의 패턴을 창조할 수 있다. 이런 것 모두가 예
술가의 도구상자 안에 있는 중요한 도구들이다. 하지만 철학이 언어분
석으로 환원되었던 것처럼, 예술도 그 기술의 기본 요소를 분석하는
일로 환원되었다. 시어벨트가 지적한 것처럼, 현대 예술은 "훌륭한 알
파벳을 다듬었지만 그 안에는 말할 거리가 없다."[52]

1980년대에 뉴욕의 구겐하임 미술관을 방문했을 때, 나는 도슨트
docent✛가 단색 캔버스 한쪽에 작은 점 하나가 찍힌 그림을 설명하는 것
을 들었다. 도슨트는 한쪽에 치우친 점의 "비대칭이 만들어 낸 긴장"에
대해 장황하게 설명했다. 물론 맞는 말이었다. 루벤스가 주인공을 한
쪽에 치우치게 그리고 그림 전체를 가로지르는 대각선을 집어넣을 때,
그런 요소는 분명 긴장감과 동적인 느낌을 불러일으킨다. 하지만 루벤
스 같은 전통적인 화가에게 구도적 요소는 작업의 재료에 불과했다.
이야기를 들려줄 때 사용하는 알파벳에 해당했다. 그 재료들이 이야기
의 자리를 대신하지는 않았다.

✛ 도슨트
"가르치다"라는 뜻의 라틴어
*docere*에서 유래한 용어로, 박
물관과 미술관 등에서 일정한
교육을 받은 뒤 일반 관람객
을 상대로 전시물과 작가 등
을 두루 안내하는 사람.

벽돌 더미

미니멀리즘 조소 역시 단순한 구조의 반복으로 이루어졌다. 윤곽이 뚜
렷한 모양은 아주 간단하고 정확해서 누구라도 만들 수 있었다. 사실,
그런 모양들은 대량생산이 가능했고 흔히 대량생산되었다. 미니멀리
즘 작품에는 예술가가 창조한 것이 아니라 공장에서 기계로 찍어 낸

미니멀리즘 조소: 표준화되고 개성 없는 비인간적인 예술. 솔 르윗의 「두 개의 뻥 뚫린 모듈식 정육면체, 절반 뚝」(1972)

금속 상자와 벽돌이 사용되었다. 하트의 설명에 따르면, 미니멀리즘 오브제는 "예술가의 손길을 암시하는 어떤 것도 보여주지" 않는다. 그것들은 "표준화, 산업화되고 몰개성적이며 비인간적"이다.[53]

우주가 비인격적인 자연적 힘의 산물이라고 보는 세계관은 예술에서 어떻게 표현될까? 바로 인격적 창조성의 모든 흔적을 제거하는 방식으로 표현된다. 단 하나뿐인 개별성의 표현이 합리적 균일성으로 대체된다.

고교 과정 홈스쿨링 학생들을 대상으로 수업을 진행한 적이 있는데, 부모의 등쌀에 밀려 예술사 같은 알 수 없는 과목을 듣게 된 것을 내키지 않아 하는 참가자들도 있었다. 수업 첫날, 십대 소년 하나가 으스대며 들어오면서 반항기 가득한 목소리로 물었다. "벽돌 더미를 예술이라고 부를 수 있는 이유를 설명하시려는 건가요?"

나는 그 학생 못지않게 단호한 어조로 말했다. "맞아요, 그럴 거예요. 이 수업이 끝날 무렵, 학생은 현대 예술을 이끄는 원동력이 무엇인

수학과 유물론. 칼 안드레의
「등가물 VIII」(1966)

지 이해하게 될 거예요. 그것이 마음에 안들 수도 있고 아름답다고 생
각하지 않을 수도 있지만, 그 배후에 놓인 세계관은 이해하게 되겠죠."

　다음은 1976년 테이트 갤러리Tate Gallery＊에서 처음 전시되었을 때
격렬한 논쟁을 촉발시킨 칼 안드레Carl Andre의 악명 높은 '벽돌 더미'다.
한마디로, 120개의 벽돌로 이루어진 격자다. 안드레는 "120이라는 수
가 가장 중요한 요소"이며 산술이 "내 작품의 비계(飛階)이자 골조"라
고 설명한다.[54] 벽돌은 공장에서 제작된 것이었고 조립마저 다른 사람
이 했다. 안드레는 그 작품을 만드는 작업에 참여하지 않았다.

　그는 한 인터뷰에서 이렇게 말했다. "나는 루크레티우스를 흠모하
는 유물론자입니다." 루크레티우스는 고대 로마의 유명한 유물론 철
학자다.[55] 안드레가 작품 활동과 유물론 철학을 의도적으로 연결한 것
인지는 분명하지 않지만, 작품에 개인의 창의성을 투입하지 않는 작업
방식이 우주가 비인격적이고 물질적인 힘의 산물이라는 그의 철학을
반영하고 있음은 분명하다.

＊ 테이트 갤러리
영국 런던에 있는 국립 미술
관. 1897년에 개관했으며, 실
업가 H. 테이트의 수집품을
중심으로 17세기 이후의 근대
영국 회화를 소장하고 있다.

물론 이 예술가들 중 누구도 예술가의 손을 완전히 제거하지는 못했다. 아주 조금만 공부를 해보아도 저드나 안드레 같은 작가의 특성을 파악할 수 있다. 그들의 세계관이 실재를 제대로 반영하지 못함을 보여주는 단서다. 모든 인간은 인격적인 하나님의 창조물이기 때문에 누군가가 만든 작품에 그의 개성이 전혀 표현되지 않는 일은 있을 수 없다. 성경적 세계관을 거부하는 방식으로 사고한다고 해도, 그들의 삶에서는 모종의 방식으로 개성이 배어 나오기 마련이다. 하나님의 형상으로 창조된 개인이 가지고 있는 개성은 어떤 식으로든 표현될 수밖에 없다.

회화는 물감일 뿐이다

미니멀리즘에서 파생된 색면회화Color-Field Painting는 미니멀리즘보다 더 멀리 간다. 유물론 철학의 영향 아래서 결국 회화는 순전히 물질적 구성 요소인 물감과 캔버스의 관점에서 정의되었다. 개블릭은 이렇게 설명한다. "회화에서 가치 있는 관심사는 '매체의 명령', 곧 물감과 평평한 화판뿐이다. 물감이 칠해진 면, 그것이 작품의 전부다."[56]

여기 속한 미술가들의 말을 직접 들어 보자. "그림에서 중요한 것은 물감이다." "색깔과 면, 그것이 전부다."[57]

르네상스 시절, 화가들은 원근법을 만들어 내어 캔버스를 세상을 내다보는 창으로 바꾸었다. 캔버스 앞에 선 관람객은 그림 자체의 물질적 표면에 초점을 맞추어서는 안 되었다. 그림을 통해 그 너머의 삼차원 공간이라는 착시를 보아야 했다. 대표적인 사례가 얀 반 호이엔Jan van Goyen의 작품들이었다. 그는 또렷한 전경과 중경, 끝없이 뒤로 물러나

유물론의 색면: 물감이 칠해진 화면, 그것이 전부다. 케네스 놀란드의 「1번」(1958)

는 듯한 배경을 그려 거리감을 만들어 내는 데 대가였다.

　그에 반해, 형식주의자들은 공간의 착시를 거부했다. 그들은 화폭을 불투명한 면으로 취급했다. 그것은 더 이상 세상을 보는 창이 아니었다. 그들은 일체의 이미지나 재현이 유럽의 미술 유산 전체와 엮여 '오염된' 것처럼 말했다. 프랭크 스텔라^{Frank Stella}의 말을 들어 보자. "나는 회화에서 옛 가치를 보존하고 싶어 하는 사람들과 늘 논쟁을 벌이게 된다.……그들은 캔버스 위의 물감 외에 뭔가가 더 있다고 주장한다." 즉, 순전히 물질적인 요소 이외에 무엇인가가 더 있다는 것이다. 그리고 스텔라의 입에서 미니멀리즘의 비공식 구호가 된 문구가 나왔

내용이 없는 그림: 내 눈에 보이는 것이 내가 보는 전부다. 프랭크 스텔라의 「중심이 같은 네모들」(1974)

다. "내 눈에 보이는 것이 내가 보는 전부다."[58]

스텔라는 회화에 내용이 없어야 한다고 말한 것이었다. 그림은 무엇인가를 말하거나 표현해서는 안 된다. 고유의 물질적 대상으로 그냥 거기에 있어야 한다. 그림은 완전히 독립적이고 자기 지시적이어야 하며, 선과 색상을 어떻게 조직하여 형식적 전체를 이루어 내는가 하는 척도로 판단해야 한다.

초월성의 상실

이런 예술관은 인류 역사상 전례 없는 것이었다. 따지고 보면 "알려진 모든 인간 사회에는 모종의 초자연적 질서 개념이 있었고, 전통적으로 예술가들은 예술을 영적 목적에 이르는 물적 수단으로 썼다"고 개블릭은 말한다. 예술과 영적·윤리적 진리는 아무 관련이 없으며, 예술은 선과 색상, 질감, 덩어리감 등의 형식적 특징을 탐구하는 방법일 뿐이라는 생각은 오로지 현대 서구에서만 생겨났다.[59]

형식주의는 20세기 대부분에 걸쳐 지배적인 예술이론으로 영향력을 행사했다. 예술가들은 이야기, 재현, 원근법을 버리라는 요구를 받았다. 사실상 서구의 예술 전통을 통째로 내버리고 회화의 순전히 형식적인 요소만 남겨 놓으라는 요구였다. 형식주의와 분석철학의 유사성은 분명하다. 둘 다 초월적 실재에 대한 큰 질문을 외면했다. 철학자 어니스트 겔너는 진리의 초월적 근원을 인정하지 않는다는 의미에서 언어분석은 '언어적 자연주의'라고 부를 수 있다고 말한다. 그것은 그야말로 "현세적이고, 낮은 납빛 하늘 아래서 이루어지는 삭막한 철학"이다.[60]

형식주의 역시 현세적 예술관을 보여준다. 배럿이 쓴 것처럼, 예술이 초월적 영역으로 올라가는 사다리 역할을 하던 시절이 있었다. 그러나 이제는 다르다.

인류가 더 이상 신이나 감각 너머의 초감각적 세계를 지향하지 않고, 예이츠의 표현대로 고차원의 실재로 올라갈 사다리가 사라질 때, 예술가 또한 설명할 수 없는 평평한 세계와 직면해야 한다.[61]

개블릭은 이것을 "초월성의 흔적이 없는" 예술관이라고 부른다.[62]

기독교적 상식

그러나 이것이 이야기의 끝은 아니다. 앞에서 우리는 기독교가 창조세계의 풍부한 다양성을 감각으로만 알 수 있는 것으로 제한하지 않는 진정한 경험주의를 제공하고, 알 수 있는 지식을 인간 이성의 한계에 가두지 않는 진정한 합리주의를 선사하는 것을 보았다. 분석철학에 대해서도 기독교는 최고의 분석적 사고를 활용하면서도 그것이 삭막하고 현세적인 시각에 갇히게 내버려 두지 않는다. 아닌 게 아니라, 오늘날 가장 저명한 분석철학자 가운데 일부는 그리스도인이다. 그들의 활동을 보면 분석철학의 특징인 정교한 추론과 논리적 엄밀성이 성경적 진리를 옹호하는 데 쓰일 수 있음을 알 수 있다.

그중 가장 유명한 철학자인 앨빈 플랜팅가의 사상적 배경은 네덜란드 개혁주의다. 키가 크고 마른 체형에 구레나룻까지 이어지는 네덜란드식 턱수염을 기른 플랜팅가는 이른바 '개혁주의 인식론'의 창시자다. 대략 40년 전, 플랜팅가의 저작은 유신론을 낡아 빠진 지적 흥밋거리의 박물관으로 진작 보내 버렸던 분석철학계를 환하게 비춘 불꽃과도 같았다. 다른 모든 철학이 그렇듯 분석철학에도 진리의 알맹이가 들어 있고, 그것은 기독교 세계관 안에서만 정합성을 갖는다.

사실, 분석철학의 뿌리도 원래 성경적 원리에서 나왔다. 분석적 사상은 20세기 초에 생겨났지만, 그것에 부분적으로 영감을 준 이전 시대의 철학이 바로 '상식 실재론'이다. 상식 실재론의 창시자는 18세기 스코틀랜드 장로교 목사 토머스 리드[Thomas Reid]다. 그는 같은 스코틀랜드

* 개혁주의 인식론
신의 존재를 옹호하는 명제적 증거나 타당한 논변이 없더라도 신을 믿는 것은 정당하다. 신에 대한 믿음은 일상적인 지각에 의한 믿음, 기억에 의한 믿음, 다른 사람의 생각과 느낌에 대한 믿음과 크게 다르지 않은 '정확히 기초적인 믿음'이기 때문이다. 개혁주의 신학자 칼뱅의 '신성에 대한 의식'에서 착상을 얻었기에 개혁주의 인식론이라고 부른다.

사람이었던 과격한 회의주의자 데이비드 흄이 제기한 문제에 답하고자 했다. 리드는 철학이 흄의 회의주의로 끝나는 상황을 피할 길은 하나님의 창조를 출발점으로 삼는 것뿐이라고 주장했다. 우리가 우리의 정신을 신뢰할 수 있는 근거는 그것이 창조세계에 '들어맞도록' 하나님이 설계하셨다는 사실에 있다.

상식 실재론에서 '상'(常)이라는 용어는 "공통적으로 가지고 있는" 또는 "다들 공유하는"의 뜻이다. 모든 문화권과 모든 시대를 막론하고 누구나 받아들이는 관념이 있다. "결과에는 원인이 있다. 물질계는 실재한다. 진정한 선과 악이 존재한다. 우리는 자유로운 도덕적 주체다. 이성은 진리의 타당한 시험대다" 등이 그것이다. 이와 같은 관념은 보편적일 뿐 아니라 실세계에서 살아가는 데도 꼭 필요하다. 이론적으로는 이런 관념에 의문을 제기할 수 있지만, 실제로 이것을 부인할 수는 없다. 리드는 이것을 일컬어 "자명하다"self-evident고 표현했다.

상식 실재론은 18세기와 19세기에 미국 전역에서 큰 인기를 끌었다. 이신론자, 유니테리언,Unitarians✥ 보편구원론자는 물론, 많은 복음주의 그리스도인도 그것을 받아들였다.[63] 토머스 제퍼슨이 독립선언문의 초안에 쓴 문장, "우리는 다음과 같은 것을 자명한 진리라고 생각한다"에서 상식 실재론의 영향을 볼 수 있다. 그렇다면 플랜팅가가 미국의 고전적인 지적 전통을 되살려 본래의 유신론적 맥락으로 돌려놓고 있다고 말할 수 있을 것이다. 그의 전문 저술에는 비전문가를 주눅 들게 만드는 분석철학의 양상논리와 '문자로 된 공식'이 가득하다. 하지만 그의 논리적 엄밀성은 적대적인 비판자들까지도 인정하는 수준이다. 철학적 자연주의 옹호자 퀜틴 스미스Quentin Smith는 철학저널 「필로」Philo에서 플랜팅가가 "개념적 정교성, 논증적 엄밀함, 전문적 학식, 독창적 세

✥ 유니테리언
삼위일체론을 부정하고 그리스도의 신성을 부정하며 신격의 단일성을 주장하는 기독교의 한 파. 일반적으로 자유주의적 경향을 띠며, 교회와 교리보다는 윤리를 중요시한다.

계관에 대한 심도 있는 방어"에 있어서 기독교인이 비종교인 동료들과 대등할 수 있음을 보여주었다고 말한다. 플랜팅가의 저작들은 그리스도인이 "질적으로 최고 수준의 분석철학"을 진행할 역량을 가지고 있다는 증거다.[64]

대부분 플랜팅가의 영향을 받고 생겨난 다른 형태의 여러 유신론적 실재론이 철학계를 휩쓸었다. 지금은 그리스도인들이 대학원 과정을 가득 메우고, 주요 대학에서 가르치는 자리를 차지하며, 분석철학 분야에서 중요한 책들을 쓰고 있다. 1978년, 플랜팅가는 기독교철학회의 설립을 도왔는데, 이제 회원이 1,000명이 넘는 이 학회는 미국 철학자들이 결성한 하위집단 중 가장 규모가 크다. 퀜틴 스미스에 따르면, 다른 분야에서 기독교인은 학문적 자살을 우려하며 학문 활동에서 종교적 확신을 드러내지 않는다. 그러나 "철학에서는 유신론을 지지하는 논증이 거의 하룻밤 사이에 '학문적으로 인정받는' 상황이 되었다."

철학계에 벌어진 그리스도인의 대규모 유입은 대중매체의 관심도 끌었다. 1980년 「타임」지는 '신 존재 증명의 현대화'라는 제목의 기사를 실었다. 그 기사에 따르면, 한때 신은 마르크스에 의해 하늘에서 쫓겨나고, 프로이트에 의해 무의식으로 추방당하고, 다윈에 의해 경험적 세계에서 밀려난 것처럼 보였다. 그러나 오늘날 "신이 복귀하고 있다." 가장 흥미로운 점은 이것이 교회 안의 일반 교인들 사이에서가 아니라 "날카로운 지성 집단인 전문 철학자들 사이에서 벌어진 일이라는 사실이다. 그곳은 전능자는 논의에서 제외한다는 합의가 오래전에 이루어진 자리였다."[65] 오늘날 가장 뛰어난 철학자 중 상당수가 그리스도인이고, 그들은 분석철학의 최고의 자원을 써서 유신론을 옹호하는 논증을 펼친다.

한마디로, 철학이 탈세속화하고 있다. 이것을 볼 때 다른 학문 분야에서도 세속화 과정을 역전시킬 수 있다는 소망을 갖게 된다.

거룩한 미니멀리즘

기독교 철학의 르네상스가 예술계에 어떤 영향을 미칠지를 말하기에는 너무 이르다. 하지만 음악에서는 기독교 버전의 미니멀리즘이 나타나고 있음을 알리는 몇 가지 암시가 있다. 대중은 어떤 식으로든지 선율로 돌아가는 것을 환영하기 때문에, 짤막한 선율이 반복되는 미니멀리즘 음반이 잘 팔렸다. 베스트셀러 음반 중에는 그리스도인 작곡가들의 음반도 있는데, 미니멀리즘과 비잔틴 찬트[chant] 및 중세 다성음악의 요소를 결합해 만든 그들의 음악은 뇌리에서 맴돌아 자꾸 곱씹게 된다.

이러한 양식에는 금세 '거룩한 미니멀리즘'이라는 이름이 붙었다. 잘 알려진 대표자로 폴란드 가톨릭의 헨릭 구레츠키[Henryk Górecki], 에스토니아 정교회의 아르보 패르트[Arvo Pärt], 러시아 정교회로 개종한 영국 작곡가 존 태버너[John Tavener]가 있다. 1993년, 구레츠키의 「교향곡 3번」은 고전음악과 대중음악 차트에서 동시에 정상에 올랐는데, 생존 작곡가로서는 유례없는 성취였다. 태버너는 1997년, 다이애나 왕세자비의 장례식에서 그의 「아테네를 위한 노래」가 연주되면서 일약 대중의 관심을 사로잡았다. 그 곡을 들은 전 세계 사람들이 몰려 나가 음반을 구매했다.

흥미롭게도, 중세음악으로 복귀하는 길을 이끈 사람은 이고르 스트라빈스키였다. 패르트와 태버너의 경우처럼 영적 각성이 출발점이었다. 1925년, 스트라빈스키는 손가락에 농양이 생겼는데 통증이 너무

※ 찬트
시편의 낭송 같은 전례(典禮) 음악을 통틀어 이르는 말로, 그레고리안 성가 따위의 교회 성가.

315

심해 임박한 피아노 연주회를 취소해야 할 지경에 이르렀다. "그는 스스로도 놀라워하며 교회를 찾아가 무릎을 꿇고 신의 도움을 구했다." [66] 하지만 무대에 오르는 순간까지도 손가락의 농양은 점점 심해졌다. 그는 연주가 신통치 않을 수도 있겠다는 우려에서 관객에게 먼저 사과한 뒤 피아노 앞에 앉았는데, 그때 갑자기 통증이 멈추었다. 붕대를 풀어 보니 손가락이 완전히 나아 있었다. 스트라빈스키는 갑작스러운 치유를 기적으로 받아들였다. 그는 러시아 정교회로 돌아갔고 여러 곡의 성가를 작곡했는데, 그중 상당수는 중세 찬트를 활용한 것이었다. 그는 「시편 교향곡」 악보 상단에 바흐가 그의 모든 곡에 붙였던 헌사를 가장 먼저 적었다. "하나님의 영광을 위하여."

여기서도 크리스천 예술가들이 현대 철학의 영감을 받은 양식적 요소를 빌려 오되 고전적인 기독교 전통의 요소를 활용하여 작품을 더욱 깊고 풍성하게 만들 수 있음을 본다. 그들은 완전히 현대적이면서도 성경적 세계관의 아름다움을 잘 표현한 예술작품을 만들고 있다.

세계관을 '보다'

5장과 6장에 걸쳐 우리는 경험주의, 합리주의, 다원주의, 자연주의, 논리실증주의, 언어분석 등 여러 세계관을 통해 계몽주의 흐름의 사상과 분석적 전통을 되짚어 보았다. 우리는 이 세계관들이 인간존재의 초월적 차원을 하나하나 깡그리 제거하는 것을 지켜보았다. 사실 모든 세속주의 세계관은 어떤 식으로든 환원주의적이다. 창조세계의 한 조각을 붙잡고 그것을 전부로 취급한다. 그 규정된 범주 바깥에 놓이는 모든 것을 무시하고 부정한다. 상자를 하나 내놓은 뒤 전 우주를 그 안에

밀어 넣으려는 꼴이다.

이런 상황을 제대로 이해하는 일은 변증의 강력한 도구가 된다. 어떤 비성경적 세계관도 실재 모두를 해명하기에는 "너무 작다"는 것을 분명하게 확신할 수 있다. 그 상자에 들어가지 않는 것이 있기 마련이다. 바로 그 지점에서 그 세계관은 실패한다. 창조된 실재 모두를 해명할 자원을 갖추지 못했음이 드러나는 것이다.

그에 반해, 성경이 가르치는 하나님은 창조세계를 초월하신다. 그러므로 성경적 세계관은 창조세계의 어떤 부분도 신격화시킬 필요가 없고, 어떤 부분도 부인하거나 폄하할 필요가 없다. 그 결과, 그리스도인은 어디서나 선한 것을 발견하면 긍정할 수 있다. 5-6장에서 우리는 그리스도인이 문화 창조자로서의 지위를 버리지 않았음을 보았고 힘을 얻었다. 그들은 세속적 관념들과 씨름했고 시대에 걸맞은 말과 이미지로 인간을 존중하는 성경적 세계관을 재진술할 방법을 찾아냈다.

많은 예술 양식이 계몽주의 세계관에서 영감을 받았다는 사실을 알면 많이들 놀란다. 예술가라면 흔히 낭만주의자라고 생각하는 탓이다. 그럼 이제 낭만주의 운동으로 넘어가 대륙적 전통의 역사를 따라가 보자. 우리는 예술과 문학에 힘입어 눈앞에서 펼쳐지는 세계관을 볼 수 있고, 그로 인해 우리 세대에 성경적 진리를 전하는 일을 더 잘 준비할 수 있다.

7.

캔버스 위의 낭만
: 낭만주의 유산

"예술은 우리의 종교, 중력의 중심, 우리의 진리다."

프란츠 마르크

20세기 초의 작가 헨리 애덤스$^{Henry\ Adams}$만큼 현대의 위기를 잘 표현한 사람은 없다. 마른 몸에 음울한 눈, 긴 콧수염을 가진 애덤스는 프랑스 여행 도중에 중세 문화와 근대 문화가 얼마나 다른지 직접 보게 되었다. 샤르트르 대성당을 방문한 그는 중세의 마법에 사로잡힌 듯한 느낌을 강하게 받았다. 화려한 색상의 스테인드글라스가 돋보이는 고딕 양식의 장중하고도 기념비적인 그 건물은 기계의 힘이 아니라 영적인 힘으로 건축된 것 같았다. 샤르트르 대성당은 우주가 사랑의 하나님의 창조물이라는 세계관의 구체적인 표현이었다. 프랑스 국민이 함께 수고하여 하나님께 참으로 아름다운 건축물을 드렸다.

이후 애덤스는 1900년 파리 만국박람회(일종의 세계박람회)를 방문해 근대의 기술이 이루어 낸 성과물을 관람했다. 기계관에는 전력 생산용으로 만든 거대한 증기터빈이 빙빙 돌아가고 있었다. 애덤스가 볼 때 그 고동치는 발전기는 산업혁명과 그것이 창조해 낸 새로운 사회에 대한 강력한 상징이었다. 그 사회의 핵심 동력은 하나님을 향한 사랑이 아니라, 기술의 힘을 이용해 순전히 물질적인 욕구를 채우는 것이었다. 그 기계의 가차 없는 효율성은 우주가 하나님의 뜻이 아니라 거침없는 기계론적 힘의 지배를 받고 있다고 말하는 것 같았다. 애덤스의 표현을 빌면, "한때는 주위에서 하나님의 뜻을 알려 주는 경계선을 보았는데, 이제는 역선(力線)만" 눈에 들어오기 시작했다. 애덤스는 새로운 세계관을 받아들이는 것 외에는 선택의 여지가 없다고 느꼈다. 그의 마음은 "기계론적 우주론으로 걸어 들어갔다."

기계에 마음을 빼앗기다

기독교의 대안으로 제시하는 모든 세계관이 그렇듯, 기계론적 세계관
도 그 본질을 들여다보면 대체종교, 곧 마음의 우상이었다. 애덤스는
윙윙대는 거대한 발전기 모터 앞에 서서 경외감에 사로잡혔다. 숭배감
이라는 표현을 쓸 수도 있는데, 그의 말을 빌자면 숭배는 "조용하고 무
한한 힘 앞에 선 인간의 자연적 표현"이기 때문이다. 그는 '발전기 앞
에 바치는 기도문'도 썼는데, 그 안에는 인간이 기술을 지배하지 않으
면 기술에 지배당할 것이라는 경고가 담겨 있다.

근대성에 적응하기 위한 애덤스의 노력은 그가 1918년에 쓴 책
『헨리 애덤스의 교육』*The Education of Henry Adams*에 기록되었다. 이 책은 문학적
으로 화려한 성공을 거두어 퓰리처상을 수상한 후 모던라이브러리 출
판사에서 선정한 20세기 100대 논픽션 도서 중 1위로 뽑혔다. 저자의
개인적 위기가 사람들의 심금을 울린 것이 분명하다. 서구 문화가 돌
이킬 수 없는 변화를 겪었다는 그의 우려에 많은 독자들이 공감했다.
한 서평자는 이렇게 썼다. "그의 사색이 가리키는 것은 과학이 종교를
대체하고, 비인간화된 사람들이 점점 신이 아니라 기계에 기도하면서
나타나는 서구 문화의 급속한 몰락에 다름 아니다."[1]

애덤스가 세계관의 변화에 유독 민감했던 것은 낭만주의자였기
때문이다. 낭만주의는 계몽주의 세계관에 대한 반동으로 일어났고 오
늘날에도 여전히 강력한 반대 흐름으로 남아 있다. 5장과 6장에서 우
리는 계몽주의, 곧 분석적 전통을 계승한 세계관들의 계보를 살펴보았

기계의 힘. 파리 박람회의 기
계관(1900)

다. 나름의 방식으로 실재를 쳐내어 상자 속에 집어넣으려 했던 이 세
계관들 중에서 영향력 있는 것만 꼽아도 경험주의(감각의 상자), 합리주
의(이성의 상자), 자연주의(자연의 상자), 유물론(물질의 상자)이 있었다. 이제는
낭만주의, 곧 대륙 전통을 계승한 세계관 계보를 살펴볼 것이다. 이 계
보에 속한 사상가와 예술가들은 칸트의 위층인 '자유'에서 영감을 얻
었다. 하지만 이 전통에서도 그 나름의 환원주의적 상자가 생겨났기에,
우리는 어떤 상자들이 있는지 알아내고 비판하며 반박하는 법을 배워
야 한다. 그래야 오늘날에도 여전히 파괴적인 힘을 발휘하는 그 상자
들에 맞설 수 있다.

돌에 새긴 설교

우리가 지금 어느 지점에 있는지 파악하려면, 4장에서 살펴본 두 전통
에 대한 조감도를 떠올려 보면 된다. 거기에서 본 것처럼, 계몽주의는

예술과 진리 개념 자체를 심각하게 위협했다. 고전물리학은 운동하는 물질로만 이루어진 세계, 진공 속에서 원자들이 이리저리 부딪치는 세계를 보여주는 것 같았다. 그 안에서는 질량과 속도와 길이, 곧 계량화되고 수학 공식으로 표현할 수 있는 것만 실재한다고 말할 수 있었다. 이런 것을 '양'quantities이라고 불렀다. 그에 반하는 색깔, 소리, 감촉, 맛, 냄새는 '질'qualities이라고 불렀다. 고전물리학자들은 '질'이 '양'과 같은 방식으로 실재한다고 여기지 않았다. 질은 원자들이 인간의 오감에 부딪쳐 생겨난 주관적 효과라고 생각했다.

질(質)이라는 개념이 확장되어 수학적으로 계량하고 헤아리고 재어 볼 수 없는 모든 것을 아우르게 되었다. 도덕적 이상과 목표, 사랑과 아름다움도 인간의 마음이 만들어 낸 환각으로 치부되었다. 기계론적 세계에서 그런 것은 설 자리가 없었다. 과학사가 알렉상드르 코이레Alexandre Koyré에 따르면, 기계론적 세계관은 "질의 세계, 감각 인식의 세계, 우리가 살아가고 사랑하며 죽어 가는 현장으로서의 세계"를 거부했다. 과학은 그 자리에 "다른 세계, 곧 양의 세계, 물화된 기하학의 세계, 인간이 들어갈 자리가 없는 세계"를 들여놓았다.[2] 그곳은 인간이 소외감을 느끼는 세계였다.

우리는 5장과 6장에서 이 세계관의 개요를 추적했다. 그러나 이것이 불러온 충격과 소외를 온전히 파악하려면 추가적인 보충 설명이 필요하다. 먼저 그것이 대체했던 중세와 르네상스의 세계관을 살펴보자. 당시 세상에 대한 은유로 흔히 쓰이던 표현은 '하나님이 쓰신 책'이라는 것이었다. 그래서 당시에는 세상을 하나님의 다른 책인 성경과 같은 방식으로 해석하는 일이 적절해 보였다. 이것은 세상이 여러 겹의 영적·도덕적 의미로 덮여 있다는 생각으로 이어졌다.

엠블럼적 세계관. 콘라트 게스너의 『동물지』(1558)

　학자들은 이것을 '엠블럼적 세계관'이라고 부르는데, 자연을 영적·도덕적 의미를 찾아야 할 엠블럼(기호나 상징)의 모음으로 생각했기 때문이다. 자연을 이해하는 일은 퍼즐 풀이나 상형문자 해독과 비슷하다고 보았다. 1500년대에 나온 콘라트 게스너^{Conrad Gesner}의 『동물지』(動

物誌)에서 그 예를 볼 수 있다.『동물지』의 공작새에 대한 항목을 보면, 아리스토텔레스 같은 옛 저자들이 공작새에 대해 무슨 말을 했는지 나와 있다. 공작은 여신 유노(헤라)와 관련이 있다는 이야기부터 공작과 관련된 속담, 우화, 전설, 심지어 조리법까지 나온다. 다시 말해, 엠블럼적 세계관에서 지식의 목표는 한 유기체를 과학에서 하듯 생리적으로 묘사하거나 체계적으로 분류하는 것이 아니었다. 그 생명체를 역사, 신화, 종교, 문화와 이어 주는 복잡하게 얽힌 연관 관계를 살피는 일이 가장 중요했다.

이것을 잠언식 자연 접근법이라고 생각할 수 있겠다. "게으른 자여, 개미에게 가서 그가 하는 것을 보고 지혜를 얻으라. 개미는 두령도 없고 감독자도 없고 통치자도 없으되 먹을 것을 여름 동안에 예비하며 추수 때에 양식을 모으느니라"잠 6:6-8. 한마디로, 자연이 영적·도덕적 실물교육을 제공하는 것이다. 한 역사가는 "동물들은 창조주의 언어를 구성하는 살아있는 낱자"라고 설명했다. "이것을 파악하거나 이해하지 못하는 박물학자는 자연계의 패턴을 헤아리지 못한 것이다."[3]

셰익스피어의 『뜻대로 하세요』*As You Like It**에는 엠블럼적 견해를 잘 포착한 대사가 등장하는데, 한 등장인물이 "우리는 나무에서 혀를, 흐르는 개울에서 책을, 돌에서 설교를" 발견한다고 말한다. 르네상스 시대의 그에게 이것은 의인화가 아니었다. 그는 자연이 **실제로** 여러 층의 의미를 가지고 있다고 보았다. 이 자연을 대할 때 꼭 알아야 할 것은 사물의 자연적 원인이 아니라 그것이 우리에게 가르치는 교훈이었다.

**『뜻대로 하세요』*
셰익스피어의 5대 희극 중 하나로 소박한 목가적 분위기와 권력 암투, 골육 분쟁 등의 요소가 가미된 낭만 희극이다. 아든 숲을 배경으로 펼쳐지는 이 극에서 숲은 형의 권력을 찬탈한 자가 노수도사와 잠깐의 만남으로 개심하는 기적이 일어나는 곳이자, 자신을 구박한 형을 짐승밥이 될 위기에서 구해내는 관용이 베풀어지는 곳이며, 네 쌍의 사랑이 결실을 맺는 곳이다. 인간사의 모든 갈등이 초록 세계에서 치유된다는 셰익스피어의 희극 전통을 따른 것이다.

감옥에 갇힌 마음

기계론적 세계관의 등장과 더불어 이 모든 것은 달라졌다. 기계론적 세계관은 자연에서 영적·도덕적 의미를 제거했고 그로 인해 자연은 고작해야 톱니와 기어로 구성된 복잡한 기계장치로 환원되어 버렸다. 낭만주의자들이 볼 때, 이것은 충격적인 일이었다. 인간이 언제나 보아 왔던 친숙한 세계가 갑자기 별개의 적대적인 두 세계로 이등분된 듯 이 보였다. 진짜 세계는 거침없는 기계적 법칙에 의해 움직이는 거대한 기계, 역사가 E. A. 버트^{Burtt}의 표현을 빌자면 "매섭고, 차갑고, 창백하고, 고요하고, 죽은" 곳이라고들 했다. 사람들은 자신이 살아가는 곳이라고 생각했던 세상, 색깔과 소리, 도덕과 의미의 세계가 한낱 정신 상태로 환원되었다고 생각했다. 인간의 마음은 어두운 방에 갇힌 죄수, 내면의 관심사에 철저히 무관심한 바깥의 낯선 우주를 응시하는 "하찮고 보잘것없는 구경꾼"처럼 되었다.[4]

그러나 물리학자들에게 이 세계관은 매력적인 것이었다. 물리학으로 설명이 안 되는 것은 고려할 필요가 없다는 면죄부를 주었기 때문이다. 객관적 실재는 수학으로 계량화되는 것(양)에 한정되었다. 계량화되지 않는 것(질)은 인간 정신의 창조물로 강등되었다. 랜들의 표현을 빌자면, 근대주의자는 "수학적 물리학자에게는 거북하기 짝이 없는 이런 '질'을 그와 완전히 구분되는 별개의 것인 마음에다 치워 버리는 데" 능숙해졌다. 직설적으로 말해 마음은 "인간의 경험 중에서 기계론적 물리학으로 자연에서 판독할 수 없는 모든 요소를 내버리는 편리한 쓰레기장"이 되었다.[5]

슬프지만, 내버려진 그것이 바로 인생을 살 만한 가치가 있게 만드는 것이었다. 슬론은 그것을 이렇게 설명한다. "기계론적 자연관에는 색깔, 소리 등 감각경험이 만들어 낸 질이 없고, 미적·도덕적 경험이나 마음, 의미, 목적과 관련된 질도 없다. 하지만 이런 것이야말로 우리가 인간으로서 누리는 가장 중요한 경험을 구성한다고 할 수 있다."[6] 낭만주의자들이 계몽주의 세계관을 인간소외와 비인간화의 주범으로 본 것은 당연한 일이다.

죽음의 나무

질(質)은 예술의 재료이기도 하다. 사람들은 예술가들이 본질적으로 환상을 밀거래한다고 말했다. 그림의 색깔, 교향곡의 소리는 엄격히 말해 진짜가 아니라고 떠들어 댔다. 자연계의 기록자로서 예술가의 역할이 위협을 받았다. 역사가 자크 바전Jacques Barzun의 말을 빌면, 과학은 교육받은 사람들을 설득해 우주가 "목적 없는 물질 조각들의 기계적인 상호작용"에 불과하다고 믿게 만들었다. 이것이 미학에 어떤 영향을 끼쳤을까?

> 1890년대의 사려 깊은 사람들은 더 이상 석양을 바라보며 감탄해서는 안 된다고 진지하게 되뇌었다. 따지고 보면, 그것은 하얀 빛이 밀도가 다양한 여러 공기층의 먼지 입자에 부딪쳐 굴절된 현상에 불과했던 것이다.[7]

석양을 왜 그린단 말인가? 그것은 환각을 그리는 것에 불과하지 않겠는가. 철학자 알프레드 노스 화이트헤드Alfred North Whitehead의 통렬한 말을 빌려 보면, "하늘은 하나님의 영광을 잃어버렸다."[8]

많은 낭만주의 예술가들이 이런 생각에 반응해 과학을 적으로 대했다. 시인 존 키츠^{John Keats}는 과학이 "무지개를 해체시키고", "천사의 날개를 잘라 내고", 둘 다를 "흔한 것의 지루한 목록으로" 격하시켰다고 불평했다. 윌리엄 블레이크^{William Blake} ✤ 는 이 불만을 보다 간결하게 표현했다. "예술은 생명의 나무. 과학은 죽음의 나무."

그들은 과학의 기술적 응용도 똑같이 파괴적으로 보았다. 녹색이던 산비탈은 산업혁명을 겪으면서 탄광 때문에 시커멓게 변했다. 도시는 방직공장에서 내뿜는 숨 막히는 연기로 질식할 지경이었다. 블레이크가 그것을 "어둡고 사악한 공장"이라는 말로 비난한 것은 유명하다. 찰스 디킨스는 『골동품 가게』^{The Old Curiosity Shop}에서 서정시 같은 한탄을 쏟

어둡고 사악한 공장. 헨리 가스티노의 「난티글로 제철소」(1829)

✤ 윌리엄 블레이크
영국의 시인이자 화가(1757-1827). 신비적 향취가 높은 삽화, 판화 및 여러 시로 영국 낭만주의의 선구를 이루었다.

327

아냈다.

높다란 굴뚝이 단조로운 몰골을 끝없이 재현하며 떼 지어 모인 광경은 숨 막히는 악몽처럼 무시무시했다. 그것들이 쏟아내는 엄청난 연기에 빛은 흐려졌고 우울한 공기에서는 악취가 났다.

낭만주의자들이 반대했던 것은 사실 과학 자체가 아니라 과학이 불가피하게 **함축**하는 것으로 제시되었던 유물론 철학이었다. 그들은 자연을 수익을 위해 통제하고 착취해야 할 거대한 기계로 보는 계몽주의 자연관을 철저히 배격했다. 많은 낭만주의자에게 예술은 합리주의 과학과 산업이 만들어 낸 치명적인 세계에 맞설 저항의 수단이자 영적인 자연관을 회복할 수단이 되었다.

자연, 신의 언어

일부 낭만주의자들은 기독교의 맥락에 머물렀다. 독일 풍경화가 카스파르 다비트 프리드리히Caspar David Friedrich는 열렬한 루터파 신자였는데, 자연의 영적 차원을 회복시킴으로써 자연을 자연주의로부터 구해 내려 했다. 그의 그림 「산 위의 십자가」는 주로 풍경으로만 구성된 최초의 제단화(祭壇畵)*였기 때문에 논쟁을 불러일으켰다. 한 미술사학자의 설명에 따르면, 그의 목표는 "전통적인 기독교 성화가 다룬 거룩함의 범위를 벗어난 세속 세계에서 신성의 경험을 되살려 내는 것"이었다.⁹

프리드리히 본인은 이 그림을 다음과 같이 분석했다. "십자가는 예수 그리스도에 대한 믿음처럼 흔들림 없이 반석 위에 확고하게 서

✣ 제단화
교회의 제단 위나 뒤에 안치하는 그림이나 조각 또는 장식 가리개. 중앙 패널 양측에 날개 패널을 나란히 놓고 문처럼 열고 닫는 세폭 제단화의 형태가 많지만, 그 외에도 날개가 많은 다폭 제단화나 휴대 가능한 소형의 두폭 제단화도 있다. 주로 삼면 이상의 제단화는 성서의 주제 가운데서도 근원적인 주요 주제를 중심으로 한 대작이 많다.

기독교 낭만주의: 자연을 자연주의로부터 구하다. 카스파르 다비트 프리드리히의 「산 위의 십자가」(1807)

있다. 십자가 주위에는 전나무들이 십자가에 달리신 분에 대한 인간의 소망처럼 늘 푸르게 대대로 버티고 서 있다." 프리드리히에게 바위와 상록수는 단순한 자연물이 아니었다. 그것은 신성한 의사소통의 상징이었다.[10]

'두 우주' 전략

하지만 많은 낭만주의자들은 어찌 되었든 근대 과학으로 인해 정통 기독교는 믿을 수 없는 것이 되어 버렸다고 느꼈다. 그들은 진리의 통일성을 포기하고 칸트의 이분법을 받아들였다. 자신들이 혐오하는 경험주의, 합리주의, 유물론, 공리주의 같은 계몽주의 세계관을 칸트의 아래층에 안전하게 가두어 놓을 수 있기를 바랐다. 그와 동시에, 칸트의 위층은 인간적이고 영적인 가치가 보호받을 수 있는 독립적인 영역으로 자리매김하기를 기대했다. 낭만주의자들은 이러한 타협 전략으로 계몽주의 세계관이 개념의 지도에서 지워버린 영(靈), 자유, 의미, 아름다움 같은 것에 모종의 인지적 영토를 보장해 줄 수 있기를 바랐다.

M. H. 에이브럼스[Abrams]는 그들의 이층 전략을 이렇게 설명한다. 낭만주의자들은 "경험적 우주에서 시적 우주를 분리해 냄으로써 진리를 '합리적 진리'와 '상상의 진리'라는 두 종류, 또는 두 우주로 논리적으로 구분"하기를 바랐다.[11]

낭만주의의 이층 진리

상상의 진리 — 창조적 세계(예술)

- -

합리적 진리 — 결정론적 세계(과학)

이 구분은 여러 방식으로 표현되었다. 괴테는 이것을 '자연적 진리 대 예술적 진리'라고 불렀다. 표현은 조금씩 달라도 낭만주의자들은 진리가 둘로 갈라져 평행선을 달린다는 생각을 공공연히 입 밖에 내기 시작했다. 외부 세계가 과학주의에 의해 점령되자, 그들은 마음과 상상력이 있는 내부 세계로 후퇴했다.

마음속 형이상학

다음으로 그들은 공세에 나서 마음과 상상력을 거의 신적인 지위로 끌어올렸다. 그 일은 이렇게 진행되었다. 칸트 이전의 경험주의자들은 인간의 마음이 수동적인 것이라고 생각했다. 그들은 틀을 누르면 점토에 자국^{impressions}이 생기듯, 감각이 마음에 인상^{impressions}을 만들어 낸다고 가르쳤다. 이것이 인간 지식의 객관성과 신빙성, 신뢰성을 보장하는 경험주의의 전략이었다. 마음이 수동적이라면, 오감을 통해 들어오는 자료를 왜곡하지 않을 것이기 때문이었다.

　하지만 경험주의는 몇 가지 딜레마에 부딪쳤다. 지식이 감각에서만 나온다면, 우리가 안다고 생각했던 수많은 것을 실제로는 더 이상 알 수 없게 된다. 원인과 결과 같은 근본적인 개념조차도 예외는 아니다. 이 문제를 파악한 사람이 이제는 우리에게 친숙한 이름이 된 데이비드 흄이다. 경험주의가 내세우는 것처럼 오감을 통해 우리 안에 직접 들어오는 정보에만 관심을 한정시켜 보자. 우리의 어떤 감각에서 원인과 결과 같은 형이상학적 개념을 찾을 수 있을까? 어디서도 찾을 수 없다고 흄은 말했다. 우리의 감각 지각을 아무리 꼼꼼히 살펴도 인과적 힘에 대한 지각은 찾아볼 수 없다. 우리가 실제로 지각하는 것은 죽 이어지는 사건들이 전부다. 예를 하나 들어 보자. 우리는 일상 언어로 "불이 열을 일으킨다"고 말할 수 있다. 그러나 우리가 실제로 **지각**

하는 것은 불의 모습과 뒤따라오는 열의 느낌뿐이다. 시간이 지남에 따라 우리는 그 두 지각이 함께 나타날 것을 기대하는 마음의 습관을 갖게 된다. 흄은 인과성 관념이 실제로는 우리 마음의 습관과 기대를 가리킬 뿐이라는 결론을 내렸다. 실세계에 인과적 질서가 존재하는지의 여부는 우리가 전혀 알 수 없다.

그러나 우리가 인과성에 대해 아무것도 모른다면, 알 수 있는 것이 도대체 무엇이겠는가? 과학 지식도 신뢰할 수 없게 된다. 과학 지식은 인과관계에 의존하기 때문이다. 힘과 물질, 시간과 공간, 마음과 자아 같은 형이상학적 개념도 똑같이 의심을 사게 된다. 이 중 어느 것도 감각 인상이 아니다. 경험주의에 따르면, 이와 같은 개념은 실세계에 대해 아무것도 말해 주지 않는다.

칸트는 흄의 책을 읽고 큰 충격을 받았다. 나중에 그는 흄이 자신을 '독단의 잠'에서 깨어나게 했다고 말하게 된다. 과학혁명은 자연을 설명하는 과학적 방법의 놀라운 힘을 보여주었지만, 흄이 나타나 과학 자체가 불가능하다는 것을 논리적으로 증명하고 있었다.

칸트는 과학을 구하러 나섰다. 하지만 어떻게 구한다는 말인가? 그는 인과성이 우리가 마음 바깥의 세계에서 지각하는 대상이 아니라면, 마음 안의 어떤 것임이 분명하다고 판단했다. 인상은 혼돈스러운 흐름으로 오감을 통해 흘러들고, 그런 인상들을 빚고 형성하고 조직하는 범주, 곧 원인과 결과, 시간과 공간, 전과 후 같은 개념을 제공하는 것은 마음이다. 마음이라는 격자가 우리의 지각에 형태와 질서를 부과한다. 마음은 나름의 가구를 다 갖추어 놓고 손님을 거기에 억지로 밀어 넣는다고 말할 수 있겠다.

이와 같이 칸트의 유산, 경험주의자들이 말한 것처럼 마음이 오감을 통해 인상을 수동적으로 받아들이는 것이 아니라는 확신이었다. 마음은 반죽에 모양을 찍어 내는 쿠키커터처럼, 감각 인상을 적극적으로 정리하고 배열한다는 것이다(4장). 그렇게 되면 우리가 자연에서 발견한다고 생각하는 질서가 실제로는 우리 마음이 부과한 것이 된다. 이것을 가리키는 철학적 꼬리표가 바로 '관념론'idealism이다. 철학자 쇼펜하우어Arthur Schopenhauer ✢ 는 이 상황을 다음과 같이 표현했다. 관념론은 이전에 존재한 모든 철학의 토대였던 "영원한 진리"를 가져다가 "그 기원을 조사하고 그것이 인간의 머리에서 나온 것임을 발견했다."[12]

다시 말해, 세계는 하나님이 창조하신 아름답고 질서정연한 복잡계가 아니다. 세상은 혼돈스러운 흐름이고, 인간이 그 안에 질서와 구조를 부여한다. 칸트는 모종의 유신론자로 남아 있었지만, 하나님을 자연 질서의 근원으로 인정하지 않았고 그에게 감사를 드리지도 않았다. 그는 "인간의 마음이 하나님의 창조 역할을 접수했다"고 보았다.[13]

이것은 혁명적인 생각이었고 칸트도 그것을 알았다. 그는 이것을 자신의 '코페르니쿠스적 혁명'이라고 불렀다. 코페르니쿠스는 행성계의 중심에 태양을 놓았다. 그리고 칸트는 실재의 중심에 인간의 마음을 놓았다. 관념론에 따르면, 우리가 아는 세상은 인간의 마음이 구성해 낸 것이다.

구원자 예술

계몽주의의 기계론적 자연관을 극복할 길을 찾고 있던 낭만주의자들은 칸트의 코페르니쿠스적 혁명을 자기들 것으로 삼았다. 관념론이 인간의 마음에 부여한 신과 같은 창의력에 답이 있는 것 같았다. 색깔, 소

✢ 아르투로 쇼펜하우어
독일의 철학자(1788-1860). 관념론의 입장을 취하였고, 염세관을 주장하였다. 표상은 인식이고 의지는 생명을 향한 맹목적 충동이며, 고통에 찬 삶을 벗어나기 위해서는 예술적 조관에 몰입하거나 욕구를 단절하고 범아일여의 경지에 이르러야 한다고 주장한 『의지와 표상으로서의 세계』가 대표작이다.

리, 의미 같은 질들이 마음의 창조물이라는 경험주의의 주장은 더 이상 골칫거리가 아니었다. 낭만주의자들은 절묘한 솜씨를 발휘해 그것을 예술의 도우미로 바꾸어 놓았다. 질이 마음의 창조물이라면, 예술가는 더 이상 장인이 아니라 창조자였기 때문이다. 시인 새뮤얼 콜리지는 예술적 창조를 "무한한 '스스로 있는 자' 안에서 이루어지는 영원한 창조 행위를 유한한 마음 안에서 반복하는 것"이라고 묘사했다. 시인이자 철학자였던 요한 고트프리트 헤르더^{Johann Gottfried Herder} ※ 는 "예술가가 창조주 신이 되었다"고 썼다.

※ 요한 고트프리트 헤르더
독일의 철학자이자 문학자
(1744-1803). 합리주의를
비판하고 자연과 역사의 발전
속에서 신을 직관하는 입장을
취하였으며, 인간의 역사는
인도(人道) 이념의 실현 과정
이라고 주장하여 이후 독일의
역사 철학, 특히 괴테에게 큰
영향을 끼쳤다.

관념론에 힘입어 낭만주의자들은 상상력이 과학적 이성보다 실제로 우월하다고 주장할 수 있었다. 상상력은 무로부터 새 세상을 창조하신 하나님의 일을 재현하기 때문이다. 18세기 화가 존 오피^{John Opie}는 "예술이 과학보다 더 신에 가깝다"고 말했는데, 그 이유는 "과학은 발견하고 예술은 창조하기" 때문이었다.

이렇게 해서 오늘날 친숙한, '예언자 예술가'의 개념이 탄생했다. 윌리엄 워즈워스는 자신의 정신이 "제사장 복장을 입고 거룩한 의무를 수행하도록" 뽑혔다고 느꼈다. 윌리엄 버틀러 예이츠^{William Butler Yeats}는 예술이 그에게 "새 종교, 시적(詩的) 전통의 거의 무오한 교회"가 되었다고 말했다.[14] 버전에 따르면, 낭만주의자들 사이에서 "예술은 옛 종교가 더 이상 영향력을 행사하지 못하는 사람들에게 영적 세계로 가는 문이 되어 주었다."

그는 이 과정에서 예술이 "교회의 모든 의무를 물려받는다"고 덧붙인다.[15] 그 의무는 무엇이었을까? 모든 종교는 세계에 대한 해석과 세계관과 성경의 창조, 타락, 구속 이야기에 대응하는 큰 이야기를 들려준다. 세계관 용어로 번역하여 말하자면, '창조'는 기원론이다. 우리는 어디에서 왔을까? 궁극적 실재는 무엇일까? '타락'은 악의 문제를 말한다. "세상이 어디가 잘못되었을까? 악과 고통의 기원이 무엇일까?" '구원'은 이렇게 묻는다. "이 문제가 어떻게 해결될 수 있을까? 내가 해결책의 일부가 되려면 무엇을 해야 할까?" 이것은 모든 종교, 세계관, 철학이 대답을 시도하는 세 가지 근본 질문이다.[16]

낭만주의자들이 내놓은 답변은 신플라톤주의를 각색한 것이었다.[17] 신플라톤주의에서 창조, 또는 만물의 궁극적 근원에 해당하는 것은 일자(一者),[*] 절대자, 무한자로 불리는 태고의 영적 존재 또는 통일체다. 생각은 '일자'의 것으로 돌릴 수 없는데, 주체와 객체의 구분, 생각하는 자와 생각의 대상의 구분을 함축하기 때문이다. 낭만주의자들이 볼 때는 생각 자체가 '타락', 곧 세상의 모든 잘못된 부분의 원인이다. 왜 그럴까? 생각이 원래의 통일체에 분열을 가져왔기 때문이다. 더 정확히 말하면, 잘못된 것은 특정 방식의 생각, 곧 맨 처음 위층/아래층의 이분법을 불러온 계몽주의의 환원주의였다. 콜리지는 "합리적 본능"에 의해 찾아온 "최초의 유혹을 통해 인간이 타락했다"고 썼다. 시인 프리드리히 실러Friedrich Schiller는 근대사회의 파편화, 충돌, 고립, 소외가 "모든 것을 나누는 지성" 탓이라고 했다.

무엇이 이와 같은 타락에서 우리를 구원할까? 바로 창조적 상상력이다. 계몽주의 과학이 세계에서 앗아간 영적 의미와 목적을 예술이 회복시킬 것이다. 1820년에 토머스 캠벨Thomas Campbell은 이렇게 썼다.

과학이 창조세계의 얼굴에서
마법의 베일을 걷어내니
아름다운 광경은 사라지고

※ 일자
이 세상의 모든 것이 비롯하며 궁극적으로 돌아가는 것. 절대자에 대한 이름으로, 로마의 철학자 플로티노스의 용어다.

차가운 물질의 법칙만 남는구나!

예술과 시의 과제는 창조세계의 얼굴 위에 마법의 베일을 다시 드리우는 것이었다. 워즈워스의 유비를 사용하자면, 안개와 달빛에 풍경이 은은해지고 달라지는 것과 같다. 콜리지는 "거즈 안경(초기 형태의 안경)을 쓰고 자연의 모습을 그려 내는" 법을 배운 예술가들에게 찬사를 보내기까지 했다.

한마디로, 예술가의 상상력은 장밋빛 안경 같은 기능을 할 것이었다. 그것이 세상에 다시 마법을 걸고 소원해진 인간과 자연의 관계를 치유하며 구원을 불러들일 것이었다. 콜리지는 성경에 나오는 예수님과 교회의 혼인식 이미지를 빌려 왔다(그리고 왜곡했다). 창조적 상상력이 인간의 마음과 자연의 '혼인'을 성사시키고, "자연과의 적대적 관계에 화해"를 가져오며, 그로 인해 "새 땅과 새 하늘"을 창조할 것이라고 말한 것이다.[18]

낭만주의의 절망

하지만 낭만주의의 구원 계획에는 치명적인 약점이 있었다. 그들이 말한 "다시 마법에 걸린 자연의 모습"이 장밋빛 안경을 통해서만 볼 수 있는 것이라면, 그것은 혹시 환각에 불과한 것이 아닐까? 콜리지는 다음의 글에서 그렇다고 인정하는 듯 보인다.

우리가 받는 것은 다 우리가 준 것.
우리 안에서만 자연이 산다.

다시 말해, 우리가 자연에서 얻는 연대감은 우리가 먼저 자연에게 준 것일 뿐이라는 의미다. 기계론적 과학의 생기 없는 차가운 세계를 넘어서는 어떤 것을 감지하고 싶다면, 그 비전은 우리의 내면에서 나와야 한다고 콜리지는 말을 잇는다.

아! 영혼에서 나와야 한다.
지구를 감싸는
빛, 영광, 아름답게 빛나는 구름은.
영혼에서 들려와야 한다.
달콤하고 강력한 음성은.

즉, 우리가 자연에서 발견하는 것처럼 보이는 모든 빛과 영광, 우리가 듣는 것 같은 모든 달콤한 소리는 인간의 영혼에서 나온다. 콜리지가 볼 때, 상상력은 "아름다움을 만드는 힘"을 **행사**하는 것이지 아름다움을 발견하는 것이 아니다.

이것은 칸트의 코페르니쿠스적 혁명을 예술에 적용한 것이었다. 그전까지 미학이론은 창조의 개념에 근거하고 있었다. 예술이 아름다운 이유는 자연에 나타난 하나님의 설계를 반영하기 때문이었다.[19] 그러나 칸트는 자연이 신의 설계물이라고 더 이상 믿지 않고 아름다움을 설계의 개념에서 분리해 냈다. 그는 자연의 아름다움이 목적을 가지고 설계된 것처럼 보이지만 실제로는 그렇지 않다고 주장했다. 그의 표현을 사용하면, 자연은 "목적이 없는 합목적성"을 보여준다. '처럼'이라는 문구는 칸트 생각의 실체를 드러낸다. 우리가 자신을 속이고 있다는 것이다. 칸트의 관념론에서 아름다움은 자연물 자체의 특성이 아니다. 그것은 우리가 자연에 부과하는 정신의 구성물에 불과하며, 상상력이 가진 "아름다움을 만드는 힘"의 산물이다.

이것은 낭만주의의 자신감의 근원이자 궁극적으로는 절망의 근원이다. 예술가들은 무(無)로부터 창조할 능력을 가진 신 같은 존재가 아니기 때문이다. 우리 같은 유한한 존재는 세상에 아름다움과 목적을 부여할 능력이 없다. 낭만주의의 기획은 불가피하게 실패했고, 낭만주의자들은 지독한 환멸과 절망을 경험했다. 그 비극적 추락을 따라가 보자.

영과 주문

낭만주의자들은 대체종교를 찾다가 계몽주의의 합리주의에 의해 예술에서 추방되었던 초자연적 요소들을 재발견했다. 그들은 고대 신화, 동화, 민간 전설을 부활시켰다. 시에서는 괴테가 질풍노도 운동^{Sturm und} ^{Drang}※의 지도자가 되어 격렬한 감정과 악마적인 힘으로 가득한 작품을 지었다. 그의 시 「마왕」^{Erlkönig}에서 마왕은 요정 세계에서 살자며 죽어 가는 소년을 꼬드기는 요정 왕을 가리킨다. 카를 마리아 폰 베버는 「마탄의 사수」^{Der Freischütz}로 오페라 관람객들에게 충격을 안겨 주었는데, 이 작품은 마법, 주문, 유령, 악마와의 계약 등 으스스한 초자연적 요소를 다시 도입했다. 하지만 가장 큰 영향력을 행사한 사람은 리하르트 바그너로, 북구신화에 근거한 그의 「니벨룽겐의 반지」^{Der Ring des Nibelungen}에는 발키리(주신 오딘을 섬기는 전쟁의 처녀들), 라인의 처녀들(라인 강의 황금을 지키는 세 명의 님프), 발할라(명예롭게 전사한 영웅들이 가는 낙원), 신들의 황혼(신들의 최종적 몰락)^{Götterdämmerung}이 등장한다.

※ 질풍노도 운동
18세기 후반 독일에서 일어난 문학 운동. 계몽주의 사조에 반항하면서 감정의 해방, 개성의 존중 및 천재주의를 주장하였다. 하만과 헤르더가 선구를 이루고 괴테와 실러 등이 중심이 되었다.

낭만주의의 시대가 끝난 후 이 비전은 상징주의 운동이 이어받았다. 상징주의 시인과 예술가들도 예술에 두 기능을 부여했는데, 계몽주의 세계관에 저항하면서 대용품 종교 노릇을 하는 것이었다. 배럿이 요약한 대로 상징은 "당대의 실증주의와 과학주의가 만들어 낸 세계에 대한 형이상학적 반발"이었고, 상징주의자들은 시를 "운문을 만들어 내는 기술 정도가 아니라 보다 참되고 실재하는 존재 영역에 도달하는 마법의 수단으로 여겼다. 시가 종교의 대용품이 되었다."[20]

낭만주의자들처럼, 상징주의자들도 신화와 꿈의 이미지를 캤다. 극작가 아우구스트 스트린드베리August Strindberg는 『유령 소나타』The Ghost Sonata 와 『꿈의 연극』A Dream Play 같은 제목의 희곡을 썼다. 그들은 이런 꿈같은 상징이 더 높은 실재를 들여다보는 창의 기능을 하기 때문에 엄청난 힘을 가지고 있다고 믿었다. 이와 같은 확신은 어디에서 나온 것일까? "자연적 형태들은 더 높은 실재의 살아있는 상징이며, 예술가의 상상력이 그러한 영적 진리를 드러내는 열쇠라는……신플라톤 개념"이 그 출처였다.[21]

이 말이 추상적으로 들릴 수 있지만, '신플라톤적'이라는 용어에 초점을 맞추면 그 의미를 좀 더 잘 이해할 수 있을 것이다. 앞에서 몇 차례 이 철학을 다루기는 했지만, 이제는 보다 깊이 살펴보아야 할 때가 되었다. 이 철학은 대륙 전통에 엄청난 영향을 끼쳤기 때문이다. 신플라톤주의를 설립한 사람은 3세기의 고대 로마 철학자 플로티노스인데, 그는 철학 안에 영감을 주는 종교의 힘을 주입하려 했다. 그는 피타고라스, 플라톤, 아리스토텔레스, 스토아 학파 등 주요 서구 사상가들의 여러 요소를 짜깁기하고는 그물을 더 넓게 쳐서 동양 사상까지 아울렀다. 플로티노스는 이렇게 다양한 출처에서 얻은 것을 모아 '폭넓

철학적 관념론의 상징주의:
대체종교로서의 예술.

카를로스 슈바베의 「무덤 파
는 일꾼의 죽음」(1895)

은' 세계관을 만들어 냈다. 신플라톤주의는 고대 세계의 뉴에이지 운동
으로 생각하면 되는데, 동서양의 요소들을 결합했기 때문이다.[22] 앞서
보았다시피, 신플라톤주의의 중심 개념은 궁극적 실재가 일자, 곧 절

아르놀트 뵈클린의 「죽음의
섬」(1880)

대자라는 것이었다. 이 절대자는 생각하고 느끼고 뜻을 품고 행동하는
인격적인 신이 아니라 비인격적인 본질 또는 실체였다.

　그러나 의식적으로 뜻을 품거나 행동할 수 없는 비인격적인 본질
이 어떻게 세계를 창조한다는 말인가? 신플라톤주의의 답변은 이렇다.
일자(一者)는 존재가 너무나 충만한 나머지 해가 빛을 내고 샘이 물을
쏟아내듯 의식적인 의도 없이 다른 존재를 자동적으로 유출한다. 세계
는 이렇게 신적 존재의 유출 내지 나타남으로 이루어졌다. 샘에서 솟
아난 물이 아래로 아래로 흘러내리듯, 세상은 여러 단계의 존재로 이
루어져 있다. 먼저 영적 존재가 이어지고(천사들의 계급처럼), 그 다음에 인
간, 동물, 식물이 이어지며, 끝으로 바위와 무생물이 그 뒤를 잇는다. 햇
살이 어둠 속으로 점차 희미하게 사라지듯, 존재의 한 단계를 내려갈
때마다 영이 줄어들고 물질이 많아진다. 이 일련의 유출 전체를 '생명

의 사다리' 또는 '존재의 거대한 사슬'이라고 불렀다. 삶의 궁극적인 목표는 이 사다리를 타고 올라가 일자와 재결합하여 신비한 연합을 이루는 것이다.[23]

신플라톤주의가 처음 나타난 로마 제국 당시만 해도, 그 주된 매력은 기독교의 대안이 된다는 데 있었다. 그리스도 이후 첫 3세기 동안 기독교회가 너무나 빨리 성장했기에 이교도들은 그에 맞설 만큼 매력적인 철학을 찾아내려고 애썼다. 신플라톤주의는 모든 조건을 만족시키는 듯했다. 그것은 철학일 뿐 아니라 영적 상승을 추구하는 신비주의적 이상이기도 했다. 얼마 안 가서 이교 사상은 교회에 맞서 싸우며 신플라톤주의를 무기로 휘둘렀다. 그리스도인을 박해했던 로마 황제들은 기독교를 결사반대했던 신플라톤주의 철학자 포르피리오스 Porphyrios※의 말을 인용해 자신의 가혹한 처사를 흔히 정당화했다. 4세기의 율리아누스 황제는 기독교를 몰아내고 이교 사상을 로마 제국의 공식 종교로 되돌리려 했다. 그의 시도는 실패로 끝났는데, 그가 복원하려 했던 이교 사상이 바로 신플라톤주의였다.

※ 포르피리오스
고대 그리스 철학자·역사가.
플로티노스의 제자였고 『그리스도교도 반박론』을 썼다.

플라톤과 근대과학

신플라톤주의가 기독교에 이렇게 적대적이었는데도, 교부들은 그것을 완전히 거부하지 않았다. 신플라톤주의는 고대 세계의 유물론 철학자들(에피쿠로스나 루크레티우스 등)과 달리, 영적 영역을 어느 정도나마 인정했기 때문이다. 결과적으로 클레멘스, 오리게네스, 아우구스티누스 등 많은 초기 기독교 신학자들이 신플라톤주의의 철학적 논증을 빌려 와 인간 영혼의 존재 같은 교리를 옹호하는 데 사용했다. 아우구스티누스

는 자신이 "플라톤주의자들의 어떤 책의 도움"을 받아 기독교로 회심
하게 되었다고 말하기도 했는데, 역사가들은 그 책이 플로티노스의 저
작이라고 본다(보다 정확한 용어인 신플라톤주의는 19세기에 와서야 만들어졌다).

　신플라톤주의 사상으로 후대에 가장 널리 영향을 끼친 저자는 사
도 바울의 전도로 회심한 아레오파고스 관원 디오니시우스(행 17:34의 아
레오바고 관리 디오누시오)라고 알려져 있었다. 그러나 이후 실제 저자가 시
기적으로 400년 후대의 사람인 것으로 밝혀졌고 오늘날에는 위(僞)디
오니시우스라고 불린다. 하지만 수세기 동안 사람들은 그의 저작을 진
짜 사도시대의 것으로 인정하고 높이 평가했다. 그의 저작은 9세기에
요하네스 스코투스 에우리게나가 라틴어로 번역하여 사실상 모든 중
세 신학에 영향을 끼쳤다.

　르네상스 시대에는 이렇게 신플라톤주의에 물든 기독교가 철학자
와 예술가들 사이에서 상당한 인기를 끌었다(4장). 이것은 근대과학의
등장에도 중요한 영향을 끼쳤다. 지구가 아니라 태양이 행성계의 중심
이라는 태양중심설(지동설)을 생각해 보자. 그런 생각이 어디에서 나왔
을까? 바로 신이 물질계에 내재하는 영혼이라고 주장한 신플라톤주의
의 이원론이다. 신의 임재가 어느 한곳에 집중되거나 국한해서 나타난
다면, 어디가 가장 적당할까? 태양이다. 하나님이 생명의 영적 근원인
것처럼, 태양은 지구에 있는 생명의 물리적 근원이다. 그렇다면 태양은
어디에 위치해야 할까? 가장 적합한 장소는 신의 상징물 태양의 위엄
에 걸맞은 유일한 자리, 우주의 중심이었다.

　코페르니쿠스, 케플러, 그리고 기타 태양중심설을 옹호하는 이들
의 글에는 신플라톤주의에 물든 기독교의 흔적이 보인다. 코페르니쿠
스는 그의 저작에서 태양을 "보이는 하나님"이라고 일컫는 신플라톤

주의 문헌을 인용했다. 그는 태양을 "왕좌에 앉아 그 주위를 도는 자녀 행성들을 다스리는 우주의 램프요 마음이요 통치자"로 묘사했다. 비슷한 맥락에서 케플러는 태양이 "그 위엄과 능력으로 태양계를 움직이는 의무에 걸맞고 하나님의 집이 될 자격이 있는 유일한 존재"라고 썼다. 따라서 태양중심설 개념이 생겨난 것은 경험적 증거 때문이라기보다는 영적·철학적 이유 때문이라고 볼 수 있다.[24]

초기 화학자들 사이에서 신플라톤주의 이원론은 모든 자연적 실체가 물질(수동적 요소)과 내적인 신의 불꽃, 또는 활력(능동적 요소)active의 결합으로 이루어진다는 확신을 낳았다. 그들은 모든 실체의 능동적 요소가 그것이 가진 힘의 근원이라고 보았다. 약병의 라벨에 아직도 '유효active 성분'이라고 쓰는 것은 이 영향 때문이다. 16세기 의학에서 화학적 접근법의 창시자로 거론되는 파라셀수스Paracelsus⊕는 가열이나 증류를 통해 유효 성분 또는 영적 성분을 발견할 수 있다고 믿었다. 예를 들어 알코올은 '와인의 영혼'이라 불렸는데, 그 영향으로 지금도 가끔 독한 술을 spirits라고 부른다.

위대한 아이작 뉴턴조차도 신플라톤주의의 요소를 가지고 있었는데, 특히 그의 중력이론에서 두드러졌다. 기계론을 신봉한 당대의 과학자들은 원인과 결과는 직접적인 물리적 접촉이 있어야 작용한다고 가르쳤다. 당구공이 다른 당구공을 움직이려면 부딪치는 수밖에 없는 것과 같다. 그러나 뉴턴의 중력이론은 어떤 물리적 접촉 없이 이루어진다. 지구는 달이 궤도를 이탈하지 않도록 물리적으로 밀고 당기는 대신, 보이지 않고 만질 수 없는 힘을 행사한다. 기계론을 신봉한 사상가들이 볼 때 그것은 과학이 아니라 마법이었다. 그들의 반응은 우리가 영화 「스타워즈」에서 제다이의 손가락이 푸른빛을 뿜어내어 우주선을

⊕ 파라셀수스
스위스의 화학자이자 의학자
(1493-1541). 의화학을 창
시하였으며, 금속 화합물을
처음으로 의약품 제조에 채용
하여 연, 구리 따위의 금속 내
복약과 팅크를 만들었다.

344

들어 올리는 장면을 볼 때의 반응과 비슷했다.

그렇다면 뉴턴은 어디서 그와 같은 힘의 개념을 얻었을까? 보이지 않는 영적 힘인 능동적 요소가 창조질서 안에서 그 질서를 통해 작용하는 하나님의 내재적 힘을 나타낸다고 말했던, 신플라톤주의에 물든 기독교였다. 한 역사학자가 설명한 대로, 뉴턴은 그러한 힘 개념이 "감각 세계에서 하나님의 나타나심을 보여주는 역할을 한다"고 보았다.[25]

고흐의 별이 빛나는 종교

간략한 배경 정보를 놓고 보면, 낭만주의자들이 영적인 자연관을 지지하는 데 쓸 수 있는 선택지로 신플라톤주의를 택한 이유를 알 수 있다. 그들은 세계가 유출물이라는 개념에 특히 매료되었고, 빛을 내는 태양이나 흘러넘치는 샘의 은유도 좋아했다. 그들은 이런 은유를 예술가의 **창조성**에 적용하기까지 했다. 예술은 세상에 자신의 내적 빛을 방출하는 램프요, 정서가 흘러넘치는 샘이었다. 워즈워스는 시를 "강력한 감정들이 저절로 흘러넘치는 현상"이라고 정의했다. 상징주의 다음에 일어난 주요 운동은 '표현주의'였다.

표현주의자들은 예술가는 눈에 보이는 것만 그려야 한다는 인상주의자들의 금언을 거부했다. 표현주의 화가 알렉세이 폰 야블렌스키 Alexej von Jawlensky는 "예술가는 눈에 보이는 것이 아니라 자기 안에 가지고 있는 것을 표현한다"고 말했다. 음악사가 도널드 그라우트 Donald Grout는 둘의 차이를 이렇게 요약한다. 인상주의가 "주어진 순간에 지각된 외부 세계의 대상을 표현하는 것을 추구"하는 반면, 표현주의는 "내적 체험의 표현을 추구한다."[26]

초기 표현주의: 내적 경험의 표현.

폴 고갱의 「설교를 들은 뒤에 나타난 환상」(1888)

고갱의 「설교를 들은 뒤에 나타난 환상」은 사실적인 장면을 보여 주려는 그림이 아니다. 구도는 단조롭고, 배경은 붉으며, 눈에 보이는 광원은 없다. 이 그림은 기도하는 여인들의 머릿속 관념을 그리고 있다(그들은 방금 천사와 씨름하는 야곱에 대한 설교를 들었다). 로크마커의 설명에 따르면, 고갱은 "인상주의자들의 극단적 자연주의를 극복하고, 눈으로 볼 수 있는 것 이상을 담아낼" 방법을 찾으려 했다.[27]

반 고흐의 「별이 빛나는 밤」에 나타난 소용돌이치는 별과 불꽃같은 나무도 마찬가지로 표현주의적이다. 젊은 시절 반 고흐는 설교자가 되고 싶었지만 원하는 신학교에 입학하지 못했다. 그는 이에 굴하지 않고 선교사로 훈련을 받았고 벨기에 남부의 가난한 탄광 지역에서 복음전도자로 일했다. 광부들의 가난에 동참하기로 결심한 그는 가진 것을 모두 나누어 주고 바닥에서 잠을 잤다. 그러나 불행히도, 선교사 학

빈센트 반 고흐의 「별이 빛나
는 밤」(1889)

교는 그의 열정을 귀하게 여기지 않았고 그를 쫓아냈다. 마침내 반 고
흐는 예술 또한 하나님을 섬기는 수단이 될 수 있음을 깨달았다. 그의
소용돌이치는 별과 몸부림치는 경치는 "천문학적 관찰보다는 종교적
계시의 영역에 속하는 환상"을 표현한다.[28]

　반 고흐도 보다 사실적인 양식으로 그리려는 시도를 안 해본 것이
아니었다. 그러나 그는 이내 "끔찍한 아쉬움을 느꼈다. 그 단어를 입 밖
에 내야 할까? 종교에 대한 아쉬움이었다. 그러면 나는 밤에 밖으로 나
가 별을 그렸다."

무엇보다 중요한 진정성

예술을 개인 내면의 표현으로 보는 정의는 역사상 전혀 새로운 것이었
다. 서구 문화의 여명기 때부터 예술은 어떤 식으로든 현실을 반영하
거나 표현한다는 관점에서 정의되었다. 르네상스 시기의 예술가들은

※ 마르쿠스 툴리우스 키케로
기원전 1세기 로마의 정치
가·학자·작가. 집정관이 되
어 카틸리나의 국가 전복 음
모를 폭로하고 '국부'라는 칭
호를 얻었다. 그의 문체는 라
틴어의 모범으로 일컬어진다.

예술이 "삶의 복사, 관습의 거울, 진리의 반영"이라는 키케로※의 격언을 즐겨 인용했다. 레오나르도 다빈치는 "화가의 마음은 거울과 같아야 한다"고 말했다. 이러한 정의에 따라, 예술작품의 주된 평가 기준은 재현의 충실성이 되었다. 그 작품이 현실을 참되게 재현했는가? 거울이 원본을 제대로 보여주었는가? 문자적 충실함보다는 자신이 경험한 바를 충실하게 재현함이 목표였다.

하지만 낭만주의자의 출현과 함께, 세상을 반영하는 거울의 은유는 자기 빛을 비추어 세상을 밝히는 '램프의 은유'로 대체되었다. 예술가의 창의적 상상력이 세상에 더 깊은 의미를 불어넣으리라고 본 것이다. 이 정의에 따르면, 예술의 주된 평가 기준은 진리가 아니라 진정성이 된다. "예술작품이 외부 세계에 충실한가?"가 아니라 "시인이나 예술가의 내면 세계에 충실한가?"가 중요한 문제가 되었다. 그것이 예술가의 마음 상태와 일치했는가? 작가의 내면을 제대로 표현했는가? 예술을 측정하는 기준은 더 이상 기술이나 솜씨가 아닌 진정성이었다. 예술가는 자연에 충실해야 할 책임을 인정하지 않았고 내면적 자아에만 충실하면 된다고 보았다. 그래서 그들은 내면의 이상을 표현하기 위해 감각 인식을 얼마든지 왜곡할 수 있었다. 고갱은 풀을 빨갛게 칠한다. 반 고흐는 별이 마차 바퀴처럼 돌아가게 그린다. 의미나 정서를 전달하는 데 유용하다면 무엇이나 허용된다.

과학의 파산

제1차 세계대전 무렵, 표현주의는 훨씬 더 어두워졌다. 전쟁은 서구의 과학과 합리성에 대한 고발로 받아들여졌다. 기술적 진보는 약속한 낙원을 지구상에 가져오지 않았고, 대신 기관총, 탱크, 폭탄, 독가스 등 끔찍할 만큼 효율적인 살상 기계를 만들어 냈다. 그로 인해 인류가 한 번도 본 적 없는 대규모의 대학살이 발생했다. 때로는 한 전투에서 수십만 명이 목숨을 잃기도 했다. 커스핏은 "이성이 불합리하고 비인간적이 되었다. 영혼 없는 기술, 양심 없는 기술을 낳았다"고 썼다. 이성은 또한 "이 사회에서 적극적으로 유물론적인 것이 되어 사람을 비인간적으로 만들고 제1차 세계대전에서 만연했던 잔학한 만행을 허용했다."[29]

많은 이들은 유럽이 문화적 자살을 했다고 보았다. 조지 버나드 쇼의 1931년 희곡『너무 진실해서 선할 수 없는』의 한 등장인물은 이렇게 탄식한다. "내가 믿었던 과학이 파산했다. 그 잔인함은 종교재판의 모든 만행보다 더 끔찍했다.……천년왕국을 건설하게 해준다던 과학의 기획은 유럽의 자살로 곧장 이어졌다."

서구 문화는 그 통합적 구심점을 상실한 듯 보였다. 월포드에 따르면, 고대 그리스 이래 예술은 "초월적 또는 통합적 질서가 우주를 다스린다는 생각"의 영향을 줄곧 받았다. 그러나 이제는 "기성 예술의 형식적 질서보다는 파편화, 우연, 혼란, 부조화가 인간의 경험에 더 어울리는 예술적 은유 같았다."[30] 예술가들은 그들의 이미지를 더욱 왜곡해 적대적이고 소외감을 불러일으키는 세계를 만들어 내기 시작했다. 뾰족한 각, 울퉁불퉁한 선, 눈에 거슬리는 색깔을 통해 분노와 불안의 테마를 표현했다. T. S. 엘리엇의 시의 한 구절처럼, 세상이 무너져 "부서진 이미지들의 더미"만 남은 것 같았다.

많은 표현주의 예술가들이 제1차 세계대전을 직접 경험했다. 에른스트 키르히너Ernst Kirchner와 막스 베크만Max Beckmann 같은 이들은 전선에서 복무하다 신경쇠약을 겪었다. 나치스 정권은 그들의 그림이 '퇴폐적'이

표현주의: 부서진 이미지들의 더미. 막스 베크만의 「새들의 지옥」(1938)

라고 맹비난하고 작품 수백 점을 없애도록 명령을 내렸다. 키르히너는 결국 자살했다. 베크만은 간신히 독일을 탈출해 「새들의 지옥」을 그렸다. 사람을 산 채로 벗기는 그림 속 나치스트 중 일부는 팔을 들고 나치식 경례를 하고 있다.

드라마와 영화는 세트 자체의 왜곡으로 소외감을 전달했다. 기념비적인 표현주의 영화 「칼리가리 박사의 밀실」에는 비스듬한 유리창, 비뚤어진 문, 왜곡된 통로들이 등장했다.

이런 작품이 아름다웠을까? 물론 아름답게 보이려고 만든 작품이 아니었다. 그 잔인함과 비인간적 만행 앞에서는 폴리애나※의 감상에 빠지지 않는 한 도저히 아름다운 예술작품을 만들 수 없을 듯 보였다. 곰브리치의 말을 들어 보자. "표현주의자들은 인간의 고통, 가난, 폭력, 격정에 너무나 큰 충격을 받은 나머지 예술에서 조화와 아름다움을 내

※ 폴리애나
엘리너 포터의 소설 『폴리애나』의 여주인공. 그 어떤 어려운 상황에서도 늘 낙관적인 면만 보는 소녀.

350

세우는 것이 부정직한 태도라고 생각하게 되었다. 예쁘장함과 세련미가 풍기는 것이라면 모두 피하고 '부르주아'에게 충격을 선사하여 그를 자기만족에서 벗어나게 하는 것이 예술가로서의 자존심이 걸린 문제가 되었다."[31]

영적 세계의 추구

표현주의자는 고통에 민감함에도 불구하고, 아니 어쩌면 민감하기 때문에 영적 영역에 여전히 마음이 열려 있었다. 1916년, 문예비평가 헤르만 바르[Hermann Bahr]는 이렇게 썼다. "인간은 영혼을 찾아 외친다. 예술도 어둠 속에서 외치며 도움을 청하고 영에 호소한다. 이것이 표현주의다."[32]

종교적 표현주의: 영적 세계를 추구하다.

에밀 놀데의 「오순절」(1909)

많은 표현주의자들이 이런 상황에서 기독교의 복음이 어떤 의미가 있는지를 탐구했다. 에밀 놀데[Emil Nolde]는 신앙심 깊은 개신교 가정에서 자라났지만, 나치스가 볼 때 그의 그림에 나타나는 가면 같은 얼굴과 거슬리는 색조는 지나치게 표현주의적이었다. 나치스 정권은 그를 '퇴폐적'이라 비난하고 그림을 그리지 못하게 했다.

조르주 루오[Georges Rouault]는 젊은 시절 스테인드글라스 제작자로 일했다. 이 경험은 그의 그림 속 굵고 검은 선과 선명한 색깔로 나타났다. 독실한 로마가톨릭 신자였던 루오는 범죄자, 매춘부, 서커스 광대, 피난민, 가난한 사람 등 사회의 소외된 자들과 주변인들을 자주 그렸다. 제1차 세계대전 이후 그는 작업의 많은 분량을 할애해 고통의 이미지를 그렸는데, 그중에는 「미제레레」[Miserere]라는 제목의 연작 판화도 있다.

조르주 루오의 「군인들에게
조롱당하는 그리스도」(1932)

"불쌍히 여기소서"라는 뜻의 제목은 라틴어 성경 시편 51편의 첫머리
에서 따온 것이다. 전쟁의 참상을 묘사하는 이 판화들 여기저기에 고
난받는 그리스도의 이미지가 흩어져 있다. 마지막 판화의 제목은 이사
야 53:5의 「그가 채찍에 맞으므로 우리는 나음을 받았도다」로, 심오한
구원의 메시지를 전달한다.

이러한 사례에서 볼 때, 기독교 예술가들은 참으로 근대적이면서도 참으로 성경적인 양식을 발전시키려는 노고를 아끼지 않았다. 그 결과물은 오늘날 대부분의 종교 서점에서 볼 수 있는 명랑하고 감상적이고 심지어 신물이 나는 예술품들과 극적으로 달랐다. 기독교 표현주의는 타락하고 죄악된 세상에 만연한 잔인함과 부패를 정직하게 대면했다. 덕분에 오늘날에도 기독교 표현주의의 안내를 받을 때, 하나님이 우리를 구원하시고자 친히 인간이 처한 고통 속으로 들어와 우리의 고통에 함께하셨다는 복음의 놀라운 주장을 더욱 깊이 헤아릴 수 있다.

화가와 범신론자

낭만주의 전통에 속한 일부 예술가들은 영적 실재와 이어지는 길이 추상예술뿐이라고 판단했다. 5장에서 우리는 검은 직선과 원색의 블록으로 이루어진 기하학적 추상을 만난 바 있다. 여기서는 흔히 '생물형태 추상'biomorphic abstraction이라고 불리는 다른 종류의 추상예술을 살펴보려 한다. 생물형태 추상은 낭만주의의 영감을 받아 영적이고 유기체적인 세계관을 표현했다.

유기체적 세계관을 이해하려면 다시 과학사를 깊이 들여다보아야 한다. 물리학과 천문학 같은 분야에서 과학혁명이 시작되었지만 생물학에서는 지지부진했다.[33] 물리학이 상대적으로 단순하고 보편적이라는 점을 고려하면 그리 놀랄 일은 아니다. 갈릴레이는 피사의 사탑에서 대포알을 떨어뜨려 보편적으로 적용되는 일반법칙을 추출할 수 있었다. 그에 반해 지구상의 동식물은 모두 다 다르다. 게다가 그 어떤 물리적 시스템보다 훨씬 복잡하다. 그 결과, 생물체에 대한 기계론적 설명은 언제나 장담에 그쳤을 뿐 실현되지는 않았다. 예를 들어, 유기체에 대한 데카르트의 시계 은유는 이전 장에서 보았던 것처럼 대단한 영향력을 행사했다. 하지만 그가 내놓은 생물학 이론들은 너무나 단순하고 조악했다는 것이 동물학자 에른스트 마이어의 설명이다. 그 이론은 "유기체를 조금이라도 아는 생물학자라면" 도저히 받아들일 수 없는 내용이었다.[34]

19세기가 되자, 생물체가 단순한 기계론적 설명에는 도무지 들어맞지 않다 보니 생물학자들 사이에서 반란이 일어났다. 이렇게 묻기 시작한 것이다. 왜 기계가 자연의 은유가 되어야 한다는 말인가? 유기체가 그 역할을 하면 안 되는가? 낭만주의자들은 세계가 정적인 기계가 아니라 성장하고 발달하는 유기체라고 판단했다. 그들은 자연에는 영적 본질, 영혼, 생명력Life Force이 퍼져 있다는 생각을 신플라톤주의에서 빌려 왔다. 랜들은 낭만주의가 볼 때 "세계는 기계가 아니었다. 세계는 살아있었고 신은 창조주가 아니라 그 영혼, 그 생명이었다"고 말했다.[35] 알렉산더 포프Alexander Pope는 『인간론』Essay on Man에서 "존재의 거대한 연쇄"를 이렇게 묘사했다.

> 모든 것은 엄청난 전체의 일부
> 그 몸은 자연, 그 영혼은 하나님.

신학자 이안 바버Ian Barbour의 설명에 따르면, 낭만주의자에게 "하나님은 비인격적 기계의 외적 창조주가 아니라 자연에 스며 있는 영이다."[36] 만일 물질에 영이 스며 있다면, 우리가 흔히 영이나 마음과 연결하여 생각하는 많은 특성, 곧 의지, 지각, 감수성, 지성 등을 물질 자체가 가지고 있다는 의미가 된다. 낭만주의자들은 결국 이 낯선 우주에 인간만 존재하는 것이 아니라는 결론을 내렸다. 인간은 자연과 영적인 친족 관계에 있다.

다윈이 등장하기 오래전에

만일 자연이 내적 정신이나 생명이라면, 자연은 정적이지 않다는 결론이 따라온다. 생명의 주된 특성이 무엇이던가? 성장과 발달이다. 많은 낭만주의 생물학자가 발생학^{embryology}으로 관심을 돌렸다. 그들은 생명의 발달 단계의 단서가 될 내적 법칙을 배아의 발생에서 발견하고자 했다.

그것은 역사적 자각의 시작이었고, 그와 더불어 서구 정신은 영구히 달라졌다. 그 이전까지 1,000년 동안 '생명의 사다리' 또는 '존재의 거대한 사슬'이라는 신플라톤주의 이미지는 정적인 것으로 이해되었다. 영적 존재부터 인간, 동물, 식물, 돌멩이에 이르기까지 우주에 존재하는 모든 것의 목록은 고정되어 있었다. 개인은 사다리를 타고 올라가 '일자'와의 합일을 추구할 수 있었지만(개인이 환생할 때마다 더 높은 단계의 존재로 올라가기를 추구하는 힌두교와 비슷) 사다리 자체는 정적인 것이었다.

그런데 19세기에 이르러 '생명의 사다리'는 동적인 것이 되었다. 사다리가 기울어져 에스컬레이터가 되었다고 생각하면 그 변화가 잘 그려질 것이다. 시간이 경과함에 따라 에스컬레이터의 한 칸 한 칸을 통해 전 우주가 더 높은 단계로 올라간다. 처음에는 물질, 그 다음에는 생명, 그 다음에는 의식의 단계다.[37] 신은 세계의 영혼이므로, 세계와 더불어 신도 진화한다. 만물을 이끄는 것은 에스컬레이터에서 더 높이

올라가려는 보편적인 힘이다.

그렇게 사다리를 기울인 사상가가 헤겔이었다. 1800년대 초에 헤겔은 절대정신* 또는 절대마음이 시간이 지남에 따라 변증법적으로 전개된다고 가르쳤다. 생명력은 내재적 신성, 미완의 신이 되었다. 다윈이 등장하기 오래전, 낭만주의자들은 이미 이렇게 정신이 주도하는 진화론을 받아들였던 것이다. 이것을 보면 1859년에 다윈의 생물학적 진화론이 처음 등장했을 때 단시간 내에 받아들여진 이유를 알 수 있다. 그것을 적극 받아들인 사람들은 과학자가 아니라 역사, 철학, 신학, 사회과학 같은 분야의 사상가들이었다. 그리고 랜들이 담담하게 말하는 것처럼 "그들이 한결같이 다윈을 오해한 이유도……그의 사상의 진짜 의미를 파악하지 못한 이유도" 알 수 있다. 그들은 다윈을 이용해 자기들이 내세우는 정신 주도의 진화론을 뒷받침할 수 있을 것이라는 생각에 급급한 나머지 그가 제시한 사상이 완전한 유물론적 진화론임을 깨닫지 못했던 것이다.[38]

둘의 차이점을 확실히 파악하기 위해 사례를 하나 살펴보자. 장 바티스트 라마르크$^{Jean\ Baptiste\ Lamarck}$는 1809년에 하나의 진화론(용불용설)*을 제안했고, 다윈의 선구자격으로 거론되는 인물이다. 그러나 실상 두 사람은 개념적으로 전혀 다른 세계에 살았다. 다윈의 이론은 기계론적 과정만 거론한다. 변이는 임의적으로 나타나며 자연선택이라는 맹목적이고 자동적인 과정을 거쳐 걸러진다. 그에 반해, 라마르크의 이론은 하나의 목표를 향해 전진하는 '활력' 또는 '생명력'을 거론한다. 기린이 높은 곳의 잎에 닿으려고 애를 쓰며 목을 뻗다 보면 목이 길어지고 마침내 몇 세대 만에 새로운 종이 생겨난다. 진화의 진행을 이끄는 것은 생물체의 **의지**나 내적 분투다. 낭만주의에서 생각하는 더 높은 단계

❋ 절대정신
헤겔 철학에서, 주관과 객관을 동일화하여 완전한 자기 인식에 도달한 정신.

❋ 용불용설
자주 사용하는 기관은 세대를 거듭함에 따라서 잘 발달하며, 그러지 못한 기관은 점점 퇴화하여 소실되어 간다는 학설. 1809년에 라마르크가 제창하였으며 이러한 발달과 미발달은 자손에게 유전된다고 하였다.

의 완전함에 이르고자 하는 보편적 분투의 생물학 버전이라고 하겠다. "그러므로 라마르크의 진화 이론은 그 어떤 의미에서도 다윈 진화론의 과학적 서곡으로 볼 수 없다"고 찰스 길리스피[Charles Gillispie]는 주장한다. 오히려 그것은 과학적 환원주의에 맞서 "낭만주의 생물학이 펼친 반격의 두드러진 사례였다."[39]

역사는 승자의 기록이기 때문에, 낭만주의 버전의 진화론이 얼마나 오랫동안 인기를 끌었는지 우리는 더 이상 알지 못한다. 다윈의 이론이 과학적 정통 이론의 지위로 올라선 것은 1930년대, 멘델[*] 유전학이 재발견된 다음의 일이었다. 다윈의 이론은 임의적인 변이에 근거하지만, 그는 그런 변이가 어떻게 생겨나는지 몰랐다. 그 이전까지는 정신이 주도하는 진화의 개념이 널리 받아들여졌는데, 그와 같은 개념이 진화 과정을 이끄는 신적 섭리 개념을 지지하는 듯 보였기 때문이다. 랜들은 "그러한 진화 개념이 종교적 구도자들에게 뜻밖의 선물이 되어 주었다"고 적었는데, 그것이 "진화 과정에 신과 섭리를 더해" 주었기 때문이다. 그것은 목적론적(목표나 목적의 지시를 받는) 진화론을 제시했다. 이처럼, 정신 주도의 진화론은 사람들에게 "세상에는 목적이 있고, 인간의 이상은 자연에 중요한 영향을 끼치며, 지상에서 실질적인 형태로 하늘에 도달할 수 있다는 확신을 주었다."

다시 말해, 정신 주도의 진화론은 유물론이 말하는 바와 달리, 목적과 의미가 인간의 마음에만 있거나 엄격하게 심적인 것만은 아니라는 확신을 주었다. 목적과 의미는 자연 안에도 있었다. 인간은 전혀 어울리지 않는 기계론적 우주에 생뚱맞게 등장한 별종이 아니다. 인간 마음의 가장 심오한 갈망과 동일한 것이 자연에 퍼져 있는 절대정신 안에 있었고 그것을 확인할 수 있었다. 인간과 자연은 동일한 정신으

[*] 그레고어 멘델
오스트리아의 수도 사제이자 유전학자(1822-1884). 1865년, 완두를 재료로 하여 유전이 일정한 법칙에 따른다는 멘델의 법칙을 발표하였다. 우성과 열성의 대립 유전자 중 우성이 형질로 발현된다는 우열의 법칙, 단성 잡종끼리 교배하였을 때 우성과 열성의 대립 유전자가 일정한 비율로 분리된다는 분리의 법칙. 서로 다른 상동 염색체에 있는 각 유전자는 독립적으로 행동한다는 독립의 법칙이 있다.

로 서로 이어져 있었다. 콜리지는 "모든 것이 고유의 생명을 가지고 있고, 우리 모두가 한 생명"이라고 썼다. 진화는 신적 생명이 역사를 통해 전개되는 과정이 되었다. 랜들의 결론처럼, "과학이 신을 우주에서 쫓아낸 듯 보였을 때, 인간은 '진화' 같은 모종의 자연적 힘을 신격화할 수밖에 없었다."[40]

헤겔과 잘라 붙인 성경

하지만 진화를 신격화하고 보니 그 경쟁자, 곧 성경의 하나님을 폐위시킬 길을 찾아야 했다. 그 작업은 신학을 진화 과정의 일부로 만들어 버림으로써 이루어졌다. 역사가 절대정신 또는 절대마음의 점진적 전개라면, 법률, 윤리, 철학, 심지어 신학 등의 관념 역시 진화해야 한다는 결론이 따라온다. 헤겔은 어떤 관념도 절대적이거나 초시간적 의미에서 참은 아니라고 가르쳤다. 역사의 어느 한 단계에서 참이라 여겨졌던 것도 다음 단계로 넘어가면 '더 높은 진리'에 자리를 내어 주기 마련이다. 이런 급진적 상대주의를 '역사주의'historicism라고 부르는 이유는, 늘 변하는 역사 과정 바깥에는 아무것도 없다고 말하기 때문이다.

　물론 역사주의는 제 밑동을 자른다는 문제가 있다. 자살을 하는 셈이다. 역사적으로 볼 때 모든 것이 상대적이라면, 역사주의 관념 역시 상대적인 것일 수밖에 없기 때문이다.[41] 헤겔은 자신이 역사 너머에 서서 역사를 있는 그대로 객관적으로 볼 능력을 가지고 있다고 전제해야 했다. 하지만 역사주의에 따르면 그 어떤 것도 역사 너머에 있지 않다. 따라서 역사주의자는 역사주의가 참이라는 주장을 펼칠 수 없다. 자살을 피할 길은 논리적 일관성을 포기하는 것뿐이다. 헤겔은 역사주의를 적용해 모든 견해를 상대적인 것으로 만들면서도 자신의 견해만큼은 예외로 해야 했다.

이러한 내적 모순에도 불구하고 역사주의는 이내 성경에 적용되어 그 권위를 약화시키는 결과를 초래했다. 역사주의는 성경이 하나님의 계시가 아니라고 주장한다. 성경은 단순한 것에서 복잡한 것으로 진화해 온 인간이 가진 신 개념에 대한 기록일 뿐이다. 종교의 진화에서 신 개념의 첫 단계는 토테미즘 또는 애니미즘* 이다(이것들은 19세기 사상가의 눈에 단순해 보였다). 다음 단계로 다신론(많은 신들)을 거쳐 단일신론(올림포스 산의 제우스처럼 주신이 하나), 유일신론(하나의 신)으로 이어졌다. 마지막 단계는 아모스와 호세아 같은 선지자들의 윤리적 유일신론인데, 그들은 하나님이 한분이실 뿐 아니라 기룩하시다고 가르쳤다.

성경은 정말 진화론적 진전을 보여주는가? 물론 그렇지 않다. 성경은 창세기 1장 도입부부터 윤리적 유일신론을 가르친다. 여기에 대한 헤겔 추종자들의 해명은, 그것 자체가 성경이 신뢰할 수 없고 오류투성이임을 보여주는 증거라는 식이다. 그들은 텍스트에 가위와 풀을 들이대고는 자신들이 미리 정해 둔 순서에 들어맞을 때까지 텍스트를 재배열한다. 조악하거나 원시적인 개념을 표현한다고 생각되는 구절(예를 들어, 화를 내시는 하나님을 묘사하는 구절)은 일찍 기록된 것으로 보고, 숭고하거나 진보된 느낌의 구절은 나중에 기록된 것으로 본다. 그런 기획이 과학적으로 신빙성이 있다는 느낌을 주기 위해, 1878년에 헤겔의 제자 K. H. 그라프^{Graf}는 본인의 학생 율리우스 벨하우젠^{Julius Wellhausen}과 함께 '고등비평'이라는 방법론을 제안했다. 그 내용은 구약성경을 여러 부분으로 쪼개고 각 부분에 대해 다른 저작 시기와 저자를 부여하는 것이었다. 이것은 '그라프-벨하우젠 가설'로 알려지게 되었다.[42]

*애니미즘
자연계의 모든 사물에는 영적·생명적인 것이 있으며, 자연계의 여러 현상도 영적·생명적인 것의 작용으로 보는 세계관 또는 원시 신앙.

아이러니하게도, 헤겔로부터 영감을 얻은 이 모든 이론화 작업이 이루어진 시점은 고고학이 근대 학문으로 등장하기도 전이었다. 고고학이 근대 학문으로 등장하자마자, 고등비평의 주장은 고고학이 밝혀낸 여러 사실에 걸려 좌초되었다. 잘 알려진 사례를 하나만 들자면, 한때 고등비평가들은 모세 당시는 문자가 발명되지 않은 상태였기 때문에 모세가 모세오경을 썼을 리 없다고 주장했다. 그러나 곧 고고학자들은 모세보다 훨씬 이른 시기에 문자가 발명되었다는 사실을 발견했다. 오늘날 초등학생도 다 아는 함무라비 법전은 모세보다 시기적으로 몇백 년 앞선다. 그보다 더 이른 아브라함 시대에도 바빌로니아 대부분의 도시와 신전에는 번역자들을 위한 다국어로 된 사전, 문법책, 어휘집을 보관하는 도서관이 있었다. 구약성경 저자들은 많은 이들이 읽고 쓸 줄 알았던 복잡한 다민족 사회에서 살았다.[43]

그럼에도 불구하고 비평가들은 성경의 많은 부분은 거기 묘사된 사건이 벌어진 지 오랜 후에 기록되었기에 텍스트가 신화와 전설로 싸여 있다는 주장을 계속한다. 여기서도 고고학은 고등비평가들이 틀렸음을 계속 입증한다. 누지 토판, 마리 토판, 에블라 토판, 살만에셀 오벨리스크, 고레스 실린더, 라기스 서한 등 여러 고대 문서가 발굴된 것이다. 이 자료들을 통해 나라, 도시, 강, 무역로, 지도자, 관습, 전통 등 성경에 나오는 역사적 세부 사실이 거듭거듭 사실로 입증되었다. 이런 세부 사실은 많은 경우 시간이 흘러 완전히 잊혔던 것이다. 수백 년 이후에 살았던 저자가 수세기 동안 알려지지 않았던 사실과 우연히 일치하는 이름, 지명, 관습이 들어 있는 이야기를 지어냈다니, 믿기 어려운 일이다.

✻ 살만에셀 오벨리스크
앗시리아 왕 살만에셀 3세의 군사원정이 부조로 새겨진 비석. 이스라엘 예후 왕이 조공을 바치는 모습이 나와 있다.

불교 수입

헤겔의 철학은 이러한 고고학적 자료들이 하나도 나오기 전에 등장했으니, 전적으로 사변적인 것이었다. 그러나 그 영향력은 엄청났고, 정신 주도의 진화론이 대단한 인기를 끌었다. 특히 예술가와 문필가들은 점성술, 영매, 교령회(交靈會),※ 자동 기록, 심령 연구, 혼령 안내자 등 여러 영적이고 신비주의적인 기법에 관심을 갖고 모이기 시작했다. 그들은 신플라톤주의에 뿌리를 둔 신지학Theosophy※ 같은 오컬트 철학도 받아들였다. 앞에서 보았듯, 이전 시대에는 신학자들이 신플라톤주의를 기독교와 양립할 수 있는 것으로 만들려고 했다. 그러나 이제 사람들은 신플라톤주의와 동양 사상의 친화성에 더욱 강한 흥미를 느꼈다. 쇼펜하우어는 불교를 서구에 전면적으로 수입한 첫 번째 철학자가 되었다 (니체는 자신의 철학을 '유럽식 불교'라고 이름 지었다).[44] 쇼펜하우어는 영향력이 큰 미학이론도 함께 내놓았는데, 그의 동양 사상은 예술계에 깊이 침투했다.

하지만 이 시대 예술가들에게 가장 큰 영향을 끼친 사람은 마담 블라바츠키Madame Blavatsky라는 러시아 영매였다. 19세기 후반에 그녀는 신지학을 현대의 형태로 발전시켰다. 그것은 동서양 사상을 종합하여 공통분모를 추출한 신비주의로, 모든 것이 만물에 퍼져 있는 신적 본질의 일부라고 가르쳤다. 인간의 마음은 신비적 체험을 통해 의식의 더 높은 단계로 진화하고 마침내 궁극적 실재인 절대자와 합일의 상태에 이르게 된다는 것이다.[45]

※ 교령회
죽은 이의 혼령과 교류를 시도하는 모임.

※ 신지학
우주와 자연의 불가사의한 비밀, 특히 인생의 근원이나 목적에 관한 여러 가지 의문을 신에게 맡기지 않고 깊이 파고들어 가, 학문적 지식이 아닌 직관에 의해 신과 신비적 합일을 이루고 그 본질을 인식하려고 하는 종교적 학문. 플로티노스나 석가모니의 사상 등이 이에 속한다.

칸딘스키의 영성

마담 블라바츠키의 주문에 걸려든 가장 유명한 예술가는 흔히 최초의 추상예술가로 꼽히는 바실리 칸딘스키$^{Wassily\ Kandinsky}$였다. 칸딘스키는 많은 이들에게 영향을 끼친 책 『예술에 있어 정신적인 것에 대하여』$^{On\ the\ Spiritual\ in\ Art}$에서 달, 별, 나무, 꽃 등 "모든 것은 은밀한 영혼을 가진다"는 신플라톤주의 교리를 내세웠다. 그는 현대사회의 병리가 만물의 영혼을 알아보지 못하는 데 있다고 말했다. "물질과 물리적인 것을 신성시하는 이 시대에는 '물리적인 눈'으로 볼 수 있는 것만 인정을 받는다. 영혼은 폐지되었다."

칸딘스키가 미술에서 리얼리즘을 거부한 이유는 그것이 유물론과 관련이 있다고 생각했기 때문이다. 화가가 "눈에 보이는 것만 그린다"는 규칙을 따른다면, 그림의 소재가 물질적 대상으로 한정될 수밖에 없을 것이다. 그는 물질적 대상을 제거하고 추상을 남기는 것이 유물론 철학을 제거할 길이라고 판단했다. 그는 추상미술이 "눈보다는 영혼에 적합하다"고 말했다. 추상미술은 "유물론 철학의 가혹한 독재"로부터 마음을 해방시켜 영적 갱생의 "가장 강력한 도구 중 하나"가 될 것이었다.[46] 칸딘스키의 양식은 '생물형태 추상'이라고 부르는데, 그 형태가 생물체의 곡선을 따르고 있기 때문이다.

칸딘스키는 신지학에서 영감을 얻은 자신의 정신주의를 뒷받침하기 위해 새롭게 떠오른 원자론에 호소했다. 뉴턴은 원자가 작은 당구공처럼 단단하고 속이 꽉 찬 덩어리라고 생각했다. 원자를 뜻하는 atom이라는 용어는 문자적으로 "더 이상 나눌 수 없는 것"을 뜻한다. 그러나 1911년, 어니스트 러더퍼드$^{Ernest\ Rutherford}$는 원자 입자들을 종이

⁂ 어니스트 러더퍼드
1908년 노벨 화학상을 수상한 뉴질랜드 태생의 영국 물리학자·화학자(1871-1937). 원자에 관한 선구적인 실험물리학자로, 소디와 함께 방사선을 연구하여 원자가 알파선, 베타선, 감마선을 방출하고 붕괴한다는 것을 발견했다. 알파선 산란의 실험에서 원자핵의 존재를 발견하고 러더퍼드의 원자 모형을 발표했으며, 질소 원자를 베타선으로 파괴하여 방출되는 양자를 윌슨의 안개상자로 확인했다.

정신적 진화주의의 생물형태 추상: 영적 갱생의 도구, 예술.

바실리 칸딘스키의 「노랑, 빨강, 파랑」(1925)

두께의 금박에 쏘았다가 대부분의 입자가 금박을 관통하는 것을 발견하고 깜짝 놀랐다! 일부분만 여러 방향으로 튀었다. 이것을 본 그는 원자가 대체로 빈 공간으로 이루어져 있고 중심에 작은 핵이 있다는 결론을 내렸다. 그러자 문득, 일상 경험의 세계가 환각처럼 보였다. 그토록 견고해 보이던 발밑의 바닥이 실제로는 대부분 빈 공간이다. 바닥이 포함하는 물질의 양은 매우 적다. 바닥은 대체로 원자 내의 역장(力場)으로 우리를 지탱한다.

많은 이들이 새로운 원자론을 철학적 관념론(실재는 궁극적으로 물질이 아니라 정신이라는 입장)을 지지하는 과학적 근거로 활용했다. 1931년, 물리학자 제임스 진스James Jeans는 의기양양하게 기록했다. "우주가 기계보다는 거대한 생각처럼 보이기 시작한다. 정신은 더 이상 물질 영역의 우발적인 침입자로 보이지 않는다.……그보다는 물질 영역의 창조자이자 관리자라고 일컬어야 할 것이다."[47]

칸딘스키도 새로운 물리학을 유물론의 종말로 보았다. "기존 원자

프란츠 마르크의 「말과 독수리」(1912)

모델의 붕괴는 내가 볼 때 온 세계의 붕괴와도 같았다. 가장 튼튼한 벽이 갑자기 무너졌고……과학은 파괴된 것처럼 보였다. 과학의 가장 중요한 토대가 환각에 불과했다." 과연 "물질 같은 것"이 존재하기는 하는가?[48]

세상은 보이지 않는 힘들로 해체되는 것 같았는데, 그것은 정신적 힘과 비슷해 보였다. 프란츠 마르크Franz Marc는 그림에다 역선(力線)을 사용해 보이지 않는 여러 에너지를 나타냈는데, 이것은 그런 여러 에너지를 범신론적 자연관에다 통합시킨 시도였다. 그의 말을 들어 보자. "나는 만물의 유기체적 리듬에 민감하고 자연 속 혈액의 진동 및 흐름과 범신론적으로 공감하는 스타일을 원한다."

역사가들은 흔히 온갖 형태의 추상을 한데 뭉뚱그린다. 하지만 직선과 직각을 구사하는 기하학적 추상은 형식주의적(아래층)이었고, 둥글둥글한 유기체의 모양을 하고 있는 생물형태 추상은 표현주의적(위층)

표현주의 건축: 유기체적 생물형태 건물. 에리히 멘델존의 아인슈타인 타워(1921)

이었다. 진 에드워드 비스가 지적한 대로, 미술은 추상적이 되어 가면서도 형식주의와 표현주의라는 두 방식의 **분화**를 여전히 보여주었다.[49]

건축에서도 동일한 분리를 볼 수 있다. 형식주의 건축이 기하학과 균형의 이상에 영감을 받아 유리와 철로 된 각진 상자들을 만들어 냈다면, 표현주의 건축은 운동감을 실어 유기체적 건물 내지 생물형태 건물을 만들어 냈다.[50]

무지의 구름

칸딘스키는 '추상표현주의'라는 더 광범위한 운동의 초기 대표자로도 인정받는다. 영적 색채를 띤 이 운동은 예술을 대체종교로 보는 낭만주의 전통을 분명하게 계승하고 있다. 여기서의 종교는 어떤 종류의 것일까? 많은 미술평론가의 지적에 따르면 추상표현주의는 부정신학

*via negativa*과 유사한데, 부정신학의 접근 방식은 하나님을 묘사할 때 그분이 "어떤 분이신가"의 관점이 아니라 "어떤 분이 아니신가"의 관점에서 바라보는 것이다. 하나님은 물질이 아니시다. 하나님은 무한하시다. 하나님은 시간 안에 계시지 않다 등이다. 역사가들은 부정신학의 출발점을 신플라톤주의의 창설자 플로티노스로 본다. 그는 '일자'가 인간의 모든 개념을 뛰어넘는다고 가르쳤다. 그러므로 일자에 대한 인간의 모든 개념은 잘못된 것, 오해의 소지가 있는 것임이 분명하다. 신성에 다가갈 유일한 길은 우리가 가질 수 있는 모든 개념을 부정하는 것이다. 플로티노스는 이렇게 쓴 바 있다. "영혼에 다른 상(像)이 남아 있는 한, 우리의 생각은 일자를 파악할 수 없다." 따라서 "모든 외적인 것으로부터 영혼을 해방시키고 자신의 내부를 온전히 바라보며 마음을 있는 그대로 드러내야 한다."

기독교 신비가들은 하나님에 대한 부적절한 견해를 몰아내는 도구로 종종 부정신학을 사용했다. 잘 알려진 사례가 14세기의 고전『무지의 구름』*The Cloud of Unknowing*이다. 이 책은 하나님에 대해 안다고 생각했던 모든 것을 내려놓고 '무지'의 어둠과 침묵 속에 들어가는 것이 그분께 이르는 길이라고 가르친다. 하지만 부정신학은 한 번도 기독교 안에서 큰 흐름으로 자리 잡은 적이 없다. 성경에는 하나님과 그분의 성품, 역사 속에서 행하신 능한 일에 대한 긍정적인 진술이 너무 많이 나오기 때문이다.

부정신학을 가장 많이 사용하는 종교는 동양에 있다. 힌두교와 불교의 명상에서 가장 인기 있는 주문은 '옴'이다. 이 단음절의 소리를 거듭 되풀이하여 읊조리는 목적은 마음을 비우기 위함이다. 물질세계에 대한 집착에서 벗어나 마침내 사고 자체를 초월하고 내면의 침묵에 이

부정신학으로 등장한 예술.
애드 라인하르트의 「그림」
(1958)

르러 무한이나 공(空)과 하나가 되기 위함이다.

추상화의 목적 역시 관람자의 마음이 물질적 대상에 대한 집착에서 벗어나 더 높은 정신적 영역에 이르도록 이끄는 것이다. 단색조 미술(한 가지 색으로 그린 그림)은 단음절 주문의 시각 버전으로 생각할 수 있겠다. 둘 다 부정신학의 내적 침묵과 어둠으로 가는 길이며, 사유와 이성 너머의 합일로 가는 길이다.

신지학에 깊은 영향을 받았던 20세기 추상표현주의자 애드 라인하르트[Ad Reinhardt]를 생각해 보자. 포스트모던 신학자 마크 테일러[Mark Taylor]의 평에 따르면, 그는 "동서양의 신비주의를 혼합한 종교적 시각을 개발하여 사실상 예술에 대한 부정신학을 만들어 냈다." 라인하르트를 유명하게 만든 일련의 흑백 그림은 본인의 말을 빌면 '신비적 상승'을 나타낸다. 마음이 동떨어진 이미지들로 구성된 '외양의 세계'를 떠나 마침내 '미분화된 합일'에 이른 상태이다. 이런 상태에서는 "어떤 것에 대한 의식도 없고 어둠 속에서 모든 구분이 사라진다.……마음은 신적 어둠을 얻는다." [51] 무지의 구름 속에 빠져든다.

프란시스 쉐퍼가 붙인 꼬리표를 빌려 온다면 이것을 "거기 없는 존재와 누리는 신비주의"라고 부를 수 있겠다. [52] 이런 체험으로 우리가 세속 세계에서 벗어나 무엇과 이어진다는 것일까? 그것은 우리를 사랑하는 초월적 인격체가 아닌, 순전한 고요와 공허다. 소설가 수전 손택 Susan Sontag 은 이것을 "부정신학, 신이 없는 신학, 지식 너머에 있는 무지의 구름과 언변 너머의 침묵을 향한 갈망"으로 끝나는 신비주의라 부른다. 손택은 추상예술 역시 "제재(대상, 이미지)의 제거, 의도의 우연, 침묵의 추구"로 향하는 경향이 있다고 말한다. [53]

존 케이지와 선불교

우연과 침묵, 이 두 테마는 작곡가 존 케이지 John Cage 의 트레이드마크가 되었다. 1946년, 한 인도인 학생이 그의 고향에서 음악의 목적은 청중의 마음을 가라앉혀 신들의 영향에 민감해지게 하는 것이라고 그에게 말했다. 그 자리에서 케이지는 서구 예술가들이 예술을 자기표현으로 정의한 것이 끔찍한 오류였다고 결론을 내렸다. 그는 선불교를 공부하기 시작했다. 선불교에서는 마음을 가라앉히고 깨달음에 이르는 길은 모든 욕망에서 벗어나는 것이라고 가르치는데, 케이지는 이 가르침을 작곡가가 자신의 호불호를 음조에 집어넣어서는 안 된다는 의미로 받아들였다. 그는 선택하고 통제하는 자신의 힘을 배제하기 위해 주사위를 던지거나 『주역』을 찾아보는 등의 우연한 방법을 써서 음을 결정하는 방식으로 작곡하기 시작했다. 연주자에게 의자나 탁자, 창틀 등 마침 옆에 있는 물건을 멋대로 치라고 지시하기도 했는데, 그의 작품 「거실 음악」이 그런 경우에 해당한다.

예상할 수 있다시피, 여러 소리와 음을 임의로 모아 놓으면 흔히 혼란과 불협화음이 남는다. 특정한 세계관에 충실하려다 보니 아름다움과 미학을 고려할 여지가 또다시 사라지게 된 것이다. 대학생 시절 나는 케이지에게 영감을 받은 한 음악회의 바이올린 연주자로 초대받았다. 음표가 있어야 할 악보에는 작곡가가 그려 놓은 고리, 소용돌이, 오르내리는 구불구불한 선이 있었다. 악보를 적어 놓은 기다란 종이는 둥그렇게 배치된 악보대를 감싸고 있었다. 연주자들은 원형으로 배치된 악보대를 돌면서 바이올린, 오보에, 호른 등을 연주했다. 어떤 곡인지가 구불구불한 선으로 대충 표시되어 있었기 때문에, 연주자는 즉흥적으로 연주할 자유가 있었다. 작곡가는 그 곡에 대한 통제권을 포기했던 것이다. 나도 연주자 중 하나였지만 연주의 결과물이 누구나 듣고 싶어 할 음악은 아니었음을 인정해야겠다.

결국 케이지는 완전한 침묵으로 내려갔다. 악명 높은 침묵의 작품 「4분 33초」의 공연을 맡은 연주자는 피아노 앞에 앉아 건반 위에 두 손을 올리고는 4분 33초 동안 단 하나의 음도 연주하지 않았다. 그 곡을 구성하는 것은 공연장에서 나는 임의의 주변 소음이다. 예술가의 창조적 선택과 의도를 배제하여 우주가 스스로 '말하게' 하자는 것이었다.

베그비는 이러한 접근법의 문제점이 "인간이 자연을 넘어서는 존재임을 사실상 완전히 부인한다"는 점이라고 지적한다.[54] 이것은 인간이 자연을 넘어서는 존재라는 느낌이 환각이라는 동양적 생각을 표현하고 있다. 힌두교 사상에서 자신이 별도의 개인이라는 느낌은 마야 *maya* ※, 곧 환각이다. 심지어 그것은 악의 근원, 탐욕과 이기심, 전쟁과 압제의 원인이 된다. 따라서 명상의 목표는 우주적 일자, 미분화된 전체와 융합함으로써 자신이 별개의 자아라는 모든 생각을 해체하는 것이다. 8세기의 중국 시인 이백의 시 한 편은 이렇게 끝난다.

> 산과 나, 둘이 같이 앉았네.
> 마침내 산만 남았네.

이 시는 명상을 다루는 책에서 자주 인용된다. 크나큰 평화! 자연과의 온전한 하나됨! 하지만 여기서 시인은 무슨 말을 하고 있는가? 사람은 산기슭의 바윗덩이로 해체되는 것을 목표로 삼아야 한다는 것이다. 근본적으로 비인간화를 초래하는 메시지다. 시인은 가치와 존엄성에 있어서 인간이 바위보다 못하다고 암시하는 듯하다. 그 정도가 너무 심하니 차라리 인간이 해체되어 사라지고 마침내 산만 남는 것이 최선이라는 것이다.

동양 범신론이 인간을 그렇게 낮추어 보는 이유는 출발점 자체가 비인격적이기 때문이다. 거기서 말하는 신성은 생각하고 행동하고 느끼는 인격적 하나님이 아니라 비인지적인 영적 본질이나 실체다. 그렇기 때문에, 놀랍게 들릴지 몰라도, 범신론은 실상 유물론과 그리 다르지 않다. 둘은 동전의 양면이다. 유물론은 모든 것이 물질적 재료로 이

※ 마야
환영과 허위에 충만한 물질계 또는 그것을 주는 여신의 초자연력을 이르는 말. 고대 인도의 범아일여 사상을 견지한 베단타 학파의 술어.

루어진다고 선언하고 범신론은 모든 것이 영적 재료로 이루어진다고 선언한다. 둘 다 비인격적이다. 그 결과, 두 세계관 모두 인간의 인격성을 설명하지 못한다.

물이 수원보다 높이 올라갈 수 없듯, 생각하고 행동하고 느낄 줄 모르는 비인격적 힘은 생각하고 행동하고 느끼는 인격적 주체를 만들어 낼 수 없다. 따라서 유물론도 범신론도 인간의 기원을 설명하는 임무를 감당할 수 없다. 결국 둘 다 인간 안에서 자신들이 설명할 수 없는 특성, 인간을 바위와 본질적으로 다르게 만드는 특성을 부정하고 폄하하는 것을 피할 수 없다.

이런 세계관이 인기를 끈다는 것은 어리둥절한 노릇이다. 따지고 보면, 우리가 무엇보다 갈망하는 것은 유일한 사람으로 알려지고 사랑받는 것이며, 이 갈망은 신이 인격적 존재일 때만 채워질 수 있는 것이기 때문이다. 기독교의 하나님은 우리의 개별적 정체성을 지워 버리는 것이 아니라 인정하고, 우리가 창조된 모습에 합당하게 둘도 없는 개인으로 충실히 서라고 요구한다. 동양의 신비주의와 달리, 기독교의 목표는 인간의 욕망을 억누르는 것이 아니라 참으로 만족스러운 것, 곧 궁극적 인격체와의 열정적 **사랑**의 관계를 욕망하도록 이끄는 것이다.

물론 우리는 창조된 존재이기에 때때로 피조세계와 일체감을 느끼고, 그러한 순간은 강력하고 감동적인 경험으로 남는다. 눈 덮인 산의 찬란한 광경이나 햇빛 쨍쨍한 여름날의 평온함을 만끽하면 일상생활의 요구가 얼마나 얄팍한지 깨닫고 그것을 넘어설 수 있다. 이것을 성경적 형태의 '자연 신비주의'라고 부를 수 있을 것이다. 하지만 인격적 존재인 우리는 더 깊은 신비주의로 부름을 받았다. 삼위일체 하나님의 생명과 삼위 간의 사랑에 참여하라는 부름이다. 우리는 하나님의

형상에 따라 만들어진 존재다. 인격적이되 무한하신 하나님과 교제할
때, 우리는 생각지도 못한 깊은 차원에서 우리 자신의 개성과 접촉하
게 된다.

환경보호 예술

낭만적 자연 신비주의의 전통은 '대지예술'[land art] 안에 살아있다. 예술가
들은 자신의 작업을 상업화해야 한다는 압박에서 벗어나고자 소호* 의
갤러리를 버리고 사막과 호수, 산으로 나가 추상예술품을 만들어 냈다.
불도저와 중장비를 써서 거대한 경사로와 소용돌이를 건설하거나, 풍
경을 가로질러 천을 죽 펼쳐 놓았다. 휴스는 이런 프로젝트가 "향수에
잠겨 있다"고 말한다. 이 작품들은 "자연 앞에서 낭만주의자들이 느끼
는 경외감"을 표현한다.[55]

※ 소호
뉴욕 맨해튼의 화랑 밀집지
대. 예술의 거리.

**대지예술: 낭만적 자연 신비
주의의 부흥.** 로버트 스미스슨
의 「나선형 방파제」(1970)

이들 작품 중 상당수는 일시적으로 존재했고 현재 사진 자료로만 남아 있는데, 일부러 그렇게 한 것이었다. 영원히 남는 것을 목적으로 대리석 구조물을 사용했던 서구의 기념비 전통에 대한 정면 도전인 것이다. 이 작품들은 암묵적으로 이렇게 말하고 있다. 인간이 지구에 끼치는 영향은 언젠가 사라질 것이고, 땅은 그 자연적인 상태로 돌아갈 것이며, 자연이 결국 승리할 것이라고. 산만 남는다.

실패로 끝난 로스코의 신

❋ 마르크 로스코
러시아 출신의 미국 화가 (1903-1970). '색면 추상'이라 불리는 추상표현주의의 선구자로, 거대한 캔버스에 스며든 모호한 경계의 색채 덩어리로 극도로 절제된 이미지 속에서 인간의 근본적인 감성을 표현했다.

종교로서의 예술운동은 마르크 로스코^{Mark Rothko} ❋ 의 작업에서 비극적 결말을 맞았다. 그의 트레이드마크 그림들은 자욱한 색깔의 구름으로 이루어져 있다. 그는 물감을 얇게 수없이 덧칠해 묘한 느낌의 깊이와 질감을 만들어 냈다. 작품은 크기도 거대한데, 관람자에게 그림에 둘러싸여 있는 느낌을 주려는 취지였다. 얼핏 보면 로스코는 색면 화가들(6장)과 상당히 비슷해 보인다. 하지만 색면 화가들은 색깔과 선의 형식적 관계에만 관심을 가진 반면, 로스코의 동기는 정반대였다. "나는 색채나 형태의 관계에는 관심이 없다. 색채의 관계에 의해서만 감동을 받는 사람이라면, 요점을 놓친 것이다!"

그렇다면 요점은 무엇이었을까? 로스코는 사람들이 종종 "내 그림을 대하고 감정을 주체하지 못하며 운다"고 말한다. 왜 그럴까? "내 그림 앞에서 우는 사람은 내가 그림을 그릴 때 겪었던 것과 동일한 종교적 경험을 한 것이다."

로스코가 말한 종교적 경험은 무엇을 말하는 것일까? 로스코는 초기 작품들에서 기독교적 상징과 고대 그리스 및 이집트 신화에 나오는

부정신학의 추상표현주의: 신성에 대한 긍정적 개념의 부재. 마르크 로스코의 「땅과 초록」(1955)

이미지를 탐구했다. 그러나 결국 그는 특정한 신성 개념은 지나치게 제한적이어서, 그것을 넘어서야 한다고 확신하게 되었다. 그리고 궁극적 실재가 한정적이거나 구체적인 신의 이미지와 동일시될 수 없음을 거대하고 미분화된 색면(色面)으로 암시하려 했다. 부정신학에서는 신이 누구인지 또는 무엇인지 긍정적인 발언을 할 수 없다. 이미지를 부정하는 방식으로만 진리에 도달할 뿐이다.

하지만 어떤 긍정적 방식으로도 신적인 것을 포착할 수 없다면, 그 것이 실재한다는 것을 어떻게 알 수 있을까? 자신이 경험하고 있는 것 이 단순한 환각이나 소망 충족이 아니라 정말 영적 존재라는 것을 어 떻게 알 수 있을까?

생애 말년에 로스코는 휴스턴의 한 예배당을 장식할 여러 점의 거 대한 유화를 그렸다. 팔각형의 예배당은 전통적인 동방정교회 건물 구 조였고, 로스코의 유화는 전형적인 제단화의 세 폭짜리 형식을 변형시 킨 것이었다. 그러나 그 유화들은 기독교적 이야기 대신 어둡고 칙칙 한 색깔로 채워졌다. 그 텅 빈 모습이 뇌리에서 떠나지 않는다.

로스코는 이 어두운 화면으로 무엇을 말한 것일까? 그림을 의뢰한 사람은 그것이 "신의 침묵, 참을 수 없는 신의 침묵"을 표현한다고 말 했다.[56]

이 유화를 다 그린 로스코는 예배당이 문을 열기도 전에 자살했다. "거기 없는 존재와 누리는 막연한 신비"는 충분하지 않다. 그것은 우리 를 알고 사랑하는 인격적인 신과 이어지기를 바라는 인간의 마음속 허 기를 채워주지 못한다.

로스코의 작업은 분열된 진리 개념의 비극을 드러내 준다. 삶에 가 장 깊은 의미를 부여하는 것, 살아갈 목적과 이유를 제공하는 것은 모 두 위층에 보내졌고, 거기서 그것들은 단순한 주관적 경험, 사적이고 비이성적이며 궁극적으로 알 수 없는 경험으로 치부된다. 예술이 삶 에 의미를 부여함으로써 종교를 대체할 수 있을 것이라는 낭만주의자 들의 희망은 엄청난 예술적 창조성을 불러일으켰다. 그러나 그것은 실 패했다. 불가피한 일이었다. 미술사학자 로버트 로젠블럼[Robert Rosenblum]은

참을 수 없는 신의 침묵. 로스
코 예배당(1971)

"영혼을 구원하고 초월적 전망을 열어젖힐 예술의 마법적 힘"에 대한
로스코의 '열정적 믿음'이 이제 현실에서 완전히 외떨어진 듯 보이고,
그 약속은 공허하게 느껴진다고 썼다.[57] 남은 것은 참을 수 없는 신의
침묵뿐이다.

후지무라와 보머

로스코와 같은 미술가들은 결과에 따라 생사가 갈리는 관념, 기꺼이
인생을 걸 마음이 있었던 관념과 씨름한 것이 분명했다. 세계관 분석
을 그저 예술작품에 꼬리표 하나 붙이는 일, 또는 산뜻한 도식으로 정
리하는 방법 정도로 생각해서는 안 된다. 역사적으로 볼 때, 미술가들

기독교적 추상: 추상적 패턴은 현실을 담고 있다.

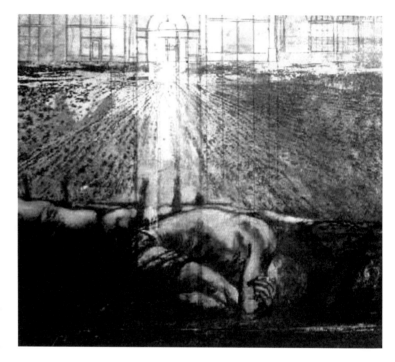

캐럴 보머의 「은혜의 씻어 주심을 구하며 울라」(1998)

은 그냥 예쁜 그림을 그린 것이 아니라 인생에 대한 심오한 질문을 가지고 씨름했다. 말이 아니라 색깔, 질감, 색조, 구도를 통해 그 일을 했을 뿐이다. 미술은 시각언어이며 그리스도인은 그 언어를 배울 책임이 있다.

모든 세계관은 모종의 진리를 담고 있다. 모든 사람이 하나님의 형상으로 지음을 받았고 하나님의 세계에 살고 있기 때문이다. 그리스도인은 선한 것을 찾아내어 그것을 성경적 부대에 부어 넣어야 한다. 그렇기 때문에 크리스천 예술가는 세속주의 예술가와 동일한 양식적 요소 중 상당수를 쓸 수 있고, 참된 것을 취하여 보다 풍성하고 온전한 성경적 세계관의 부대에 부어 넣을 수 있다.

현대 크리스천 미술가 중에서 널리 알려진 사람으로 뉴욕의 화가 마코토 후지무라 Makoto Fujimura가 있다. 그는 추상표현주의를 니홍가(日本畵)라는 일본의 고대 회화 기법과 결합시켰다. 후지무라는 기존의 물감 대신에 금박, 청금석, 공작석 등 보석을 갈아 만든 가루를 쓴다. 그 결과물이 은혜와 희망의

마코토 후지무라의 「0의 여름」(2005)

느낌을 전하며 희미한 색조로 빛나는 작품들이다. 내가 연구교수로 일하고 있는 필라델피아 성경대학이 후지무라에게 그림을 의뢰한 최초의 기독교 학교였다고 말할 수 있어서 영광이다. 복음주의자들은 비구상적인 예술을 모두 의심하는 경우가 많다. 그러나 후지무라는 이렇게 말한다. "여름 하늘에 추상화를 그리는 폭죽을 의심해야 할까요? 모래 사장에 만들어지는 파도의 패턴은요? 고전음악이나 재즈는 어떤가요? 생명은 추상으로 가득합니다."[58] 추상적 패턴을 그리는 것은 곧 사생(寫生)이다.

캐럴 보머Carol Bomer는 추상과 리얼리즘의 요소를 모두 결합한다. "저는 성육신이 예술적 상상력을 발휘한 작품의 이분법을 모두 해명하고 해소해 준다고 생각합니다." 보머는 골로새서 1:17("만물은 그분 안에서 존속합니다")[새번역]을 인용하며 이렇게 말을 잇는다. "그리스도는 하나님이자 사람, 영이자 육체, 말씀이자 이미지이십니다. 저는 그리스도와 그분의 말씀을 통해 눈에 보이는 세계와 믿음의 눈으로 파악할 수 있는

영적 세계의 결합을 시도합니다." 이렇게 그녀는 "추상과 리얼리즘, 형식과 내용, 구상과 비구상의 이분법"을 극복하려 한다.[59]

보머는 콜라주[*]를 써서 텍스트와 이미지를 나란히 놓아 육체가 된 말씀이신 그리스도를 암시한다. 그녀의 탕자 시리즈 중 하나인 「은혜의 씻어 주심을 구하며 울라」에서는 건축물의 청사진이 그림의 배경으로 쓰였는데, 이것은 "하나님이 계획하시고 지으실"[히 11:10] 도성을 바라본다는 성경의 원리를 떠올리게 하려는 것이었다. 이 하늘의 집으로부터 은혜가 내려와 땅에 묻힌 씨앗처럼 웅크린 탕자의 몸에 스며든다. 탕자는 그리스도를 따르고 있다. 그리스도께서는 우리를 위해 어두운 땅으로 내려오셨고, 씨앗이 열매를 맺기 위해서는 땅에 떨어져 죽어야 한다는 은유를 친히 성취하신 분이기 때문이다[요 12:24].

톨킨과 루이스

작가들로 넘어가 보자면, 세계에서 가장 사랑받는 20세기 크리스천 작가들 중 일부는 사실상 철두철미한 낭만주의자들이었다. 따지고 보면, 낭만주의자들이 계몽주의 세계관의 환원주의와 유물론에 저항한 것은 옳은 선택이었다. 인간이 기계 이상의 존재라는 확신을 견지했던 것도 옳았다. 마음, 도덕, 의미의 실재성을 옹호하는 세계관을 추구한 것도 옳았다. 옛날 초대교회 교부들은 그리스 철학에서 옳은 것을 가져다 사용하면서 "애굽 사람들의 물품을 취하리라"[출 3:22]는 성경의 은유를 써서 그것을 정당화했다. 그들은 이 말을 할 때 성경의 출애굽기를 염두에 두었는데, 거기에는 이스라엘 자손이 이집트를 떠날 때 이집트 사람들에게 음식, 옷, 돈, 보석을 달라고 하여 받음으로써 그들의 물품을

※ 콜라주
근대 미술에서, 화면에 종이·인쇄물·사진 따위를 오려 붙이고, 일부에 가필하여 작품을 만드는 일. 광고나 포스터 따위에 많이 쓴다.

380

약탈했다고 나와 있다. 가장 많은 사랑을 받은 크리스천 작가들은 "낭만주의자들의 물품을 약탈해서" 그중 최고의 것을 가져다가 그것이 성경의 이야기 구조 안에서만 성립될 수 있음을 보여주었다고 말할 수 있다.

J. R. R. 톨킨은 옛 북구 문학과 신화에 심취한 철두철미 낭만주의자였다. 3부작 영화 「반지의 제왕」을 통해 현대인들은 선악의 대결이 펼쳐지는 위대한 모험담과 거기에 등장하는 요정, 난쟁이, 엔트족, 호빗족과 친숙해졌다. 톨킨은 기계 시대에 혐오감을 느꼈다. 한 편지에서 그는 자신의 모든 작품이 "타락, 죽을 운명, 기계를 다룬다"고 쓴 바 있다.[60] 동시에 그는 중세 정신에 매료되었다. 계몽주의 사상가들은 중세 전체를 '암흑시대'라고 싸잡아 매도했다. 그러나 낭만주의 사상가들은 역사주의를 신봉했기에, 역사상 각 단계는 의식의 진화에 독특한 기여를 한다고 믿었다. 그래서 그들은 중세의 명예를 회복시키고 기사와 갑옷, 성과 모험, 마법과 신비주의의 가치를 인정했다. 톨킨은 20세기 독자들 사이에서 이런 중세적 모티프가 인기를 얻게 하는 데 큰 힘을 발휘했다.

C. S. 루이스도 낭만주의자들의 테마를 그대로 가져왔다. 그는 과학적 유물론이 "자연을 수학적 요소로 환원시킨다"고 비판했다. 그 과정에서 "세계에 거하던 영들이 먼저 제거되었고……결국 자연의 색깔, 냄새, 맛까지 제거되었다"고 말했다. 이번 장을 읽은 독자는 그 말의 의미를 알 수 있을 것이다. 자연은 더 이상 생명이 스며 있는 곳으로 여겨지지 않고, 질(質)은 더 이상 객관적으로 실재한다고 여겨지지 않는다는 뜻이다. 루이스는 그 결과가 '이원론'이라고 말했다. 인간은 기계화된 우주 앞에 섰고 소외감을 느꼈다. "새로운 과학의 힘을 가진 인간은

※ 미다스
그리스 신화에 나오는 소아시
아의 왕. 술의 신 디오니소스
에 의하여 손에 닿는 모든 것
을 황금으로 변하게 하는 힘
을 얻었으나, 먹으려는 음식
과 사랑하는 딸마저 황금으로
변하자 슬퍼하던 끝에 디오니
소스에게 빌어 그 힘을 버렸
다고 한다.

미다스* 왕처럼 부유해졌지만, 그가 만지는 모든 것은 죽어 차갑게 식어 버렸다."[61]

이 이원론을 극복하려는 열정이 루이스의 영적 추구를 이끌어 간 힘이었다. 젊은 시절 루이스는 엄격한 무신론자였던 개인교사 밑에서 공부했다. 그 지도교사의 지적 엄밀성에 감명을 받은 루이스는 그나마 남아 있던 어린 시절 기독교 신앙의 잔재를 완전히 내버렸다. 유물론과 합리주의 같은 현대 철학이 너무나 우아하고 세련되어 보였다. 하지만 그런 세계관은 그의 상상력의 허기를 채워 주지 못했다. 나중에 루이스는 이렇게 썼다. "내 정신을 이루고 있던 두 반구(半球)는 서로 날카롭게 대립했다." 한쪽에는 "그럴듯해 보이기는 하지만 사실은 얄팍한 '합리주의'가 있어서 원자와 진화만 믿으라고" 촉구했다. 그가 볼 때 그것은 음산하고 무의미한 세계관이었다. 다른 한편에는 상상력이 있어서 '시와 신화', '신과 영웅들'이 있는 마법에 걸린 세계를 제시했다. 그러나 그것은 그가 "상상에 불과하다"고 믿었던 세계관이었다.[62]

루이스는 일이층 분열을 '이성 대 낭만주의'의 구분이라고 불렀다. 그의 가까운 친구 오언 바필드Owen Barfield도 동일한 내적 긴장으로 씨름했다. 바필드는 서구 사상이 두 개의 '감방'으로 나뉘었다고 썼다. 한쪽 감방에는 "과학이 갇혀 빗장이 채워졌고" 예술과 인문학이 다른 곳에 갇혔다. 두 죄수가 다 풀려나야만 비로소 통일성 있고 통합된 삶을 살 수 있을 것이었다.[63]

이 부분을 이해하면 기독교가 통일성을 제공한다는 것을 발견했을 때 루이스가 "예기치 못한 기쁨"을 맛본 이유를 알 수 있다. 그리스도의 생애와 죽음, 부활은 다른 여느 역사적 사건과 동일한 방식으로 시험해 볼 수 있는, 물리적 세계에서 벌어진 사건이었다. 하지만 그 사건들은 루이스가 늘 사랑했던 고대 신화의 성취이기도 했다. 그에게 **신화**는 사실이 아닌 이야기가 아니라 초월성을 향한 인간의 깊은 갈망에 답하는 이야기였다. 그의 말을 직접 들어 보자. "기독교의 핵심은 사실이기도 한 신화입니다. 죽는 신을 다룬 옛 신화가 여전히 신화인 채로 전설과 상상의 하늘에서 역사의 땅으로 내려왔습니다."[64]

다시 말해, 신약성경의 위대한 사건들은 신화의 경이로움과 아름다움을 모두 간직하고 있다. 하지만 그 사건들은 특정한 시간과 구체적인 장소에서 벌어졌고 경험적으로 검증 가능한 역사적 결과를 낳았다. 경험적 사실의 영역이 심오한 영적 의미로 물든다. 기독교는 두 영역을 통합한다. 성경적 세계관은 인간 이성의 요구 조건과 인간 정신의 갈망을 모두 충족시킨다.

루이스는 그리스도인이 되고 나서도 낭만주의를 포기하지 않았다. 오히려 낭만주의의 이미지를 뒤집어 기독교의 목적을 위해 사용했다. 『침묵의 행성 밖에서』*Out of the Silent Planet*의 주인공 랜섬은 우주 공간이 더 이상 "어둡고 차가운 진공상태"도, "세계와 세계를 갈라놓은 완전히 죽은 상태"도 아니라는 데 놀란다. 참으로 "그는 그것이 '죽었다'고 말할 수가 없었다. 그는 매순간 우주 공간으로부터 생명력이 쏟아져 들어오는 느낌을 받았다." 루이스는 판타지라는 장르와 특유의 상상력을 이용하여 신적 생명과 신적 이성(로고스)이 물질적 우주에 퍼져 있는 세계를 그려 냈다.

각 시대마다 복음은 사람들의 가장 깊은 열망을 충족시킨다. 신약성경 시대에 그리스인은 지혜를 추구했고 유대인은 영적 능력의 표적을 찾았다[고전 1:21-25]. 기독교는 둘 다를 충족시켰다. 사람들에게 '지혜'나 '영적 능력'이라는 용어의 통상적 정의 너머를 볼 마음이 있다면, "그리스도가 하나님의 능력이고 하나님의 지혜"라는 사실을 발견할 것이다. 오늘날에는 빈틈없는 '이성'에 이끌리는 사람도 있고, 부드러운 '낭만주의'에 따라 사는 사람도 있다. 기독교는 이 두 가지 역시 모두 채워준다. 성경적 진리는 인간의 마음에 있는 모든 굶주림을 넉넉히 채워줄 만큼 크고 풍부하다.

하지만 낭만주의 전통은 루이스의 길을 따라 기독교로 돌아가지 않았다. 범신론은 결국 세속화되었고 포스트모더니즘과 해체주의 같은 운동을 일으켰다. 이런 운동을 지적으로 평가하고 그 급진적 영향력에 저항하기 위해서는 위층을 통과하는 여행을 계속해야 한다. 다음 장에서는 우리 시대까지 이어진 대륙철학의 길을 따라가 보려 한다.

8.

허무주의로부터의 탈출
: 낭만주의 유산

예술은 "세속화된 우리 사회가 인정하는, 성례에 가장 가까운 활동이다."

수전 손택

"그 친구, 니힐리스트예요!"

"뭐?" 니콜라이 페트로비치가 물었고, 파벨 페트로비치는 버터를 떠낸 칼을 그대로 들고 있었다.

"그 친구, 니힐리스트라고요." 아르카디가 다시 말했다.

"니힐리스트라." 니콜라이 페트로비치가 말했다. "내가 알기로 니힐리스트는 라틴어 니힐^{nihil}, 곧 무(無)에서 나온 말인데. 그러면 그 단어는…… 아무것도 인정하지 않는 사람을 의미하겠구나."

"아무것도 존경하지 않는 사람이지." 파벨 페트로비치가 말을 받아넘기면서 다시 빵에 버터를 바르기 시작했다.

"니힐리스트는 어떤 권위에도 굴하지 않고, 주위에서 다들 존중하는 원칙이라고 해도 그 원칙을 신앙으로 받아들이지 않는 사람입니다."

파벨 페트로비치는 코코아를 홀짝이다가 갑자기 고개를 들고 이렇게 중얼거렸다. "니힐리스트 선생이 우릴 찾아오셨군."

바자로프는 정원을 가로질러 꽃밭을 성큼성큼 넘어오고 있었다. 리넨 코트와 바지에 진흙이 잔뜩 튀었다. 낡고 둥근 모자 꼭대기에는 습지식물이 덕지덕지 붙어 있었고, 오른손에 든 작은 가방 안에서는 살아있는 뭔가가 꿈틀댔다. 그는 테라스로 급히 걸어와 고개를 까딱하더니 말했다. "안녕하십니까, 신사 여러분. 차 시간에 늦어서 죄송합니다. 잠시 후에 자리를 같이하겠습니다. 먼저 이 죄수들을 투옥해야 해서 말이죠."

"가방에 든 건 뭔가, 거머리인가?" 파벨 페트로비치가 물었다.

"아닙니다. 개구리입니다."

"식용인가, 아니면 번식용인가?"

"실험용입니다." 바자로프는 무심하게 대답하고 집 안으로 들어갔다.

파벨 페트로비치가 말했다. "해부용이라는 말이군. 원칙은 믿지 않지만 개구리는 믿는다 이거구만."

— 이반 투르게네프의 『아버지와 아들』(1862) 중에서

수도사와 짐승

투르게네프가 『아버지와 아들』을 출간하자 즉시 논쟁에 불이 붙었다. 사람들은 흔히 이 책을 아르카디와 그의 친구 바자로프가 대표하는 '아들 세대'와 아르카디의 아버지 니콜라이와 큰아버지 파벨 페트로비치가 대표하는 '아버지 세대' 간의 세대 차를 드러내는 작품으로 본다. 하지만 투르게네프의 목표는 세대 간에 있기 마련인 긴장을 살펴보는 것이 아니었다. 그는 완전히 새로운 인간형, 새로운 '과학적 인간'의 출현을 묘사하고자 했다.

투르게네프는 창조적인 통찰력으로 세계관이 인격을 형성한다는 것과 근대과학에 근거한 세계관이 바자로프로 대표되는 새로운 인간형을 실제로 만들어 낸다는 것을 꿰뚫어 보았다. 일부러 무뚝뚝하고 퉁명스럽게 행동하는(예의 바름은 귀족적 속물근성의 표시이므로) 바자로프는 자연과학의 방법으로 확립되지 않은 모든 것을 거부한다. 미술, 음악, 시, 아름다움 같은 것을 '낭만적 쓰레기'로 치부한다. 그가 경험주의 철학에서 배운 것은 가장 고귀한 이상과 도덕적 원칙은 궁극적으로 감각 지각에서 나온다는 것이었다. 그는 "모든 원칙이 단순 감각으로 환원

될 수 있다"고 선언한다. 그에 따라 "괜찮은 화학자가 그 어떤 시인보
다 20배는 유용하다"는 결론이 나온다.

'두 아들'은 투르게네프 당대에 가장 인기 있던 과학 대중화 작가
들의 책을 열렬히 탐독하는데, 새롭게 등장한 그 유물론자들 중에는
독일의 철학자 루트비히 뷔히너$^{Ludwig\ Büchner}$, 네덜란드의 생리학자 야콥
몰레스호트$^{Jacob\ Moleschott}$, 독일의 동물학자 카를 포크트$^{Karl\ Vogt}$ 등이 있었
다.[1] 바자로프는 아르카디의 아버지가 여전히 푸시킨※ 같은 낭만주의
시인들의 글을 읽는다는 사실을 알고 나서 혐오감을 드러낸다.

> 바자로프가 말을 이어 갔다. "정말 놀랍군. 케케묵은 낭만주의 관념론자
> 들이잖아!……그런 글이 얼마나 쓸모없는지 잘 말씀드려. 애도 아니고
> 말이야. 그런 허튼소리는 던져 버릴 때도 되지 않았나? 우리 시대에 낭만
> 주의라니, 말도 안 되잖아! 괜찮은 읽을거리를 좀 드려."
> "무슨 책을 드려야 할까?" 아르카디가 물었다.
> "음, 뷔히너의 『물질과 힘』$^{Stoff\ und\ Kraft}$으로 시작하면 되겠지."

투르게네프는 세대 갈등에 대한 이야기로 낭만주의자와 새로 등
장한 계몽주의 사상가 사이의 더 큰 대립을 구체적으로 제시한 것이
분명하다. 19세기 말 낭만주의 문학은 말랑하고 멋 부린 글로 취급받
았다. 우리는 6장에서 자연주의 문학가들이 낭만주의를 지독한 빅토리
아풍 감상주의로 치부하고 거부한 것을 살펴본 바 있다. 많은 젊은이들
은 강경하고 교조적인 유물론을 받아들이는 것으로 낭만주의에 대응
했다. 그들은 낭만주의가 제시한 생명력 개념을 거부했다. 지나치게 모
호하고 형이상학적이라 과학적 연구 대상이 될 수 없다는 이유였다. 그

※ 푸시킨
제정 러시아의 시인이자 소설
가(1799-1837). 러시아 리
얼리즘의 기초를 확립하여 러
시아 근대 문학의 시조로 불
린다.

리고 구세대에게 다윈주의의 유물론적 함의를 직시할 것을 촉구했다.

당대 최고의 과학적 진보는 물리학에서 이루어지고 있었는데, 매일매일 성공 기록이 착착 쌓이는 듯했다. 생물학이 그 성공률을 따라잡을 길은 물리학의 방법론을 빌려 오는 것이 유일해 보였다. 많은 이들이 생명현상은 물리와 화학으로 환원되어야만 과학적 설명의 대상이 될 수 있다고 주장하기 시작했다. 바자로프는 개구리를 수집하는 이유가 무엇이냐는 질문을 받고 인간은 미화된 개구리에 불과하다고 대답한다. "개구리의 배를 갈라 그 속에서 무슨 일이 벌어지는지 볼 것입니다. 우리도 개구리와 다를 바 없으니(두 다리로 걷는다는 점만 다르지요) 그러면 인간 내부에서 벌어지는 일도 알게 되겠지요."

결론적으로 19세기 말, 낭만주의의 계승자들은 계몽주의 유물론과 노골적인 니힐리즘* 이 제기한 엄청난 반대에 직면했다. 투르게네프의 소설 덕분에 니힐리즘은 러시아에서 익숙한 말이 되었다. 가장 유명한 니힐리즘 철학자 니체도 그의 책을 읽고 나서 니힐리즘이라는 용어를 쓰기 시작했다. 소설에 이름이 등장하는 실존 인물 뷔히너, 몰레스호트, 포크트는 그들의 과학적 명성을 적극 활용하여 종교를 공격하고 유물론적 세계관을 홍보했는데, 우리 시대의 새로운 무신론자들과 비슷하다고 하겠다.

이 무렵 유물론은 생물체를 설명하는 단순한 데카르트식 시계 이미지에서 벗어나 전기와 열역학이 이룬 새로운 발전을 받아들였다. 하지만 그 내용은 더욱 교조적이었다. 생물학자들은 인간의 몸을 신경이 전선처럼 작용하는 전기기계로 생각하기 시작했다. "전신기 같은 전기기계가 대단히 경이로운 물건으로 보이던 1860년대와 70년대, 의사들과 대중은 인간의 뇌를" 입출력 방식으로 작동하는 "전기기계로 이해

* 니힐리즘
모든 도덕적·형이상학적 진리를 부정하는 허무주의.

하기 시작했다."² 계몽주의 세계관과 낭만주의 세계관 사이의 긴장은
점점 더 첨예해졌다.

그 긴장은 철학적인 것만이 아니었다. 인간 본성에 대한 상충하는
두 견해는 사람들의 가슴과 머리 안에서도 전쟁을 일으켰다. E. M. 포
스터Forster는 『하워즈 엔드』Howards End에서 사람들이 인격의 '열정' 측면(예
술적·정신적)과 '산문' 측면(과학적·물질적)으로 고통스럽게 나뉘었다고 한
탄한다. "우리는 반은 수도사, 반은 짐승이다." 이 둘을 이어 줄 무지개
다리를 애타게 찾는 "무의미한 조각들이다." 이 소설에서 가장 유명한
대사는 이것이다. "이어지기만 한다면!……산문과 열정이 이어지기만
한다면." 포스터는 아예 이것을 "구원의 길을 알려주는 설교"라고 부
른다.

이번 장에서는 현대에 이르기까지 포스트 낭만주의자들이 추구했
던 구원의 길을 따라가 볼 것이다. 그들의 거짓된 구원 약속이 그들이
물리치고자 했던 계몽주의의 환원주의 못지않게 해롭고 비인간화를
초래하는 것으로 드러났음을 알게 될 것이다.

달리의 구원

19세기 말과 20세기 초, '절대정신' 또는 '생명력'이라는 낭만주의 개
념은 심리학의 시대에 걸맞은 형태로 재해석되었다. 인간 마음의 저
깊은 차원에 놓여 있는 무의식의 힘을 써서 동원할 수 있는 보편정신,
집단정신과 동일시된 것이다. 지그문트 프로이트는 무의식 개념을 의
사(擬似)과학적으로 해석해 냈다. 그는 무의식의 심연을 살펴보기 위한
방법으로 꿈과 자유연상 같은 정신치료 기법의 도구상자를 제시했다.

**집단 무의식의 초현실주의:
비합리성이 구원이다.** 살바
도르 달리의 「기억의 고집」
(1931)

프로이트가 원래 독일어로 다룬 주제는 마음이 아니라 영혼^{Seele}이었고,
따라서 많은 유럽인들은 프로이트의 기법이 영혼의 내적 심연을 드러
내는 방법이라고 여겼다.

카를 융은 '생명력'을 인류가 전 진화 과정을 통해 축적한 지혜가
담긴 집단 무의식으로 재해석했다. 그는 신화, 꿈, 전설, 상징을 통해 그
지혜를 사용할 수 있다고 가르쳤다. 융은 종교적 언어까지 써가며 예
술가들에게 "집단정신에 담긴 치유와 구원의 능력"을 사용하라고 촉
구했다.[3]

이러한 생각은 꿈같은 이미지를 제시하는 초현실주의^{surrealism}를 낳
았다. 초현실주의에서는 개별 물체를 또렷하게 사실적으로 그려 놓고
는 그것을 정신분석에서 쓰이는 자유연상 비슷하게 임의로 엮어 놓았
다. 아닌 게 아니라, 초현실주의자들은 최면과 꿈 분석을 포함한 많은
정신분석 기법을 썼다. 이성의 통제를 극복하고 무의식과 이어지기 위
한 시도였다. 그들은 과학은 이성이 주지만, 예술은 비이성만이 줄 수

있다고 주장했다. 왜? 분석적 이성은 고정되고 안정된 개념을 사용하는 까닭에 진화하는 생명력의 흐름을 포착해 낼 수가 없다는 것이다. 우리는 이성을 초월함으로써만 존재의 구체적인 흐름에 푹 빠져들 수 있다. 살바도르 달리 $^{Salvador\ Dali}$ ✣ 는 "구체적 비합리성의 이미지에 형태를 부여하는 것"이 자신의 포부라고 썼다.

✣ 살바도르 달리
에스파냐의 초현실주의 화가
(1904-1989). 프로이트에
공명해 꿈이나 환상의 세계를
사실적 기법으로 표현했다.

　　이렇게 해서 비합리성은 해방의 수단, 심지어 구원의 수단으로 격상되었다. 바전의 설명에 따르면, "구원의 소망은 예술을 통해 의식과 무의식을 가르는 장벽이 허물어질 수 있다는 희망으로 재정의되었다."[4] 우리를 알고 사랑하는 인격적인 신이 주는 구원이 아니라, 생명력에 몸을 담그는 데서 오는 구원이었다. 그것은 어디에도 없는 존재와 관계를 맺는 신비한 일이었다.

놀이하는 미술가

대상 각각은 사실적으로 그리되 그것들을 임의로 늘어놓았던 초현실주의 다음에 오는 단계는 대상 하나하나를 그리는 일까지 임의적·우연적 과정에 맡기는 것이었다. 이 단계에 해당하는 추상표현주의는 칸딘스키(7장)와 함께 시작되었지만 20세기 중반에 와서야 두각을 드러냈다. 추상표현주의는 생명력이 예술가를 통해 창조를 이루어 내려면 모든 의식적 통제를 제거해야 한다고 주장했다. 예술가는 어떤 작품을 만들지 미리 계획해서는 안 되고, 작품이 자체의 법칙에 따라 생명체처럼 '자라나도록' 내버려 두어야 한다는 것이었다.[5] 추상표현주의자들이 모종의 자동기술법 ^{automatism} 을 사용해 임의로 선을 끼적이거나 모양과 색깔을 가지고 놀다 보면 마침내 이런저런 상이 모습을 드러내는

추상표현주의: 무의식을 활용하기 위해 우연을 사용하다.
아실 고키의 「소치의 정원」
(1940)

식이었다. 그들은 물감 떨어뜨리기나 물감 쏟기 같은 우연한 방식으로 캔버스에 물감이 흐르거나 고이게 만들기도 했다. 호안 미로^{Joan Miro}는 농담하듯 말했다. "나는 캔버스 위에다 붓을 닦아 내어 그림이 들어설 자리를 준비한다. 테레빈유를 조금 흘리는 것도 도움이 된다."

그 결과 등장한 그림에는 해파리나 아메바 비슷한 생물체의 모양이 캔버스를 떠다녔다. 생물형태 추상이다. 호안 미로와 아실 고키^{Arshile Gorky}의 그림이 대표적인 사례에 해당한다. 기하학적 추상화에 나오는 수많은 직선 및 날카로운 직각과 얼마나 대조되는지 보라. 뉴욕 현대미술관의 창립관장인 앨프리드 바 2세^{Alfred H. Barr, Jr.}는 두 형태의 추상미술의 차이를 간결하게 요약했다. "직사각형 모양과 아메바의 실루엣."⁶

의식적 통제를 거부하자 미술을 평가하는 전통적 기준은 무너지고 말았다. 고대 그리스 이래로, 미술은 기술이 필요한 공예라는 것이 전통적인 생각이었다. 미술가는 특정한 규칙과 방법을 따라야 했고, 그런 규칙은 우주의 객관적 질서와 조화에 뿌리를 두고 있다고 보았다. 월포드가 설명한 대로, "사람들은 미술가들이 자연 속 아름다움의 근저에 놓인 영원한 원칙을 탐색해야 한다고 생각했다. 계몽주의 과학자나 철학자가 자연 속의 근본적인 원칙을 탐색했던 것처럼 말이다."[7]

하지만 낭만주의자들을 필두로 한 미술가들은 규칙과 방법이 죽은 관습에 불과하다며 내던지기 시작했다. 그들의 목표는 무의식에 묻혀 있는 내면의 에너지와 충동을 자유롭게 해주는 것이었다. 이제 예술작품을 볼 때는 "공예의 규칙을 잘 구사한 사례인가?" 대신 "미술가 내면의 이상을 표현하는가?"라고 물어야 한다. 미술가는 "의식을 외면화하는 과정에 더욱 초점을 맞추었고 작품 자체에는 그만큼의 비중을 두지 않았다."[8] 중요한 것은 미적 특성이 아니었다. 이미지가 미술가의 의식을 얼마나 잘 구현하고 있는지가 관건이었다.

내부의 외부인

무의식을 활용해서 참된 지혜를 찾을 수 있다는 생각은 어린이와 원시인, 심지어 광인에 대한 관심으로까지 이어졌다. 그들은 문명에 의해 덜 **변질**되었고 자연적 충동에 더 충실하며, 생명력에 더 가까운 존재로 보였다. 물론 이것은 전형적인 낭만주의의 주제였다. 루소는 문명의 제약에서 자유로운 '고결한 야만인'을 미화했다. 워즈워스는 아이를 신적 지위로 추켜올렸다. "아이는 영원한 메시아, 타락한 인간들의 품에

자연적이고 변질되지 않은:
어린아이와 야만을 모방하다.
파울 클레의 「지저귀는 기계」
(1922)

들어와 낙원으로 돌아가라고 간청한다." 여기에서 각 사람의 마음 깊
은 곳에는 내면의 아이가 있고, 그 아이는 규칙에 매인 외면의 자아보
다 더 순수하고 진실하다는 생각이 생겨났다.

이것을 이해하면 많은 예술가가 아이들의 양식을 채택한 이유를 알 수 있다. 파울 클레$^{Paul\ Klee}$는 엉뚱하고 장난감 같은 이미지의 작품으로 유명하다. 그는 "갓 태어난 아이처럼" 그리고 싶다고 말했다. 장 뒤뷔페$^{Jean\ Dubuffet}$는 아이들의 미술을 흉내 냈고, 정신병원 수감자들의 작품에 매료되었다. 그는 "서구 미술을 정글, 화장실, 정신병원의 미술로 대체하고" 싶다고 말했다. 뒤뷔페는 '아웃사이더 아트'$^{outsider\ art}$라는 용어를 만들어, 미술학교와 미술관 등 주류 미술계 바깥에 있는 독학 화가들의 작품을 지칭하는 말로 사용했다. 그가 볼 때, 미술계 바깥의 외부인은 서구 문명의 오염을 벗어난 새롭고 원초적인 시각을 갖고 있었기에 순수하고 진정성이 있었다. 그는 규칙과 관습을 제거함으로써 그런 원초적 시각을 모방하고 감정에 더 직접적으로 호소하는 미술을 만들어 내기를 바랐다.

오늘날 우리는 인간 내면의 핵심이 본성적으로 선하다는 낭만주의의 생각에 훨씬 더 회의적이 되었다. 논리적으로 볼 때, 그런 생각은 어불성설이다. 인간이 본질적으로 선하다면, 문화가 어떻게 악해지고 부패한단 말인가? 문화는 그것을 만들어 낸 이들의 특성을 드러낼 뿐이다. 게다가, 두 번의 세계대전과 나치 수용소, 캄보디아의 킬링필드, 우간다와 르완다의 집단 학살 등의 참상을 목격한 우리는 악의 뿌리 깊은 힘을 그 어느 때보다 깊이 인식하고 있다. 성경이 말하는 죄 개념이 인간성에 대한 더 신빙성 있는 견해를 내놓는 것 같다. G. K. 체스터턴^{Chesterton}이 지적한 대로, 원죄 교리, 곧 인간 본성의 핵심부에 근본적인 문제가 있다는 교리는 수천 년에 걸친 인류의 역사로 입증되었다.

사르트르와 침묵

불합리와 무의식에 대한 낭만주의 전통의 관심은 계몽주의 전통과의 충돌을 격화시키는 결과를 낳았다. 둘 사이의 긴장은 커지다 못해 결국 한계점에 이르렀고, 둘 중 어느 한 쪽을 선택해야만 할 것 같았다. 역사학자 헨리 스틸 코머저 Henry Steele Commager 는 "과학의 이름으로 관념론과 신비주의를 추방해 버린 냉혹하고 단호한 철학"과 "신비주의와 관념론의 이름으로 과학을 추방해 버린 부드러운 철학" 사이에서 선택을 내려야 할 상황에 직면했다고 썼다.[9] 다시 말해, 위층과 아래층이 분리되었고 둘의 차이는 화해를 기대할 수 없을 정도로 커져 버렸다. 자연과 자유를 나눈 칸트의 틈은 이제 건널 수 없는 협곡이 되었다.

이것을 이해하면 '실존주의'* 가 등장한 이유를 알 수 있다. 실존주의자들은 건널 수 없는 그 협곡을 꿋꿋이 들여다보았고 괴로운 소외감을 토로했다. 인간과 우주를 이어 줄 우주 정신은 더 이상 존재하지 않았다. 차갑고 낯설고 비인격적인 세계와 홀로 대면하여 선 개인이 있을 뿐이었다.

노벨상을 수상한 생화학자 자크 모노 Jacque Monod 는 『우연과 필연』 Chance and Necessity 에서 이 우주적 고독을 시적으로 표현했다. "인간은 마침내 천년의 꿈에서 깨어나 자신의 절대적 고독, 근본적인 고립을 발견해야 한다. 자신이 집시처럼 낯선 세계의 변방에 살고 있다는 사실을 깨달아야 한다. 그곳은 그의 음악을 듣지 못하는 세상, 그의 고통이나 범죄, 그리고 그의 희망에도 무심한 세상이다."[10] 멜로드라마 분위기의 이 묘사를 과학이라 부르기는 어려울 것 같다.[11] 모노는 과학자를 낯설고 부조리한 우주에 맞선 영웅적인 실존주의자로 제시하고 있다.

* 실존주의
19세기의 합리주의적 관념론이나 실증주의에 반대하여, 개인으로서의 인간의 주체적 존재성을 강조하는 철학. 19세기의 키르케고르와 니체, 20세기 독일의 하이데거와 야스퍼스, 프랑스의 마르셀과 사르트르 등이 이에 속한다.

실존주의의 부조리 개념은 '신의 죽음'이라는 생각의 직접적인 결과였다. 신이 존재하지 않는다면 궁극적 진리와 정의, 사랑, 의미를 향한 인간의 열망을 채워 줄 방법이 없기 때문이다. 실존주의 철학자 알베르 카뮈가 쓴 대로, "부조리는 인간의 필요와 세계의 불합리한 침묵의 대치에서 생겨난다."[12] 실존주의에서 정의하는 진정한 존재로 살려면 삶에 의미가 없는 줄 알면서도 용감한 표정을 하고 의미가 있는 **것처럼** 행동해야 한다.

실존주의는 1970년대 유럽 대학생들 사이에서 크게 인기를 끌었다. 당시에 나는 독일에서 공부하고 있었는데, 내 급우들은 모두 알베르 카뮈와 장 폴 사르트르의 책을 탐독하며 실존주의 신조에 따라 살려고 노력했다. 그것은 철학이 보통 사람들, 그중에서도 젊은이에게까지 내려와 그들의 생각과 삶에 영향을 끼치는 과정을 보여주는 비극적인 사례였다.

폴록이 되도록 저주받은

철학개론 수업을 들은 적이 있다면 실존주의를 요약하는 다음 문구를 들어 보았을 것이다. "실존은 본질에 선행한다." 무슨 뜻일까? 본질은 기존의 이상(理想)이다. 내가 "나는 엄마다" 또는 "나는 교사다"라고 말한다면, 엄마나 교사가 되는 것이 무엇을 뜻하는지에 대한 이상의 관점에서 나의 정체를 규정하는 것이다. 우리의 가장 근본적인 정체성은 인간성 자체에 대한 이상으로부터 나오고, 그 이상은 우리에게 보편적인 도덕 지침을 제공하여 온전한 인간으로 살아간다는 것의 의미를 알려 준다.

실존주의자들은 이상적이거나 보편적인 인간 본성이 존재한다는 것을 완전히 부인했다. 사르트르의 표현을 빌면, "인간 본성은 없다. 인간 본성을 정의해 줄 신이 존재하지 않기 때문이다."[13] 따라서 그들은 보편적인 도덕적 지침의 존재도 완전히 부인한다. 우리는 그저 하루하루 선택을 내리고 살아가면서(실존) 우리의 정체성을 만들어 낼 뿐이다 (본질).

실존주의자들에게 인간은 끊임없는 진화의 흐름에 갇힌 존재다. 종(種)이 계속 변하고 진화하듯, 개인도 고정된 선악 개념을 버리고 삶의 흐름에 몸을 맡겨야 한다. 사르트르의 유명한 문구로 말하자면, 인간은 "자유로워지도록 저주를 받았다." 완전한 진공상태에서 행동하고, 자신의 선택이 옳은지 그른지 모른 채 자신의 의지 이외의 다른 근거가 전혀 없는 선택을 내려야 하는 저주를 받은 것이다. 개인은 타고난 정체성이 전혀 없는 상태에서 행동을 통해 매 순간 자신의 정체성을 만들어 가야 한다.

이러한 생각은 행위미술가들에게 영감을 주었다. 그들은 어떤 그림을 그릴지 사전에 계획하지 않았고 예비 조사도 하지 않았다. 즉석에서 즉흥적인 행위를 통해 그림을 만들어 냈고, 결과물(그림)의 관점이 아니라 그것을 창조하는 행위(캔버스에 물감을 던지는 물리적 몸짓)의 관점에서 미술을 정의했다. 미술평론가 해럴드 로젠버그Harold Rosenberg가 말한 대로, 행위미술가에게 캔버스는 이미지를 재현하거나 감정을 표현하는 장이 아니라 "행위가 이루어지는 무대"였다. 미술가는 말 그대로 미술 창조 행위를 통해 개인의 정체성을 창조하려 했다. 그는 "캔버스 위에서 몸을 움직였고, 그 과정에서 새롭게 나타난 형상이 그와 그의 미술을 무엇이라 선언하는지 지켜보았다."[14]

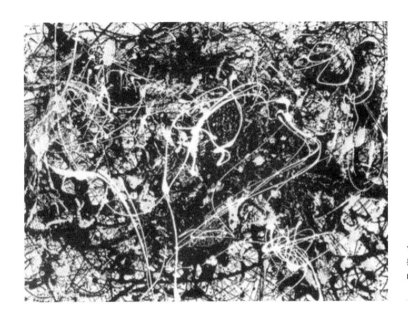

가장 유명한 행위미술가는 잭슨 폴록Jackson Pollock이었다. 그는 추상표현주의의 기법인 자동기술법을 채택하여 물감을 뿌리고 쏟고 던져 의식적인 선택과 통제를 배제했다. 그리고 거기서 더 나아가 구도상의 모든 관례를 내버렸다. 그는 최초의 '전면'all-over 화가였다. 중심 모티프도, 초점도, 부분들 간의 식별 가능한 관계도, 그림과 바탕의 구분도 없다. 아니, 구상적이든 추상적이든, 그림이라고 말할 수 있는 것 자체가 없다.

나는 비행기를 타고 가다가 영화 「모나리자 스마일」 예고편이 나오는 것을 보고 헤드폰을 집어 들었다. 영화가 예술의 의미를 어떻게 탐구하는지 알아볼 기회였다. 그러나 줄거리는 불쾌할 만큼 뻔했다. 줄리아 로버츠가 연기한 인물은 특권 의식에 빠진 방자한 학생들에게 충격을 줄 요량으로 그들을 뉴욕으로 데려가 잭슨 폴록 비슷한 행위예술

※ 그리니치빌리지
미국 뉴욕 시 맨해튼 남부에
있는 상업 지구. 전위적인 예
술가들의 거주지로 유명하다.

가가 그리니치빌리지^{Greenwich Village}※의 어느 작업실에서 물감을 떨어뜨려 작업하는 모습을 보여준다.

그녀는 진지하게 말한다. "물감 너머를 봐. 다른 생각에 마음을 열어 보자."

나는 한숨을 내쉬었다. 행위미술가를 설명하기 위해 시나리오작가가 그 정도밖에 못한단 말인가? 그보다 훨씬 유익한 접근법이 있다. 어떤 세계관이 폴록에게 영향을 주었는지 묻는 것이다. 로젠버그의 설명에 따르면 행위미술가는 '가치의 거부'를 표현한 것이었다. "캔버스 위의 몸짓은 정치적·미학적·도덕적 가치로부터 벗어나려는 해방의 몸부림이었다." 그들은 구도상의 관례를 모두 포기함으로써, 의식적이든 아니든 구속력 있는 지적·도덕적 이상이 존재하지 않는다는 실존주의의 테마를 전달하고 있었다. 존재하는 것은 끝없이 이어지는 삶의 흐름뿐이었다.

알파도 오메가도 없다

그와 동시에, 모더니즘 작가들은 소설이 잘 짜인 구조를 갖추어야 한다는 등의 문학적 관례를 포기함으로써 해방을 선포했다. 고등학교 문학수업에서 배웠던 내용을 떠올려 보라. 소설에는 발단, 전개, 절정이 있고, 끝으로 모든 줄거리가 해결되는 대단원^{denouement}이 있어야 한다. 이런 구조는 이해 가능한 전체를 이룬다. 이야기 안의 모든 것이 전체 플롯과 모종의 논리적 연관성이 있어야 한다.

배럿이 지적한 대로, 이와 같은 문학의 기준이 생겨난 시점은 서구 사상가들이 실재 자체가 "하나의 체계를 이루고, 그 안에서 세부 내용이 섭리적·이성적으로 서로와, 궁극적으로는 전체에 대해 종속된다"
는 생각을 아직 받아들이고 있을 때였다.[15] 성경은 역사가 선형적이라
고, 곧 모든 잘못이 바로잡히고 모든 상처가 치유되는 미래를 향해 명
확한 방향으로 움직인다고 가르친다. 모든 사건은 이 전체적인 목표와
목적 안에서 의미를 갖는다.

　　그러나 서구의 지식인들은 신의 죽음을 선언하면서 목적 지향적
역사 개념을 상실했다. 따지고 보면, 대부분의 문화권에는 선형적 역사
관 자체가 없다. 고대 중국인, 바빌로니아인, 힌두교도, 그리스인, 로마
인은 모두 역사를 동그라미처럼 시작도 끝도 없이 영원히 흘러가는 순
환적인 것으로 생각했다. 이것은 성경의 계시가 없는 상태에서 인간의
마음이 가지게 되는 기본값인 듯하다. 이런 생각은 문학에 어떤 영향
을 끼쳤을까? 테일러의 말에 따르면, 성경적 하나님의 죽음은 "알파와
오메가의 죽음"을 뜻했다. 이제 역사에서 "분명한 시작이나 결정적인
끝을 지목할 수 없게" 되었다. "서사 구조는 사라졌고 이야기의 요점이
보이지 않는다."[16] 삶은 끝없고 의미 없는 현재로 쪼그라들었다.

　　작가들은 이해할 수 없고 요점 없는 현재의 느낌을 전달하기 위
해 비선형적 구조를 실험하기 시작했다. 카뮈의 표현을 빌면, 근대인은
"잃어버린 고향의 기억이나 약속의 땅에 대한 희망을 빼앗겼다."[17] 즉,
그들은 어디서 와서 어디로 가는지 더 이상 알 수 없게 되었다. 기원도
운명도 모른다. 우주 안에 일관된 줄거리가 존재하지 않는다면 일관된
이야기를 써야 할 이유가 무엇이겠는가? 제임스 조이스와 윌리엄 포크
너 같은 모더니즘 작가들도 '의식의 흐름' 양식을 실험하여 자유롭게
흘러가며 진화하는 유동적 경험 속으로, 삶의 흐름 속으로 독자들을
던져 넣었다.

이치에 맞지 않는 극작품이라
는 의미로, 1950년대 미국이
나 유럽에서 일어난 일군의
극작가의 작품에 붙인 이름이
다. 구성이나 성격묘사가 불
합리하고 기이하여 전통적인
기법을 거부하며 인간 실존의
환상과 몽상적 세계를 묘사하
고 있는 것으로, 카뮈의 「시시
포스의 신화」에서 크게 영향
을 받아 일어났다.

실존주의를 가장 일관되게 표현한 장르가 부조리극※이었다. 사뮈엘 베케트의 『고도를 기다리며』 *Waiting for Godot* 에서는 두 사람이 나타날 줄 모르는 누군가를 기다리며 의미 없는 대화를 나눈다. 카뮈와 사르트르 같은 초기 실존주의자들은 주의 깊게 구성된 드라마와 소설로 세상에는 의미 있는 질서가 없다는 철학을 전파했다. 그러나 베케트는 그 다음번의 논리적 발걸음을 내디뎠다. 한 문학평론가는 이렇게 설명한다. "혼동과 혼란이 인간의 조건이라면, 희극의 형태 자체가 중단, 불연속성, 부조화, 무의미한 논리와 반복으로 이루어져야 마땅하다."[18] 이런 양식 자체가 실존주의 세계관을 표현하는 것이었다.

이성에서의 도피

시각예술가들과 마찬가지로, 작가들 또한 비합리성을 일종의 해방으로 받아들이기 시작했다. 문제는 '이성' 개념이 이미 너무나 위축되어 더 이상 실제로 중요한 진리를 발견할 수단으로 보이지 않았다는 것이었다. 근대 이전만 해도, 이성은 진·선·미를 알기 위한 강력한 도구였다. 그러나 사실과 가치의 분열로 인해 이성은 아래층에 갇혀 인과관계의 계산 정도로 역할이 쪼그라들었고, 가끔은 '도구적 이성'이라고까지 불리는 지경에 이르렀다. 이성은 자연을 통제할 도구를 제공하지만, 자연을 어떤 식으로 활용하는 것이 선한지, 혹은 인간적인지는 보여주지 못한다. 이성은 목표를 달성하는 법을 보여주지만, 애초에 어떤 목표를 추구하는 것이 옳은지 결정해 주지 못한다. 우리가 무엇을 할 수 있는지는 확인해 주지만, 무엇을 **해야 하는지는** 말하지 않는다. 무엇이 유효한 결과를 내는지 말할 뿐, 무엇이 좋은지는 알려 주지 않는다. 사실만 이야기하고 가치에 대해서는 침묵한다. 그 결과, 많은 사람들이 거대한 질문을 파헤칠 유일한 길이 '이성에서의 도피'(쉐퍼의 책 제목이기도 하다)라는 결론을 내렸다. 즉, 이성을 버려두고 아래층에서 위층으로 믿음의 도약을 하자는 것이었다.

'믿음의 도약'이라는 표현은 실존주의 신학의 트레이드마크가 되었다. 실존주의의 씨앗을 뿌린 사람은 덴마크의 열정적인 루터파 신자 쇠렌 키르케고르다.[19] 이후 신정통주의^{neo-Orthodoxy} ✤ 라 불리는 실존주의 신학 학파가 생겨났다. 당시에는 이성을 자연을 예측하고 통제하는 도구라는 좁은 의미로 정의하고 있었기 때문에, 그 이성을 영적 영역에 적용하는 것은 부적절하다는 인식이 있었다. 따지고 보면, 하나님은 인간의 통제 바깥에 계시는 분이 아니던가. 하지만 이러한 인식의 영향 아래 신정통주의가 제시한 영적 영역의 개념은 근본적으로 비이성적인 것이었다. 슬론이 말한 것처럼, 신정통주의에서 말하는 영적 영역은 "경이감과 경외감이라는 낭만주의적 분위기"에 불과했다.

슬론은 종교적 실존주의자도 세속적 실존주의자처럼 '진리의 두 영역' 이론을 받아들였다고 설명한다. 그들은 "사실의 과학과 의미의 종교라는 이분법"을 수용했다. 그 결과, 종교적 진술을 "어떤 합리적 근거도 없는" 상태에서 "자의적이고 실존적인 결단을 요구하는 주장"으로 취급했고, 믿음은 위층으로 가는 "실존적 도약"이 되었다.[20]

이것은 성경이 정의하는 믿음과는 전혀 다른 것이었다. 성경이 말하는 믿음은 지성을 포함한 전인적 헌신이다. 이성을 아래층에 묶어두는 이분법이 없으니 불합리한 도약은 전혀 필요하지 않다. 하나님은 친히 인간의 이성을 창조하셨고, 우리가 그것을 사용하기를 기대하신다. 많은 독자들은 "우리는 믿음으로 살아가지, 보는 것으로 살아가지

✤ 신정통주의
칼 바르트(1886-1968)의 사상 일반을 가리키는 용어로, 특히 그가 개혁파 정통주의 시대의 신학적 주제들을 근거로 삼아 펼친 논의 방식을 가리킨다.

아니한다"^{고후 5:7, 새번역}는 바울의 말을 은유적인 표현으로 보고, "이성이 아니라 믿음으로" 살아야 한다는 의미로 해석하는 듯하다. 그러나 바울의 말은 문자적으로 이해하면 된다. 그의 요점은 영적 영역은 우리 눈에 보이지 않는 것, 비가시적인 것이라는 데 있다. 볼 수 없는 현실에 근거하여 행동하려면 엄청난 믿음이 필요하다. 바울의 말은 기독교가 비이성적이라는 뜻이 아니다.

안타깝게도 이성이 하나님의 형상의 한 부분으로서 부여받았던 위엄을 완전히 상실하면서, 심지어 정통신학을 믿는 그리스도인 사이에서도 성경적 믿음이 불합리한 것이라는 잘못된 생각이 흔한 것이 되었다. 이렇게 되면 현대 세계를 상대하는 데 무력할 수밖에 없다. 그들은 현대 세계관의 핵심에 놓인 믿음/이성의 이분법을 받아들인 것이다. 그러니 달리 내놓을 실질적 대안이 없을 수밖에.

섹스, 마약, 로렌스

문학인들 사이에서 이성에서의 도피는 흔히 마약 사용과 성적 방종을 통해 이루어졌다. 이런 흐름은 낭만주의 시대에 시작되었는데, 그때 콜리지와 드퀸시 같은 시인은 마약을 써서 상상력을 자극했다(그리고 중독과 노예 상태라는 결과를 맞았다). 심지어 정신이상에 매료된 이들도 있었다. 콜리지의 한 친구는 정신병원에 한동안 갇혀 있다 나온 후에 이렇게 썼다. "미쳐 보기 전에는 환상의 온갖 장엄함과 무모함을 다 맛보았다고 꿈에도 생각하지 말게." 광증은 예술적 영감의 원천이요, "합리주의의 기계론적이고 맹목적인 작용에서 벗어난" 상태로 여겨졌다.[21] 그리고 마약과 술은 일시적 정신이상에 이르는 편리한 방법이었다.

19세기 후반의 상징주의, 퇴폐주의 운동 지지자들은 그와 같은 생각을 받아들여 죽음, 우울증, 탈선과 특히 성적 일탈 같은 병적인 소재에 초점을 맞추었다. 1871년, 시인 아르투르 랭보^Arthur Rimbaud^는 중독과 자기파멸을 거룩한 소명이자 예술을 위한 일종의 순교로 표현했다. "나는 지금 최대한 자신을 망가뜨리고 있다. 시인은 오랫동안 철저히 계산적으로 온갖 감각을 교란시킴으로써 자신을 '견자'(見者)로 만든다. 온갖 형태의 사랑, 고통, 광기가 그 방법이다." 랭보는 새로운 통찰을 추구하는 예술가라면 마약, 술, 섹스와 방탕한 생활 방식으로 오감을 왜곡시키고 사회적 관습을 깨뜨려야 한다는 생각을 대중화시켰다. 그의 시는 상당 부분 동성애 관계를 맺고 있을 때 탄생했다.

헤르만 헤세도 1927년에 나온 소설 『황야의 이리』^Der Steppenwolf^에서 마약과 성적 접촉을 진정한 자아와 재결합하는 수단으로 그려 냈다. 올더스 헉슬리는 1954년의 책 『인식의 문』^The Doors of Perception^에서 마약으로 실험한 내용을 적어 놓았다. 그는 환각제가 어떻게 작용하는지 설명하기 위해 융의 집단심리 개념을 되살려 '자유로운 정신'^Mind at Large^이라고 불렀다. 그리고 "우리 각 사람은 우주의 모든 곳에서 벌어지는 모든 일을 잠재적으로 인식할 능력이 있는 자유로운 정신"이라고 썼다. 하지만 그 엄청난 지식은 금세 우리를 압도해 버릴 것이므로 "생물학적으로 살아남기" 위해서 "자유로운 정신은 뇌와 신경체계라는 감압밸브를 거쳐야 한다. 밸브 반대쪽에서는 소량의 의식이 찔끔찔끔 흘러나오는데, 이것이 특정한 행성의 표면에서 살아남는 데 도움이 될 것이다." 이 소량의 의식에 만족하지 못하는 이들에게 헉슬리는 환각제가 감압밸브를 넓혀 자유로운 정신의 지혜에 접근하게 한다고 말했다. 환각제가 '인식의 문'을 열어 준다는 것이었다.[22] 이런 생각은 1960년대의 저

✥ 아르투르 랭보
프랑스의 상징파 시인(1854-1891). 17세에 시집을 발간했고, 19세에 베를렌과의 동성애 생활이 파탄에 이르자 문학과 인연을 끊고 37세로 죽기 전까지 유럽, 미국, 아프리카 등지를 방랑하며 여러 가지 직업에 종사했다. 근대 사회의 허위와 전통, 모든 권위에 반역하고, 언어가 지니는 표현력의 극한에 달했다고 하는 시와 시론 등은 후기 인상주의나 초현실주의에 큰 영향을 주었다.

항문화에 깊숙이 스며들었고, '스테픈울프'나 '더 도어즈' 같은 록밴드의 이름에까지 흔적을 남겼다.[23]

세속적인 유물론 세계관이 전통적 형태의 영적 초월성을 막아서자, 예술가들은 초월성의 대안적 통로를 모색했다. 오감을 왜곡하고 평범한 의식을 교란시키는 모든 수단을 이성에서 도피하고 위층으로 뚫고 올라갈 기법으로 거의 다 시도하게 되었다.

이것을 알면 미술가나 작가, 음악가들이 방탕한 보헤미안 같은 삶을 살고, 술이나 마약에 취해 성관계 상대를 자꾸 바꾸고, 일부는 결국 자살로 생을 마감하게 된다는 고정관념이 어떻게 생겼는지 알 수 있다. 이런 비극적 인생은 예술가라면 주류사회에서 소외되어야 하고, 상처와 따돌림이 창조력을 만들어 낸다는(그 상처가 중독을 통해 자초한 것이라 해도) 생각의 위력을 잘 보여준다. 초월성에 굶주린 나머지 몸과 마음을 망가뜨리면서까지 더 고차원적인 삶의 의미를 추구하는 사람들이 있으니, 그리스도인은 그들을 위해 울어야 마땅하다.

포스트모던 과학

더 고차원적인 삶의 의미는 본질적으로 비합리적인 것이라는 생각은 포스트모더니즘으로 이어진다. 포스트모더니즘은 널리 쓰이면서도 사람들이 제대로 이해하지 못한 용어다. 이 용어를 파악하려면 앞으로 조금 거슬러 올라가서 그 출처를 따져 보아야 한다. 대륙 전통에서 나온 모든 철학 유파가 공유하는 지향점이 있다. 거대한 기계 같은 이 세계에서 인간의 자유가 존재할 공간을 확보하는 것, 칸트의 자연으로부터 칸트의 자유를 보호하는 것, 아래층의 지적 제국주의로부터 위층을 지키는 것, 과학주의와 실증주의가 만들어 낸 환원주의에 저항하는 것이다.

19세기 말의 독일 철학자 빌헬름 딜타이$^{Wilhelm\ Dilthey}$는 자연과학과 정신과학이라는 두 가지 형태의 전혀 다른 과학이 존재하고, 두 과학이 나름의 독특한 방법론을 가지고 있다고 설명했다. 자연과학은 보편적 규칙성을 찾고 자연적 사건을 인과관계로 설명한다. 자연과학은 객관적이고 보편타당한 지식을 내놓으며 초연한 관찰의 태도가 필요하다.

반면 정신과학은 전혀 다른 방법론을 요구한다. 딜타이는 **정신과학**이라는 명칭 아래 우리가 흔히 인문과학이라 부르는 윤리학, 신학, 인문학, 사회과학을 포함시켰다. 정신과학에서 정보의 근원은 주로 문학 텍스트다. 하나의 텍스트를 해석하기 위해서는 감정이입을 통해 다른 사람의 생각 속에 들어가야 한다. "그 사람의 내면으로 들어가" 그의 눈에 세상이 어떻게 보이는지 이해해야 한다. 정신과학이 찾는 것은 보편적 규칙성이 아니라 독특하고 개별적인 시각이다. 여기서는 설명도 자연적 원인의 관점이 아니라 동기, 목표, 목적, 신념의 관점에서 이루어진다. 딜타이는 이 방법으로 구성되는 지식이 주관적이고, 문화적으로는 상대적이라고 말한다. 그는 헤겔의 문화적 진화 개념을 받아들였다. 그 내용은 각 문화가 의식의 진화가 도달한 현 단계에 적합한 나름의 '진리'를 만들어 낸다는 것이다.[24]

이것은 딜타이 버전의 아래층/위층 구분이다. 아래층에는 자연과학이, 위층에는 인문과학이 자리 잡았다. 이 구분은 환원주의에 저항할 수단을 제공하는 듯 보였기 때문에 대륙 사상가들에게 지대한 영향을 끼쳤다. 자연과학과 별도로 고유의 자격으로 정의하고 옹호할 수 있는 또 다른 과학의 등장이었다.

결국 일부 사상가들이 옛 계몽주의의 환원주의에 맞선 역(逆)환원주의를 내놓았다. 그들은 자연과학이라는 것이 존재하는지 묻기 시작했다. 따지고 보면, 그것은 문학이나 예술 못지않은 인간 문화의 산물이다. 과학이론은 단순히 사실을 관찰한 기록이 아니라 해석, 추론, 추측, 일반화 같은 정신의 구조물을 포함한다. 질량, 힘, 에너지 등 과학의 근본적 개념조차도 정신적 추상의 산물이다(우리는 개별 대상을 관찰하지 '질량'을 관찰하지는 않는다). 게다가 과학자도 다른 모든 사람처럼 경제적 이해관계, 사회적 압박, 세계관의 영향에서 자유롭지 않다. 이 모두가 그들이 구성하는 과학이론에 영향을 끼친다. 한마디로, 자연과학은 경험적 발견이 전부가 아니다. 문화의 다른 부분들과 복잡하게 이어진 풍부한 네트워크다.

어떤 이들은 자연과학이 딜타이가 말하는 인문과학과 전혀 다르지 않다는 결론을 내렸다. 둘 다 사회적 구성물이요, 인간 문화의 산물이라는 것이다. 이것을 시각적으로 표현하자면, 과학이 위층으로 끌어올려졌다고 말할 수 있다. 아래층은 더 이상 존재하지 않고 모든 것이 위층에 있었다. 포스트모더니즘의 탄생이었다.

유클리드, 저리 비켜

포스트모더니즘이 그럴듯해 보인 것은 과학 내부의 변화 때문이었다. 19세기 말과 20세기 초에 서구 사상은 두 가지 과학혁명으로 근간까지 흔들렸다. 비(非)유클리드 기하학과 새로운 물리학(상대성 이론과 양자역학)은 과학적 진리의 본질 자체에 의문을 제기했다.

기하학은 유클리드 이후 거의 2,000년 동안 가장 신뢰할 만하고 보편타당한 형태의 인간 지식으로 간주되었다. 아이들이 몇 가지 단순한 블록을 가지고 장난감 도시를 세우듯, 수학자는 몇 가지 단순한 공리(公理)를 써서 유클리드 기하학을 구성하는 수천 개의 정리(定理)를 만들어 낼 수 있었다. "모든 두 점을 잇는 하나의 직선이 존재한다." "모든 직선은 무한히 연장할 수 있다." "모든 직각은 합동이다." 그 결과로 생겨난 체계는 내적 일관성을 가지고 있었고, 외적으로는 물리적 세계와 완벽하게 대응하는 듯했다. 한 철학자가 설명하기를, 기하학의 공리는 "이중의 진리를 가지고 있는 듯하다. 정합성 있는 논리의 흐름에서 나오는 형식적 진리와 대상과의 일치에서 비롯하는 내용적 진리다."[25] 기하학은 다른 모든 지식의 영역에서 본받아야 할 모범으로 제시되었다.

그러다 19세기에 이르러 유클리드 기하학이 보편적이지 않고 대안적 형태의 기하학을 만들 수 있다는 사실이 발견되면서 학계는 크게 동요했다. 유클리드가 선택한 것과 다른 공리에서 출발할 수 있고, 거기에서 추론을 거쳐 유클리드 기하학과 다르지만 그 못지않게 논리적인 기하학 체계를 만들 수 있다는 사실이 밝혀진 것이다. 순식간에 수학자들은 어느 버전의 기하학이 물리적 우주를 충실히 반영하는지 확신할 수 없는 상황에 처했다. 비유를 들자면, 내적으로는 일관성이 있지만 실세계와는 관련이 없는 복잡한 컴퓨터 게임 속의 우주와 같다.

처음의 충격이 가시자 결국 다양한 기하학이 맥락에 따라 모두 타당할 수 있다는 결론이 모아졌다. 유클리드 기하학은 통상적인 표면을 다룰 때 유효하다. 문제가 되는 지표면은 충분히 작은 터라 지구의 만곡을 무시하고 면으로 취급할 수 있기 때문에 유클리드 기하학은 일상에서 대부분 통용된다. 그러나 리만 기하학˚은 원뿔처럼 양의 곡률을

˚ 리만 기하학
1854년에 독일의 수학자 리만이 발표한, 종래의 삼차원에 대하여 n차원을 다룬 새로운 공간 기하학. 타원형 비유클리드 기하학이라고도 한다.

※ 로바쳅스키
제정 러시아의 수학자(1792-1856). 유클리드 기하학의 기초 공리를 검토하여 유클리드 기하학과는 전혀 다른 새로운 기하학의 성립 가능성을 상정하였으며, 결국 비유클리드 기하학을 창시하였다.

가진 표면을 다룰 때 유효하다. 아인슈타인은 굽은 공간 개념에 리만 기하학을 적용하여 대중화시켰다. 로바쳅스키※ 기하학이라 불리는 또 다른 기하학은 음의 곡률을 가진 표면을 다룰 때 유효하다.

기하학으로 대표되는 논리적 진리와 물리적 진리가 분리될 수 있다는 사실의 발견은 엄청난 충격으로 다가왔다. 고대 그리스 이후 대부분의 서구인은 실재는 궁극적으로 합리적이며, 논리적으로 참된 것은 실제로도 참되다고 생각했다. 그런데 새로운 기하학은 이 확신에 이의를 제기했다. 각기 내적 일관성이 있지만 서로 양립할 수 없는 여러 체계가 모습을 드러낸 것이다. 그 모두가 참일 수는 없다는 뜻이었다. 합리적인 것과 참된 것 사이에 처음으로 틈이 벌어졌다.[26] 진리 자체가 산산조각 난 것 같은 상황이었다.

유클리드 기하학의 추락은 너무 난해한 사건이라 대중문화에 영향을 끼치지는 않았지만 학계의 근간을 흔들어 놓았다. 유클리드 기하학의 지위는 보편적으로 옳은 것에서 적용되는 맥락 안에서만 옳은 여러 가능한 진리 중 하나로 떨어졌다. 기하학의 위기는 기존에 확립된 진리가 깨어지는 상황의 은유가 되었다. 수학자 E. T. 벨[Bell]의 말을 빌면, 그것은 모든 학문 영역에서 "영원한 진리와 절대적인 것에 대한 불신"을 부추겼다.[27]

예를 들어, 도덕철학은 보편적이고 불변하는 원리에서 출발하여 실세계에 적용할 만한 내용을 추론해 낸다. 비판자들은 그것이 "너무 유클리드적이다!"라고 공격했다. 도덕에 대한 비유클리드적 접근법에 따르면, 각 문화는 저마다 다른 도덕적 공리에서 출발하여 다른 도덕 체계를 가지게 되며, 각각의 문화적 맥락에서 보면 그 모두가 똑같이 타당하다. 법사상에서도 상황은 비슷하다. 예일 법률대학원의 제롬 프랭크는 전통적인 법 이해가 지나치게 유클리드적이라고 폄하했다. 정치이론에서 찰스 비어드는 권력분립처럼 미국 정치제도의 토대가 되는 사상들이 유클리드적이라고 비판했다. 경제학에서는 존 M. 클라크가 다른 경제체제의 필요성을 주장했는데, 그것과 기존 경제체제는 "유클리드 기하학과 비유클리드 기하학만큼이나 완전히 다른 공리 위에 서 있어야 한다"고 말했다. 인류학과 사회학에서는 인간 사회의 엄청난 다양성이 여러 형태의 비유클리드 기하학이 보여주는 다양성과 유사하다는 의견이 대두되었다.[28]

거의 모든 분야에서 기하학과 인간 문화의 유사성을 내세웠다. 둘 다 수없이 많은 가능성 중에서 자의적으로 선택한 공리들이 기초가 된다. 또 두 경우 모두, 서로 다른 공리에서 출발해 다르지만 똑같이 타당한 체계를 만들어 낼 것이었다. 누군가 모든 것을 아우르는 단일한 진리를 주장하면 비유클리드 기하학을 내세워 제압했다. 비유클리드 기하학이 포스트모더니즘으로 가는 문을 연 것이다.

아인슈타인 너머

포스트모더니즘으로 가는 또 다른 문은 새로운 물리학, 곧 상대성 이론과 양자역학이었다. 기하학이 유클리드를 왕좌에서 몰아냈듯, 물리학은 뉴턴을 왕좌에서 몰아냈다. 그런데 뉴턴의 연구 결과는 과학혁명이 이루어 낸 최고의 성과였다. 뉴턴은 시간과 공간을 물리학의 토대 위에 놓인 절대적인 것으로 취급했고, 칸트는 시간과 공간을 인간 정신의 보편적 범주로 취급했다. 그러나 알베르트 아인슈타인은 둘 다 아니라고 판단했다. 그는 시간과 공간이 관찰자의 기준틀에 따라 상대

적이라고 했다.[29]

대중은 상대성 이론이 과학적으로 어떤 의미가 있는지 잘 몰랐지만 그것을 도덕적·문화적 상대주의를 지지하는 근거로 해석하는 데 열을 올렸다. 그러나 아인슈타인은 자신의 이론이 상대주의를 함축한다는 것을 극구 부인했다. 그는 상대성 이론을 '불변성 이론'이라 부르고 싶어 했는데, 그의 계산은 준거틀이 달라져도 물리법칙은 변하지 않음을 보여주기 때문이었다.

이에 관한 기본 개념을 파악하려면, 누군가 배의 갑판에서 시속 3km로 걸어가고 있는데 배는 시속 30km의 속도로 항해하고 있다고 상상해 보자. 그는 얼마나 빠른 속도로 움직이고 있을까? 배와 비교해서 말하면 시속 3km로 움직인다고 할 수 있다. 해변을 상대로 말하면 시속 33km로 움직인다. 여기에 상대주의적인 측면이 있는가? 전혀 없다. 운동법칙은 두 준거틀 모두에서 동일하다는 것이 갈릴레이가 발전시킨 초기 형태의 상대성 이론이었다. 아인슈타인은 그 원리를 빛 같은 전자기 현상에 적용했을 따름이다. 그는 그 경우에 상대성 이론의 유효성을 확보하기 위해 시간이 느려지게 만들어야 했지만, 그의 목표는 전자기법칙이 모든 준거틀에서 동일하다(불변한다)는 사실을 보이는 것이었다.

그럼에도 아인슈타인의 이론이 나오자 그것을 '절대주의'에 대한 공격으로 해석하는 신문 기사가 쏟아졌다. 예술가와 작가도 그것을 자기들의 활동에 적용했다. 미국의 시인 윌리엄 카를로스 윌리엄스[William Carlos Williams]는 아인슈타인 덕분에 시인들은 이제 "엄격한 음보가 아니라 상대적으로 안정된 음보"를 쓸 수 있게 되었다며 자유시(운율이나 압운이 없는 시)를 옹호했다.[30] 윌리엄스는 1921년의 시 '수선화의 성인 프란체스코 아인슈타인'에서 아인슈타인을 "죽은 지식과 구닥다리 지식"으로부터 벗어나게 해주는 구원자로 제시한다. 아인슈타인의 항변에도 불구하고, 대중은 그의 이론을 정확히 **거꾸로** 받아들였다.

물리학과 신비주의

양자이론의 등장은 대중을 더욱 당혹스럽게 했다. 양자이론은 아원자 수준에서 뉴턴 물리학의 법칙이 적용되지 않는다는 것을 보여주었다. 예를 들어, 고전물리학은 우리가 있는 그대로 관찰하고 측정할 수 있는 객관적인 세계가 존재한다고 생각했다. 그러나 양자 수준에서는 대상에게 영향을 주지 않고 관찰하는 일이 불가능하다. 주체와 객체 사이의 고전적 구분이 무너진 것처럼 보인다. 한 가지 조건 아래서 관찰할 때 파동으로 기능하던 소립자가 다른 조건에서 관찰하면 입자로 기능한다. 파동/입자의 이중성은 과학적 객관성의 이상을 무너뜨리는 듯하다.

일부 물리학자들은 이것을 더욱 급진적으로 해석한다. 소립자[*] 관찰 실험으로 소립자가 어떤 특성을 가지고 있는지 결정된다면, 관찰 행위는 본질적으로 창조 행위라고 그들은 말한다. 관찰자가 자신이 관찰하는 바를 창조한다. 이것은 실재는 궁극적으로 정신적이거나 영적이며, 물질계는 의식의 창조물이라고 가르치는 동양 종교의 비의적^{occult} 세계관과 조화를 이루는 듯 보인다. 양자역학에 대한 많은 대중서가 이제는 고전이 된 프리초프 카프라^{Fritjof Capra}의 『현대 물리학과 동양 사상』^{The Tao of Physics}처럼 양자역학을 동양 사상의 틀에서 해석한다.

그러나 이것이 전부가 아니다. 양자이론의 또 다른 거북한 결과는

※ 소립자
현대물리학에서 물질 또는 장을 구성하는 데 가장 기본적인 단위로 설정된 작은 입자를 통틀어 이르는 말. 광양자, 전자, 양성자, 중성자, 중간자, 중성미자, 양전자 등으로, 이들은 여러 가지 상호작용을 통해 서로 전화(轉化)한다.

'불확정성 원리'※다. 고전물리학의 핵심은 운동이론이었다. 어떤 물체
가 어디에 있는지(위치)와 그 속도(속력과 방향을 포함)를 알면, 물체의 경로
를 그려 낼 수 있다. 축구공의 궤적이든 행성의 궤적이든 상관없다. 이
론적으로는, 우주의 모든 입자의 위치를 알고 거기에 작용하는 모든
힘을 알면, 우주의 미래를 완전히 예측할 수 있다는 말이다. 이것은 우
주의 모든 사건이 완전히 결정되어 있다는 결론을 함축하는 듯했다.

하지만 양자 수준에서는 물체의 위치와 속도를 동시에 알 수 없는
것으로 드러났다. 일상생활에서는 내가 누군가에게 손전등을 비추어
빛의 광자가 그와 부딪쳐도 사람은 넘어지지 않는다. 그러나 전자 같
은 소립자를 조사하기 위해 빛줄기를 비추면, 소립자는 그 크기가 너
무 작아 광자에 부딪히면서 원래 자리에서 벗어난다. 따라서 입자의
위치를 파악하려면 입자를 쳐서 원래의 경로에서 이탈시키고 속도를
바꾸어 놓을 수밖에 없다. 우리는 위치와 속도를 동시에 정확히 읽어
낼 수가 없다.

이것은 완전한 결정론이 불가능하다는 뜻이다. 양자이론은 물질의
핵심에 자리 잡은 원자 내부에 불확정성의 영역이 있음을 인정한다.

물리학에 대한 믿음을 잃다

완전한 결정론적 세계관을 만들어 낼 희망을 품고 있던 이들에게, 새
로운 물리학은 큰 낙담을 안겨 주었다. 쇼의 『너무 진실해서 선할 수
없는』의 한 등장인물은 이렇게 말한다. "뉴턴의 우주는 합리적 결정론
의 성채였어. 모든 것이 계산 가능했지.……거기에서 내 신앙의 근거를
발견했어. 무오의 교리를 발견했다고." 그러나 그 신앙이 새로운 물리

학의 바위 투성이 해변에 걸려 파선했다. 쇼의 등장인물은 이렇게 탄식한다. "그런데 이제, 이제 남은 게 뭐야? 전자의 궤도는 어떤 법칙도 따르지 않아. 모든 것은 변덕이고, 계산 가능한 세계는 계산할 수 없는 것이 되었어."

우직한 과학자들조차도 두 손을 들고 말았다. 물리학자 퍼시 브리지먼Percy Bridgman은 이렇게 썼다. "물리학자가 원자나 전자 단위로 분석해 들어가면 물체들이 원인을 부여할 수 없는 방식으로 움직이는 것을 본다.……이것은 다름 아니라 인과의 법칙을 포기해야 한다는 뜻이다."
[31] 물론, 일상 경험에서 물체들은 여전히 고전적 뉴턴 물리학에 따라 움직이고, 공학자들은 여전히 뉴턴 물리학을 써서 다리를 짓고 건물을 세울 수 있다. 그러나 그것은 많은 수의 원자들이 만들어 내는 통계적 평균 때문이다. 과학자는 더 이상 고전적 결정론에 호소하여 물리학의 작동 원리를 설명할 수 없다. 성공회 사제가 된 물리학자 J. C. 폴킹혼Polkinghorne은 그것이 "마치 눈길을 사로잡는 아름다운 궁전을 안내받은 뒤 그 기초가 암반 위에 서 있는지 모래 위에 서 있는지 아무도 모른다는 말을 듣는 것과 같다"고 말한다.[32]

많은 서구 사상가들이 볼 때, 이것은 이해할 수 있는 우주 모델을 쌓아 올리려는 모든 시도의 토대가 사라져 버린 듯한 상황이었다. 인간의 합리성이 이룩한 최고의 업적인 고전물리학이 이렇듯 속절없이 허물어질 수 있다면 인간의 합리성을 어떻게 신뢰할 수 있겠는가? 그 전까지 사람들은 과학이 새로운 사실을 점점 더해 가면서 지식 풀pool이 계속 확장되고 꾸준히 쌓여 간다고 생각했다. 그러나 상대성 이론과 양자역학은 뉴턴 물리학 위에 그냥 덧붙은 것이 아니었다. 두 물리학은 뉴턴 물리학을 완전히 파괴하고 처음부터 다시 시작했다.

과학사가 토머스 쿤$^{Thomas\ Kuhn}$은 이런 갑작스럽고 극적인 전환을 묘사하기 위해 '패러다임※ 전환'$^{Paradigm\ shift}$이라는 표현을 만들어 냈는데, 포스트모더니스트들이 그것을 적극 활용했다. 그들은 이 표현을 "과학은 합리적 탐구가 아니라 직관적 도약에 의해 전진한다"는 뜻으로 받아들였다. 계몽주의가 주장했던 바와 달리, 합리성은 진리로 가는 신성한 길이 아니었다. 이제는 과학 자체가 이성에서의 도피를 지지하는 듯했다.

※ 패러다임
어떤 한 시대 사람들의 견해나 사고를 근본적으로 규정하고 있는 테두리로서의 인식의 체계. 또는 사물에 대한 이론적인 틀이나 체계를 말한다.

원자의 추락

위층 옹호론자들은 새로운 물리학을 뜻밖의 선물로 여기고 환영했다. 3세기 동안 고전물리학의 결정론에 맞서 예술가, 시인, 신학자, 윤리학자, 관념론 철학자들이 저항했지만, 과학자가 아니었기에 그들의 비판은 그저 반(反)과학적인 것으로 치부되었다. 새로운 물리학의 등장과 함께, 처음으로 과학 내부에서 비판이 일어났다. 사회이론가 플로이드 맷슨$^{Floyd\ Matson}$은 이렇게 썼다. "거대한 기계의 이미지가 처음으로 과학 자체에 의해 직접적인 공격을 당했다."[33]

수학적 법칙으로 결정되는 기계라는 우주 이미지는 사라졌다. 기계의 톱니에 불과했던 인간의 이미지도 사라졌다. 다시는 과학을 들먹이며 인간의 도덕과 창의적인 자유를 부인할 수 없게 되었다. 많은 이들이 새로운 물리학을 자유의지와 인간의 존엄성을 회복하도록 돕는 해방자로 인식하고 환영했다. 제임스 진$^{James\ Jean}$은 이렇게 썼다. "옛 물리학이 보여준 우주의 모습은 거주지라기보다는 감옥 같았다. 새로운 물리학이 제시한 우주의 모습은 자유로운 인간에게 적합한 거주지의

형태를 이루고 있다."³⁴

　기적조차도 다시 가능할 듯 보였다. 고전물리학에서 세계의 질서를 정하는 것은 인격적 하나님의 신실하심이 아니라 변하지 않는 자연법칙이었다. 그 무엇도 자연의 고정된 질서에 개입할 수 없었다. 신학자들은 기적과 섭리 같은 개념을 버리라는 압력을 받았고, 자유주의 신학자들은 그 압력에 굴복했다. 그들은 그리스도인에게 성경을 '비신화화'하라고 촉구했는데, 그것은 초자연적인 것에 관한 기록을 모두 삭제하라는 뜻이었다. 루돌프 불트만*Rudolf Bultmann*은 이렇게 썼다. "현대인은 우주의 합리적 질서라는 틀 안에서 이해할 수 있는 현상과 사건만을 실재라고 인정한다. 현대인은 기적을 인정하지 않는다. 기적은 이 적법한 질서에 들어맞지 않기 때문이다."³⁵ 불트만은 현대인이 인정하지 않는 내용은 그리스도인도 포기해야 한다고 보았다.

　그러나 새로운 물리학은 불트만에게 더없이 깊은 인상을 주었던 '적법한 질서'가 사실은 고정된 것이 아님을 보여주었다. 그리고 그것은 더 이상 초자연적인 것을 제거하는 기준이 될 수 없었다. 기적의 수용을 막던 강력한 장애물 하나가 무너져 내렸다. 이제 물리학은 역사 속 하나님의 능하신 일을 담아낸 성경의 기록을 배제하는 도구가 될 수 없었다.

　지금은 새로운 물리학이 선사한 도취감이 가라앉았고 우리는 그 함의를 보다 차분하게 평가할 수 있다. 그것은 도덕적·신학적 문제에 있어서 정확히 무엇을 의미할까? 양자역학은 자유의지나 기적에 대해 결정적인 증거를 제시하지 않는다. 그것이 실제로 하는 일은 고전물리학이 만든 강력하고 오래된 **장애물을 제거**하는 것뿐이다. 양자이론은 결정론이 있던 자리에서 불확정성의 영역, 우연이나 임의성을 본다. 그러나 우연이 선택과 같은가? 물론 그렇지 않다. 신학자 이안 바버는 이렇게 썼다. "룰렛의 구슬이 멈출 지점을 예측할 수 없다고 해서 구슬에게 자유가 있다고 말하지는 않을 것이다."[36] 룰렛의 구슬이 멈출 때 기적 운운하며 하나님이 구슬을 멈추게 했다고 말하지도 않을 것이다. 양자역학은 우주에 마음이나 정신이 들어갈 공간을 마련해 주지 않는다(그런 주장을 하는 책이나 글이 여전히 있기는 하지만). 그저 고전물리학의 범위를 제한할 따름이다. 어째서 물리학의 혁명이 이렇듯 지대한 반향을 불러일으킨 것일까? 많은 사람들이 과학을 우상으로 만들어 버렸기 때문이다. 분석적 사고에 따르면, 모든 것의 본질은 그 최소 구성단위까지 잘라 보면 알 수 있다. 과거의 물리학은 원자가 결정되면 인간도 결정된다고 말했다. 새로운 물리학은 원자가 불확정적이라면 인간도 그렇다고 말했다. 그러나 사람을 원자의 특징으로 규정해야 할 이유가 무엇인가? 왜 그런 급진적 환원주의를 받아들여야 하는가? 두 결론 모두 사실상 원자를 작은 신으로 대접한다.

모든 세계관은 무엇인가를 최종 실재, 다른 모든 것의 원인으로 제시한다. 역사적으로, 서구 사상가들이 하나님을 궁극의 원인으로 인정하기를 거부함에 따라, 많은 이들이 물질을 그 대안으로 보게 되었다. 그들은 근본적인 실재가 무엇인지 알아내기를 바라며 물질을 그 최소 구성단위까지 쪼갰다. 아서 쾨슬러^Arthur Koestler는 이렇게 썼다. "르네상스 이래 궁극원인은 하늘에서 원자핵으로 서서히 옮겨 갔다."[37] 하나님이 아니라 원자가 우리 운명을 결정했다. 그러나 양자역학의 발전과 더불어 그 궁극원인은 우연으로 해체되는 듯 보였다. 모더니즘의 우상이 허물어졌다. 과학 자체가 포스트모던 세계관을 가리키는 듯한 상황이 펼쳐졌다.

예언에서 패러디로

이제 우리는 포스트모던 세계관에 초점을 맞추고 그 가능성과 위험을 동시에 진단해 볼 준비가 되었다. 포스트모던 사상가들은 계몽주의 세계관의 환원주의를 단호하게 반대했지만, 안타깝게도 그들의 이론 역시 그 못지않게 환원주의적인 것으로 종종 드러났다.

자아에 대한 포스트모더니즘의 견해를 생각해 보자. 포스트모던 사상가들은 '자율적 자아'* 라는 모더니즘의 개념을 확고하게 거부했다. 그러나 많은 포스트모더니스트들은 자아를 인종, 계급, 성, 성적 지향 등 사회적 힘의 네트워크로 해체해 버림으로써 정반대의 극단으로 나아갔다.

이러한 추론의 근원을 따져 보면 헤겔까지 거슬러 올라간다. 헤겔의 가르침대로 역사라는 것이 절대정신의 전개라면, 역사의 진짜 주연은 개인이 아니라 정신 자체가 될 것이다. 즉, 역사를 통해 전개되는 내재적 정신력이다. 지금 존재하는 모든 문화는 진화의 현 단계에서 나타나는 정신의 표현이다. 한 문화의 법, 관습, 종교, 예술, 도덕, 언어는 개인의 창의성의 산물이 아니라 공동체 구성원 안에서 그들을 통해 작용하는 범신론적 정신의 산물이다. 그런데 이렇게 되면 개인이 실제로는 독특하고 독창적인 생각을 갖지 않는다는 의미가 된다. 그들의 생각은 대부분 그들이 선택하거나 만들어 낸 것이 아니라 흡수한 요인들의 산물이다.[38]

헤겔의 범신론은 결국 영향력을 상실했지만 개인이 문화의 생산자가 아니라 **산물**이라는 생각을 남겨 놓았다. 이 견해에는 반(反)인간주의라는 딱지가 붙었는데, 급진적 비인간화를 초래하기 때문이다. 이

* 자율적 자아
데카르트의 "나는 생각한다. 고로 나는 존재한다"에서 말하는 자충족적이고 주권적인 에고.

포스트모더니즘의 팝아트: 패러디와 캐리커처. 로이 리히텐슈타인의 「그 곡이 꿈에서도 잊히지 않네요」(1965)

견해는 인간이 진정한 도덕적·창조적 행위자라는 사실을 부인한다. 데카르트적 자아의 위치를 끌어내리는 정도가 아니라, 자아의 존재 자체를 부정한다. 창조주라는 신 개념을 부정하는 사람은 결국 인간의 창조성을 부정하게 된다. 이 견해 역시 자살을 하는데, 인간에게 독창적 생각이 없다는 생각은 누가 생각해 냈단 말인가?

이런 생각이 예술에 미친 영향은 지대하다. 예술가는 더 이상 최첨단의 독창적인 통찰력을 제공하는 예언자로 인정을 받지 못하게 되었다. 독창적인 통찰력을 가진 사람은 아무도 없기 때문이다. 예술가는 그를 만들어 낸 더 큰 사회적 힘을 대변하는 존재에 불과하다. 수많은 포스트모던 예술이 조롱과 패러디로 이루어진 이유를 여기서 찾을 수 있다. 옛 예언자들은 두 가지 기능을 수행했다. 하나님의 진리를 선포하는 것과 사회의 죄를 규탄하는 것. 포스트모던 예술가들은 그중 첫 번째 기능을 상실했다. 그들은 더 높은 진리를 계시하지 않았다. 그러나 예언자 특유의 날카로움은 잃지 않아서 사회의 죄, 곧 소비지상주의와 하찮음, 피상성을 계속 규탄했다.

상당수의 팝아트[*]가 캐리커처와 다를 바 없는 이유를 여기서 볼 수 있다. 팝아트는 소비지상주의 사회의 제품을 패러디의 소재로 삼았다. 팝아티스트는 수프 캔이나 만화의 한 장면 같은 기성품을 대작의 크기로 확대해 그렸는데, 관람객은 그 노골적인 평범함에 뺨을 얻어맞은 듯한 기분이 들게 된다. 예술가는 자신이 사회의 대변인에 불과하다는 사실을 받아들이고 그 역할을 맹렬히 감당하기로 결심한 듯하다. 그들의 작품은 사회의 가장 진부하고 시시한 요소들을 그대로 반영했다.

* 팝아트
1950년대 후반에 미국에서 일어난 회화의 한 양식. 일상 생활 용구 따위를 소재로 삼아 전통적인 예술 개념을 타파하는 전위적인 미술 운동으로, 광고·만화·보도사진 등을 그대로 그림의 주제로 삼는 것이 특징이다.

예술가의 죽음

문학이론에서 창조성 개념의 상실은 '저자의 죽음'이라는 문구로 요약할 수 있다. 문학평론가 롤랑 바르트^{Roland Barthes}는 작가는 이야기를 지어 내는 사람이 아니라 옛 음유시인이나 샤먼과 유사하게 그들이 속한 부족이나 종족의 이야기를 전수하는 자라고 주장했다. 그리고 하나의 문학 텍스트는 독창적인 창조성의 산물이 아니라 작가가 "주위 문화와 시기적 특성에서 흡수한 인용문들의 덩어리"에 불과하다고 말했다.

물론 모든 공동체는 상충하는 관심사와 신념을 아우르고 있고, 모든 저자는 상충하는 문화의 메시지를 무의식적으로 반영하기 마련이다. 바르트의 말대로, 텍스트는 단일한 의미를 갖는 것이 아니라 "독창적이지 않은 다양한 저작이 뒤섞이고 충돌하는" 혼합체다.[39] 그런 모순되는 의미들을 분류하는 작업을 텍스트의 **해체**라고 부른다.[40] 여기서 '해체주의'라는 용어가 나왔다.

전통적으로, 문학비평의 목표는 저자의 의도를 파악하는 것이었다. 그러나 만일 텍스트가 저자의 창조적 산물이 아니라면, 저자의 의도를 묻는 것은 의미 없는 일이 된다. 독자들은 텍스트에 자신만의 의미를 부여할 자유를 갖게 되었다. 해체주의자들은 이것이 문학 텍스트를 하나의 고정되거나 안정된 의미에서 벗어나게 해준다는 의미로 '해방'이라는 표현을 썼고 적극 환영했다. 바르트의 표현을 빌면, 저자의 의도를 파악하는 것은 "그 텍스트에 한계를 지우는 것이자 최종적 기의(記意, 의미되는 내용)를 제공하는 것이다." 해체주의는 텍스트의 의미를 제한하기를 거부했다.

그러나 놀랄 일은 아니지만, 포스트모던 사상가들은 자신의 글에는 이 원리를 적용하지 않는다. 그들은 자신의 저작이 자신이 속한 문화에서 나오는 메시지의 재생이 아니라 창조적 지성의 진지한 성과물로 대접받기를 바란다. 그리고 저자인 자신이 전달하려고 하는 의미에 독자들이 관심을 갖기를 원한다. 따라서 아이러니하게도, 포스트모더니스트들은 책을 쓰거나 논문을 발표할 때마다 자신의 견해를 스스로 반박하게 된다.

이제, 우리 나름의 해체 작업을 진행해 보자. 누군가가 내적 일관성이 없는 입장을 받아들인다면, 대개 그것은 더 깊은 동기가 작동하고 있다는 뜻이다. 앞에서 인용한 바르트의 글을 계속해서 읽어 나가면 그의 동기가 분명하게 드러나는 것을 볼 수 있다. 바르트는 해체주의가 텍스트에 대한 모든 확정적 의미를 부인한다고 설명한 후, 아주 이상한 문장을 덧붙인다. 그로 인해 "자유를 얻게 된다는 것은 반(反)신학적 활동이라 부를 만한, 참으로 혁명적인 일이다. 고정된 의미를 거부하는 것은 결국 신을 거부하는 것과 같기 때문이다."[41]

잠깐만, 그것이 신과 무슨 상관이란 말인가? 바르트는 신이 의미의 궁극적 원천이라 말한다. 따지고 보면, 그리스도인은 언제나 세계 자체를 일종의 텍스트이자 글, 이야기로 취급해 왔다. 시편 19편은 "하늘이 하나님의 영광을 선포한다"고 말한다. 아우구스티누스는 "이 하늘, 이 책은 하나님의 손가락이 만들어 낸 작품이다"라고 썼다. 역사상 줄곧 그리스도인은 두 책, 하나님의 말씀의 책(성경)과 하나님의 세계라는 책(창조세계) 은유를 사용해 왔다. 하나님은 둘 모두의 저자이시기 때문에, 그것을 올바르게 해석할 '저자'로서의 권위author-ity를 가지고 계신다. 진리의 객관적 기준이 존재한다.

이와 마찬가지로, 하나님의 형상으로 창조된 인간은 그들이 쓴 저작물의 진정한 저자다. 어떤 텍스트의 의미를 알고 싶다면, 그 저자에게 물어야 한다.

그런데 니체가 신의 죽음을 선언하면서 이 모두가 달라졌다. 니체는 이전의 모든 철학은 우주라는 책의 내용을 알아내기 위한 시도라고 말했다. 그가 즐겨 쓴 은유다. 즉, 우주는 무대에서 펼쳐지는 연극과 같고, 철학자는 대본을 찾아 연극의 줄거리를 이해하려고 노력하는 사람이다. 하지만 니체에 따르면, 우주라는 책은 저자가 없다. 권위 있는 사본을 내놓을 위치에 있는 사람이 없다. 따라서 우주에 대한 객관적이거나 보편적으로 타당한 진리는 존재하지 않는다. 마크 테일러도 같은 내용의 말을 했다. "하나님의 죽음은 세계 역사에 절대적 진리와 단일한 의미를 적어 넣은 저자가 사라졌음을 뜻한다."[42] 다시 말하지만, 신적 창조주를 부인하는 사람은 결국 인간의 창조성마저 부인하게 된다.

메타서사와 죽음의 수용소

포스트모더니스트들은 신의 죽음이 함축하는 내용, 곧 "세계 역사에 절대적 진리와 단일한 의미는 없다"는 것을 환영했다. 그들은 역사의 의미를 설명하려는 모든 시도를 메타서사[metanarrative]라고 불렀는데, 우주의 시작부터 마지막 운명까지를 하나의 거대한 체계로 아우르는 거대 서사를 이르는 말이었다.[43] 그들은 메타서사의 어떤 점에 반기를 들었을까? 그들은 메타서사가 잔인하고 억압적인 정치체제의 근원이라고 보았다.

포스트모더니즘의 창시자 대부분은 나치즘과 공산주의 같은 억압적 정치체제를 가까이서 목격한 유럽인이었다. 두 정치체제 모두 그 중심에 단일한 원리(나치즘은 인종, 공산주의는 경제적 계급)가 놓여 있다. 둘 모두 역사가 어떤 이상 사회를 향해 가차 없이 움직인다는 거대한 비전을 받아들였고, 결국 전체주의 체제로 변하여 비밀경찰과 죽음의 수용소를 정당화하는 데 그들의 유토피아적 비전을 이용했다.

제2차 세계대전 이후, 전체주의 정권 치하에서 고통받았던 많은 유럽 사상가들은 전체주의의 근원이 전체화[totalizing]하는 메타서사에 있다고 보았다. 그들은 인간 경험의 한 가지 차원에 초점을 맞추고 그것을 절대적인 것으로 격상시키는 모든 메타서사를 '전체화'라는 말로 표현했다. 나치는 모든 사회적 관계를 인종의 상자 안에 밀어 넣었다. 누군가가 아리아인이냐, 유대인이냐, 슬라브인이냐에 따라 그 사람의 견해, 인격, 가치가 결정되는 것이었다. 공산주의자는 모든 사회적 관계를 경제학의 상자에 밀어 넣었다. 자본주의자 계급이냐, 프롤레타리아 계급이냐가 모든 것을 결정하는 요소가 되었다. 이런 전체주의 체제를 경험한 포스트모더니스트들은 모종의 거대한 전체화 이론에 따라 인위적으로 사회를 통합시키려는 시도가 강제, 억압, 폭력으로 이어진다는 교훈을 이끌어 냈다.

물론, 소크라테스 이전부터 철학자들은 모든 실재를 일관성 있는 설명 체계로 통합시킬 단일한 원리를 찾아내려 노력했다. 그러나 포스트모더니스트들은 어떤 통합의 원리를 선택해도 그것은 환원주의적일 수밖에 없기에, 실세계를 설명하기에는 너무나 편협하고 제한적이라는 점을 지적했다. 게다가 그렇게 해서 생겨난 세계관은 결국 실제 삶의 복잡성과 다양성을 부인하고 전체화를 초래하게 될 터였다. 그리고 전체화를 초래하는 세계관이 정치권력과 결합하게 되면, 국가는 공인된 메타서사를 따를 수 없거나 따를 마음이 없는 이들, 정해진 상자에 들어맞지 않는 이들을 억눌러 통일성을 부과하려 할 것이다. 소련 공산주의는 거의 6천만 명을 죽였고, 중국 공산주의는 약 3천 5백만 명을 죽였으며, 나치는 2천만 명을 죽였다. 캄보디아의 마오주의 조직 크메르루주*는 전 인구의 1/4이 넘는 인명을 학살했다.[44] 정치 이데올로기는 피비린내 나는 야만적인 기록을 가지고 있다.

포스트모던 사상가들은 '절대 진리'를 주장하는 자들에게 맞서는 것이 '절대 권력'을 주장하는 자들에 맞서는 최선의 길이라는 결론을

* 크메르루주
1960년대에 프랑스에서 교육을 받은 마르크스주의자들이 결성한 캄보디아의 혁명파 조직을 통틀어 이르는 말.

내렸다. 그들은 단일한 통합적 진리의 추구를 거부했고, 다양성과 다원성을 높이 평가했다. 세계관은 언어를 통해 전해지기 때문에, 포스트모더니스트들은 세계관을 흔히 '언어 게임'이라고 부른다. 그들은 환원 불가능한 다수의 언어 게임이 존재하며, 그 게임들에는 나름의 규칙이 있다고 주장한다. 야구와 축구가 규칙상의 공통점이 거의 없는 전혀 다른 게임인 것처럼, 세계관들은 겹치거나 공통된 점이 전혀 없는 서로 다른 언어 게임이다. 포스트모더니스트들은 절대적 국가권력을 방지하고 민주주의를 굳건히 세우려면 사회가 각각의 언어 게임을 구사하는 소그룹으로 분열되어 있어야 한다고 본다. 그들은 사회 전반의 모든 집단을 통합시킬 일체의 메타서사를 거부한다.

그리스도인은 포스트모더니즘의 환원주의 비판에 상당 부분 동의할 수 있다. 아닌 게 아니라, 우리도 앞에서 여러 형태의 환원주의를 비판하지 않았는가. 그러나 포스트모더니즘의 해결책이 과연 통할까? 그들의 말대로 통합된 진리를 내세우는 모든 주장을 내버려야 할까? 이 해결책에는 자기 반박적이라는 결함이 있다. 포스트모더니스트는 보편적으로 타당한 진리가 존재하지 않는다고 진술하면서 자신의 견해는 참이라고 주장하는 것이다. 이것은 논리적 모순이라기보다, 철학자 위르겐 하버마스^Jürgen Habermas가 말한 '수행 모순'에 해당한다. 어떤 입장을 진술하는 행위 자체가 암묵적으로 그것이 옳다고 주장하는 일이 된다는 뜻이다. 따라서 포스트모더니스트는 자신의 견해를 진술할 때마다 그 견해를 반박하게 된다.[45] 포스트모더니즘은 자살을 저지른다. 자기주장을 내세우다가 자멸한다.

이것 못지않게 중요한 사실이 있다. 모종의 초월적 진리 없이는 포스트모더니스트들이 그토록 우려하는 사회적·정치적 악에 맞설 방법

이 없다는 것이다. 도덕적 절대 기준이 없으면 "그것이 틀렸다", "그것
은 옳지 않다"고 말할 수가 없다. 포스트모더니즘을 일관성 있게 적용
하면 악과 불의에 공모하는 결과를 낳게 된다.

메타서사 부재의 시각적 표현

포스트모더니즘은 여러 결함에도 불구하고 예술계에 깊이 스며들었
다. 그런데 삶에 일관된 의미를 부여할 큰 줄거리, 곧 메타서사가 존재
하지 않는다는 생각을 시각적으로는 어떻게 표현할 수 있을까? 미술
품을 만들 때 전체를 아우르는 일관된 디자인을 피하면 된다. 해체주
의 미술가들이 어떤 식으로도 해석이 안 되는 동떨어진 이미지들을 기
워 붙인 패스티시(혼성 모방)^{pastiche}※나 콜라주를 선호하는 이유도 여기에
있다. 개블린의 설명에 따르면, "초월적 우주 질서에 대한 믿음이라는
통합적 요소는 우리 문화에 더 이상 존재하지 않고," 미술품은 더 이상
이전 시대에 "존재했던 통합적 세계상을 제시하지 못한다." 데이비드
살르$^{David Salle}$가 내놓는 임의의 이미지를 예로 들면, "서로 비껴가고 따
로 놓고 맥락이 없으며 일관된 순서로 이어지지도 않는다." 그것은 "더
이상 이야기를 들려주지 않고 따로 떨어진 채 제멋대로 떠다니며 일체
의 판독을 방해한다."[46] 다시 말해, 콜라주의 의도 자체가 모종의 논리
적 연관성이나 일관성을 찾는 인간의 자연적인 시도를 방해하는 것이
었다.

　　로버트 라우센버그$^{Robert Rauschenberg}$의 작품도 이와 비슷하다. "이미지
를 임의적이고 일관성 없는 방식으로 늘어놓아 미술가도, 관람자도 거
기에 의미 있는 질서를 부여할 수 없다." 이런 콜라주들로 무슨 말을

※ 패스티시
패러디와 마찬가지로 기존 작
품의 모방이라는 측면에서는
동일하지만, 패러디가 풍자적
충동 혹은 희극적인 요소가
다분히 있는 반면 패스티시는
모방을 긍정적으로 수행하며,
풍자나 희극적인 요소가 배제
된다는 측면에서 패러디와 다
르다.

해체주의 회화: 초월적인 우주 질서의 부재. 데이비드 살르의 「빗속의 천사들」(1998)

하려는 것일까? "삶에서 임의로 벌어지는 일들은……통일성 있는 어떤 의미 체계에도 끼워 맞출 수 없다"는 것이다.[47]

고전음악 작곡가들은 바흐, 베토벤, 몬테베르디의 선율을 아이러니하게 인용하여 한 곡에 모두 집어넣은 일종의 청각적 콜라주를 만들어 냈다. 해리슨 버트위슬Harrison Birtwistle은 1966년에 만든 오페라 「펀치와 주디」에 그리스 비극, 바로크 오페라, 바흐의 「마태 수난곡」 등의 여러 요소를 집어넣었다.

포스트모던 건축에도 나름의 패스티시 또는 콜라주가 있다. 한 저널리스트의 표현을 빌면, 포스트모더니즘은 "마감이 안된 들보가 건물 모서리 바깥으로 삐져나오고 허공에서 뚝 잘린 아치에 벽과 벽이 서로 어긋나는 건물을 내놓았다."[48] 포스트모던 건축은 기하학적 질서와 균형을 중시하던 국제주의 양식과는 정반대로, 불균형과 불안정을 내세

해체주의 건축: 아이러니와 불균형. 켄고 쿠마의 M2 빌딩 (1991)

운다. 고전적 요소가 건물에 등장하는 경우에도 'M2 빌딩'의 지나치게 큰 이오니아 양식 기둥처럼 비례가 맞지 않는 과장된 모습으로 아이러니하고 부조화하게 등장한다. 모더니즘이 사랑했던 기능주의를 비웃기라도 하듯, 이 기둥은 의도적으로 어떤 기능도 수행하지 않는다(아무것도 지탱하지 않는다).

해체주의 건축은 상당히 혼란스러울 수 있는데, 한번은 그 때문에 생사를 오가는 위험한 상황이 발생하기도 했다. 2003년, 클리블랜드에서 총기를 소지하고 세 명을 쏘아 죽인 범인을 쫓던 경찰특공대는 프랭크 게리가 설계한 건물에서 속 터지는 추격전을 펼쳐야 했다. 물결치는 강철 벽이 있는 아방가르드 설계 때문에 범인 추적은 무려 일곱 시간 동안 몇 층에 걸쳐 이루어져야 했다. "그 건물에는 직각이 없습니다." 경찰서장은 경찰특공대가 살인범을 잡는 데 큰 어려움을 겪은 이유를 설명하다 분통을 터뜨리며 말했다. 특공대는 집중 훈련을 받았지만 훈련장은 '네모반듯한' 전통적인 창고였다.[49]

정치적 올바름을 습득하는 교실

포스트모더니즘의 영향으로 사람들은 일상 속에서 정치적 올바름을 순수하라는 압력을 전방위적으로 받게 되었다. 정치적으로 올바른 행동 규칙은 이제 학교, 신문, 법, 정치 등 대부분의 사회제도에서 꼭 필요한 것이 되었다. 포스트모더니즘에서 어떻게 정치적 올바름이 생겨났을까? 정치적 올바름은 전체화하는 메타서사에 대한 포스트모더니즘의 반감에서 나왔다. 사람들은 강제가 통일성 부과의 결과라면, 자유를 지키는 길은 **차이**를 높이 평가하는 것이라고 보았다. 다양성과 다문화주의 같은 유행어의 인기 비결도 여기에 있다.

정치적 올바름의 두드러진 결함은 선별된 집단만을 집어서 '다양성'을 대표하게 한다는 것이다. 인종, 계급, 성별, 성적 지향에 근거한 공인 피해자 집단이 따로 있다. 문제 분석의 도구는 흔히 마르크스주의다. 일부 집단이 피해와 압제를 당하고, 해방으로 가는 길은 압제자에 맞서 반란을 일으키는 것이다.

대학 캠퍼스의 예술·문학 관련 학과들이 철저히 정치화된 이유를 여기서 알 수 있다. 문학비평은 더 이상 문체, 구조, 내용, 구성 같은 미학의 문제를 다루지 않는다. 대신 인종, 계급, 성, 환경에 초점을 맞춘다. 어느 영문학 교수는 「고등교육 신문」에 기고한 글에서 문학 연구의 목표를 엄격한 마르크스주의적 용어로 규정했다. 그 목표는 학생들이 "세계 역사의 계급투쟁에서 어느 편을 들지" 선택하도록 돕는 데 있다.

"생산수단을 소유한 자들의 편에 설 것인가, 노동자들의 편에 설 것인가. 이것이, 이것만이 텍스트 해독에서 진정한 문제다."[50]

고전적 마르크스주의는 경제학에서 신뢰를 잃었지만 마르크스주의의 아류는 영문학과 인문학에서 여전히 생생하게 살아있다.

학생들은 정치적 올바름의 지시에 따르기 위해 종종 복잡하고 새로운 어휘를 익혀야 한다. 한 아버지는 딸의 영화학 교과서를 아무리 보아도 당최 이해할 수가 없어서 충격을 받았다. 그는 전문 영화평론가였기 때문이다. 영화학 교과서는 이질성heterogeneity, 서사학narratology, 증후학symptomology 같은 용어로 빽빽하게 채워져 있었다. 아버지는 그중 두 용어, fabula와 syuzhet를 가리키며 딸에게 무슨 뜻인지 아느냐고 물었다.

"'이야기'와 '줄거리'를 뜻하는 러시아 형식주의의 용어들이에요." 딸이 대답했다.

"그렇다면 왜 '이야기'와 '줄거리'라고 말하지 않지?"

"그러면 안 돼요. 그렇게 하면 점수를 깎인다니까요."[51]

컬럼비아 대학의 앤드루 델방코Andrew Delbanco는 지나친 전문용어 사용을 지적하며, 결국에는 로미오와 줄리엣을 두고 "두 사람이 사랑에 빠져 결혼했다"고 말할 수 없을 것이라고, 대신 이렇게 말하게 될 것이라고 농담을 했다. "서로에게 이성애적 욕구의 대상이 되는 특권을 부여한 그들은 부르주아적 헤게모니의 도구인 혼인 계약을 체결함으로써 성적 상대를 찾는 시장에서 물러날 의사를 밝혔다."[52]

실제로 앨런 소칼Alan Sokal이라는 물리학자가 이와 비슷한 방식으로 악명 높은 장난을 쳤다. 1996년, 그는 포스트모던 전문용어들로 표현된 의미 없는 구절을 만들어 논문을 작성했다. 그리고 그 논문을 「경계의 침범: 양자역학의 변형 해석학을 위하여」라는 제목으로 한 인문학 잡지에 투고했다. 완전히 속아 넘어간 잡지의 편집자들은 그 논문을 실었고, 그들은 아직도 그로 인한 오명을 떨치지 못했다. 예술론이 한때 종교를 모방했다면, 지금은 과학을 흉내 내어 나름의 불가사의한 전문용어를 만들어 내고 있다.[53]

서글프게도, 그 과정에서 예술이론은 예술과 문학 자체에 대한 사랑을 가로막고 있다. 하도 과격하여 한때 '문학이론의 더티 해리'[※]라고 불렸던 프랭크 렌트리키아[Frank Lentricchia]는 제자들이 숨 막히는 도덕적 우월감에 사로잡히는 것을 목격하고 환멸에 빠졌다. 그들은 작품을 읽기도 전에 저자에 대해 인종차별주의자니 성차별주의자니 자본주의자니 제국주의자니 동성애혐오자니 하며 판단을 내렸다. 당황한 렌트리키아는 이렇게 말했다. "당신의 문학이론을 말해 보라. 그러면 나는 당신이 읽지 않은 작품을 비롯한 모든 문학작품에 대해 당신이 무슨 말을 할지 미리 말할 수 있다."[54]

비평이론은 문학작품을 더 깊이 이해하기 위한 용도가 아니라 일고의 가치도 없다고 묵살하는 용도로 쓰인다. 정치적 올바름을 주장하는 세력들은 학생들에게 스스로 생각할 자유를 주지 않는다. 그들은 학생들을 당장 인기를 끄는 이론가를 맹목적으로 추종하는 자기중심적인 반동주의자로 바꾸어 놓고 있다.

포스트모더니즘은 모더니즘 세계관에 내포된 제국주의의 정체를 폭로하기 위해 시작되었다. 그러나 그것 자체가 제국주의가 되어 버려 포스트모더니스트만이 다른 모든 사람의 숨겨진 이해관계와 동기를 꿰뚫어 볼 수 있다고, 곧 그들을 해체하고 그 실체를 폭로할 수 있다고 주장하기에 이르렀다. 그렇게 해서 포스트모더니즘은 시각을 달리하는 다른 모든 이들의 입을 효과적으로 틀어막았다.

※ 더티 해리
가장 영향력 있고 논쟁적인 경찰 영화 중 하나. 교과서대로 점잖게 행동하는 모범 경찰관들과 달리 피의자를 난폭하게 다루어 '더티 해리'라는 별명이 붙은 해리 갤러한 형사(클린트 이스트우드)가 주인공으로, 경찰폭력을 미화한다는 비난을 받기도 한다.

마르크스주의, 교회에 가다

똑같은 신마르크스주의가 신학으로도 흘러가 흑인신학, 페미니즘신학, 해방신학에 영감을 주었다.[55] 2008년 미국 대선기간에 미국인들은 일부 흑인신학이 얼마나 급진적일 수 있는지 발견하고 충격을 받았다. 당시 대선 후보였던 버락 오바마는 제러마이어 라이트 목사가 담임하는 시카고의 한 교회에 거의 20년간 다녔다. 그런데 그 목사는 하나님께 미국에 복 주시기를 구한 것이 아니라 미국을 저주해 달라고 구했다. 라이트는 신학자 제임스 콘[James Cone]※의 추종자인데, 제임스 콘은 백인 교회를 "인종차별적 적그리스도"라고 규탄하고 "백인 원수의 파멸"을 옹호한다.[56]

마르크스주의에서 영감을 얻는 신학자들은 흔히 자신은 마르크스주의자가 아니며, 마르크스주의를 분석 도구로 사용할 뿐이라고 말한다. 콘 역시 그렇게 썼다. "기독교 신앙은 본질상 자본주의 구조를 분석할 수단을 갖고 있지 못하다. 마르크스주의는 사회 분석의 도구로서……그리스도인들이 세상의 실제 모습을 있는 그대로 볼 수 있게 도울 수 있다."[57] 안타깝게도 콘은 잘못 생각했다. 기독교 세계관은 자본주의 같은 경제구조를 분석할 수 있는 자원을 갖추고 있다. 그러나 콘은 그 자료를 알아보지 못했기 때문에, 마르크스주의의 도구상자에 손을 내밀어 그 개념적 도구를 빌려 온다. 이 전략의 문제점은 어떤 개념적 도구를 쓰느냐에 따라 생각하는 방식이 달라진다는 데 있다. 차나 컴퓨터 같은 실용적인 도구를 쓰면 우리가 사는 방식이 달라지는 것과 같다. 해방신학은 결국 마르크스주의라는 케이크에 올리는 신학적 장식에 그치고 만다.

※ 제임스 콘
미국의 흑인신학자로 흑인들의 해방 투쟁에 함께하는 하나님이라는 관념을 중심 논지로 삼는다. 그는 억압당하는 자들을 향한 예수의 깊은 애정을 언급하면서 '하나님은 흑인'이라고, 억압당하는 사람들과 하나되는 분이라고 주장했다.

대부분의 세속주의 세계관은 진리의 요소를 담고 있고, 마르크스주의도 때로는 진짜 사회문제를 부각시킨다. 우리는 마르크스주의에서 가난하고 억압과 소외를 받는 이들에 대한 관심이라는 성경의 주제를 들을 수 있다. 그러나 역사는 마르크스주의가 정치권력과 손잡을 때 어떤 모습으로 변하는지 거듭해서 보여주었다. 마르크스주의가 내놓은 해결책은 어김없이 강제적이고 비인간적이었다.

쉐퍼 사상의 출처

우리는 계몽주의 유산을 살피는 작업(6장)을 마무리하면서 그리스도인이 성경적 진리를 뒷받침하는 데 분석철학의 여러 요소를 활용하는 고무적인 기록을 살펴보았다. 대륙 전통 안에서도 그렇게 활동하는 그리스도인들이 있을까? 물론이다.

가장 잘 알려진 사례가 프란시스 쉐퍼다. 그는 많은 복음주의자들에게 일이층 이분법의 문제를 처음으로 소개했다. 쉐퍼는 1977년에 세상을 뜬 네덜란드의 칼뱅주의 철학자 헤르만 도예베르트^{Hermann Dooyeweerd}의 영향을 받았다.[58] 도예베르트는 왜 현대의 중심 문제를 이원론으로 보았을까? 네덜란드에서 태어난 그가 대륙 사상의 영향을 받았기 때문이었다. 앞에서 보았다시피 대륙 전통은 낭만주의 시대 이래로 일이층 이원론과 씨름해 왔다.[59]

19세기 말, 일층과 이층 사이의 긴장은 너무나 첨예해졌고 많은 사상가들이 지적 정신분열증에 걸린 듯한 느낌을 경험했다. 미국의 사정도 마찬가지였기에 실용주의 철학의 설립자들이 이원론, 특히 사실/가치의 분리에 대해 끊임없이 전쟁을 선포했다. 윌리엄 제임스^{William James}

는 "사실에 대한 과학적 충실성과……인간의 가치에 대한 옛 확신을 결합하는 체계"를 만들고 싶다고 말했다. 한 역사가는 그것을 이렇게 설명한다. "제임스가 말한 대로, 실용주의의 고상한 목표는 사실과 가치, 과학과 종교를 잇는 것이었다."[60]

실용주의 사상가들은 성공하지 못했지만, 유럽에서 똑같이 고귀한 목표를 추구한 사람이 있었으니, 현상학*의 창설자 에드문트 후설 Edmund Husserl 이었다. 현상학은 실존주의나 포스트모더니즘만큼 잘 알려져 있지는 않지만 두 철학 모두의 전조였다.

후설은 위층/아래층의 구분을 어떤 식으로 통합시키려 했을까? 그 구분이 맨 처음 어떻게 생겨났는지 진단하는 일에서부터 시작했다. 인간이 경험하는 것 중 하나의 한정된 영역을 궁극적 실재의 지위로 격상시킨 오류가 그 출발점이었다. 물질을 절대화하는 계몽주의 유물론에 대한 반동으로 자유로운 의식을 절대화하는 낭만주의 관념론이 생겨났다. 뒤이은 줄다리기를 거치며 서구의 정신은 결국 둘로 쪼개졌다.[61]

물론, 학문의 본질상 경험의 한 측면을 추상화해야 한다. 그것에 괄호를 치고 분리해 내고 특성을 조사해야 한다. 그런데 여기서 위험한 부분은 그것을 실세계의 맥락에서 바라보아야 한다는 것을 잊기 쉽다는 데 있다. 물리학자는 물질 안에 있는 수학적 패턴에 초점을 맞추다가 물질을 유일한 실재로 격상시켜 유물론에 빠질 수 있다. 생물학자는 자연적 과정에 초점을 맞추다가 자연이 존재하는 전부라고 주장하며 자연주의를 내세울 수 있다. 후설이 말한 대로, 우리의 개념이 "생활 세계 속 원래의 기원에서 떨어져 나온 추상에 불과하다"는 사실을 잊으면, 그 개념을 잘못된 방식으로 절대화하게 된다.[62]

그렇다면 해결책은 그 과정을 역전시키는 데 있다. 추상적이고 전

❋ 현상학
후설의 철학에서 의식에 직접적으로 부여되는 현상의 구조를 분석하여 기술하는 학문.

437

문화된 지식을 그 모체에 해당하는 더 큰 맥락, 곧 인간의 경험으로 돌려보내는 것이다. 후설의 말대로, 세계에 대한 이론적 '사고'와 온전하고 통합된 이론 이전의 '경험'을 다시 이어야 한다.

장님과 코끼리

도예베르트에 따르면, 창조세계의 일부를 절대화하는 경향이 온갖 비성경적 세계관의 근원, "모든 '주의'의 근원이다."[63] 유명한 시에서 코끼리와 함께 나오는 장님들처럼, 각 사상가는 자신이 파악한 실재의 일부분이 다른 모든 것을 해석할 열쇠라고 확신한다. 코끼리의 코를 잡은 사람은 코끼리가 뱀과 같다고 하고, 상아를 붙잡은 사람은 코끼리가 창과 같다고 우기며, 꼬리를 만진 사람은 코끼리가 밧줄과 같다고 말한다. 헤겔의 표현을 빌면, 모든 철학은 각 사상가가 자신의 한정된 경험의 지평을 절대화하는 경향이 있기 때문에 생겨난다.

이것을 신학적 용어로 번역하면 "마음의 우상을 만들어 내려는 인간의 경향"이라고 할 수 있다. 초월적 창조주를 거부하는 사람은 창조세계 안에 있는 다른 것 위에 세계관을 세우기 마련이다. 그들은 "창조주 대신에 피조물을 숭배하고 섬긴다"롬 1:25, 새번역. 이 점에서는 철학자도 다르지 않다. 그들도 피조세계에서 특히 끌리는 일부 측면을 골라내어 우주의 비밀을 열어 줄 열쇠, 인간의 모든 경험을 설명해 줄 개념적 범주 집합, 다른 모든 진리 주장의 조건이 되는 궁극적 진리, 실재의 중심에 놓인 버팀대로 삼는다. 한마디로, 그것이 **마음의 우상**이 된다.

물론, 실재의 어떤 부분이 절대화되더라도, 그것은 여전히 일부일 뿐이다. 그러므로 그것을 토대로 세워진 세계관은 부분적이고 불완전하고 일면적이며 균형을 상실한 면모를 보이기 마련이다. 설명의 범주에 들어맞지 않는 것, 격자 바깥에 놓이는 것, 상자 밖으로 삐져나오는 요소가 반드시 존재한다.

그러면 그것들을 어떻게 처리할까? 상자 밖으로 삐져나오는 것을 아예 무시하거나 존재 자체를 부인한다. 예를 들어, 유물론은 물질 너머의 모든 것은 실재하지 않는다고 주장한다. 경험주의는 감각을 벗어나는 것은 모두 실재가 아니라고 말하고, 자연주의는 자연적인 것 너머의 모든 것은 실재가 아니라고 한다. 범신론은 모든 것을 포괄하는 '일자' 이외의 것은 실재가 아니라고 한다. 이런 세계관들은 일종의 환원주의라고 볼 수 있다. 하나님이 창조하신 복잡하고 다차원적인 실재를 한 가지 차원으로 환원해 버리기 때문이다. 환원주의는 장난감 상자에 들어가지 않는 것은 모두 장난감이 아니라고 우기는 아이와 같다. G. K. 체스터턴의 비유처럼, 환원주의는 마음의 감옥, "한 가지 생각으로 이루어진 감옥"과 같다.[64] 그 감옥 안에 들어가지 않는 것은 모두 존재가 부정되고 억압된다.

포스트모던 사상가들이 이것을 가리켜 "전체화한다"고 표현한 것은 당연한 일이다. 그리고 이것의 파장은 사상의 영역을 뛰어넘어 훨씬 멀리까지 미친다. 한쪽으로 치우친 세계관, 전체화하는 세계관을 채택하는 사람들은 종종 정치권력으로 자신의 세계관을 사회 전반에 강요하려 한다. 그리고 그들이 성공하면, 동의하지 않는 이들은 주변부로 밀려나, 배제되고 억압을 받는다. 입을 다물어야 하고, 지배와 포섭의 대상이 되며, 통제와 강압을 겪게 된다. 그들에게는 남과 다른 사람이라는 낙인이 찍히고 '타자'로 인식된다. 정부가 강요하는 우상 앞에 모두가 고개를 숙여야 하고, 그것을 거부할 경우 활활 타오르는 압제의 뜨거운 용광로에서 불타게 된다. 세계관 공부는 교실에서 가상적으로 논의할 추상적인 주제가 아니다. 그 결과는 생사를 가를 수도 있다.

인간다운 사회를 만들기 위해서는 "현세의 우상들의 정체를 폭로"하고[65] 균형을 잃어 한쪽으로 치우친 세계관이 얼마나 위험한지 드러내야 한다. 진정한 인권과 인간 존엄의 토대는 성경에 충실한 세계관이 유일하다. 기독교는 초월적인 창조주를 출발점으로 삼기 때문에 창조세계의 어떤 부분도 우상화하지 않는다. 그러므로 창조세계의 어떤 부분도 부인하거나 폄하하지 않는다. 그 결과, 기독교는 인도주의적이고 생명을 긍정하는 총체적이고 포괄적인 세계관을 제공할 개념적 자원을 넉넉히 갖추고 있다. 이것은 참으로 좋은 소식이다. 서구 정신의 분열을 치유하고 우리 사회에서 자유를 회복시킬 유일한 길이 여기에 있다.

도예베르트 같은 사상가는 현상학의 여러 요소를 채택함으로써 다시 한 번 이집트인들을 '약탈'했다. 현상학의 영향을 받은 다른 그리스도인으로는 폴 리쾨르Paul Ricoeur, 가브리엘 마르셀Gabriel Marcel ✜, 장 뤽 마리옹Jean-Luc Marion, 교황 요한 바오로 2세 등이 있다.[66] 아닌 게 아니라, 너무나 많은 종교사상가들이 현상학을 받아들이는 바람에 세속주의자들이 현상학 안에서 '신학적 선회'가 일어났다고 불평할 정도도. 그리스도인은 분석 전통 안에서 활동할 방법을 찾아냈듯이 대륙 전통 안에서 활동할 방법도 찾아냈다. 거기서 성경적 세계관과 양립할 수 있는 요소를 찾고 변형하여 활용한 것이다.

✜ 가브리엘 마르셀
프랑스의 철학자이자 극작가(1889-1973). 가톨릭에 귀의한 유신론적 실존주의의 대표적인 사상가로, 관념론에서 말하는 추상적 인간상에 반대하고 인간을 성육신적 존재로 보아 구체적인 타자와의 교섭과 사랑에서 파악할 것을 주장했다.

짐승과 광인

우리는 몇 장에 걸쳐 분석 전통과 대륙 전통에 속한 여러 세계관을 살펴보았다. 세계관들은 서로 동떨어진 사고 체계가 아니다. 가족 유사성으로 이어진 세계관들이 무리를 지어 지속적인 전통을 형성한다.

짝을 이룬 테마 일부를 떠올려 보자. 사실/가치, 사물 상자/마음 상자, 기계/유령(데카르트), 자연/자유(칸트), 형식주의/표현주의. 이외에도 많다. 19세기에 존 스튜어트 밀은 두 전통을 가르는 대립에 주목했다. 유물론으로 무장한 아래층은 "인간을 짐승으로 만든다는 비난을 받는" 반면, 비합리주의가 두드러진 위층은 "인간을 광인으로 만든다는 비난을" 듣는다.[67] 지금도 분석철학자들이 대륙철학자들에 대해 말하는 책, 또는 대륙철학자들이 분석철학자들에 대해 논하는 책을 보면 서로에 대해 비슷한 비난을 가하는 것을 볼 수 있다.

대부분의 사람들은 기질상 어느 한쪽에 끌린다. 분석적인 사람(과학자나 기술자)은 아래층 세계관을 가지고 있을 가능성이 높다. 창의적인 사람(예술가나 작가)은 위층 세계관에 공감할 가능성이 높다. 그리스도인은 두 유형 모두에게 복음이 믿음직한 것임을 보여주는 부름을 받았다. 바울도 이렇게 말한 바 있다. "너희 말을 항상 은혜 가운데서 소금으로 맛을 냄과 같이 하라. 그리하면 각 사람에게 마땅히 대답할 것을 알리라"(골 4:6). 세계관 공부는 우리가 상대하는 각 사람에게 맞춤한 방식으로 복음을 제시할 수 있는 도구를 갖추게 해준다.

역사를 돌아보면 이 두 전통의 거리가 늘 벌어져 있었던 것만은 아니다. 때로는 서로 겹치는 부분도 있었고 상대편에서 어떤 요소를 빌려 오기도 했다. 따지고 보면, 대부분의 사람들은 두 전통의 요소 모두를 가지고 있다(2장). '가치' 영역의 견해는 낭만주의 사고의 영향을 받고, '사실' 영역의 견해는 계몽주의 사고의 영향을 받아 만들어진 것이다. 철학자 찰스 테일러^{Charles Taylor}에 따르면, 사회 전체의 경우도 마찬가지다. 인간관계, 여가, 오락의 사적 영역에서는 낭만주의적 주관주의가 널리 퍼져 있고, 경제, 학계, 의료, 정치 같은 공적 영역에서는 계몽주의의 공리주의가 지배한다.[68]

두 문화

C. P. 스노우^{Snow}는 1959년에 출간한 『두 문화』^{The Two Cultures}에서 서구 문화가 둘로 쪼개졌다고 경고했다. 그의 말을 옮기면, "상호 몰이해와 적의의 심연"이 과학(화학자, 물리학자, 생물학자, 엔지니어)과 인문학(화가, 시인, 소설가, 철학자. 그는 이들을 '문학적 지성인'이라고 불렀다)을 갈라놓고 있다.[69] 지난 몇 장에 걸쳐 우리는 그의 주장이 참으로 옳다는 것을 확인했다.

스노우의 경고가 나온 이후 그 심연은 계속 넓어져서 거대한 협곡이 되었다. 1950년대만 해도 "'두 문화 논쟁'의 양측은 우열을 가리기 어려웠다. 진리를 믿고 자신의 길이 진리로 가는 바른 길이라고 믿는 양복 차림의 사람들이 양측 모두에 있었다." 그 결과, "그들은 자신이 동등하게 대학에서 한자리를 차지할 자격이 있다고 생각했다."[70] 하지만 이후 두 집단의 위상이 달라졌다. 과학과 기술은 모든 문제를 과학적 방법론으로 해결할 수 있다는 확신을 가지고 전진을 거듭했다. 그에 반해 예술가와 작가는 자신이 내놓을 만한 중요한 진리를 가지고 있음을 믿지 않게 되었다. 문학교수 대니얼 리치^{Daniel Ritchie}는 이렇게 썼다. "상아탑의 평범한 학자는 이제 문학이 삶에 대해 특별히 가르칠 것이 있다고 확신하지 않는다."[71] 스노우의 문학적 지성인은 여전히 양복 차림일지 몰라도, 더 이상 진리를 믿지 않고, 자신의 길이 진리로 가는 참된 길이라고 생각하지도 않는다. 중국 신학자 카버 유$^{Carver Yu}$는 이 문제를 "기술적 낙관주의와 문학적 비관주의 사이에 놓인 심연"이라고 묘사한다.[72]

이렇게 달라진 상황에서 그리스도인은 몇 가지 심각한 질문을 던질 수밖에 없다. 이웃에 대한 연민과 사랑을 담아 스스로에게 이렇게 물어야 한다. 이 심연이 커지는 동안 우리는 어디 있었는가? 예술가들이 비인간화를 초래하는 과학적 환원주의의 충격에 대안을 찾지 못하고 절망한 나머지 울부짖을 때 우리는 어디 있었는가? 우리는 그들에게 주의를 기울였는가? 문화적 이정표들을 읽어 내고 있었는가? 가장 가까운 선교 현장이라 할 수 있는 주위 사람들의 언어를 해석해 냈던가? 사려 깊고 긍휼이 담긴 대답을 제시했던가? 캘빈 시어벨트는 이렇게 썼다. "하나님의 사람들은 문화적으로 막다른 길에 이른 이들의 곤경에 대해 책임을 통감해야 한다."[73]

슬프게도, 그리스도인이 현대미술에 관심을 가질 때는 흔히 그것을 정죄하거나 조롱하는 선에서 그친다. 내가 수업 시간에 현대미술 슬라이드를 보여주면, 종종 학생들은 예술가라는 사람들이 희희낙락하며 쉽게 돈을 번다고 농담을 해댄다. 미술계가 전통적인 회화의 기술을 거부하면서 가끔 부도덕한 사람들이 열등한 그림을 내놓고 미술 작품의 명예와 지위를 주장하는 일이 벌어지게 된 것은 사실이다. 그러나 진지한 예술은 진지하게 받아들여야 한다. 특정한 예술의 형태가 개인적으로 마음에 들지 않거나 아름답게 보이지 않을 수도 있다. 그런 경우에도 우리는 그것이 말하는 내용에 관심을 기울일 의무가 있다. 우리는 예술가를 존중하고 그들이 작품을 통해 무엇을 의도했으며 우리에게 어떤 반응을 기대했는지 물어야 한다. 로크마커도 이런 말을 했다. "많은 작품들이 무의미한 쓰레기처럼 보일 수 있지만, 그래도 여전히 고려해야 할 사실이 있다. 그 작품이 미술품으로 전시된 이유는 종교적 중요성에 가까운 메시지를 제시하며 인간과 세계를 해석하기 때문이라는 것이다."[74]

그리스도인은 그 메시지를 읽는 법을 배워야 한다. 그것은 선교사가 선교지의 언어를 배워야 하는 것과 같다. 그리하여 그리스도인은 파괴적이고 허무주의적인 세계관에 사로잡힌 이들의 처지에 공감하고 그들을 이해하고 있음을 보여주어야 한다. 쉐퍼가 쓴 대로, 타인에 대한 이해나 연민이 없는 신학적 정통만큼 추악한 것도 없다.[75] 진실한 공감을 행동으로 보여줄 때 비로소 그리스도인은 성경적 대안을 제시할 권리를 얻게 될 것이다.

세속적 세계관은 대중문화에도 흘러들어 십대와 어린이들이 그 내용을 흡수한다. 그렇기 때문에 젊은이들 또한 세속적 세계관에 대해 알아보고 거기에 저항하는 법을 꼭 배워야 한다. 다음 장에서는 몇 가지 심란한 사례들을 살피고 어떻게 하면 저항의 기술을 쌓아 나갈 수 있는지 조언을 곁들이려 한다.

9.

영화에 나타난 세계관

"현대 예술을 통해, 우리 시대는 스스로에게 제 모습을 드러낸다."

윌리엄 배럿

동이 터 오면서 거대한 수용소의 윤곽이 드러났다. 몇 겹으로 길게 펼쳐진 철조망 담, 감시탑, 탐조등, 길게 늘어선 누더기 차림의 사람들, 적막한 직선 도로를 따라 희뿌옇게 밝아 오는 잿빛 새벽. 우리는 잠시 후 펼쳐진 장면의 의미를 당시에는 깨닫지 못했다. 그들은 우리에게 짐을 기차에 두고 남녀 각각 한 줄씩, 두 줄로 서서 나치스 친위대 장교 앞을 지나가라고 말했다. 장교는 무심하고 편안해 보였다. 그는 느긋하게 오른손 집게손가락을 들어 오른쪽이나 왼쪽을 가리켰다. 우리는 저녁이 되어서야 그 손가락 놀음의 의미에 대해 들었다. 그리로 실려 온 사람들의 대다수, 90퍼센트가량의 사람에게 그것은 죽음을 의미했다. 왼쪽으로 보내진 사람들은 역에서 곧장 화장장으로 끌려갔다. 우리 소수의 생존자들이 진실을 알게 된 것은 저녁 무렵이었다. 나는 그곳에 먼저 와 있던 수감자들에게 내 동료이자 친구였던 P가 어디로 갔는지 아느냐고 물었다.

"그 사람 왼쪽으로 갔나요?"

"예." 내가 대답했다.

"그럼 저기 있겠네요."

그 말에 내가 물었다. "어디요?"

손 하나가 300m 떨어진 굴뚝을 가리켰다. 굴뚝에서는 폴란드의 잿빛 하늘을 향해 불기둥이 솟아오르고 있었다. 그것은 불길한 연기구름으로 피어오르다 서서히 사라져 갔다.

— 빅터 프랭클의 『죽음의 수용소에서』(1946) 중에서

가스실의 하나님

우리는 이데올로기의 시대에 산다. 이데올로기의 이름으로 나치스 독일에서 수백만 명이 목숨을 잃고 불길한 연기구름으로 사라졌다. 스탈린 치하의 러시아와 마오쩌둥 치하의 중국에서는 이데올로기의 이름으로 그보다 더 많은 사람들이 강제노동 수용소에서 죽었다. 물론, 신념은 늘 역사에 영향을 끼쳤다. 하지만 과거에는 신념이 종교와 관습, 전통을 통해 사회 전반에 자연스럽게 스며들었고 당연한 것으로 암묵적으로 전제되었다. 대부분의 사람들은 공식 철학에 거의 관심을 기울이지 않았다. 실제로 사람들은 "실용성이 전혀 없고 쓸모없다는 이유로 철학을 무시했다." 폴란드의 시인 체스와프 미워시$^{Czeslaw\ Milosz}$ ✣ 의 말이다. 20세기 중반에 와서야 서구인들은 "복잡하고 난해한 철학책이 자신의 삶에 직접적인 영향을 끼칠 수 있다"는 사실을 알게 되었다.[1]

공산주의와 국가사회주의(나치즘)는 대학교수들이 강의실과 교수 휴게실에서 논하던 추상적 철학 체계에서 태어났다. 둘 모두 결국 국가의 강압적 정통 이데올로기가 되어 정치적으로 강제되었다. 그리고 둘 모두 전체주의 정권이 자국민의 대량학살을 정당화하는 도구로 쓰였다. 타락 이래 인간 사회에는 잔인함과 압제가 사라지지 않았지만, 사변적 철학이나 세계관이 **압제를 정당화**하는 구실을 하는 것은 현대적인 현상이다. 20세기에 벌어진 국가 주도의 폭력은 이데올로기적 우상의 힘을 잘 보여준다.

정신과의사 빅터 프랭클$^{Viktor\ Frankl}$은 나치스 강제수용소에 갇혀 몇 년을 지내야 했다. 이번 장의 서두에 실린 기록은 그가 수용소에서 맞이한 첫날, 그곳이 노동수용소가 아니라 죽음의 수용소라는 가슴 서

✣ 체스와프 미워시
폴란드의 시인이자 수필가(1912년생). 폴란드어로 민족적 시를 발표했으며 반나치스 활동을 한 저항시인이다. 캘리포니아 대학교의 러시아 문학 교수를 지냈고 노벨 문학상을 받았다.

늘한 사실을 깨닫는 장면이다. 이후 그는 세계관은 무해한 추상에 그치지 않으며 실제로 사람을 타락시키는 힘이 있다고 썼다. 전체주의는 유물론적 세계관의 궁극적 결과다. "인간이 반사작용을 하는 기계, 마음 기계, 본능의 묶음, 충동과 반응의 노리개, 본능과 유전과 환경의 산물이라고 말하는 것은 안 그래도 니힐리즘(허무주의)에 취약한 현대인에게 니힐리즘을 직접 주입하는 것과 같다." 그리고 니힐리즘은 가스실로 가는 길을 놓았다. 프랭클은 설득력 있는 한마디로 책을 마무리한다. "아우슈비츠, 트레블링카, 마이다네크의 가스실은 궁극적으로 베를린의 이런저런 정부부처가 아니라 니힐리스트 과학자의 책상, 철학자의 강의실에서 준비되었다고 절대적으로 확신한다."[2]

역사가들은 유럽에서도 매우 발전한 그 나라들이 왜 이렇게 끔찍한 비인도적 만행에 굴복했는지 의아해 한다. 프랭클의 생각이 옳다. 인간의 자유와 존엄을 부인하는 유물론 세계관을 받아들인 것이 주된 이유였고, 거기에서 니힐리즘이 생겨난 것이다. 정부 정책은 대학이 이끄는 대로 따라갔을 뿐이었다. 그레셤 메이첸은 이렇게 말했다. "오늘 나온 학계의 추측이 내일은 군대를 움직이고 제국을 무너뜨리기 시작한다."[3]

가스실은 관념이 중립적이라는 잘못된 생각이 오류임을 일거에 드러냈다. 오늘날 각종 이데올로기는 국가의 통치 방식과 경제 운용 방식, 언론이 뉴스 프레임을 짜는 방식, 다음 세대를 만들어 갈 교육제도를 결정한다. 세계관과 관련된 질문과 씨름하는 일은 지적인 활동에 그치지 않는다. 세계관을 다룰 때는 생사가 달린 중요한 문제라는 분명한 인식을 가져야 한다.

좀비 예수

대학 강의실에서 논하던 관념이 대중문화로 내려오면서, 철학책 한 권 읽지 않고 갤러리를 찾을 일도 없던 보통 사람들의 사고방식에 영향을 끼치게 되었다. 십대 소년 두 명의 사연을 사례로 살펴보자. 두 소년은 독실한 기독교 가정에서 자라났고 꾸준히 교회에 출석했다. 하지만 고등학생이 된 후 둘 다 어릴 때부터 배운 기독교의 가르침을 거부했다.

한 소년은 토드라고 해두자. 토드는 오늘날 가장 공격적인 계몽주의 사상인 '새로운 무신론'에 끌렸다. 한 저널리스트가 지적한 대로, 새로운 무신론의 논증은 "계몽주의 회의론의 전성기 때 나온 내용들을 그대로 베낀" 것이다.[4] 토드는 인터넷 사이트에 떠도는 기독교에 대한 혹독한 풍자를 흉내 내기 시작했다. 그는 예수를 '좀비'라고 부르며 조롱했다. 따지고 보면, 죽었다가 살아난 사람을 우리가 좀비라고 부르지 않는가? 어느 부활절에 토드는 한 사이트에서 복사한 그로테스크한 '좀비 예수' 그림으로 자신의 페이스북 화면을 장식했다. 빅토리아풍의 교회 주일학교용 예수의 얼굴이 썩어가는 그림이었다. 그 아래에는 이런 해설이 달려 있다. "예수는 우리의 죄 때문에 죽었고, 우리의 뇌 때문에 다시 태어났다"(좀비가 사람의 뇌를 먹는다는 속설에 빗댄 것이다).

또 다른 소년은 톰이라고 부르겠다. 톰은 낭만주의 테마의 영감을 받은 창의적·예술적 흐름인 '이모'[emo]❋에 끌렸다. 이모 패션은 검은 옷, 스키니진, 아이라이너, 검게 염색하고 한쪽 눈을 가린 헤어스타일로 이루어진다. 이모 밴드의 노래 가사에는 슬픔과 고독, 절망이 등장한다. 이모적인 사람은 죽음, 자살, 자해, 자상에 매료된다. 책임감 강하던 우등생 톰이 하룻밤 새 이모의 전형이 되어 버린 것 같았다. 대본대

❋ 이모
하드코어 펑크에서 파생된 음악 장르인 이모코어(Emocore) 또는 emotional의 줄임말이다. 각종 대중매체에서는 포스트 하드코어 밴드나 멜로딕한 팝펑크 밴드 및 그들을 추종하는 십대 집단을 이모라고 칭한다.

로 연기를 하는 것처럼 보일 정도였다. 그렇다면 그 대본은 누가 쓴 것일까? 낭만주의자, 그중에서도 상징주의자들과 퇴폐주의자들이 물려준 테마들이 대중적 차원으로 내려왔고, 이모 문화는 그 테마들을 더욱 과장한다.

두 소년의 사례는 젊은이들이 도덕적 유혹뿐 아니라 **철학적 유혹**과도 직면하며, 그 유혹이 대중문화의 언어로 표현됨을 분명히 보여준다. 젊은이들에게는 세계관을 알아보는 기술의 습득 여부가 말 그대로 영혼의 생사를 가를 수 있다. 관념이 유튜브 동영상에 담기거나 극장 화면의 빛나는 영상으로 번역되면 엄청난 힘을 발휘한다.

당신은 그 힘에 정면으로 맞서 그것을 선하게 이용할 기술을 가지고 있는가? 우리의 세계관 탐지기를 꺼내 몇 편의 영화로 실습을 해보자. 이제 살펴볼 영화 중 상당수는 미성년자에게 적합하지 않다. 그리 뛰어나지 않은 영화도 있다. 그러나 세계관의 주제가 상대적으로 잘 드러나 있기에 골라 보았다. 세계관 대응 기술을 연마하기에 적합한 자료이기 때문이다.

사이더 하우스의 규칙을 깨뜨리다

수전은 의회에서 국회의원의 정책분석가로 일하는 독실한 그리스도인이다. 그녀가 막중한 책임이 따르는 일을 쉬고 영화를 보러 가는 것은 지금까지 그저 여가 활동에 불과했다. 편히 앉아서 재미있는 이야기 하나 즐기는 시간이었다. 그러나 영화 「사이더 하우스」 *The Cider House Rules*를 보고 나서는 생각이 달라졌다.

"영화 어땠어?" 영화가 끝나고 친구가 물었다.

FROM THE BESTSELLING NOVEL BY JOHN IRVING

A story about how far
we must travel to find
the place where we belong.

THE
CIDER
HOUSE
RULES

TOBEY MAGUIRE CHARLIZE THERON DELROY LINDO PAUL RUDD and MICHAEL CAINE

SCREENPLAY BY JOHN IRVING · DIRECTED BY LASSE HALLSTRÖM

낙태를 옹호하는 영화. 라세 할스트롬의 「사이더 하우스」 (1999)

"좋았어. 재미있게 봤어." 수전이 대답했다.

그 말에 친구가 불쑥 이렇게 말했다. "어떻게 그렇게 말하지? 이제껏 나온 영화 중에서 이만큼 적극적으로 낙태를 지지하는 영화도 없을 걸."

수전은 영화가 단순한 오락물에 그치지 않음을 깨닫고 깜짝 놀랐다. 「사이더 하우스」의 원작은 존 어빙John Irving의 소설이다. 그가 설명한 대로, 그의 책은 '여성의 낙태할 권리'를 내세우고 영화는 '불법 낙태의 역사'를 다룬다. 영화 제작자들은 가족계획 단체들을 대상으로 몇 차례 시사회를 열었다. 어빙은 「LA 타임스」와의 인터뷰에서 이렇게 말했다. "나는 가족계획협회와 전미낙태권연맹을 적극 지지합니다. 다들 알다시피, 그것이 내 정치적 입장입니다."[5]

그러나 관객은 영화표와 팝콘을 사기 전에 그 사실을 알았을까? 영화의 목적이 낙태에 대한 어빙의 진보적 입장을 선전하는 것임을 알고 있었을까? 영화의 주인공은 고아원에서 자란 호머 웰스라는 젊은이다. 그는 전공의에게 의료 훈련을 받았지만 낙태 시술을 거부한다. 자신도 낙태의 대상이 될 수 있었다는 사실이 뇌리에서 떠나지 않았기 때문이다. 하지만 영화의 뒷부분에서 호머는 아버지에게 지속적으로 성폭행을 당한 십대 소녀를 만나고, 낙태 시술을 해주는 것만이 그녀에게 자비를 베푸는 일이라고 결정하게 된다. 그는 자신의 도덕적 신념을 저버리는 일을 감수하기로 한다.

영화의 교훈은 분명하다. 규칙이 자비를 방해한다는 것이다. 의사는 여성이 원하는 대로 해주는 것이 원칙이니, 아기를 원하면 낳게 해주고 낙태를 원하면 시술을 해주라고 말한다. 도덕적 원칙이나 의무에 대한 말은 전혀 없다. 영화는 도덕을 욕망과 감정으로 환원시킨다. 영화판 데이비드 흄이다.

영화 내내 여러 규칙이 끊임없이 깨어진다. 등장인물은 고통스러운 진실을 숨기기 위해서든 좋은 명분을 위해서든, 주저 없이 거짓말을 한다. 영화 제목인 '사이더 하우스'는 사과농장 안에 있는 이주노동자들의 숙소를 가리킨다. 숙소의 벽에 붙어 있는 낡은 노란색 종이에는 침대에서의 금연 같은 안전 수칙부터(일꾼들은 매일 어기지만) 지붕에서의 취침 금지 같은 영문 모를 규칙까지 여러 규칙이 적혀 있다. 그러나 규칙의 내용은 중요하지 않다. 일꾼들은 모든 규칙에 거세게 반대한다. 호머는 벽에서 종이를 떼어 내고 불에 태워 버린다. 일꾼들의 리더는 이렇게 선언한다. "우리의 규칙은 우리가 만들어야 해. 그래, 우리가 규칙을 만들어. 매일!" 나중에 그는 이렇게 덧붙인다. "상황을 바로잡기 위해서는 규칙을 어겨야 할 때도 있어."

이 두 대사가 영화의 주제를 요약해 준다. 하지만 영화 제작자는 두 대사의 지독한 모순을 감지하지 못한 듯하다. 그 대사의 주인공인 일꾼들의 리더는 딸을 겁탈하는 아버지이기도 하다. 본질적으로 그는 자신의 규칙을 스스로 만들고 자신이 원하는 일을 딸에게 할 자유가 있다고 말하고 있다.

대부분의 관객들은 그 모순을 완전히 놓치고 아름다운 성장 이야기라는 찬사를 보냈다. 아름답게 만들어진 영화인 것은 분명하다. 등장인물들은 호감이 간다. 그러나 그렇기 때문에 오히려 영화는 너무나 파괴적이다. 관객은 호머가 낙태 시술을 해줘서 십대 소녀가 성폭행의 피해에서 벗어나기를 바라게 된다. 그러나 이성적으로 상황을 생각한다면, 현실에서 낙태로 가장 이득을 보는 사람은 가해자다. 범죄의 증거가 사라지면 그는 소녀를 계속 학대할 자유를 얻게 된다. 영화에서는 딸이 아버지를 찔러 죽이고 달아나지만, 현실에서는 많은 경우 아이가 너무 어리고 아버지에게 철저히 의존해 있는 상태인지라 계속되는 학대를 피하지 못한다.

당신은 영화의 이야기가 밀려드는 대로 그냥 받아들이는가? 그 내용을 분석할 기량을 갖추고 있는가? 영화는 흔히 주인공을 통해 하고 싶은 말을 한다. 영화 제작자는 주인공이 배우고 발견하는 바를 관객도 배우기 원한다. 영화에서 호머는 낙태에 반대한 자신의 입장이 고아원에서 세상물정 모르고 자라면서 갖게 된 안이하고 잘못된 생각임을 알게 된다. 인생은 미리 정해진 도덕적 규칙으로 예단하기에는 너무 복잡하고, 차라리 살아가면서 나름의 규칙을 만드는 것이 낫다는 것을 깨닫는다.

하지만 객관적인 도덕 규칙이 존재하지 않는다면, 불량배나 독재자, 우리를 이용하고 착취하는 사람들에게 맞설 도리가 없다. 영화에는 고아원 소각로에서 낙태된 아기의 시신을 태우는 섬뜩한 장면이 나온다. 벽돌로 높이 쌓아 올린 굴뚝에서 잿빛 연기가 하늘로 피어오른다. 프랭클이 죽음의 나치스 수용소에서 목격한 것과 같은 '불길한 연기구름'이다.

테일러 대학 철학교수인 제임스 스피겔James Spiegel에 따르면, "모든 영화는 세상이 어떤 곳이고 어떻게 되어야 하는지를 담은 일련의 신념과 가치, 곧 세계관을 제시한다."[6] 영화를 볼 때는 이렇게 물어야 한다. 이 영화는 어떤 세계관을 전달하고 있는가? 참된 요소가 있는가? 거짓되고 파괴적인 요소가 있는가? 그리스도인들이 이렇게 묻지 않으면, 비성경적인 관념들을 자기도 모르게 받아들이게 될 것이다. T. S. 엘리엇은 재미로 읽는 책(또는 오락거리로 보는 영화)이 진지한 책보다 우리에게 훨씬 많은 영향을 끼친다고 말했다. 왜 그럴까? 우리가 긴장을 풀고 있을 때는, 경계를 풀고 불신을 접어 두고 상상력을 발휘해 이야기 속으로 들어가게 되기 때문이다. 그 결과, 저자나 시나리오작가의 생각이 우리도 모르게 우리의 의식 속으로 깊이 스며들게 된다.[7] 불신을 접어둘 때는 비판의 기능까지 접지 않도록 주의해야 한다.

괴상한 선

「사이더 하우스」처럼 분명한 메시지로 사실상 특정한 입장을 변호하거나 선전하는 영화들이 있다. 「밀리언 달러 베이비」는 안락사를 옹호하는 작품이다. 「브로크백 마운틴」은 동성애권을 옹호한다. 「브이 포벤데타」는 교회가 철저히 부패했고 정부는 철저히 억압적이니 유혈혁명이 정당하다고 말한다.

　　세계관의 충돌을 보여주는 영화도 있다. 「아이 러브 허커비」는 사실상 유머를 통해 진행하는 철학 수업이다. 등장인물 두 사람은 돈을 받고 고객의 인생의 의미를 탐구하는 '실존 탐정'이다. 그들은 양자역학이 섞인 애매한 동양철학을 설파하는데, 담요를 휘두르면서 우주의 모든 입자가 담요를 이루는 실처럼 서로 이어져 있다고 설명한다. 그들은 "모든 것은 이어져 있고 모든 것은 중요하다" 같은 심오한 원리를 읊조린다.

그런 질문들을 해야 할까? 데이빗 O. 러셀의 「아이 러브 허커비」(2004)

악역은 탐정들의 유쾌한 선(禪)에 맞서 어두운 니힐리즘을 설파하는 프랑스 철학자다. 그녀는 원자론적 철학을 설파한다. 서로 이어져 있는 것은 아무것도 없기에 아무것도 중요하지 않다고 말한다. 삶은 무의미한 우연이고 비참함과 혼란으로 얼룩져 있다. "실존은 잔인한 농담이다."

이것은 위층/아래층 세계관의 충돌을 다룬 영화다. 하지만 그 주제를 가벼운 방식으로 다룬 일종의 형이상학적 익살극이다. 영화에는 "시간과 공간을 초월해 본 적이 있나요?" 같은 대사가 가득하다. 한 평론가는 이 영화를 "별난 사르트르와 괴상한 선의 뒤범벅"이라고 불렀다.[8] 영화의 결론은 둘이 서로 모순되지만 양측이 모두 옳다는 것이다.

그 과정에서 영화는 잠시 멈춰 기독교를 닥치는 대로 공격한다. 한 기독교 가정은 독선적이고 적대적이고 입정 사납게 그려진다. 그들은 수단 고아를 한 명 입양했는데, 그것도 오로지 "난 너보다 더 자비롭다"고 뽐낼 권리를 얻기 위해 벌인 일처럼 보인다. 기독교에 대한 부정적인 입장을 가장 잘 보여주는 대화는 주인공이 그 가족과 저녁 식사를 같이하는 자리에서 이렇게 물어볼 때 벌어진다. "이 세상의 형체가 사라진다면, 죽어 버리는 나와 무한한 나 중에서 어느 쪽이 실재에 가까울까요? 습관에 따라 생각하는 내 마음을 믿을 수 있을까요, 아니면 이 세상의 형체 이면을 볼 수 있어야 할까요?"

딸은 멍한 표정으로 어머니를 쳐다보며 묻는다. "그런 건 물어볼 필요가 없지 않아요, 엄마?"

"그렇단다, 애야." 어머니가 대답한다.

슬프게도, 이런 희화화는 모종의 진실을 담고 있다. 그리스도인은 지난 세기 동안 '요새 심리'를 채택하고 사람들의 질문에 주의를 기울이지 않았다. 그리고 지금 그 대가를 치르고 있다. C. S. 루이스는 좀 더 나은 접근법을 알려 주었다. 그는 그리스도인이 모든 학문 영역에서 가장 깊이 생각하고 가장 창의적인 사람들이 되어야 한다고 말했다. 그래서 다른 이들이 왜 최고의 책과 영화는 그리스도인의 작품이냐고 의아해하기에 이르러야 한다고 말이다.[9]

우디 앨런, 다시 해내다

우디 앨런은 「범죄와 비행」*Crimes And Misdemeanors*에서 세계관의 충돌을 훨씬 진지하게 다룬다. 주인공인 부유한 안과 의사는 불륜을 폭로하겠다고 위협하는 정부(情婦)를 살해하려고 킬러를 고용한다. 그리고 영화는 살인에 대한 긴 논쟁으로 관객을 이끌고 간다. 논쟁은 유신론적 세계관, 위층 세계관(실존주의), 아래층 세계관(경험주의), 이렇게 세 세계관 사이에서 벌어진다.

유신론을 대표하는 등장인물은 랍비다. 그는 우주에 "도덕적 구조가 있고 실제로 의미도 있다"고 주장한다. 하지만 랍비는 눈병으로 고생하다가 급속히 시력을 잃어 간다. 앨런은 한 인터뷰에서 이것이 무엇을 뜻하는지 설명했다. "나는 그의 믿음이 맹목적이라고 생각한다.……현실에 눈을 감아야만 그런 믿음을 유지할 수 있다."[10] 앨런은 그 점을 실감나게 전달하기 위해 랍비의 아버지 입을 빌린다. 그는 자신의 종교가 틀린 것으로 드러난다 해도 "언제나 진리보다 하나님을 선택할 것"이라고 말한다. 참으로 맹목적인 믿음이다.

실존주의 세계관을 대변하는 등장인물은 철학자다. "우주는 상당히 차가운 곳입니다. 사랑할 수 있는 능력을 지닌 우리가 무심한 우주에 의미를 부여하는 것입니다." 이런 관념은 낭만주의에서 나온 것인데, 그것은 인간이 무의미한 우주에 의미를 부여한다고 말했다. 하지만 영화가 끝나기 전, 철학자는 자살을 한다. 실존주의는 유효하지 않다는 앨런의 확신을 상징하는 대목이다.

영화는 앨런이 맡은 영화 제작자 캐릭터의 입을 빌어 실존주의의 테마를 말한다. 영화의 절정 부분에서 안과 의사와 영화 제작자는 가상의 상황을 이야기하듯 살인을 논한다. 영화 제작자는 당연히 영화 줄거리를 말하는 것이려니 생각하고 끝부분에 가서 살인자가 자수해야 한다고 말한다. "신이고 뭐고 없으니, 그 사람이 책임을 직접 감당하는 수밖에 없습니다." 그러나 의사는 이렇게 대답한다. "그건 픽션이고요.……나는 현실을 말하는 겁니다." 다시 말해, 신 없이 인간 혼자서 자신의 활동에 도덕적 의미를 부여할 능력을 가지고 있다는 실존주의의 생각은 픽션에 불과하다는 것이다.

끝으로, 경험주의적 유물론 세계관을 대변하는 인물은 안과 의사다. 그는 사람들이 세상을 있는 그대로 보도록 돕는다. 여기에는 우리가 볼 수 있는 것이 세상의 전부라는 암시가 들어 있다. 의사는 어릴 때 "하나님의 눈이 모두를 지켜본다"고 배웠다. 그러나 앨런이 직설적으로 제시하는 이 영화의 메시지는 하나님은 없고 지켜볼 존재도 없다는 것이다. "살인을 할 의향이 있고, 사람을 죽이고도 걸리지 않고 잘 지낼

수 있다면, 문제될 것은 없다."[11] 영
화의 주제는 초월적 정의나 최종적
인 결산, 우리의 행동에 궁극적으
로 따르는 도덕적 결과는 없다는
것이다. 걸리지만 않으면 자유의
몸으로 집에 간다.

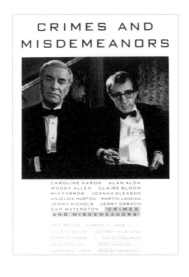

눈에 보이는 것만이 실재다.
우디 앨런의 「범죄와 비행」
(1989)

그러나 그럴 경우(영화는 말하지
않는 내용이지만), 우리의 행동은 무의
미하기도 하다. 인간은 근본적인
딜레마를 마주하고 있다. 도덕이
있어도 문제고 없어도 문제다. 객관적인 도덕이 있다면 우리는 거기
미치지 못하는 죄인이다. 그러나 도덕이 존재하지 않는다면, 우리의 행
동은 궁극적으로 아무 의미가 없다. 앨런은 죄책을 피하기 위해 무의
미를 선택했다.

칠대죄

초월적 정의의 존재에 의문을 제기하는 또 다른 영화로 스릴러물 「세
븐」이 있다. 이 영화는 실존주의적 답변을 제안하면서 마무리된다. 모
건 프리먼이 연기한 인물은 인간의 정의가 고통스러울 만큼 부족하다
고 탄식하는 경찰이다. "너무나 많은 시체가 억울하게 누워 있다." 죽
은 이들을 위해 궁극적으로 복수하고 인과응보를 이루는 우주적 정의
가 존재할까? 영화는 아니라고 대답한다.

따지고 보면, 이 영화는 신적 정의라는 것이 존재한다 해도 매우

실존주의적 믿음의 도약. 데이 빗 핀처의 「세븐」(1995)

혐오스러울 것이라고 전제하고 있다. 영화는 전통적인 칠대죄(七大罪)를 하나씩 다루며 단테의 『신곡』 '지옥편'에 근거한 기독교의 정의관, 곧 처벌은 범죄에 상응한다는 입장을 제시한다. 탐식의 죄는 어떻게 처벌받는가? 뚱뚱한 사람은 강압에 의해 계속 먹다가 끝내 위가 터져서 죽는다. 탐욕의 죄는 어떻게 처벌받는가? 피해자의 피를 빨아먹었던 부도덕한 변호사는 말

그대로 피를 흘리다 죽는다. 영화는 신적 정의 같은 것이 있다면, 그 신은 우주적 사디스트일 것이라고 말하고 있다. 그런 세상은 단테의 지옥과 같을 것이다. 그러므로 신적 정의는 존재하지 않는다. 인간의 정의를 이루기 위한 부분적이고 불완전한 시도가 있을 뿐이다.

영화 끝부분에서 모건 프리먼이 연기한 경찰은 헤밍웨이의 『누구를 위하여 종은 울리나』의 한 구절을 인용한다. "어니스트 헤밍웨이는 이렇게 썼다. '세상은 멋진 곳이고 싸워서 지킬 만한 가치가 있다.' 두 번째 부분에는 나도 동의한다." 다시 말해, 세상은 좋은 곳이 아니지만, 그래도 어쨌거나 싸워서 지킬 만한 가치가 있다는 것이다. 이것은 실존주의다. 객관적으로 말해 우리 앞에 놓여 있는 세상은 우주적 정의도, 초월적 도덕도, 악이 궁극적으로 바로잡힐 것이라는 희망도 없는 곳이다. 삶은 부조리하다. 그러나 우리는 위층으로 **믿음의 도약**을 하여 정의를 위해 계속 싸울 수 있다. 객관적인 토대는 전혀 없지만, 선악에

대한 순전히 개인적이고 주관적인 감각만으로 그렇게 할 수 있다.

카뮈, 극장에 가다

영화 「엑시스텐즈」^{eXistenZ}는 훨씬 더 분명하게 실존주의를 해설한다. 영화는 믿음의 도약을 하는 것이 아니라 줄곧 위층에 머문다고 말할 수 있겠다. 제목은 '실존주의'에 해당하는 독일어이고, 시나리오를 쓰고 감독한 데이빗 크로넨버그^{David Cronenberg}는 자신을 '정식' 실존주의자로 소개한다. 그는 이 영화가 "실존주의 선전물, 실존주의 원리에 대한 일종의 철학적 예시"라고 말한다.[12] 그는 실존주의 세계관을 보다 명료하게 전달할 수 있도록 배우들에게 사르트르, 키르케고르, 니체, 카뮈를 공부할 것을 요구했다.

크로넨버그는 실존주의 신조를 어떻게 설파할까? 영화에서 '엑시스텐즈'는 고도로 발달된 가상현실 게임의 이름이다. 영화 전체에 걸쳐 등장인물들은 게임 속으로 들어갔다가 나오기를 반복한다. 그러다가 어느 순간, 미로 같은 게임에서 벗어날 출구가 없음을 알게 된다. 영화의 막바지에 이르면 우리가 현실이라 생각했던 것도 트랜센덴츠^{Transcendenz} ✻ 라는 또 다른 게임임이 드러난다.[13] 마지막 장면에서 한 인물이 묻는다. "진실을 말해 주세요. 우리는 아직도 게임 안에 있는 건가요?" 그 다음, 화면이 점차 까맣게 변한다.

철학적인 요점은 객관적 실재 따위는 없다는 것이다. 크로넨버그의 말을 빌면, "모든 현실은 가상이다. 다 만들어진 것이다." 가상현실 게임은 모든 세계관이 지어낸 것이라는 생각을 상징한다. 세계관은 우리가 만들어서 그 안에 사는 게임과 같다. 크로넨버그에 따르면, 모든

✻ 트랜센덴츠
실존주의 철학에서 빌려 온 또 다른 용어로 '초월'을 의미한다.

너는 네 작은 우주의 신이다.
데이빗 크로넨버그의 「엑시스
텐즈」(1999)

"실재관이 보여주는 것은 인간에게 있는 의지의 창조행위다. 우리는 우리가 창조한 우주의 주인이다."[14] 영화의 한 장면에서 한 등장인물은 '신이다'$^{Art\ God}$라는 게임을 하는데, 그 게임에는 이런 꼬리표가 붙어 있다. "게임 사용자, 당신이 신이다."

실존주의에 따르면, 개인이 진정성을 갖추려면 그 자신의 우주에서 신이 되어야 한다. 이것은 어려운 일이다. 우리 모두는 가족, 사회, 문화, 국가, 종교 안에서 자라났기 때문이다. 다른 사람들의 생각과 기대가 끊임없이 우리를 압박해 그들이 만든 틀에다 억지로 끼워 넣으려고 한다. 그러나 실존주의의 시각으로 볼 때 정해진 역할이나 규칙에 따라 사는 것은 진정한 삶이 아니다.

영화에는 이와 같은 생각을 잘 보여주는 장면이 나온다. 예정된 '게임 충동'이 등장인물을 장악해 특정한 역할을 하게 만드는 대목이다. 테드는 '엑시스텐즈'의 개발자 알레그라와 함께 게임을 하고 있다가 갑자기 이렇게 말한다. "이게 어떻게 된 일이죠? 나는 그 말을 할 생각이 없었는데요."

알레그라가 설명한다. "당신의 **캐릭터**가 말한 거예요. 플롯을 펼치고 캐릭터를 만들어 가기 위해 해야 할 말들이 있어요. 당신이 원하건 원하지 않건 그런 말을 하게 되어 있죠."

나중에 테드는 알레그라에게 무언가 불쾌한 행동을 하고 나서 이렇게 말한다. "내가 그런 게 아니에요. 내 게임 캐릭터가 그런 거예요."
결국 그는 사람까지 죽이게 된다. 그러고 나서 유감스럽다는 듯 이렇
게 말한다. "자유의지는 이 작은 세상에서 중요한 요소가 아닌 게 분명
해요." 실존주의는 우리가 다른 사람의 기준과 기대에 얼마나 갇혀 있
는지 인식하고 거기에서 벗어나야 한다고 가르친다. 크로넨버그는 인
간이 "자유라는 저주를 받았다"는 말을 인용한다. 자유를 저주라고 말
한 이유는, 8장에서 본 것처럼 옳고 그름을 판단할 객관적 척도가 없는
상태에서 행사해야 하는 어지러운 자유이기 때문이다.

　　평론가들은 흔히 「엑시스텐즈」가 자기가 만든 게임에 갇힌 게임
개발자의 이야기라고 말한다. 그러나 그것은 문학적 장치일 뿐이다. 크
로넨버그는 영화 속 이야기 안에서 진리, 실재, 그리고 인간 자유의 문
제와 씨름한 것이다.

매트릭스 만들기

「엑시스텐즈」와 놀랄 만큼 비슷한 테마를 다룬 영화가 「매트릭스」인
데, 두 영화는 나온 시기도 비슷하다. 워쇼스키[※] 남매가 각본을 쓰고
감독한 이 영화에서도 등장인물이 현실이라고 생각하는 세계가 컴퓨
터 게임과 유사한 가상현실로 드러난다. 이 테마는 등장인물 중 하나
가 제기한 질문에 요약되어 있다. "네오, 꿈을 꾸면서 그것이 현실이라
고 철석같이 믿었던 적이 있나? 그 꿈에서 깨어날 수 없다면 어떻게 될
까? 꿈의 세계와 현실 세계의 차이를 어떻게 분간하겠나?"

　　처음에 기독교인 관람객들은 성경에 등장하는 이름과 용어가 가
득한 이 영화에 흥미를 느꼈다. 그러나 영화 안에는 고대 그리스 영지

※ 워쇼스키
라나 워쇼스키와 앤디 워쇼스
키는 남매 감독으로, 래리 워
쇼스키였던 라나 워쇼스키가
여성으로 성전환 수술을 하면
서 형제에서 남매가 되었다.

주의, 이집트 신비주의, 힌두교와 불교에서 나오는 이름도 함께 흩뿌려져 있다. 이 영화는 종교상품들을 전시한 슈퍼마켓이다. 그리고 모든 종교는 그 근저에 놓인 영적 체험의 상징적 투사에 불과하다고 가정하고 있다. 그러므로 그것들 사이의 차이점은 중요하지 않고, 우리는 그중에서 마음에 드는 것을 자유롭게 고를 수 있다.

종교상품들의 슈퍼마켓. 워쇼스키 남매의 「매트릭스」 (1999)

워쇼스키 남매는 자신들의 실존주의 신조의 원천으로 니체를 꼽는다. 그들 역시 배우들에게 장 보드리야르Jean Baudrillard의 책을 읽으라고 권했는데, 보드리야르는 포스트모더니즘의 '대제사장'이라 불린 인물이다.[15] 「매트릭스」는 진리와 실재, 자유의지와 결정론 같은 철학적 질문과 씨름한다는 점에서 「엑시스텐즈」와 같다. 「매트릭스」는 특수효과와 MTV 스타일의 편집을 덧입힌 화려하고 흥미진진한 고예산 액션영화라는 차이가 있을 뿐이다.

에단 호크, 꿈을 꾸다

「웨이킹 라이프」는 대륙철학 수업용으로 적당한 만화영화다. 이 영화는 줄거리도 없다. 철학자, 과학자, 영화 제작자, 배우의 철학적 사색으로 가득 채워져 있다. 등장인물은 모든 것을 꿈같이 보이게 만드는 색칠책 스타일의 선으로 투박하게 그려져 있다. 꿈을 꾸는 것처럼 보이

는 주인공은 여러 장소를 떠다니면
서 사람들이 자신의 삶의 의미를
숙고하며 하는 말을 듣는다. 여기
서 드러나는 일관된 테마는 단 하
나다. 우리가 꾸는 꿈은 점점 더 높
은 단계로 진화하는 집단 무의식에
이르는 길이 될 수 있다는 것이다.
칼 융이 좋아할 만한 영화다.

　　한 장면에서 두 배우(줄리 델피
와 에단 호크)는 인간이 '집단 기억'을

깨어 있는 삶은 통제된 꿈이
다. 리처드 링클레이터의 「웨
이킹 라이프」(2000)

통해 텔레파시로 연결되어 있을 가능성을 추측한다. "우리가 의식하건
못하건, 텔레파시 같은 것이 존재하고 우리 모두는 그 일부를 이룬다."
또 다른 장면에서 아프리카계 작가인 아크릴루 게브레월드는 집단정
신이 역사의 주된 힘이며 새로운 의식 상태로 끊임없이 나아간다고 말
한다. 화학교수 이몬 힐리는 그 생각에 과학적 설득력을 부여할 요량
으로, 진화가 어떤 지점을 향해 속도를 내고 있다고 말한다. 그의 말에
의하면, 진화의 그 지점에서 "생겨날 신인류는 새로운 개인성과 새로
운 의식을 가질" 것이다.

　　그리고 그 의식을 활용하는 방법이 꿈이다. 영화의 제목은 조지 산
타야나의 격언에서 따온 것이다. "깨어 있는 삶Waking Life은 통제된 꿈이
다." 영화의 메시지는 이름 모를 한 등장인물이 요약해 주는 듯한데, 그
는 "주술사, 샤먼, 기타 선지자들의 훌륭한 전통"을 상세히 설명한다.
"그들이 발전시키고 완벽하게 다듬은 꿈 여행 기술은 소위 자각몽(自
覺夢)의 상태를 가능하게 하는데, 이 상태에서 우리는 의식적으로 꿈을

제어하여 깨어 있는 상태에서는 도무지 알 수 없는 것까지 발견할 수 있다.”

꿈이 어떤 것을 '발견'할 능력을 준다고 생각할 근거는 무엇일까? 이 질문에 대한 답은 올더스 헉슬리가 환각제를 사용하는 이유(8장)와 놀랄 만큼 유사하다. 싱어송라이터 가이 포사이스$^{Guy\ Forsyth}$는 "깨어 있는 상태에서는 신경체계가 뇌의 활성화를 대부분 억제한다"고 말한다. 이것은 "진화론적으로 보지면 타당하다." 일상생활에서는 좁은 범위의 의식만 필요하기 때문이다. 꿈은 헉슬리의 마약 없이도 의식을 확장할 수 있는 방법이다.

그러나 이 모든 설명은 확장된 의식이 어째서 좋은지에 대해서는 답하지 않는다. 삶에 의미도 목적도 없다면, 그 사실을 더 명료하게 의식하게 되는 것이 왜 보람찬 일이 된다는 것인가? 확장된 의식은 흔히 말하는 것과 달리 만병통치약이 아니다. 우리가 의식할 어떤 현실이 존재하는가, 이것을 먼저 물어야 한다. 우리를 창조했고 사랑하는 신이 존재하지 않는다면, 현실에 대한 인식이 높아진다 한들 삶의 무의미함만 더욱 각인될 뿐이다.

엘비스와 삶의 의미

※ 그레이스랜드
20세기를 대표하는 미국의 스타 엘비스 프레슬리가 1957년부터 살기 시작해 1977년 약물중독으로 세상을 떠나기 전까지 살았던 집이다. 테네시 주 멤피스에 위치하고 있으며, 그의 무덤도 이곳에 있다.

영성을 다루는 대다수 영화도 위층의 시각을 제시한다. 「그레이스랜드※를 찾아서」의 주인공은 유명 가수 엘비스 프레슬리를 모방하는 것에서 정체성과 목적의식을 찾는 엘비스 분장자^{impersonator}들의 콘서트에 참석하러 가는 길이다. 그 역시 엘비스 분장자다. 한 장면에서 젊은 이가 여주인공에게 묻는다. "다들 철학자처럼 말하네요. 왜 그런 거예요?" 이 말은 그녀가 철학적 이야기를 늘어놓을 것이라는 신호다.

그녀의 대답이다. "다들 누군가 이끌어 주어야 해요. 이끌어 주는 존재는 예수든 부처든 엘비스든 상관없어요." 다시 말해, 믿음의 내용은 중요하지 않다. 목적의식과 정체감을 갖게 해주기만 하면 된다. 어려운 시기를 헤쳐 나가는 데 도움이 되는 것으로 충분하다.

할리우드가 전파하는 가장 인기 있는 영적 메시지를 꼽자면 뉴에이지 스타일의 범신론을 빠뜨릴 수 없다. 그것은 생각보다 이른 1940년대에 고전 영화 「분노의 포도」로 등장했다. 헨리 폰다가 연기한 톰 조드는 영화의 절정에서 이렇게 말한다. "사람은 자신의 영혼을 가지고 있는 것이 아니라 큰 영혼, 모두에게 속한 하나의 큰 영혼의 한 조각을 갖고 있다." 톰은 가족을 떠나 정치 활동가가 되려 하는데, 어머니에게 자신이 곁에 없더라도 슬퍼할 필요가 없다며 이렇게 설명한다. "제가 떠나도 아무 문제없어요. 저는 늘 곁에 있을 테니까요.……전 어디에나 있을 거예요." 물론, 그런 말에 만족할 현실의 어머니는 없을 것이다. 그러나 원저자 스타인벡은 이 대목에서 범신론에 대한 짧은 설교를 하고 있다. 한 평론가는 이것을 두고 '성 월트의 복음'이라고 했는데,[16] 성 월트는 우리 모두가 대령^{Oversoul}의 일부라고 주장한 랠프 월도 에머슨을 말한 것이다.

범신론적 테마는 흔히 환경보호주의나 '고귀한 야만인'을 내세우는 원시주의와 연결된다. 「포카혼타스」를 보지 않은 사람이라도, 나긋나긋한 자태의 인디언 공주가 이렇게 노래하는 예고편은 보았을 것이다. "난 알아요. 모든 바위, 나무, 생물에게 생명이 있고 영혼이 있고 이름이 있다는 걸." 이것은 「스타워즈」의 제다이가 가르치는 교리이기도 하다. 「스타워즈」에서 제다이 기사 오비완 케노비는 포스^{Force}가 "우리

범신론을 옹호하는 영화. 제임스 케머런의 「아바타」(2009)

⁑ 가이아
그리스 신화에 나오는 대지의 여신. 카오스에서 태어나 자신이 만든 천신(天神) 우라노스의 아내가 되어 티탄을 낳았다. 로마 신화에서는 텔루스라는 이름으로 숭배한다.

를 둘러싸고 관통하며, 은하를 하나로 묶어 주는 에너지 장"이라고 설명한다.

「늑대와 춤을」, 「요정 크리스타」, 「테라: 인류 최후의 전쟁」, 「발토 2: 모험의 세계를 찾아서」, 「아바타」 및 기타 여러 영화가 동일한 테마를 홍보한다. 「아바타」에 나오는 신비로운 행성 판도라에서는 모든 동식물이 거대한 신경 네트워크, 일종의 집단 무의식으로 이어져 있다. 판도라는 '가이아'⁑ 비슷한 '에이와'라는 여신으로 의인화되는데, 에이와는 선악을 초월한다. 판도라의 원주민은 이렇게 설명한다. "우리의 위대한 어머니는 어느 한쪽 편을 들지 않아요. 생명의 균형을 지키실 뿐이지요." 음양(陰陽)의 원리다. 「뉴욕 타임스」에 실린 리뷰는 「아바타」를 "범신론을 위한 긴 변호"라고 불렀다.

이유 없음에 대한 반항

이제 아래층 세계관을 보여주는 영화로 가 보자. 고전 영화 「이유 없는 반항」은 사춘기의 불안을 다룬 최초의 영화 중 하나다. 영화 속의 어른들은 암울하고 허무주의적인 실재관을 가르치지만, 막상 젊은이들이 배운 대로 살아가자 어쩔 줄을 모른다.

영화의 앞부분에는 한 과학자가 천체 투영관에서 학생들을 대상

으로 강연하는 장면이 나온다. 그
는 지구와 그 위의 모든 것은 결국
"캄캄한 공간으로 사라져 버릴 것
이다. 캄캄한 공간에서 처음에 가
스와 불로 생겨났던 것처럼, 가스
와 불로 파괴될 것이다. 하늘은 다
시 한 번 고요하고 차가워질 것이
다"라고 말한다. 이 말이 함축하는
바는 인간의 삶이 궁극적으로 중
요하지 않다는 것이다. 과학자의

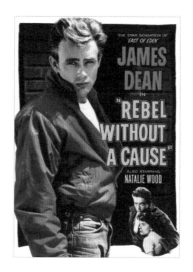

말은 이렇게 이어진다. "우리 우주와 그 너머에 있는 은하의 광대함을
생각할 때, 누구도 지구를 아쉬워하지 않을 것이다. 무한히 뻗어 있는
공간에서 인간의 문제는 지극히 사소하며 아무것도 아니다. 그리고 홀
로 존재하는 인간은 스스로 보기에도 별로 중요하지 않은 삽화에 불과
하다."

　인간의 삶이 하찮고 일시적이고 무의미하다니, 이것은 아래층 세
계관을 지지하는 노골적인 설교다. 천체 투영관 강연은 가스와 불이
극적으로 붉게 타오르는 장면으로 끝나는데, 이것은 세계의 종말을 상
징한다.

　영화 속 젊은이들은 그들이 살아야 할 어떤 이유도 내놓지 못하는
부모들을 참아 내지 못하고 그들에게 분노한다. 제임스 딘과 나탈리
우드가 연기한 주인공들은 그들의 사랑이 어둡고 무의미한 세계에서
온기와 빛을 주는 자그마한 공간이라도 만들어 낼 것처럼 서로에게 매
달린다. 하지만 영화의 마지막 장면은 극적인 사건이 벌어진 다음 날,

과학자가 천체 투영관에 출근해 일을 계속하는 모습을 보여준다. 이 장면은 과학자의 암울한 메시지가 결국 승리할 것임을 말하고 있다. 젊은이의 반항은 인간의 삶을 이루는 모든 것이 그렇듯 부질없다.

「아이 로봇」과 「스타 트렉」

아래층 세계관의 흔한 테마는 인간과 로봇이 정말 질적으로 다른지 탐구하는 것이다. 흔히 이런 이야기에는 인간의 의식과 감정을 갖춘 로봇이 나오는데, 그 로봇이 과연 인간인가 하는 질문을 제기하기 위해서다. 「2001 스페이스 오디세이」, 「블레이드 러너」, 「바이센테니얼 맨」, 「에이 아이」가 이런 테마를 다룬 영화들이다. 「아이 로봇」에 등장하는 로봇개발 책임자는 자신이 만든 가장 발전된 형태의 로봇에는 '기계 속의 유령'이 있을 수 있다고 말한다.

이 영화들이 제기하는 질문은 인공지능 분야에서 일하는 과학자들의 뜨거운 토론 주제이기도 하다. 지능이 계산이나 정보처리의 한 형태일 뿐이라면, 일부 컴퓨터는 인간보다 "더 똑똑하다"고 말할 수 있을 것이다. 그럴 경우, 인간에게 마음이 있는 것처럼 컴퓨터에도 마음mind이 있다고 말할 수 있다는 것이 일부 과학자들의 결론이다. 물론 여기에는 인간이 고도로 발전된 기계라는 생각이 들어 있다.

이 테마는 「스타 트렉」에도 자주 등장한다. '사람의 기준'이라는 에피소드에서 인공두뇌학자 매덕스 중령은 안드로이드*인 데이터 소령에게 역공학을 실시하여 그의 양전자 두뇌의 작용에 대해 더 알아내고 싶어 한다. 그런데 이 일이 기계를 해체하는 것인지, 지각 있는 생명체를 죽이는 것인지를 놓고 논쟁이 벌어진다.

＊안드로이드
'인간을 닮은 것'이라는 뜻의 그리스어에서 유래된 대표적 SF용어. 겉보기에 말이나 행동이 사람과 거의 흡사한 인조인간 로봇을 의미한다.

공청회에서 라이커 중령은 매덕스 중령을 대변하는 검사 역할을 마지못해 맡게 된다. 그는 데이터가 기계라는 주장을 설득력 있게 펼친다.

피카드 함장은 그 말이 사실이라 해도 "적절하지 못합니다. 우리도 기계니까요. 종류가 다른 기계일 뿐이지요"라고 응수한다.

결국 루부아 함장은 데이터 쪽에 유리한 판결을 내린다. "자네는 내가 데이터 소령이 기계에 불과하다는 말을 사실로 입증하길 원하는군. 나는 그럴 수 없네. 나는 그 말을 믿지 않아."

라이커 중령은 대답한다. "그럼 저는 제가 알아낸 사실에 의거해 간단히 결정을 내리겠습니다. 데이터는 토스터기입니다. 당장 실험적 수리를 위해 매덕스 중령에게 보내십시오."

결국 데이터는 분해되지 않았다. 그러나 인간이 복잡한 토스터기 이상의 존재인지를 둘러싼 논쟁은 오늘날에도 이어지고 있다. 논쟁은 일반인과 동떨어진 학계만이 아니라 극장과 텔레비전 화면에서도 벌어진다.

「펄프 픽션」이 진짜 말하는 것

물론 모든 영화가 의도적으로 어떤 세계관을 전달하는 것은 아니다. 많은 경우 따스한 이야기를 들려주거나 현란한 볼거리나 즐거움을 제공하는 데 초점을 맞춘다. 하지만 그런 경우에도, 영화는 특정한 분위기와 테마에 영향을 주는 특정한 시각을 갖기 마련이다. "영화가 이야기를 '들려줄' 때는 상황을 보게 해주는 시각……준거틀을 가지고 있다." 로버트 존스톤이 『영화와 영성』에서 한 말이다. "따지고 보면, 일관된 현실 인식과 삶에 대한 근본적 견해 없이는 어떤 이야기도 펼쳐 나갈 수 없다." 그리고 "모든 영화는 인간 창의성의 산물이기 때문에 제작자의 세계관을 여러모로 암시하게 된다."[17]

이런 암시는 흔히 영화의 주제로 요약되는데, 영화의 메시지 또는 이야기의 교훈이라고 말할 수 있다. 「위험한 정사」의 주제는 불륜이 위험한 결과를 초래할 수 있다는 것이다. 「쥬라기 공원」은 기술을 통한 자연의 통제는 환상에 불과하고, '생명'은 인간의 통제 시도를 벗어나 길을 찾기 마련이라고 말한다. 「라이온 킹」은 자신의 책임을 다하며 사는 것을 다룬 영화다. 심바의 아버지는 아들에게 "너는 현재의 너보다 더 큰 존재다"(즉, 너는 왕의 아들이지만 그렇게 살지 못하고 있다)라고 말한다. 「사도」*The Apostle*는 도덕적 결함이 있는 성질 급한 시골 복음전도자라도 무언가 좋은 일을 할 수 있다는 것을 마지못해 인정한다. 「마이너리티 리포트」의 주제는 설령 우리가 미래를 알 수 있다 해도 그 미래는 결정된 것이 아니며, 진정한 도덕적 선택의 여지는 여전히 남아 있다는 것이다. 「파이트 클럽」은 고통과 위험에 직면하는 법을 가르쳐 줄 아버지 없이 자란 남자들은 상당수가 수입 액수와 소비 품목으로 자신을 규정하는 회사의 노예가 되고, 그들의 억눌린 남성성은 위험한 방식으로 터져 나올 수 있다고 경고한다.

영화의 표면적 주제와 진짜 주제가 다른 경우도 있다. 영화 소개만 보면 「트루먼 쇼」가 공상과학 영화라고 생각하게 될 것이다. 촬영장 세트가 너무나 정교하여 등장인물이 그것을 현실로 착각하고 평생 그 안에서 살아갈 수 있을 정도라는 것이 영화의 설정이기는 하다. 그러나 이 영화는 발전된 기술의 문제를 다룬 영화가 아니다. 이 영화의 진짜 주제는 '착취'다. 영화의 절정 부분에서 쇼의 제작자 크리스토프

(Christof라는 이름에서 종교적 인유를 확인할 수 있다)는 주인공 트루먼(참 사람)이 촬영장 세트에서 현실 세계로 빠져나가지 못하게 막으려 한다. 트루먼과 나누는 대화를 보면 제작자는 트루먼이라는 사람에 대해서 아무런 관심이 없음이 분명히 드러난다. 그는 트루먼을 계속 착취해서 자신의 직업적 지위와 재정적 이득을 더욱 확고히 하기를 바

네 삶을 내 지배 아래 놓아라. 피터 위어의 「트루먼 쇼」(1998)

랄 뿐이다. 촬영장 세트는 착취를 일삼는 자들이 실재에 대한 사람들의 생각을 지배함으로써 그들을 지배하려 드는 모습에 대한 은유다.

　「펄프 픽션」*Pulp Fiction*도 예측할 수 없는 영화다. 많은 관객들은 이 영화의 비선형적 구조 때문에 포스트모던하다는 딱지를 붙였다. 폭력성을 이유로 평점을 깎은 리뷰어들도 있었다. 그러나 줄거리에서 가장 두드러진 요소는 살인청부업자 줄스의 종교적 회심 체험이다. 한 범죄자가 근거리에서 그에게 여섯 발이나 총을 쏘았는데 결국 맞추지 못했고, 줄스는 자신이 기적을 경험한 것이라는 결론을 내린다. 그리고 그것을 범죄 인생에서 벗어나라는 신의 신호로 받아들인다. 영화의 나머지 부분에서 줄스와 그의 파트너는 진짜로 벌어진 일이 무엇인가에 대해 논쟁을 벌인다. 줄스가 "우리가 방금 목격한 기적"이라고 말하자, 파트너는 이렇게 항변한다. "기적은 자네가 목격한 거지. 내가 목격한 것은 희한한 일이었어."

　영화의 끝부분에서 줄스는 그의 회심을 행동으로 입증한다. 자신

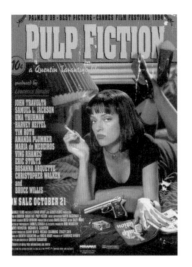

방금 목격한 기적? 쿠엔틴 타
란티노의 「펄프 픽션」(1994)

을 상대로 강도 행각을 벌인 풋내
기 강도 커플을 쏘지 않고 돌려보
낸 것이다. 그는 그들이 약탈한 돈
이 든 가방을 건네면서 이렇게 말
한다. "이걸로 내가 너희 목숨을 사
는 거다." 여기에는 그들도 범죄 인
생에서 벗어나 새로운 인생을 시작
해야 한다는 메시지가 담겨 있다
(성경의 용어 '구속'은 문자적으로 '되사다'라
는 뜻이다). 구원받은 줄스는 이제 다
른 사람들을 위한 구원의 도구가 되고 있다. 「TV 가이드」의 한 리뷰는
이렇게 결론을 맺고 있다. "구원 개념에 충실하지 않았다면, 「펄프 픽
션」은 근사한 재주를 부린 작품에 그쳤을 것이다. 구원 개념을 다룸으
로써 이 영화는 뇌리에서 떠나지 않는 의미심장한 작품이 되었다."**18**

우리 세대를 위한 세계관

물론 세계관이 영화의 전부는 아니다. 영화 제작자는 하나님의 형상으
로 만들어진 존재이기 때문에 그들의 작품은 흔히 그들의 세계관보다
낫고 보편적인 테마를 생생하게 살려 낸다. 예를 들어, 역사에 근거한
영화는 우리를 다른 시대와 장소로 데려다 준다. 「글래디에이터」는 고
대 로마 검투사의 윤리인 명예를 감동적으로 그려 냈다. 「쉰들러 리스
트」는 나치스의 비인간적 만행을 강력하게 고발한다. 「브레이브하트」
는 스코틀랜드 독립투쟁을 감동적으로 기록했다. 「라이언 일병 구하

기」는 제2차 세계대전을 생생하게 되살려 내어 많은 참전 용사들의 눈물샘을 자극했다. 「호텔 르완다」는 1994년 르완다에서 후투족이 백만 명을 학살했을 때 1,000명이 넘는 주민을 구해 낸 한 호텔 지배인의 실화를 들려준다(영화가 분명하게 그려 내지 못한 것은 실제 호텔 지배인이 독실한 그리스도인이었다는 사실이다). 「블러드 다이아몬드」는 1999년 시에라리온에서 벌어진 야만적인 내전을 강렬하게 그려 냈다.

영화는 인간 조건에 대한 진정한 통찰력을 제공하기도 한다. 「스핏파이어 그릴」은 감옥에서 출소한 젊은 여성이 작은 마을에서 뜻밖의 화해를 이루어 내는 이야기다. 「쇼생크 탈출」은 백인과 아프리카계 미국인 두 죄수의 관계를 아름답게 그려 냈다. 「드라이빙 미스 데이지」는 이보다 더 이질적인 두 인물의 관계를 그리는데, 부유하고 신랄한 유대인 노부인과 그녀의 나이 든 흑인 운전사가 등장한다. 「텐더 머시스」는 몰락한 컨트리 가수가 가족과 교회로 이루어진 평범한 삶의 기쁨이 명성, 돈, 인기보다 더 중요하다는 것을 발견하는 이야기다.

이러한 영화들은 상당수 종교를 삶의 정상적인 일부로 받아들이고 긍정적으로 묘사한다. 「마음의 고향」은 대공황 기간에 텍사스의 작은 마을에서 전혀 어울리지 않는 사람들이 역경을 함께 겪어 내며 더 강해지는 이야기다. 영화는 교회 예배 장면에서 놀라운 결말을 만들어 내는데, 모든 등장인물이 화해하고 하나가 되어 성찬의 빵과 포도주를 나눈다. 카메라는 불륜을 저지른 남편과 그의 아내에게 제일 먼저 초점을 맞추는데, 아내는 남편을 용서하고 그의 손을 잡는다. 이어서 카메라는 KKK 단원 몇 사람을 보여준 다음 그들에게 잔인하게 공격을 당했던 흑인 노동자가 온전한 모습으로 그들 곁에 앉아 있는 모습을 보여준다. 놀랍게도, 교회에 모인 사람들 중에는 영화 안에서 죽은 인물도 있다. 총에 맞아 죽은 보안관과 실수로 그를 죽이고 자경단원들에게 끌려가 처형된 흑인 십대다. 카메라가 돌아가는 동안 설교자는 성경에서 사랑을 다룬 대목으로 잘 알려진 고린도전서 13장을 읽는다. 그리고 관객은 이 영화가 관계가 깨어진 사람들이 하나님의 사랑으로 다시 만나 화해하고 치유되는 천국의 비전을 그리고 있음을 깨닫게 된다.

그리스도인이 복음적인 메시지를 전면에 내세워 만든 영화도 근년에는 많이 세련되어졌다. 「믿음의 승부」와 「파이어프루프: 사랑의 도전」은 조지아 주 올버니의 셔우드 침례교회에서 제작한 영화다. 「파이어프루프」의 주인공은 커크 캐머런이 연기한 소방관 케일럽인데, 그는 직장에서는 영웅이지만 가정에서는 그렇지 않다. 한 영화 리뷰를 인용하면, "직장에서 그는 '파트너를 결코 버리지 말라'는 영웅의 규범을 호흡하며 그에 따라 살아가지만 인생의 파트너는 툭하면 버린다."[19] 케일럽은 포르노에 빠졌고 그 때문에 부부관계는 점점 심각해졌다. 그의 아버지는 아들에게 『사랑의 용기』라는 책을 권하는데, 아내를 사랑하고 부부관계를 회복시키는 법을 소개하는 그 책은 40일간 하루에 하나씩 실천 방안을 제시한다.

회복을 향한 케일럽의 몸부림은 순탄하지 않다. 아내는 남편의 노력에 금세 반응하지 않는다. 영화는 부부관계를 재건하는 데는 노력과 위험이 따른다는 것, 치유를 얻으려면 고통을 거쳐야 한다는 것을 분명히 밝힌다. 다시 앞의 리뷰를 인용해 보자. "우리는 망가진 도덕적 우주에서 살기 때문에, 모든 구속의 행위에는 일종의 죽음이 따른다." 따지고 보면 "십자가는 빛나는 보석이 아니라 메시아가 고난을 받으며 감당해야 했던 잔혹함의 상징이다." 영화의 영적 리얼리즘은 사람

들의 심금을 울렸다. 처음에 영화
의 플롯 장치로 등장했던 『사랑의
용기』는 나중에 진짜 책으로 나왔
고, 금세 베스트셀러 상위 목록에
올랐다.

　지금까지 영화 속의 세계관을
어떻게 분별하는지 보여주기 위해
몇 가지 사례를 뽑아 간략히 살펴
보았다. 영화를 예술작품이나 오락
으로 즐기는 것도 좋지만, 영화가

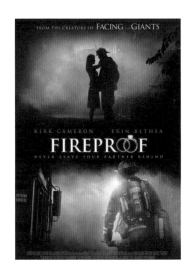

회복에 즉효약은 없다. 알렉
스 켄드릭의 「파이어프루프」
(2008)

우리 세대의 사고방식을 어떻게 드러내는지도 경계해서 보아야 한다.
왜 그래야 할까? 항의와 보이콧을 하기 위해서라기보다는 우리가 만
나는 사람들을 제대로 이해하고 긍휼히 여기는 마음으로 대하기 위해
서다. 대중문화 '판독법'을 익히면 사람들과 더 잘 교감하고 생명을 주
는 성경의 진리를 그들이 이해할 수 있는 언어와 개념으로 전달할 수
있다.

　영화 「파이트 클럽」에서 주인공 테일러 더든은 자신의 세대에 대
해 이렇게 말한다. "우리는 큰 전쟁에서 싸워야 하는 것도 아니고 대공
황도 없다. 우리의 큰 전쟁은 영적 전쟁이다." 하지만 모든 시대는 나름
의 영적 전쟁을 치른다. 교회와 대학 캠퍼스, 극장과 텔레비전, 콘서트
홀과 국회의사당에서 벌어지는 전쟁이다. 이 싸움에 참여할 준비가 되
었는가? 적이 누구인지 알겠는가? 전선이 어디에 형성되었는지 알고
있는가? 그리스도인은 현대 다원주의 사회에서도 모든 일에서 그리스
도의 마음을 가지고, 그분이 하신 대로 생각하며 행동해야 한다. 우리

는 그렇게 부름받은 존재다.

　그러나 그 일을 위해서는 세속주의를 비판하는 것만으로 충분하지 않다. 그리스도인도 문화에 기여해야 한다. 어떻게 하면 교회가 이전 시대에 그랬던 것처럼 다시 창조의 온상이 될 수 있을까? 문화 창조를 위한 긍정적 원리들을 에필로그에서 살펴보기로 하자.

IO.

에필로그
: 바흐 변증학교

"아무리 위대하고 급진적인 사상이라도,
삶 자체가 메시지가 되는 개인들 안에서 구현되어야만 살아남을 수 있다."

에리히 프롬

바흐가 일본인들의 마음을 사로잡고 있다. 18세기 바로크 작곡가인 바흐가 일본에서 음악계의 한 흐름을 형성하고 영적 부흥의 영감을 제공하고 있다.

저널리스트 우베 시몬 네토 Uwe Siemon-Netto 는 "진정한 바흐 붐이 지난 16년간 일본을 휩쓸었다"고 보도했다. 바흐 붐을 이끈 주역 마사아키 스즈키가 창단하고 지휘를 맡고 있는 '바흐 콜레기움 재팬'을 필두로 일본 전역에서 수백 개의 유사 단체가 생겨났다. 대림절 기간에 스즈키가 지휘하는 바흐의 「성탄 오라토리오」와 사순절 「마태 수난곡」 공연은 관람료가 600달러가 넘는데도 늘 매진이다. 인쇄된 공연 프로그램에는 청중이 읽을 수 있도록 가사를 일본어로 번역해 놓았는데, 그 안에는 복음의 메시지가 담겨 있다.

스즈키는 인터뷰에서 이렇게 말했다. "바흐는 일본인들 사이에서 선교사 역할을 하고 있다. 콘서트가 끝나면 사람들이 지휘대로 몰려와 일본 사회에서 금기시하는 죽음 같은 주제로 이야기를 하고 싶어 한다. 그렇게 이야기하다가 그들은 그리스도인의 '소망'이 무엇인지 나에게 꼭 묻는다." 그의 결론은 이렇다. "바흐로 인해 이미 수만 명의 일본인이 기독교 신앙을 받아들였다고 본다."

✤ 오라토리오
16세기 무렵에 로마에서 시작한 종교 음악. 성경의 장면을 음악과 함께 연출한 교회극에서 발달하여 오페라의 요소를 가미한 영창, 중창, 합창, 관현악으로 연주한다.

다섯 번째 복음서

바흐 콘서트에 영감을 얻어 수십 명의 일본인 청년들이 독일 라이프치히로 순례를 떠났다. 라이프치히는 바흐가 1750년에 죽기 전까지 27년간 일한 곳이다. 시몬 네토는 일본 청년들이 바흐가 칸토르^{cantor}로 있었던 교회에 앉아 "눈을 반짝이며 다채로운 루터교 전례에 따라 진행되는 예배를 함께 드렸다"고 썼다. 케이스케 마루야마라는 일본인 음악학자는 루터교 성서정과^{lectionary}에서 제시하는 매일 성경읽기 본문을 연구하기 위해 라이프치히로 갔다. 그의 학문적 목표는 해당 성경구절이 바흐의 칸타타에 미친 영향을 분석하는 것이었다. 그러나 그는 이 과정에서 생각했던 것보다 훨씬 많은 것을 발견했다. 학위 공부를 마친 후, 마루야마는 바흐의 옛 교회 주교를 찾아가서 이렇게 말했다. "기독교 텍스트들을 읽는 것으로는 충분하지 않습니다. 나는 그리스도인이 되고 싶습니다. 세례를 베풀어 주십시오." 이렇게 해서 바흐의 칸타타가 '제5의 복음서'라는 말이 다시 한 번 사실로 입증되었다.

　놀랍게도, 바흐는 순전히 기악곡으로도 영적인 영향을 준다. 기독교로 회심한 유명인사 마사시 마스다는 원래 불가지론자였다. 그는 글렌 굴드가 연주한 「골드베르크 변주곡」을 듣고 난 후에 영적 여정이 시작되었다고 말한다. 그 곡에는 성경구절이 전혀 등장하지 않는다. 마스다는 지금 도쿄의 소피아 대학에서 조직신학을 가르치고 있다.

　오르간 연주자 유코 마루야마도 바흐의 음악 때문에 회심하게 되었다고 말한다. 한때 독실한 불교 신자였던 마루야마는 "바흐가 내게 하나님, 예수님, 기독교를 소개해 주었다"고 말한다. 그녀는 이렇게 덧붙인다. "바흐의 푸가를 한 곡 연주하면, 하나님께 말하는 바흐의 목소

※ 칸토르
본래는 라틴어로 '노래하는 자'를 의미한다. 로마가톨릭 교회의 예배에서는 성가대의 리더로서 선창하거나 독창하는 사람을 가리킨다. 루터파 독일 복음주의교회에서 칸토르는 노래하는 자보다 오히려 작곡가, 지휘자, 교육자였다. 그는 교회부속학교의 음악교사를 하고, 거기에서 지도하고 육성한 생도들을 중심으로 하는 성가대 칸토라이를 조직해서 예배에 참가했다.

리를 들을 수 있어요."

　일본에서 활동했던 지휘자 로버트 버그트는 바흐의 음악이 음악가와 관객으로 하여금 하나님의 말씀과 만나게 해주었다고 말한다. 버그트는 "이 사람들 중 일부는 아무도 없는 자리에서 자신을 '벽장 그리스도인'이라 고백할 것"이라고 「크리스천 히스토리」와의 인터뷰에서 말했다. 일본 인구에서 기독교인의 비율은 공식적으로 1퍼센트에 불과하지만, 버그트는 은밀한 그리스도인을 포함시킨다면 실제 수치는 그보다 세 배 정도 높을 것이라고 추정한다.[1]

소매를 걷어붙이라

오늘날 바흐 같은 작곡가가 있을까? 성경적 진리를 탁월하게 표현해 내어 사람들이 하나님을 찾아 나서도록 이끄는 음악과 미술이 있을까? 그리스도인은 현대 문화의 타락을 비판하기만 할 것이 아니라 소매를 걷어붙이고 긍정적인 해결책을 만들어 내야 한다. 나쁜 문화는 좋은 문화로만 몰아낼 수 있다. 따지고 보면, 예수님은 제자들을 소금과 빛으로 부르셨다. 그리스도인은 **빛**의 은유에 따라 어둠과 절망의 장소를 찾아 들어가야 한다. 하나님의 진리의 광채로 그곳을 비추어야 한다. 성경 시대에 소금은 음식이 상하고 썩지 않게 막는 방부제로 쓰였다. **소금**의 은유는 그리스도인이 부패와 분열을 찾아내어 하나님의 보호하시고 새롭게 하시는 능력을 가지고 그리로 들어가야 한다고 말한다.

　교회는 풍부한 상상력과 시각화 능력으로 성경의 진리를 표현해 내는 특별한 예술들을 기르는 곳이었다. 이제 우리는 그 평판을 되찾아야 한다.[2] 예술은 교훈적 메시지를 치장한 것이나, 가르침을 삼키기 쉽게 돕는 사탕발림이 아니다. 성경 자체가 시, 잠언, 예언, 역사, 명령, 비유, 찬양, 사랑의 노래, 실질적 훈계 등 매우 다양한 문학 형태로 이루어져 있다. 따지고 보면, 성경에서 직설적인 교훈을 가르치는 대목은 일부분에 불과하다. 성경의 저자들은 예술적·문학적으로 다양한 형식을 구사하여 직설적인 명제 진술로 담아내기 어려운 깊은 진리를 전달했다.

예수께서도 많은 경우 이야기, 은유, 이미지를 통해 강력한 교훈을 가르치셨다. 피해를 당한 자들, 억압받는 자들을 돌보라고 그냥 명령하실 수도 있었겠지만, 그 대신 선한 사마리아인의 비유를 들려주셨다. 하나님이 죄를 용서하신다고 단호하게 말씀하실 수도 있었겠지만, 그 대신 탕자 비유를 들려주셨다. 할리우드의 시나리오작가 브라이언 고다와[Brian Godawa]는 "하나님 나라의 진리는 너무나 심오하고 풍성하기 때문에 합리적이고 추상적인 명제에만 맡겨둘 수가 없었다"고 썼다. 예수께서도 논리적 삼단논법이나 추상적 금언 대신에 "결혼식, 은행가, 부도덕한 종, 땅에 묻힌 보물의 이야기를 선택하셨다."[3] 성경의 문학 형식은 인간의 영혼을 풍성하게 하는 예술의 중요성을 부각시킨다.

우리는 성경신학 자체를 이야기로 이해할 수 있다. 성경의 줄거리에는 창조·타락·구속(영화) 이렇게 세 가지 근본 전환점이 있다. 성경의 기록은 창조로 시작한다. 이것은 오늘날의 세계가 여전히 첫 창조의 아름다움과 경이로움의 흔적을 담고 있다는 뜻이다. 그러나 타락의 비극으로 그 세계의 완전함은 사라졌고 전쟁과 불의, 억압이 생겨났다. 그리고 선과 악의 세력이 줄곧 우주적 전쟁을 벌여 왔다. 그러다 역사는 마침내 예수 그리스도의 성육신, 죽음, 부활로 이어지는 절정기에 도달했다. 하나님은 그리스도 안에서 친히 시공간계로 들어오셨고 인간의 조건을 친히 겪으셨다. 그분은 친히 불의와 죽음을 당하심으로 우리를 지배하던 불의와 죽음의 권세를 깨뜨리셨다. 그 위대한 전환점 이래, 하나님은 구원의 효력을 베풀어 갇힌 자들에게 자유를 주시고 그분의 영토를 되찾으셨다. 이제 우리는 악과 고통이 마침내 끝날 최후의 대단원, 루이스가 『나니아 연대기』에서 말한 '최후의 전투'를 고대한다. 하나님의 놀라운 새 창조세계에서는 죽음도 눈물도 없을 것이다. 이것은 도덕적 상상력을 사로잡는 위대한 서사적 이야기다. 그리고 모든 좋은 이야기는 나름의 방식으로 이야기를 되풀이한다.

가정의 선교사

사람은 좋은 음식과 신선한 공기만큼이나 마음을 움직이는 이야기와 이미지가 꼭 필요한 상상력을 가진 존재로 창조되었다고 존 에릭슨은 말한다. "창세기 1장은 하나님이 태고의 혼란에 질서를 부여하여 마른 땅과 물, 낮과 밤, 땅과 하늘, 남자와 여자를 분리해 낸 것이 최초의 창조 행위였다고 말한다." 이와 같은 방식으로, "구조를 갖춘 이야기는 우주에 질서가 있다고, 따로 말하지 않고도 존재 자체로 그렇다고 말해 준다. 그리고 그것은 이 미친 세상에서 심오한 종교적 진술이자 하나님의 창조 행위에 대한 증언이 된다." 잘 짜인 이야기는 "우주에 신적 질서가 있고 인간사에 정의가 있는 것이 사실이라고 주장한다."

하지만 에릭슨이 지적한 대로, 오늘날의 "대중문화는 정반대의 것을 내놓고 있다. 텔레비전이 쏟아내는 정신없는 이미지는 일관성이 없고, 영화는 영웅과 악당을 분간하지 못한다. 미술은 형식과 아름다움을 보는 눈을 다 잃어버린 듯하고, 책에는 절대 집으로 초대하고 싶지 않은 인물들이 등장하며, 귀에 거슬리는 음악에는 선율도 화성도 없다."[4]

부모들은 자녀가 대학에서 철학 수업을 듣는 것보다 대중문화의 늪에 빠지는 것을 더 염려한다. 그들은 자녀가 점점 더 퇴폐적이 되어 가는 음악계와 연예계를 헤쳐 나갈 수 있게 도울 지침을 찾고 있다. 그리스도인 부모라 해도 자녀가 적대적인 세계관을 접하지 않게 막을 수는 없다. 그러나 저항의 기술을 기르도록 도울 수는 있다. 거짓 관념들을 알아보고 제대로 파악한 성경적 관념으로 거기에 대응할 수 있게 하면 된다.

그리스도인은 외국 땅에 나가지 않아도 선교사의 마음을 가져야 한다. 선교사는 토착 문화를 주의 깊게 감별하여 어떤 측면을 취할 수 있고 어떤 측면을 거부해야 하는지 결정한다. 이 작업은 최초의 그리스도인이 고도로 발달한 그리스-로마 문화를 접했던 초대교회 때부터 이루어졌다. 그들은 그 문화의 일부분을 비성경적이라는 이유로 거부했다. 그러나 어떤 부분에 대해서는 성경의 가르침과 일치한다고 판단하고 변용해서 받아들였다. 이 작업이 매우 깊이 있게 이루어졌기 때문에 이후 서구 문화는 그리스-로마의 고전 유산과 기독교 유산의 혼합물로 이루어지기에 이르렀다.

각 시대마다 이와 동일한 감별 작업이 이루어져야 한다. 인간의 문화는 상당 부분 선하다. 모든 인간은 하나님의 형상으로 만들어졌고 하나님이 창조하신 세계의 구조 안에서 살아야 하기 때문이다. 그들은 하나님이 모든 창조세계에 베푸시는 선물, 곧 일반은총의 덕을 본다. 마태복음 5:45 말씀대로, 하나님은 의인과 악인에게 똑같이 비를 내려 주신다. 비기독교인도 창조적인 예술가, 성공한 사업가, 솜씨 좋은 의사, 사랑 많은 부모가 될 수 있다는 뜻이다. 반면 성경은 죄와 악이 널리 퍼져 있다고도 가르친다. 삶의 모든 부분이 부패와 거짓의 영향을 받는다. 신학적으로 중립적인 부분은 존재하지 않는다. 그리스도인은 성경의 진리라는 다림줄에 비추어 모든 것을 평가해야 한다.

그리스도인은 선한 것을 긍정하고 지지하는 동시에 성경과 모순되는 모든 것에 저항해야 한다. 그래야 문화에 균형 있게 접근하는 일이 가능해진다. 예수님의 비유로 말하자면, 비둘기처럼 순결하고 뱀처럼 지혜로워야 한다. [16]

영혼의 정크푸드

예술에서 이 균형은 무엇을 의미할까? 우선, 그리스도인은 아름다움과 미학적 힘을 가진 모든 작품을 즐길 자유가 있다는 말이다. 진 에드워드 비스의 말대로, "우리는 예술작품의 명시적 메시지에 동의하지 않아도 그 예술적 기술을 인정할 수 있고, 미적으로 높은 가치가 있음을 인정할 수도 있다." [5]

반면, 예술작품이 내용면에서는 분명히 성경적인 것이라 해도 예술적 가치가 거의, 또는 전혀 없을 수도 있다. 그리스도인은 메시지에 동의한다는 이유만으로 조악한 싸구려 종교예술품을 받아들여 미적 감식력을 떨어뜨려서는 안 된다. 내가 어린 시절 접했던 전형적인 종교예술은 지나치게 달콤한 빅토리아풍 감상주의를 드러냈다.

미술과 음악이 감상주의에 빠지면 왜 그렇게 시시할까? 기독교를 "설탕과 양념, 온갖 좋은 것들"과 동일시하기 때문이다. 시인 폴 클로델[Paul Claudel]은 이런 식의 달콤하고 밝은 양식을 강하게 비판하며 이렇게 물었다. "소금이 그 맛을 잃으면 무엇으로 맛을 낼까? 설탕으로!" [6]

※ 도로시 세이어즈
영국의 여성 소설가이자 희
곡작가이자 기독교 사상가
(1893-1957). 동시대 작가인
C. S. 루이스, J. R. R. 톨킨, 찰
스 윌리엄스 등과 함께 '옥스
퍼드 그리스도인'이라 불리며
잉클링즈의 멤버로 활동했다.

여러 세대를 거쳐 아이들이 이런 달콤한 이미지를 접하고 자라
면 예수님이 진짜 어떤 분인지 알 수 없게 된다. 도로시 세이어즈^{Dorothy}
_{Sayers}※의 표현을 빌면 "우리는 유다의 사자의 발톱을 대단히 효과적으
로 잘라 내어" 예수님을 "창백한 목사와 경건한 노부인이 집에서 기르
는 애완동물로" 바꾸어 놓았다. 하지만 1세기의 이른바 "온유하고 겸
손하고 점잖은 예수님"은 너무나 단호하고 선동적인 분이었다. 그 정
도가 얼마나 심했던지 그분은 "교회에서 쫓겨나 돌에 맞을 위기에 처
했고, 이곳저곳으로 쫓겨 다녔으며, 결국 선동가 및 위험인물로 몰려
처형되었다."[7] 교회 예술은 이와 같은 예수님을 어떻게 묘사할까?

대중문화의 김빠진 감상주의와 자아중심주의를 그대로 반영하는
찬양은 현대의 빅토리아풍 예술이다. 나는 한 교회를 방문했다가 교인
들이 부르는 노래의 가사를 듣고 깜짝 놀랐다. "당신은 내가 원하는 전
부", "당신의 따스한 품을 느끼고 싶어요" 등의 찬양 가사에는 하나님
도, 예수님도 등장하지 않았다. 구원이나 칭의, 다른 어떤 신학적 주제
도 거론하지 않았다. 아무리 들어도 그 노래는 연인에게 바치는 사랑
의 노래일 뿐이었다. "예수는 내 연인" 식의 사랑 타령과 진배없는 그
런 노래를 과연 누가 진지하게 부를 수 있을까 싶었다. 하지만 주위를
둘러보니 몇 사람이 눈을 감고 두 손을 들고 있었다.

복음주의자들은 왜 피상적 감성주의에 매력을 느낄까? 그들 나름
의 일이층 이원론을 받아들였기 때문이다. 우리는 그것을 성속(聖俗)의
분리라고 부른다. 문제는 영적인 것이 위층으로 옮겨지면, 예배는 감정
을 발산하는 자리 정도로 쪼그라든다는 것이다. 교회는 사람들이 현실
의 죄와 슬픔, 갈등과 소외를 상대하도록 준비시키는 일과 아무 관련
이 없는 잠깐의 도피처가 된다. 성속 이원론은 하나님의 진리를 평범

기독교 원시주의 예술. 월리엄 H. 존슨의 「갈보리 산」(1944)

한 세상에서 분리시켜 위층에 격리시키는데, 이것은 평범한 세상을 **구속**할 하나님의 능력을 은연중에 부인하는 처사다. 신학자이자 문학평론가 에이머스 와일더^{Amos Wilder}는 "성속 이원론에 따르면 유물론적 세계에서 예술과 예배는 완전히 쫓겨난다"고 말한다. 그리고 그 과정에서 "사람들의 실제 삶은 구제불능의 것으로 버림받는다."[8]

　기독교 예술은 구제불능의 것은 없다는 확신, 예수께서 친히 인간의 가장 어두운 경험 안에 들어오셔서 그것을 생명과 갱신의 근원으로 변화시키셨다는 든든한 확신에서 싹터야 한다. 온전한 기독교적 예술 작품은 성경적 세계관의 세 요소인 창조·타락·구속을 모두 담아내야 한다. 그것은 첫 창조에 담긴 아름다움과 위엄을 암시해야 한다. 그러면서 죄와 고통의 현실에 더없이 정직하기도 해야 한다. 그리고 항상 구속의 암시를 제공해야 한다. 아무리 인격이 저속하고 부패한 사람이라 해도, 그는 구속받을 수 있는 존엄한 존재로 그려져야 한다. 희망의 빛이 어둠을 꿰뚫어야 한다.

성경적 세계관의 복잡함과 아름다움을 전달하는 예술은 바흐의 작품이 그렇듯 사람들을 복음으로 이끌 것이다. 윌리엄 H. 존슨[William H. Johnson]의 작품을 한 가지 모델로 꼽을 수 있다. 오바마 대통령은 그의 그림을 백악관 벽에 걸 작품으로 선정했다. 존슨은 일종의 원시주의[primitivism]를 채택해 "내가 리듬과 영혼으로 느끼는 바"와 "원시적 전통을 물려받은 혈통에 저장된 모든 것"을 표현해 냈다.[9] 그의 그림의 환하고 행복한 색깔들은 그리스도의 십자가 처형이 끝이 아니라고, 비극적인 죽음은 결국 부활로 이어질 것이라고 말해 준다.

문화에 다시 도덕을

어떻게 하면 교회가 새로운 세대의 예술가를 육성하여 기독교 세계관을 시각적·언어적으로 표현하게 할 수 있을까? 첫째, 교회는 부정적 저항에 몰두하는 자세를 넘어서야 한다. 여기서 간단한 퀴즈 하나, 미국립예술기금위원회(이하 NEA) 회장의 이름은? 몇 년 전만 해도, 많은 그리스도인들이 즉각 대답할 수 있었다. 1990년대에 NEA는 미국 정부에서 가장 논란이 많은 부서였다. NEA는 악명 높은 '오줌통에 집어넣은 십자고상'과 행위예술로 제시된 애니 스프링클의 '창녀와 여신: 섹스의 여신이 되는 101가지 쉬운 방법' 같은 성적 표현주의 프로젝트를 지원했다.

그러나 이후 얼마나 많은 그리스도인이 NEA에 관심을 가졌을까? 부시 행정부 시절 NEA 의장이 그리스도인이었다는 사실을 아는 사람

이 얼마나 될까? 그의 이름은 데이나 조이아^{Dana Gioia}다. 한때 육체노동
자였던 그는 시에서 운율과 압운의 회복을 꾀하는 신형식주의 운동의
지도자로 올라섰다. NEA 의장으로서 조이아가 추진한 첫 번째 주요
사업의 명칭은 "미국 지역사회에 셰익스피어를!"이었다. 이 사업은 미
국 전역에서 셰익스피어 연극 공연을 지원했다. 그중에서도 특히 셰익
스피어를 접하기 어려운 저소득 지역 학생들이 주요 대상이 되었다.

안타깝게도, 조이아의 임기 동안 대부분의 그리스도인은 그런 사
람이 있는 줄도 몰랐다. 많은 선교단체와 활동가 그룹은 정치적 유용
성이 없는 경우 예술에 관심을 갖지 않는다. 예술이 대중적 저항을 일
으키고, 사람들을 불러 모으며, 기금을 모을 기회를 제공할 때에만 관
심을 갖는다. 자신의 정부 직책을 활용하여 문화 갱생을 위해 적극적
으로 일한 그리스도인에게 박수갈채를 보낼 기회가 생겼을 때, 그 사
람들은 보이지 않았다. 그들은 긍정적인 방향으로 문화를 주도할 재능
있고 창조적인 사람들을 지속적으로 지원하지도 않았다.

리처드 러브레이스^{Richard Lovelace}는 『신앙생활의 동력』^{Dynamics of Spiritual Life}
에서 최선의 수비는 공격이라는 주장을 설득력 있게 내세운다. "문화
의 쇠퇴에 대한 궁극적 해결책은 나쁜 문화를 억압하는 것이 아니라
건전하고 건강한 문화를 만드는 것이다. 우리는 퇴폐적인 문화의 검
열이 아니라 기독교 안팎을 아울러 건강한 예술의 창작과 지원에 힘
을 써야 한다."[10] 대중적 시위와 보이콧에도 나름의 역할이 있다. 그러
나 그런 식의 비판도 예술에 대한 진정한 사랑에서 우러난 것이 아니
면 도움이 되지 않는다. 장기적 해결책은 인간의 조건을 제대로 담아
내는 인도적이고 건강한 대안을 창조할 크리스천 미술가, 음악가, 저술
가, 시나리오작가들을 지원하는 것이다.

재능 착취

교회는 교회 안팎에서 진정한 창조성을 억압하는 세력에도 맞서야 한다. 현대와 같은 소비사회에서 예술은 상업화라는 큰 위험에 직면해 있다. 예술품은 돈벌이를 위해 시장에 내놓는 상품 취급을 받는다. 전시용이나 집을 꾸미는 장식용이 아니라 순전히 되팔기 위해서 그림을 사는 사람들이 있다. 그림이 투자 상품이 된 것이다. 시어벨트가 지적한 것처럼, "뉴욕 학파°나 앤디 워홀 같은 공인된 구루^{guru}°의 엘리트 미술은 오늘날 음악업계나 스포츠 산업 못지않은 큰 산업이 되었다."[11] 미술가나 작가들은 제조 과정에 투입되는 '재능'으로 취급된다.

이런 식으로 접근하면 매출은 오를지 몰라도 최고, 최상의 예술은 오히려 억압을 받기 마련이다. 18세기, 주변 어른들은 어린 모차르트를 주로 재능을 착취할 대상으로만 대했고, 그 바람에 하마터면 그의 최고의 곡들이 세상에 나오지 못할 뻔했다. 강압적인 아버지 레오폴트는 잘 팔려서 돈벌이가 될 만한(자신의 돈궤를 불려줄) 가볍고 쉬운 음악을 작곡하라고 아들 모차르트에게 계속 강요했다. 모차르트의 고용인이었던 잘츠부르크 대주교는 그를 궁전의 '재산'으로 여겼고, 대주교로서의 지위와 명예를 드높이는 데 하인 모차르트의 재능을 적극 활용했다. 대주교는 모차르트가 개인 시간에 연주회를 열어 추가 수입을 얻거나 음악가로서 명성을 얻는 일마저 금지했다. 이런 제약의 결과, 모차르트는 자신이 전문 작곡가로서의 잠재력을 실현하지 못하고 있음을 깨닫게 되었다. 그의 등불이 빛을 내지 못하게 주위 사람들이 뒷박으로 덮어 두고 있었다. 이와 같은 착취 관계에서 벗어나지 않았다면, 그의 예술적 천재성은 그대로 묻혀 버리고 말았을 것이다.[12]

❋ 뉴욕 학파
추상표현주의의 다양한 양식을 아우르는 용어. 이 예술집단은 미국이 후원하는 연방미술프로젝트와 같은 생계지원 프로그램으로 생겨났고, 다른 사조는 전혀 상관하지 않고 자신들만의 예술을 추구한다.

❋ 구루
'무겁다'라는 의미의 산스크리트어 형용사로, 힌두교나 시크교에서의 스승이나 지도자를 의미한다. 이후 뜻이 바뀌어서 '존경해야 할 사람'을 가리키는 명사가 되었고, 일반적으로는 전문가, 권위자라는 의미로 사용한다.

오늘날 기독교 서적, 음악, 영화제작 등에 종사하는 사람들도 종종 모차르트처럼 착취당하는 처지로 내몰린다. 나는 복음주의권의 어느 저명한 인물과 대화를 나눈 적이 있는데, 그는 대필 작가를 고용해 여러 저술 작업을 진행하게 하고 결과물은 자기 이름으로 출간했음을 인정했다. 내가 그런 관행은 부정직하고 비윤리적이라고 지적하자 그는 이렇게 되물었다. "자료 조사와 집필을 담당한 작가들에게 비용을 지불했으니 내 저작인 것 아닙니까?" 물론 아니다. 어떤 책이 그의 저작이라고 할 때는 그가 그것을 직접 썼다는 뜻이지 그 일에 돈을 댔다는 뜻이 아니다. 대필 작가들도 모차르트처럼 유명인의 지위와 명망을 드높이기 위한 개인 소유물 취급을 받고 있었다. 그 결과, 그들의 재능은 이른바 리더라는 사람의 부풀려진 업적에 흡수되어 감추어진다. 필립 라이큰[Philip Ryken]은 『하나님을 위한 예술』[Art for God's Sake]에서 이렇게 말한다. "하나님의 은사가 감추어져서는 안 된다. 그분이 주신 소명이 부정되어서는 안 된다."[13]

나는 어느 기독교 선교단체 전 직원의 대필 작가로 일했던 사람을 인터뷰한 적이 있다. 그곳에서 일하는 동안 그는 개인 시간에 자기 글을 써서 추가 수입을 얻거나 작가로서 경력을 쌓는 일을 할 수 없었다. 선교단체의 대표는 "내가 당신에게 급료를 지불하니, 당신의 생각은 모두 내 소유"라고 말했다. 그런 식으로 착취를 당하는 임금노예 상태에서는 그 어떤 사상가나 작가도 최고의 작품을 만들어 내지 못할 것이다. 결국, 그들의 재능이 교회에 유익을 끼치지 못하고 있다.

몇 년 전, 베테랑 저널리스트 데이빗 에이크먼[David Aikman]은 대필 작가를 쓰는 것이 비윤리적이고 대중을 속이는 일이라는 내용의 칼럼을 썼다.[14] 독자들의 반응은 다시 경험하기 힘들 만큼 열렬했는데, 그중 상당수는 자신이 착취당한다고 느끼는 작가들이 보내온 것이었다. 그들은 기독교 출판사들이 유명한 목사나 선교단체 리더들의 이름으로 팔 수 있는 양질의 작품을 써 달라는 요구를 한다고 썼다. 스스로 생각하고 글을 쓸 시간이 없는 목사나 리더들이 자기 이름으로 나온 대필 서적이 가져다 준 명성과 돈을 즐기는 동안, 실제로 책을 쓴 작가들은 가족을 부양하는 일조차 힘에 겨워하고 있었다.

그리스도인이 그런 착취적 관행을 용인하는 것은, 입으로 뭐라고 말하건 실제로는 창조적 활동이나 지적 활동을 귀하게 여기지 않는다고 세상에 널리 알리는 것과 같다. 후지무라가 말한 것처럼, 교회가 예술가에게 재능을 발휘하라고 하면서 그에 대한 '합당한' 공로와 명예를 인정하지 않는다면, 창조성을 하찮게 여긴다고 자백하는 꼴이다.[15]

이와 같은 상황을 해결하려면 창세기에 주어진 문화명령을 실천할 성경적 '일의 신학'을 개발해야 한다. 천지창조에서 하나님이 하신 일이 그분의 본성과 성품을 반영하듯, 우리가 창조하는 물건들은 우리의 성품을 반영한다. 철학자 알렉상드르 코제브^{Alexandre Kojéve}의 말대로, '일하는 사람'은 그의 생산물을 통해 자신의 가장 깊은 자아를 드러낸다. "그는 그 안에 객관적으로 나타난 자신의 인간성을 발견하고 그것을 다른 이들에게도 드러낸다."[16] 따라서 유명인사가 다른 사람이 한 일을 자신의 것이라고 주장하는 것은 그들의 인간성을 훼손하는 일이다. 『실낙원』의 저자 존 밀턴은 책은 "그것을 낳은 살아있는 지성의 가장 순수한 농축액 내지 추출액을 병에 담듯이 보존한다"고 썼다. 어떻게 살아있는 다른 지성의 추출액을 가져다 자기 것인 양 대중에게 팔 수 있단 말인가?

그리스도인이 문화명령에 순종하기 위해서는 교회 안에서 문화 창조를 저해하는 관행을 제대로 뜯어보아야 한다. 텔레비전 프로듀서 마크 조지프에 따르면, 창조성을 질식시키는 주요 요인은 '슈퍼스타' 목사와 선교단체 지도자들의 패러다임이다. "스타 목사가 목회하는 교회에 가면 그의 팔을 떠받쳐 주고 그가 세상에 더 큰 영향을 끼치도록 도와줄 멤버로서 거기 있게 된다." 성경에 보다 충실한 모델은 이와 정반대다. 지도자의 역할은 평신도들이 밖으로 나가 전선에서 일하도록 가르치고 준비시키는 데 있다. 조지프가 말한 것처럼, 목사가 "교인들의 팔을 떠받쳐야 하고, 그렇게 힘을 얻은 교인들이" 음악, 미술, 정치, 법, 과학, 사업 분야로 "나가서 세상을 위해 좋은 일을 하는 것이다."[17]

도그마는 드라마다

모든 그리스도인은 슈퍼스타 리더들의 업적을 통해 대리적 삶을 사는 자가 아니라, 자신의 작품을 통해 구원의 아름다움을 전하는 예술가로 부름을 받았다. 예술에 가까운 경영, 기업가 정신, 과학적 발견이 있다. 어디서 무엇을 하건, 우리는 하나님의 구원의 진리가 빚어낸 아름다운 삶으로 사람들을 복음으로 이끌 수 있다.

하나님의 진리는 너무나 아름답고 너무나 신명나고 너무나 강렬한 드라마다. 그래서 우리는 하나님의 진리를 직접 바라보는 것을 감당할 수 없다. 태양을 직접 쳐다볼 수 없는 이치와 같다. 도로시 세이어즈는 "도그마는 드라마다"라고 말했다. 성경의 교리는 그 자체가 우주 역사의 흥미진진한 줄거리인 것이다. "설교자들이 교리를 너무 강조하기 때문에 교회가 텅 비어 버렸다는 말이 끊임없이 나온다. 사람들은 그것을 '지루한 도그마'라고 부른다. 그러나 사실은 정반대다. 도

그마를 소홀히 한 탓에 지루해진 것이다. 기독교 신앙은 인간의 상상력을 압도한 그 어떤 드라마보다 더 흥미진진하다." 다른 어떤 종교도 우주를 창조한 최고신이 인간이 되어 인간의 고통을 함께하고 피조물에 의해 유죄판결을 받았다고 가르치지 않는다. 세이어즈의 말을 더 들어 보자. "인간이 인간을 압제하는 것은 부질없는 인간사에서 따분할 만큼 흔한 기록이다. 그러나 인간이 신을 압제한다는 것은……참으로 놀라운 드라마다. 어느 저널리스트라도 그 이야기를 처음 듣는다면 뉴스거리임을 알아볼 것이다. 그 이야기를 처음 들었던 사람들은 실제로 그것을 뉴스라고, 그것도 '좋은 뉴스'good news, 곧 복음(福音)이라고 불렀다."[18]

더욱 놀랍게도, 우리는 우리의 삶을 통해 이 드라마에 참여할 기회를 받았다. 성경의 교리는 평범한 사람들의 역사에 뿌리를 두고 있다. 구약에서는 아브라함, 이삭, 야곱 같은 사람, 신약에서는 베드로, 바울, 요한 같은 사람을 생각해 보라. 에리히 아우어바흐가 지적한 대로, 이들은 호메로스의 시나 그리스 희곡에서라면 절대 주요인물로 등장하지 않았을 천한 사람들이었다. 하지만 성경은 이들과 하나님의 만남을 "세계를 뒤집는 혁명적 사건으로 중요하게" 다루고 있다.[19] 그렇다면 우리 평범한 사람들도 하나님이 펼쳐 가시는 구속 계획에 참여할 때 세계를 뒤집는 혁명적 중요성을 지닌 삶을 살 수 있다는 말이 된다.

교회의 예술가와 작가들은 복음의 드라마와 흥분을 전달할 특별한 재능을 타고난 사람들이다. 그들을 길들이거나 착취하는 대신, 핵심 사명을 감당할 수 있도록 육성하고 지원해야 한다. 그들은 예술 창작과 저술 사역을 통해 모든 사람이 자신의 삶에 담긴 아름다움과 우주적 목적을 알아보도록 돕는다.

교회는 예술작품이다

사회학자들은 모든 세계관이 구체적인 방식으로 구현될 수 있는 사회적 기반이 필요하다고 말한다. 관념이 추상적이고 이론적인 것에 그친다면 받아들이기가 대단히 어렵다. 우리는 관념에 따라 실제로 살아가는 광경, 관념이 눈에 보이고 손으로 만질 수 있게 된 상태를 확인할 필요가 있다. 사회학적 용어를 쓰자면 우리에게는 '타당성 구조'plausibility structure가 필요하다. 타당성 구조는 어떤 관념을 그럴듯하고 믿음직하게 만드는 사회구조를 뜻한다. 그렇다면 복음의 타당성 구조는 무엇일까? 그것은 그리스도인의 공동체인 교회의 집단적 삶이다. 사도 바울은 고린도 교회에 보낸 편지에 이렇게 썼다. "너희는 우리로 말미암아 나타난 그리스도의 편지니 이는 먹으로 쓴 것이 아니요 오직 살아 계신 하나님의 영으로 쓴 것이며"고후 3:3. 모든 지역교회는 그리스도께서 세상에 보내신 편지다. 외부인들은 교회에서 은혜와 용서가 넘쳐 나는 아름다운 관계와, 억압받는 자들을 위한 아름다운 정의와, 사람이 일하는 모든 분야에서 펼쳐지는 아름다운 창의성을 볼 때 교회 안으로 이끌려 들어올 것이다.

데니스 홀링거Dennis Hollinger의 말대로, 교회 자체가 최고의 변증이다. "포스트모던 시대의 사람들은 하나님의 은혜 위에 세워진 거룩하고 사랑이 넘치고 정의롭고 용서하며 생명을 주는 공동체를 볼 때, 거룩하시고 사랑이 많으시고 정의로우시고 용서를 베푸시며 생명을 주시는 은혜의 하나님을 가장 잘 이해할 수 있다." 기독교 공동체라는 구체적 현실 속에서 복음의 초월적 실재가 분명히 드러난다. 교회야말로 "기독교 세계관의 가시적이고 집단적인 표현이다."[20]

이것을 뒤집어 생각해 보면 정신이 번쩍 든다. 교회 때문에 복음이 **신빙성**을 잃기가 그만큼 쉽다는 말이기도 하기 때문이다. 불신자의 눈에 비친 교회가 다음과 같다면 어떤 일이 벌어질지 생각해 보라. 설교자는 가족의 중요성을 선포하지만 정작 교회 안에는 자녀들에게 거의 시간을 내지 않는 일중독자 부모가 가득하다면? 교회에서 다른 어떤 곳 못지않게 착취를 일삼는 권력관계를 볼 수 있다면? 그리스도인이 세상 사람과 똑같이 성적 중독에 빠져 있다면? 복음주의 유명인사들이 세속 광고업계와 똑같이 부정직한 여론호도 전략을 쓴다면? 그리스도인이 성경적 세계관의 필요성을 열정적으로 설교할지라도, 그들이 끊임없는 성화의 과정에 자신을 내어놓지 않는다면 그 세계관대로 살아갈 능력이 없을 것이고, 그들이 전달하고자 하는 메시지도 믿을 수 없는 것으로 치부될 것이다.

고대 그리스인은 덕과 진리가 긴밀히 이어져 있어서 덕이 없이는 진리를 똑바로 볼 수 없다고 생각했다. 성경은 죄가 사람을 일종의 맹목 상태로 이끈다는 말로 이와 비슷한 원리를 가르친다. 사리사욕과 야망으로 우리의 인식이 완전히 흐려지면 우리는 말 그대로 어떤 영적 진리는 알아보지 못하게 될 수도 있다. 그렇기 때문에 예수께서는 옳은 일을 행할 의지가 있어야 옳은 것을 알아볼 수 있다고 말씀하셨다. "하나님의 뜻을 따르려는 사람은 누구든지, 이 가르침이 하나님에게서 난 것인지, 내가 내 마음대로 말하는 것인지를 알 것이다"^{요 7:17, 새번역}. 성경적 세계관을 기르기 위해 각 사람은 먼저 자신이 어떤 부분에서 약하고 죄의 유혹을 받는지 철저히 살펴 삶의 모든 영역에서 성화의 과정에 나서야 한다.

보수주의를 넘어서

이러한 인격의 변화 없이 세계관에 대해 말하는 것은 그저 교만과 자기주장의 또 다른 구실이 될 뿐이다. 에이미라는 여성은 독실한 그리스도인으로 보이는 남자와 결혼을 했다. 부부 모두 기독교 가정에서 자랐고 교회 활동에 적극적이었다. 두 사람은 성경적 세계관 교육을 위해 자녀들에게 홈스쿨링을 시켰다.

그러다 에이미의 세계가 산산조각 났다. 남편의 트럭에 감춰져 있던 여러 여자가 보낸 연애편지 묶음을 발견한 것이다. 남편이 여러 여자와 관계를 맺어 왔다는 부인할 수 없는 증거였다. 그녀가 편지 묶음을 들이밀자 남편은 이중생활을 중단하기로 결심했다. 그는 기독교 신앙과 함께 가족을 버렸고 최근에 만난 불륜 상대와 살림을 차렸다.

그리스도인은 성경적 세계관을 지적 체계로만 여기거나 복음주의계의 최신 유행 정도로 받아들여서는 안 되고, 그 세계관에 비추어 가장 깊은 욕구까지 변화받아야 한다. 이 비극적인 이야기는 그렇게 하지 않을 때 벌어질 수 있는 일을 잘 보여준다. 기독교 세계관을 갖추기 원하는 사람은 사도 바울이 로마서 12장에서 '마음을 새롭게' 함에 대해 말하는 구절이 우리의 삶 전체를 '산 제물'로 제단에 바쳐야 한다고 촉구하는 대목에서 나온다는 사실을 기억해야 한다. 다시 말해, 지성이 새로워지기 위해서는 그리스도의 희생에 힘입어 정신과 몸과 마음과 영의 전 자아를 하나님께 바쳐야 한다. 삶과 유리된 기독교 세계관은 교만과 공허한 지성주의에 그칠 수 있다.

그레셤 메이첸은 교회가 두 가지 방식으로 하나님 나라를 전진시키도록 부름을 받았다고 말했다. '폭넓게' 많은 사람을 복음으로 이끄는 것과, '집중적'으로 우리 삶을 하나님께 더욱 거룩하게 바치는 것이다. 메이천이 말한 대로, "교회는 모든 사람을 그리스도께 굴복시킬 뿐 아니라, 사람의 전 존재를 그리스도께 굴복시키려 힘써야 한다." 우리는 "모든 무릎이 무릎을 꿇고 모든 혀가 예수는 주라고 고백하는" 마지막 때를 고대한다. 그러나 "모든 과학이 하나의 위대한 확신으로 수렴될 때, 모든 예술이 하나의 위대한 목적에 바쳐질 때, 예수님의 정제하고 고결하게 하는 영향력이 인간의 모든 사고방식에 스며들 때, 모든 생각이 사로잡혀 그리스도께 복종하게 될 때"를 바라보며 일하기도 해야 한다.[21] 교회는 이러한 혁명적 비전에 이끌려 전진해야 한다.

프란시스 쉐퍼의 트레이드마크가 된 인용문으로 이 책을 마치고자 한다. 그 내용은 1974년에도 놀라웠지만 지금도 파격적이다. "젊은 세대에게 보수적이 되라고 말하는 것은 그들에게 참으로 몹쓸 일이 될 것이다. 기독교는 보수적이지 않고 혁명적이다." '보수적'이라는 단어의 문자적 의미는 현 상태를 '보존'하는 것이다. "우리는 젊은이들에게 혁명가가 되라고, 현 상태를 뒤집는 혁명가가 되라고 가르쳐야 한다."[22] 우리는 거짓 우상과 그것들이 우리 머리와 가슴에 휘두르는 영향력에 맞서 반란을 일으키는 사명을 받았다. 그리스도인은 전선에 나아가 세속적 세계관의 포로가 된 사회를 해방시키는 싸움을 해야 한다.

그 해방의 메시지를 전하고 교회를 그 안일함에서 흔들어 깨우며, 종교적 완곡어법을 찢어 버리고 위선과 독선을 폭로할 이들, 숨 막히게 아름다운 구원을 드러내기에 예술가보다 더 잘 준비된 이들이 있을까? 바흐처럼, 바로 오늘날의 예술가들이 영적 부흥의 영감을 제공하고 세계적인 문화 혁명에 불을 댕기게 될 것이다.

감사의 글

내가 이전에 쓴 책들, 특히 『완전한 진리』를 읽은 독자라면 내가 프란시스 쉐퍼에게 큰 빚을 졌음을 알 것이다. 나는 라브리 공동체를 방문하고 그의 책을 읽으면서 기독교를 믿게 되었다. 토론토의 기독교학문연구소 대학원 과정에서 나는 헤르만 도예베르트의 저작을 연구했다. 필립 존슨의 『진리의 쐐기를 박다』*The Wedge of Truth*는 공적 영역에서 기독교적 시각을 믿을 수 없는 것으로 몰고 주변화시키는 세속주의자들의 전략에서 사실/가치의 분리가 어떤 기능을 하는지 더 분명히 이해하게 해주었다.

　　대학생 시절 나는 한스 로크마커를 만날 기회가 있었는데, 네덜란드의 미술사가였던 그는 세계관이 예술작품을 만드는 데 어떤 역할을 하는지를 쉐퍼를 포함한 수많은 그리스도인들에게 알려 주었다. 그를 만난 것은 1972년 라브리 콘퍼런스에서였다. 강연이 끝난 후 그에게 질문을 하려고 모인 사람들 중에 나도 있었다. 나는 내 질문에 대한 그의 답변에 완전히 만족하지 못했고, 어깨를 으쓱하고는 돌아서서 건물을 나왔다. 몇 분 후, 뒤에서 따라오는 발소리가 들렸다. 나는 깜짝 놀랐다. 로크마커가 내가 묻고 싶었던 부분이 해결되었는지 확인하기 위해 나를 찾아 나섰던 것이다. 그때 나는 긴 머리의 히피 대학생에 불과했다(친구 한 명과 지나가는 차를 얻어 타며 몇 개 주를 가로질러 참석한 콘퍼런스였다). 하지만 로크마커는 동료 교수들에게 보여줄 법한 온전한 집중력을 가지고 나를 대했다. 나와 대화를 나누면서 그는 라브리 공동체의 초창기에 쉐퍼를 만난 이야기와 기독교가 한때 가졌던 문화형성 주체의 역할을 되찾고자 하는 두 사람의 공통된 열정을 이야기했다. 로크마커의 영향으로 예술은 쉐퍼의 저작에서 중요한 테마가 되었고, 복음주의자도 예술과 문화에 참여하는 일이 허용될 뿐 아니라 반드시 해야 할 일이라는 확신을 가질 수 있었다.

　　내 인생의 또 다른 중요한 전환점은 1990년대 후반에 워싱턴 D.C.의 '윤리와 공공정책

센터'에서 마사 베일스를 만난 것이었다. 베일스는 대중음악사를 다룬 책『구멍 난 영혼』의 저자이며, 예술과 진리의 관계에 대한 짧지만 통찰력 있는 그녀의 논의를 접한 것이 내가 이 책을 위한 초기 연구를 진행하는 계기가 되었다. 나는 찰스 콜슨, 해럴드 피켓과 공저한『그리스도인, 이제 어떻게 살 것인가』의 '오직 하나님께만 영광을'이라는 장에서 그 주제를 예비적으로 다루었고, 창조·타락·구속의 범주로 낭만주의를 분석했다.

그리고 이 주제를 더욱 발전시킬 기회가 찾아왔다. 2004년에 바이올라 대학에서 필립 존슨이 조직한 심포지엄의 강사로 초청을 받은 것이다. 그때 만든 강의 자료는 이후 여러 교실과 회의장에서 청중들과 만나 의견을 나누면서 더욱 충실해졌다. 나는 강연장에서 다음과 같은 이들을 만났다. 전문 예술인들, 할리우드 배우들과 시나리오작가들, 대학 교직원들, 국회의사당 직원들, 크리스천 초중등 교사들, 특히 '국제기독학교협회'ACSI에 속한 교사들, 일반대학과 신학교를 아우르는 여러 대학, 특히 바이올라 대학의 토리아너스 연구소와 필라델피아 성경대학과 패트릭헨리 대학의 학생들과 교직원들이다. 나는 세계저널리즘 연구소에서도 몇 년간 여름마다 동일한 자료로 강의를 했다. 그리고 이 책의 원고를 완성한 후, 홈스쿨링으로 고등과정을 공부하는 학생들로 구성된 두 학급에서 해당 원고를 교재로 삼아 수업을 진행했다. 그 가족들에게도 감사를 전한다.

필라델피아 성경대학 토드 윌리엄스 총장에게 특별한 감사의 빚을 졌다. 2007년 가을부터 그곳에서 3년간 연구교수 자격을 얻어 교수들 및 학생들과 활기찬 지적 교우를 누리면서 이 책을 쓸 수 있었다. 독창적 학자를 지원하는 토드 총장의 창의적인 선견지명은 매우 보기 드물고 본보기로 삼을 만하다.

기꺼이 시간을 내어 이 책 원고의 일부 또는 전부를 읽고 논평해 준 친구들과 동료들에게 감사를 전한다. 짐 콜먼, 존 R. 에릭슨, 마코토 후지무라, 데이빗 코이지스, 팀 맥그루, 캐런 멀더, 도로시 랜돌프, 캘빈 시어벨트, 진 에드워드 비스 2세의 이름을 빠뜨릴 수 없다. 그들의 통찰력은 더없이 귀한 격려가 되었고 유익했다.

나의 에이전트는 업계의 최고로 꼽을 만하다. 예이츠&예이츠 에이전시의 커티스 예이츠는 전문가답게 빈틈없이 나를 지지해 주었으며 탁월한 수완을 발휘했다.

B&H 출판사와 함께 일하는 것은 큰 기쁨이었다. B&H의 브래드 웨거너 대표는 예이츠&예이츠에서 이 책의 출간을 문의하자마자 긍정적인 답신을 보내왔다. 신학교 교수 출신인 그는 강의실에서 『완전한 진리』를 가르친 바 있다고 했다. 담당편집자 제니퍼 라일은 나와 만난 자리에서 『완전한 진리』에 대해 감사를 표했고 그 책이 자신의 생각에 큰 영향을 끼쳤다고 말했다. 내가 할 수 있는 말은 하나뿐이다. 모든 작가에게는 책이 나오기까지 우여곡절이 많은 편집 과정을 헤쳐 나가도록 도와줄 제니퍼 같은 창의적이고 힘이 넘치는 편집자가 필요하다. 최고의 작품을 만들기 위한 그녀의 헌신에 감사할 따름이다. 사진자료가 많은 책은 디자인과 제작에 특별히 어려움이 많은데, B&H 출판사의 모든 직원들, 그중에서도 킴 스탠퍼드 편집장과 디자인 책임자 제프 갓바이는 그 모든 어려움을 선선히, 기분 좋게 감당했다.

내 모든 노력의 배후에는 부모님이 계신다. 부모님은 여섯 자녀 모두에게 음악교육을 시키기 위해 엄청난 희생을 감수하셨다. 내가 12세 때, 아버지는 독일 하이델베르크 대학에서 1년간 연구교수 자격을 얻으셨다. 그곳에 있는 동안 우리 가족은 바이올린 제작자에게 직접 악기를 구입할 요량으로 오스트리아의 잘츠부르크로 갔다. 그런데 문제가 있었다. 악기의 가격이 미국에서 구입하는 경우에 비해 많이 저렴하긴 했지만, 가족 모두에게 악기를 사 주고 고향으로 돌아가는 비행기 표까지 살 만한 예산은 없었던 것이다. 둘 중 하나를 선택해야 했다.

우리는 돌아가지 않았다. 온 가족이 악기를 갖추고 유럽에 남을 수 있도록 아버지가 노르웨이 오슬로에서 다른 직장을 구하셨다. 나는 바이올린, 오빠는 첼로, 언니는 비올라, 여동생은 작은 첼로, 가족 공용 하프시코드, 그리고 모두가 리코더(바로크 시대의 대표 관악기) 하나씩을 얻었다. 남자 형제 둘은 리코더를 배운 후 나중에 바순과 호른을 배웠다. 전문 바이올린 연주자였던 어머니는 늘 현악 사중주단에서 연주를 하고 싶었지만 본인이 현악 사중주단을 기르게 될 줄은 몰랐다고 농담을 하셨다. 수학자였던 아버지도 알토리코더를 구입해 르네상스와 바로크 음악 연주를 배우셨다. 자녀들이 장성해 집을 떠난 후에는 부모님이 앙상블을 이루어 바이올린, 리코더, 비올라, 하프시코드로 초기음악 연주회를 여셨다.

이런 풍성한 음악적 유산은 내 인생을 형성하는 데 중요한 역할을 했다. 고등학교 시절 나는 여러 음악캠프에 참석하고 주립오케스트라 활동을 했으며 음악장학생으로 대학에 진학했다. 나는 독일로 돌아가 하이델베르크 음악학교에서 바이올린을 공부할 기회도 얻었다. 예술을 공부할 뿐 아니라 연주자로 활동할 기회까지 주신 부모님께 깊이 감사드린다. 서양음악 전통의 위대한 명곡들 중 일부를 실제로 연주했다는 것은 큰 특권이다.

나를 가장 열렬히 지지하고 홍보해 주는 사람은 남편 릭이다. 그의 날카로운 편집자적 안목과 적절한 제안 덕분에 책이 훨씬 나아졌다. 「휴먼 이벤츠」*Human Events*를 포함해 캐피틀힐 지역에서 나오는 여러 간행물의 편집자로 일했던 경험 덕분에 그는 정치적·문화적 이슈에 대한 예리한 통찰력을 갖추고 있다. 릭의 음악적 재능은 집필 과정에서도 내게 활력소와 힘이 되어 주었다. 내가 컴퓨터 키보드를 두드리며 보낸 숱한 저녁에 그는 곁에서 피아노 건반을 두드리며 블루스, 비틀스, 자작곡 등을 연주했다. 덕분에 나는 집필 기간에 그 곡조들에 푹 잠겨 지냈다. 남편에게 이 책을 바친다.

※ 이 책에 게재된 다음 이미지들은 B&H Publishing Group과 한국미술저작권관리협회를 통해 미국미술저작권협회와 저작권 계약을 맺고 사용 허락을 받은 것이다.

p. 144. *Amahl and the Night Visitor* / ⓒ Stageimage.com

p. 172. *Kauterskill Clove, in the Catskills, 1862(oil on canvas)*, Gifford, Sanford Robinson(1823-80) / Digital Image ⓒ 2009 Museum Associates / LACMA / Art Resource, NY

p. 173. *Autumn on the Hudson River, 1869*, Jasper Francis Cropsey / ⓒ National Gallery of Art, Washington, DC

p. 218. *The Hireling Shepherd, 1851(oil on canvas)*, Hunt, William Holman(1827-1910) / ⓒ Manchester Art Gallery, UK / The Bridgeman Art Library International

p. 219. *The Scapegoat, 1854(oil on canvas)*, Hunt, William Holman(1827-1910) / ⓒ Lady Lever Art Gallery, National Museums Liverpool / The Bridgeman Art Library International

p. 226. *The Rehearsal, c.1877(oil canvas)*, Degas, Edgar(1834-1917) / Burrell Collection, Glasgow, Scotland / ⓒ Culture and Sport Glasgow(Museums) / The Bridgeman Art Library International

p. 230. *Symphony in White No.1, 1862*, James Whistler / ⓒ Board of Trustees, National Gallery of Art, Washington

p. 243. *Woman Playing a Guitar, 1913(oil on canvas)*, Braque, Georges(1882-1963) / Musee National d'Art Moderne, Centre Pompidou, Paris, France / ⓒ DACS / Giraudon / The Bridgeman Art Library International / ⓒ 2010 Artists Rights Society(ARS), New York / ADAGP, Paris

p. 245. *Les Demoiselles d'Avignon, 1907(oil on canvas)*, Picasso, Pablo(1881-1973) / Museum of Modern Art, New York, USA / Giraudon / The Bridgeman Art Library International / ⓒ 2010 Estate of Pablo Picasso / Artists Rights Society(ARS), New York

p. 247. *Descending a Staircase, No.2, 1912(oil on canvas)*, Duchamp, Marcel(1887-1968) / Philadelphia Museum of Art, Pennsylvania, PA, USA / ⓒ DACS / The Bridgeman Art Library International / ⓒ 2010 Artists Rights Society(ARS), New York / ADAGP, Paris / Succession Marcel Duchamp

p. 290. *Gift*, Man Ray / Digital Image ⓒ The Museum of Modern Art / Licensed by SCALA / Art Resourec, NY / ⓒ 2010 Man Ray Trust / Artists Rights Society(ARS), NY / ADAGP, Paris
Fountain, 1917/64(ceramic), Duchamp, Marcel(1887-1968) / The Israel Museum, Jerusalem, Israel / ⓒ DACS / Vera & Arturo Schwarz Collection of Dada and Surrealist Art / The Bridgeman Art Library International / ⓒ 2010 Artists Rights Society(ARS), New York / ADAGP, Paris / Succession Marcel Duchamp

p. 300. *Paris City Plan, 1925*, Le Corbusier / Banque d'Images, ADAGP / Art Resource, NY / ⓒ 2010 Artists Rights Society(ARS), New York / ADAGP, Paris / F.L.C

p. 304. *Red Yellow Blue Painting No.1, 1974*, Brice Marden / Albright-Knox Art Gallery / Art Resource, NY / ⓒ 2010 Brice Marden / Artists Rights Society(ARS), New York

p. 306. *Two Open Modular Cubes/Half-Off, 1972*, Sol LeWitt / Tate, London / Art Resource, NY / ⓒ 2010 The LeWitt Estate / Artists Rights Society(ARS), New York

p. 307. *Equivalent VIII, 1966*, Carl Andre / Tate, London / Art Resource, NY / Art ⓒ Carl Andre / Licensed by VAGA, New York, NY

p. 309. *Number One, 1958*, Kenneth Noland / Art ⓒ Estate of Kenneth Noland / Licensed by VAGA, New York, NY

p. 310. *Single Consentric Squares, 1974*, Frank Stella / Art Resource, NY / © Frank Stella / Artists Rights Society(ARS), New York

p. 327. *Nantyglo IronWorks, c.1829(w/c on paper)*, English School(19th century) / © National Museum Wales / The Bridgeman Art Library International

p. 346. *The Visoin after the Sermon(Jacob Wrestling with the Angel), 1888(oil on canvas)*, Gauguin, Paul(1848-1903) / © National Gallery of Scotland, Edinburgh, Scotland / The Bridgeman Art Library International

p. 350. *Hell of Birds, 1938*, Max Beckmann / © 2010 Artists Rights Society(ARS), New York / VG Bild-Kunst, Bonn

p. 353. *Crucifixion, 1934(gouache on canvas)*, Rouault, Georges(1871-1958) / Private Collection / © DACS / The Bridgeman Art Library International / © 2010 Artists Rights Society(ARS), New York / ADAGP, Paris

p. 364. *Yellow, Red, Blue, 1925(oil on canvas)*, Kandinsky, Wassily(1866-1944) / Musee National d'Art Moderne, Centre Pompidou, Paris, France / © DACS / Peter Willi / The Bridgeman Art Library International

p. 366. *The Einstein Tower, Pstsdam, 1921(photo)* / Potsdam, Germany / © Edifice / The Bridgeman Art Library International

p. 368. *Painting, 1958*, Ad Reinhardt / © 2010 Estate of Ad Reinhardt / Artists Rights Society(ARS), New York

p. 373. *Spiral Jetty, 1970*, Robert Smithson / Art © Estate of Robert Smithson / Licensed by Vaga, New York, NY

p. 375. *Earth and Green, 1955*, Mark Rothko / © 1998 Kate Rothko Prizel & Christopher Rothko / Artists Rights Society(ARS), New York

p. 378. *Weep for the Wiping of Grace, 1998*, Carol Bomer / © Carol Bomer

p. 379. *Zero Summer, 2005*, Makoto Fujimura / © Makoto Fujimura

p. 392. *The Persistence of Memory, 1931(oil on canvas)*, Dali, Salvador(1904-89) / Museum of Modern Art, New York, USA / © DACS / The Bridgeman Art Library International / © 2010 Salvador Dali, Gala-Salvador Dali Foundation / Artists Rights Society(ARS), New York

p. 394. *Garden in Sochi, 1940*, Arshile Gorky / © 2010 The Arshile Gorky Foundation / The Artists Rights Society(ARS), New York

p. 396. *Twittering Machine, 1922*, Paul Klee / Digital Image © The Museum of Modern Art / Licensed by SCALA / Art Resource, NY / © 2010 Artists Rights Society(ARS), New York / VG Bile-Kunst, Bonn

p. 401. *Number 33, 1949(enamel and aluminium painted gesso ground on paper and board)*, Pollock, Jackson(1912-56) / Private Collection / © DACS / James Goodman Gallery, New York, USA / The Bridgeman Art Library International / © 2010 The Pollock-Krasner Foundation / Artists Rights Society(ARS), New York

p. 422. *The Melody Haunts My Reverie, 1965*, Roy Lichtenstein / Digital Image © The Museum of Modern Art / Licensed by SCALA / Art Resource, NY / Estate of Roy Lichtenstein

p. 430. *Angels in the Rain, 1998*, David Salle / Art © David Salle / Licensed by VAGA, NY, NY. Courtesy of Mary Boone Gallery, NY

주

0.

서문: 현대인은 왜 정치를 혐오하는가

1. William Galston, "An Old Debate Renewed: The Politics of the Public Interest," *Daedelus*, 22 September 2007.
2. Adam Wolfson, "Public Interest Lost?," *Daedelus*, 22 September 2007.
3. Lionel Robbins, *An Essay on the Nature and Significance of Economic Science*(London: Macmillan and Company, 1952[1932]), 150.
4. E. J. Dionne, *Why Americans Hate Politics*(New York: Simon & Schuster, 1991), 332.
5. Colin Hay, *Why We Hate Politics*(Cambridge, UK: Polity Press, 2007), 155.

I.

당신은 만만한 표적인가

1. 2007년 1월 31일에 저자가 존 에릭슨과 인터뷰한 내용. 다음 글도 참고하라. John R. Erickson, "Outrage: CBS Injected Feminist Virus into 'Hank the Cowdog' Program," on the Pearcey Report, http://www.pearceyreport.com/archives/2006/12/outrage_cbs_inj.php.
2. Robert K. Johnston, *Reel Spirituality*(Grand Rapids, MI: Baker, 2000), 119-120.
3. Peter Berger, "The Desecularization of the World," *The National Interest*, 46:8. 근대화의 힘을 잘 묘사해 낸 글로는 다음을 참고하라. Berger, "Four Faces of Global Culture," *The National Interest*, Fall, 49:23. 도시 문화의 영향력이 커지는 이유는 도시의 덩치가 커지고 있기 때문이기도 하다. 2007년, 인류 역사상 처음으로 시골보다 도시에 사는 사람의 수가 더 많아졌다. 미국의 경우 1910년대 후반에 이 역전이 일어났다. North Carolina State University(May 25, 2007). "Mayday 23: World Population Becomes More Urban than Rural," reported in *Science Daily*, 25 May 2007.
4. Benjamin R. Barber, "Jihad vs. McWorld," *Atlantic Monthly*, March 1992.
5. Timothy Keller, "Advancing the Gospel into the 21st Century, Part IV: City-Focused Strategy,"http://www.theresurgence.com/tim_keller_2004-02_advancing_the_gospel_into_the_21st_century_part_4.
6. Ken Boa, "How Accurate Is the Bible?," *Knowing & Doing*, the C. S. Lewis Institute, Winter 2009. 20세기 후반에 이르러 신약성경 문서들에 대한 학자들의 의견은 혁명적으로 달라졌다. 역사적 신뢰성을 광범위하게 의심하던 입장에서 광범위하게 존중하는 입장으로 돌아선 것이다. William Lane Craig, "Contemporary Scholarship and the Historical Evidence for the Resurrection of Jesus Christ," *Truth* 1(1985): 89-95.

7. William Barrett, *Irrational Man: A Study in Existential Philosophy*(Garden City, New York: Doubleday, 1958), 63.

8. Todd Gitlin, *The Twilight of Common Dreams: Why America Is Wracked by Culture Wars*(New York: Metropolitan Books, 1995), 147.

9. James Davison Hunter, "Is There A Culture War?" Ethics and Public Policy Center가 2006년 5월 23일에 주최한 콘퍼런스의 강연 녹취록에서.

10. Michael Hirsch, "Brains Are Back," *Newsweek*, 7 November 2008. Chris Mooney, "Hail to the Intellectual President," *New Scientist*, 12 May 2009. Lewis H. Lapham, "Achievetrons," *Harper's*, March 2009. 이 용어는 데이빗 브룩스가 오바마 행정부를 묘사하기 위해 고안한 것이다. "The Insider's Crusade," *New York Times*, 21 November 2008. 오바마는 학사나 석사 학위를 가진 백인 유권자들의 표를 얻은 반면, 매케인은 대학 교육을 받지 않은 백인들(1992년에는 이들이 유권자의 53퍼센트였지만 지금은 그 비율이 39퍼센트에 불과하다)의 표를 많이 얻었다. Peter Wehner and Michael Gerson, "The Path to Republican Revival," *Commentary*, 1 September 2009.

11. "New UK research shows significant decline in institutional Christianity," *Ekklesia*, 17 December 2009. "유럽의 자료를 보면 종교인이 비종교인보다 여러 세대에 걸쳐 인구 통계적으로 우위에 있었지만, 유럽 신자들의 자녀 중 상당수가 세속화되면서 우위가 사라졌다는 점을 알 수 있다.……미국 종교인 자녀들의 경우도 상당수 서유럽처럼 세속화될 것이다." Eric Kaufmann, "Breeding for God," *Prospect*, Issue 128, November 2006.

12. 교부들은 유물론적 철학 유파들(예를 들어 에피쿠로스주의)을 맹렬히 비판했고, 그 결과 그런 유파는 1,000년 이상 철학의 지도에서 사실상 사라졌다가 과학혁명 기간에 다시 등장했다. 그러나 플라톤과 아리스토텔레스는 교부들이 훨씬 마음에 들어 했고 그들의 여러 철학적 개념을 조정해서 받아들였다. 이 과정의 개요를 보려면 내 책 *Total Truth: Liberating Christianity from Its Cultural Captivity*(Wheaton, IL: Crossway, 2004), appendix 3을 보라. (『완전한 진리』 복 있는 사람)

13. J. Gresham Machen, "Christianity and Culture," *The Princeton Theological Review*, vol. 11, 1913.

14. Lillian Kwon, "Survey: High School Seniors 'Graduating from God'," *The Christian Post*, 10 August 2006.

15. Alex and Brett, *Do Hard Things*(Colorado Springs: Multnomah, 2008).

16. "John Marks' *Reasons to Believe*," *God's Politics*, 30 April 2008.

17. Voddie Baucham, *Family-Driven Faith*(Wheaton, IL: Crossway, 2007), 69.

18. Philip Jenkins, *The Next Christendom: The Coming of Global Christianity*(Oxford University Press, 2002). 다음 두 글도 참조하라. Philip Jenkins, "A New Christendom," *Chronicle of Higher Education*, 29 March 2002; Philip Jenkins, *The New Faces of Christianity: Believing the Bible in the Global South*(Oxford University Press, 2006). "기독교 시대의 두 번째 천년이 시작된 이래 처음으로, 기독교의 얼굴이 다시 갈색이 되었다. 역사적으로 중요한 유럽과 북미의 교회는 기독교계 내에서 소수일 뿐 아니라 정체 내지 감소 상태에 있다. 반면 아시아와 아프리카, 남미에서는 교회가 크게 팽창하고 있다"(276). Robert Bruce Mullin, *A Short World History of Christianity*(Louisville, KY: Westminster John Knox Press, 2008). (『신의 미래』 도마의길)

19. John Micklethwait and Adrian Wooldridge, "God Still Isn't Dead," *The Wall Street Journal*, 7 April 2009. Lamin Sanneh, *Whose Religion Is Christianity? The Gospel Beyond the West*(Eerdmans, 2003), 15.

20. Sanneh, *Whose Religion Is Christianity?*, 69-70.

21. Matthew Parris, "As an Atheist, I truly believe Africa needs God," Timesonline, 27 December 2008.

22. Philip Jenkins, "Europe's Christian Comeback," *Foreign Policy*, June 2007.

23. Daniel Wakin, "In New York, Gospel Resounds in African Tongues," *New York Times*, 18 April 2004.

24. "Anti-evolutionist raise their profile in Europe," *Nature*, 23 November 2006, 444, 406-407.

25. Joshua Livestro, "Holland's Post-Secular Future," *The Weekly Standard*, vol. 012, issue 16, 1 January 2007.

26. Timothy Samuel Shah and Monica Duffy Toft, "Why God Is Winning," *Foreign Policy*(July/August 2006), reprinted in *Dallas Morning News*, 16 July 2006. 비영리 인권단체 프리덤하우스에 따르면, 1975년에 93개이던 '자유' 국가와 '부분 자유' 국가의 수가 2005년에 147개로 크게 늘었다. http://www.freedomhouse.org/uploads/pdf/Charts2006.pdf.

27. Harvey Cox, *The Secular City*(New York: Macmillan, 1965), 1. (『세속도시』 대한기독교서회)

28. Rodney Stark and Roger Finke, *Acts of Faith*(Los Angeles: University of California Press, 2000), 64.

29. Christian Smith, *American Evangelicalism: Embattled and Thriving*(Chicago: University of Chicago Press, 1998), 111, 151. Finke and Stark, *The Churching of America 1776-1990: Winners and Losers in Our Religious Economy*(New Brunswick, NJ: Rutgers University Press, 1992), 203-207. (『미국 종교시장에서의 승자와 패자』, 서로사랑)

30. Lisa Miller, "Harvard's Crisis of Faith: Can a secular university embrace religion without sacrificing its soul?" *Newsweek*, 22 February 2010.

31. Stanley Fish, "One University under God?" *Chronicle of Higher Education*, 7 January 2005.

2.

진리와 독재

1. Dan Harris, "Are Young Evangelicals Skewing More Liberal?" ABC News, 10 Februrary 2008.

2. Lorenzo Albacete, "For the Love of God," *New York Times*, 3 February 2006.

3. 쉐퍼는 *The Complete Works of France A. Schaeffer*(Wheaton, IL: Crossway, 1985)에 실린 *Escape from Reason*과 *The God Who Is There*에서 진리의 분열 개념을 다룬다. (『이성에서의 도피』『거기 계시는 하나님』 생명의말씀사)

4. Martin Luther King, Coretta Scott King, *The Words of Martin Luther King, Jr.*, 2nd ed(Newmarket Press, 2001), 48. Albert Einstein, "Science and Religion," 1939년 5월 19일 프린스턴 신학교에서 행한 강연에서.

5. John Horgan, "Clash in Cambridge: Religion and Science Seem as Antagonistic as Ever," *Scientific American*, 12 September 2005.

6. Brett Kunkle, "Relativism is Alive and Well in Our Youth," 30 July 2007, Stand to Reason Blog, http://str.typepad.com/weblog/2007/07/relativism-is-a.html.

7. Ernst Gellner, *Legitimation of Belief*(New York: Cambridge University Press, 1974), 193-195.

8. Kunkle, "Relativism Is Alive and Well in Our Youth."

9. Time Sweetman, "*Total Truth Versus Real Citizenship?*" 13 February 2006.

10. Brett Kunkle, "Relativism: Alive & Well," 8 May 2008, Stand to Reason Blog, http://str.typepad.com/weblog/aabrett/index.html.

11. Josh McDowell, "Reaching Youth Today," a speech at the Assemblies of God 1998 Ministerial Enrichment Conference.

12. Francis Schaeffer, *The God Who Is There*(Downers Grove, IL: InterVarsity, 1968), 13.

13. Alvin Plantinga, *Warranted Christian Belief*(New York: Oxford University Press, 2000), 62.

14. Lee Siegel, "Do We Need Faith? Believe IT," *The Los Angeles Times*, 7 October 2007.

15. 뉴욕 리디머 장로교회를 담임하는 티머시 켈러 목사의 설교를 풀어 쓴 것이다. 이안 바버도 종교가 도덕적으로 사람들의 마음을 움직이는 힘을 가지고 있다면 그 근저에 "종교의 어떤 명제가 옳다는 생각이 놓여 있기 때문이다"라고 말한다. "우주가 그렇게 사는 것이 적절한 곳이라는 믿음이 없다면, 그런 삶의 방식을 받아들이거나 추천하는 것은 불합리한 일일 것이다." *Myths, Models and Paradigms: A*

Comparative Study in Science and Religion(San Francisco: Harper and Row, 1974), 58.

16. J. S Bezzant, *Objections to Christian Belief*. 다음 글에서 인용. Francis Schaeffer, *The God Who Is There*(Downers Grove, IL: InterVarsity, 1998), 120.

17. C. S. Lewis "Man or Rabbit?" *God in the Dock: Essays on Theology and Ethics*(Grand Rapids, IL: Eerdmans, 1970), 110. (『피고석의 하나님』 홍성사)

18. Gerald L. Zelizer, "Where did we come from?(And what can we teach our kids?)," *USA Today*, 6 February 2005.

19. Michael Heller, "Statement on Winning the 2008 Templeton Prize," *The Global Spiral*, 12 March 2008.

20. "Protestant Baby Boomers Not Returning to Church," unsigned article, *New York Times*, 7 June, 1992.

21. Dean R. Hoge, Benton Johnson, and Donald A. Luidens, *Vanishing Boundaries: The Religion of Mainline Protestant Baby Boomers*(Louisville, KY: Westminster/John Knox Press, 1994).

22. Smith, *American Evangelicalism*, 57-58, 61.

23. John Stott, *Your Mind Matters: The Place of Mind in the Christian Life*(Downers Grove, IL: InterVarsity, 2006), 18. (『생각하는 그리스도인』 IVP)

24. Julie Reuben, *The Making of the Modern University*(Chicago: University of Chicago Press, 1996), 17. J. P. Moreland, *Kingdom Triangle*(Grand Rapids, IL: Zondervan, 2007), 69. (『하나님 나라의 삼각구도』 복 있는 사람)

25. Julie Reuben, *The Making of the Modern University*, 112. Phillip E. Johnson, "How the Universities Were Lost," *First Things*, March 1995.

26. Subroto Roy, *Philosophy of Economics*(Routledge, 1991), 23.

27. Robert Proctor, *Value-Free Science? Purity and Power in Modern Knowledge*(Cambridge, MA: Harvard University Press, 1991), 80.

28. Stanley Fish, "The Trouble With Tolerance," *Chronicle of Higher Education*, 10 November 2006.

29. 마크 리들리의 책에 대한 니콜라스 웨이드의 서평에서 인용. *Discoverer of the Genetic Code*, New York Times, 18 July 2006.

30. Stephen Carter, *The Culture of Unbelief: How American Law and Politics Trivialize Religious Devotion*(New York: Doubleday, 1993), 22.

31. Mark Henderson, "Cells from 'cytoplasmic hybrids' won't make it into humans," *The Times*, 20 May 2008.

32. Lisa Miller, "Arguing Against the Atheists," *Newsweek*, 27 September 2008.

33. Johnson, "How the University Were Lost."

34. 크리스토퍼 히친스가 토론토 대학의 강연에서 한 말. Barbara Bradley Hagerty, "A Bitter Rift Divides Atheists," National Pubic Radio, 19 October 2009.

35. "다윈의 '가장 위험한 생각'은 자연선택 및 기타 인과적 요인이 신의 명령이나 설계를 가정하는 것보다 인간의 유래를 더 잘 설명해 준다는 것이다." Paul Kurtz, "Darwin Re-Crucified: Why Are So Many Afraid of Naturalism?" *Free Inquiry*, vol. 18, no. 2, Spring 1998.

36. Paul Kurtz, "Are science and religion compatible?" *Skeptical Inquirer*, March 2002.

37. H. Allen Orr, "Gould on God: Can religion and science be happily reconciled?" *Boston Review*, October/November 1999. 오르는 여기서 스티븐 굴드 책의 서평을 쓰고 있지만, 그의 통찰은 다른 유물론적 견해에도 보다 넓게 적용된다.

38. Dallas Willard, "New Age of Ancient Christian Spirituality," 미출간 인터뷰, 18 July 2002, http://www.dwillard.org/articles/artview.asp?artID=95.

39. Terry Eagleton, *Literary Theory: An Introduction*(Minneapolis, MN: University of Minnesota Press, 1983), 10, 14. (『문학이론입문』

서로사랑)

40. Nicholas Wade, "Scientist Finds the Beginning of Morality in Primate Behavior," *New York Times*, 20 March 2007.

41. 다음을 보라. Dallas Willard, "Moral Rights, Moral Responsibility and the Contemporary Failure of Moral Knowledge." 2004년 12월 10일, 퍼듀 대학에서 IPFW 인권위원회가 주최한 제1회 연례 인권콘퍼런스에서 행한 강연.

42. Michael Ruse, *Research News*, May 2001.

43. Tamler Sommers and Alex Rosenberg, "Darwin's Nihilistic Idea: Evolution and the Meaningless of Life," *Biology and Philosophy*, 18(2003): 653. 다음 글을 참조하라. Nancy Pearcey, "Is Religion an Emotional Crutch? The Cultural Impact of Darwinism," NAMB, http://www.4truth.net/site/c.hiKXLbPNLrF/b.2903957/k.7515/Is_Religion_an_Emotional_Crutch_The_Cultural_ Impact_of_Darwinism_Apologetics.htm.

44. Gordy Slack, "What neo-creationists get right," TheScientist.com, 20 July 2008.

45. Wayne Booth, *Modern Dogma and the Rhetoric of Assent*(Chicago: University of Chicago Press, 1974), 42.

46. "Seeking Christian Interiority: An Interview with Louis Depré," *The Christian Century*, 16-23 July 1997.

47. C. S. Lewis, *Mere Christianity*(New York: Macmillan, 1943, 1945, 1952), 58. (『순전한 기독교』홍성사)

48. John Marks, *Reasons to Believe: One Man's Journey Among the Evangelicals and the Faith He Left Behind*(Ecco, 2008), 105.

3.

섹스, 거짓말 그리고 세속주의

1. Anne Lamott, "At Death's Window," *The Los Angeles Times*, 25 June 2006.

2. Anne Lamott, "The Rights of the Born," *The Los Angeles Times*, 10 February 2006.

3. Miranda Sawyer, "I knew where I stood on abortion. But I had to rethink," *The Observer*, 8 April 2007.

4. John Herman Randall, *The Making of the Modern Mind*(New York: Columbia University Press, 1926, 1940), 276.

5. '데카르트적'(Cartesian)이라는 용어는 대상화된 자연과 자유로운 주체 간의 화해할 수 없는 대립을 가리키는 표현으로 쓰이게 되었다. 데카르트는 이런 극단적인 양분화를 의도하지 않았을 것이다. John W. Cooper, *Body, Soul, and Life Everlasting: Biblical Anthropology and the Monism-Dualism Debate*(Grand Rapids, IL: Eerdmans, 2000), 14-15.

6. T. Z. Lavine, *From Socrates to Sartre: The Philosophic Quest*(New York: Bantam Books, 1984), 128. Stephen Shapin, *The Scientific Revolution*(Chicago: University of Chicago Press, 1996), 30.

7. Jacques Martain, *The Dream of Descartes*(New York: Philosophical Library, 1944), 179.

8. J. V. Langmead Casserley, *The Christian in Philosophy*(New York: Scribner's Sons, 1951), 99.

9. David West, *An Introduction to Continental Philosophy*(Cambridge: Polity Press, 1996), 14-15. 그는 이렇게 덧붙인다. "주술에서 풀려난 이 세계에 대한 우리의 지식은 더 이상 도덕이나 종교를 분명하고 즉각적으로 지지하지 않는다."

10. David Schindler, "Biotechnology and the Givenness of the Good: Posing Properly the Moral Question Regarding Human Dignity," *Communio* 31(Winter 2004), 617. "'사실'은 인간의 통제로 이해 가능하게 된(경험적으로 접근한) 메커니즘인 반면, '가치'는 본질적으로 자연에서 온 선이 아니라 인간이 자의적으로 가상한 도구적으로 선한 것을 사실에 부과한 것이다." 이와 유사하게 교황 요한 바오로 2세는 교황 회칙 「진리의 영광」(Veritatis Splendor)에서, 이제는 인류가 자연을 바라볼 때 '본질적'으로 선하여 창조주의 선하심을 드러내는 대상으로 여기지 않고, 인간의 목적 달성을 위해 쓰이는 '도구적'으로 선한 것으로 여긴다고 썼다. 그는 인간의 인격

에 대한 이층 견해와 그것이 윤리 문제에 끼치는 영향을 회칙 「생명의 복음」(*Evangelium Vitae*)에서 분석했다. *The Legacy of John Paul II*(Downers Grove, IL: InterVarsity, 2007), "*Evangelium Vitae*: John Paul Meets Francis Schaeffer."

11. N. T. Wright, *Surprised by Hope*(New York: HarperOne, 2008), 75. (『마침내 드러난 하나님 나라』IVP)

12. Roger Lundin, *The Culture of Interpretation: Christian Faith and the Postmodern World*(Grand Rapids, IL: Eerdmans, 1993), 102.

13. Peter Berkowitz, "Rediscovering Liberalism," *The Boston Book Review*, March 1995, 14. '자유주의'라는 용어는 세속적 자유주의와 종교적 자유주의 모두에 대해 사용할 수 있어서 유용하다.

14. 조지 게이로드 심슨은 다윈주의 진화론을 이렇게 요약했다. "인간은 인간을 염두에 두지 않았던 목적 없고 자연적인 과정의 결과물이다." *The Meaning of Evolution*(New Haven: Yale University Press, 1967), 345.

15. Daniel Dennett, "The Origins of Selves," *Cogito*, 3, 163-173, Autumn 1989. 데닛 본인은 자아나 영혼의 존재를 믿지 않는다. 그가 묘사하는 개념은 플라톤에게로 거슬러 올라가는데, 플라톤은 영혼이 몸을 '사용'한다고 말했다.

16. 큉의 말은 "Hans Küng Joins Abortion Debate in Mexico," *California Catholic Daily*, 6 Daily 2007에 인용되어 있다. 피터 싱어의 인용문은 그의 다음 글에서 가져온 것이다. "The Sanctity of Life," *Foreign Policy*, September/October 2005. 조지프 플레처의 인용문은 다음에서 가져왔다. *Humanhood: Essays m Biomedical Ethics*(Buffalo, NY: Prometheus Books, 1979), 11. 부시 대통령 직속 생명윤리위원회 위원장 레온 카스는 상황을 이렇게 요약한다. 현대의 생명윤리학은 "인격성 개념을 자연 및 몸과 대립을 이룬다는 식으로 이원론적으로 설정한다." Leon R. Kass, *Life, Liberty, and the Defense of Dignity: The Challenge for Bioethics*(San Francisco: Encounter Books, 2002), 17, 286.

17. 피터 싱어의 웹사이트 http://www.princeton.edu/-psinger/faq.html "FAQ"에서 인용.

18. John Harris, "Wrongful Birth," in *Philosophical Ethics in Reproductive Medicine*, ed. D. R. Bromham, M. E. Dalton, and J. C. Jackson(Manchester: Manchester University Press, 1990), 156-171.

19. James Watson, "Children from the Laboratory," *Prism: The Socioeconomic Magazine of the American Medical Association* 1:2(1973), 12-14, 33-34. 마크 오펜하이머는 "Who lives? Who dies? The utility of Peter Singer," *Christian Century*, 3 July 2002에서 싱어를 인용하고 있다.

20. Stanley Fish, "Why We Can't All Just Get Along," *First Things*, 60(February 1996): 18-26.

21. Yuval Levin, "In the Beginning: The Democratic ticket confuses science and theology," *National Review Online*, 8 September 2008. 오바마와 바이든의 인용문이 이 글에 나온다.

22. Deborah Danielski, "Deconstructing the Abortion License," *Our Sunday Visitor*, 25 October 1998.

23. Paul Bloom, "The Duel between Body and Soul," *New York Times*, 10 September 2004. Patrick Lee and Robert P. George, *First Things*, 150(February 2005), 5-7.

24. Jennie Bristow, "Abortion: Stop Hiding behind the Science," *Spiked*, 22 October 2007.

25. N. T. Wright, *Surprised by Hope*(New York: HarperOne, 2008), 50.

26. John Richard Pearcey, "Christmas Spirit in the Dirt," 30 December 2007, http://www.pearceyreport.com/archives/2007/12/christmas_spiri.php.

27. "Three Tales," 스티브 라이시의 2002년 오페라.

28. Court TV, 24 March 2005.

29. Wesley Smith, "Dehydration Nation," *The Human Life Review*, Fall 2003. Robert Johansen, *National Review Online*, 16 March 2005.

30. Wesley Smith, "'Human Non-Person: Terri Schiavo, bioethics, and our future," *National Review Online*, 29 March 2005.

31. Wesley Smith, "Welcome to Our Brave New World," interview with John Zmirak, *Godspy-Faith At the Edge*, 15 December

2004.

32. John Gray, *Straw Dog*(London: Granta, 2002), chapter one.

33. Nick Bostrom, "Transhumanist Values," http://www.nickbostrom.com/ethics/values.html.

34. Wesley Smith, "Biohazards: Advances in biological science raise troubling questions about what it means to be human," *San Francisco Chronicle*, 6 November 2005.

35. Brian Goodwin, interview by David King, *GenEthics News*, issue 11, March/April 1996, 6-8. Goodwin. *How the Leopard Changed Its Spots*(Princeton University Press, 1994, 2001).

36. E. O. Wilson, *The Diversity of Life*(New York: Norton, 1992, 1999), 302.

37. Adrian Woolfson, *An Intelligent Persons Guide to Genetics*(New York: Overlook Press, 2006), preface.

38. Richard Rorty, "Moral Universalism and Economic Triage," paper presented at the Second UNESCO Philosophy Forum, Paris, 1996. Reprinted in *Diogenes*, vol. 44, issue 173(1996).

39. Smith, "Welcome to Our Brave New World."

40. Kathy Dobie, "Going All the Way: A reporter argues that young women are fooling around with their emotional health," *The Washington Post*, 11 February 2007. Benoit Denizet-Lewis, "Friends, Friends with Benefits and the Benefits of the Local Mall," *New York Times*, 30 May 2004.

41. Janet Reitman, "Sex & Scandal at Duke," RoIlingstone.com, 1 June 2006.

42. Wendy Shalit, *Girls Gone Mild: Young Women Reclaim Self-Respect and Find It's Not Bad to be Good.* 성혁명의 주역들이 견지한 세 계관을 분석한 자료가 필요하다면 내가 쓴 다음 글을 참고하라. "Creating the 'New Man': The Hidden Agenda in Sex Education," *Bible-Science Newsletter*, May 1990. *How Now Shall We Live?*(Wheaton, IL: Tyndale, 1999), chap.25 "Salvation through Sex?" (『그리스도인, 이제 어떻게 살 것인가』 요단)

43. Kathy Dobie, "Going All the Way"; Nona Willis-Aronowiz, "The Virginity Mystique," *The Nation*, 19 July 2007.

44. "What Kids Want to Know about Sex and Growing Up," Children's Television Workshop, 1992, a "1-2-3 Contract Extra" special program.

45. John Francis Kavanaugh, S. J., *Following Christ in a Consumer Society: The Spirituality of Cultural Resistance*(New York: Maryknoll, Orbis Books, 1986; rev. ed. 1991), 56.

46. Judith Butler, *Gender Trouble*(New York: Routledge, 1999), 136. (『젠더 트러블』 문학동네)

47. Fred Bernstein, "On Campus, Rethinking Biology 101," *New York Times*, 7 March 2004. Gene Edward Veith, "Identity Crisis," *World*, 27 March 2004.

48. Bret Johnson, *In the Family*, July 1998. 다음 글에서 인용. Laura Markowitz, "A Different Kind of Queer Marriage: Suddenly Gays and Lesbians Are Wedding Partners of the Opposite Sex," *The Utne Reader*, no. 101, September/October 2000. 다음 글 도 보라. Stephen F. Sternberg, "Can those identifying themselves as homosexual experience change?" Leadership U, http://dev.leaderu.com/stonewall/issues/change.html, updated 14 July 2002.

49. Carol Queen and Lawrence Schimel, eds., *PoMoSexuals: Challenging Assumptions about Gender and Sexuality*(San Francisco: Cleis Press, 1997).

50. 보다 자세한 설명을 원한다면 『완전한 진리』 12장을 보라. 내가 쓴 다음 두 글도 보라. "A Plea for Changes in the Workplace," in *Pro-Life Feminism: Different Voices*, ed. Gail Grenier Sweet(Toronto: Life Cycle Books, 1985), "Why I Am Not a Feminist(Any More)," in the *Human Life Review*, Summer 1987.

51. John W. Kennedy, "The Transgender Moment: Evangelicals hope to respond with both moral authority and biblical compassion to gender identity disorder," *Christianity Today*, February 2008, vol. 52, no. 2.

52. Mary E. Hunt, "Grace-is a transgender person who loves women and men," *The Witness*, July/August 2001, vol. 84, no. 7/8.

53. 많은 교육자들이 '미국 성정보·성교육 위원회'(SIECUS)가 제시하는 입장을 따른다. SIECUS의 간행물에 따르면, 성 정체성은 "사람이 자신에 대해 남성이나 여성, 또는 이 둘의 조합이라고 느끼는 내적 의식"을 가리키며 평생 살아가는 동안 바뀔 수 있다. "Guidelines for Comprehensive Sexuality Education, 3rd edition: Kindergarten through 12th Grade."

54. Peter Osborne and Lynne Segal, "Gender as Performance: An Interview with Judith Butler," *Radical Philosophy*, 67(Summer 1994).

55. Avery Dulles, "John Paul II and the Mystery of the Human Person," *America*, vol. 190, no. 3,4 February 2004.

56. 해당 조사 결과를 다룬 책이 있다. *unChristian: What a New Generation Really Thinks About Christianity and Why It Matters*, by David Kinnaman(Grand Rapids, MI: Baker, 2007). (『나쁜 그리스도인: 현대 그리스도인 평가 보고서』 살림)

57. Dan Harris, "Are Young Evangelicals Skewing More Liberal?" ABC News, 10 February 2008; Laurie Goodstein, "Obama Made Gains among Younger Evangelical Voters, Data Show," *New York Times*, 6 November 2008; Venessa Mendenhall, "Are Young Evangelicals Leaning Left?" PBS Newshour, Generation Next, 21 November 2006.

58. Wayne Slater, "Young evangelical voters diverge from parents," *The Dallas Morning News*, 15 October 2007.

59. 이 책의 초기 조사 결과는 책의 블로그 http://americangrace.org/blog/?p=31에 실려 있다.

4.
예술과 세계관 특강

1. 메노티는 2001년 12월 24일 로버트 시걸이 진행한 "All Things Considered"의 NPR 인터뷰에서 이 이야기를 했다. 그 글은 다음 주소에서도 볼 수 있다. http:www.cantonsymphony.org/media/1/4/Amahl%StudyGuide%202009.pdf.

2. Gian-Carlo Menotti, *Amahl and the Night Visitors*(New York: G. Schirmer, 1986), 28-30.

3. Henry Pleasants, *The Agony of Modern Music*(New York: Simon & Schuster, 1955), 39-40.

4. Bernard Holland, "Gian Carlo Menotti, Opera Composer, Dies at 95," *New York Times*, 2 February. 2007.

5. Richard Gilman, "Introduction," *The Playwright as Thinker* by Eric Bentley(New York: Harcourt, Brace, Jovanovich, 1987 [1945]) xix. (『사색하는 극작가』 현대미학사)

6. Meyer Schapiro, "Style" in *Aesthetics Today*, ed. Morris Philipson(Cleveland, OH: World Publishing, 1961), 106. Finley Eversole, "Jackson Pollock Retrospective," *Theology Today*, vol. 24, no. 2, July 1967. Hans Rookmaaker, "Pondering four modern drawings," in *Modern Art and the Death of a Culture*, the Complete Works of Hans Rookmaaker, vol. 5, ed. Marleen Hengelaar-Rookmaaker(Carlisle: Piquant, 2003), 227.

7. 2006년 2월, 국제예술운동이 주최한 콘퍼런스에서 데이나 조이어가 행한 기조연설. 그의 논평을 약간 압축해서 썼다.

8. John Walford, "On Writing *Great Themes in Art*," presented at the Wheaton Women(Intercessors) Group, February 2006.

9. Louis Finkelstein, "New Look: Abstract-Impressionism," *Art News*, March 1956, in *Theories of Modern Art: A Source Book by Artists and Critics*, ed. Herschel B. Chipp(Los Angeles, CA: University of California Press, 1968), 572.

10. Jean-Paul Sartre, "On The Sound and the Fury," in William Faulkner, *The Sound and the Fury*, ed. David Minter(New York: Norton, 1994), 265, 271. 프란시스 쉐퍼도 비슷한 주장을 한다. "우리와 세계관이 다른 예술가라 해도 기술적으로 탁월하다면 그의 기

술적 탁월성에 찬사를 보내야 한다." 하지만 "인간이나 예술가로 그를 공정하게 평가하여 기술적 탁월성과 뛰어난 타당성을 인정한다 해
도 그의 세계관은 여전히 틀렸다고 말할 수 있다." *Art and the Bible*(Downers Grove, IL: InterVarsity; 1973), 42, 44. (『예술과 성경』
생명의말씀사)

11. Philip J. Davis, "Mathematics and Art: Cold Calipers against Warm Flesh?" in *Mathematics, Education, and Philosophy: An International Perspective*, ed. Paul Ernest(London: Falmer Press, 1994), 168.

12. E. John Walford, *Great Themes in Art*(New Jersey: Prentice Hall, 2002), 72.

13. Kenneth Clark, *The Nude: A Study in Ideal Form*(New York: MFJ Books, 1956), 15, 25, 30, 38, 40-42.

14. Louis Dupré, *Passage to Modernity: An Essay in the Hermeneutics of Nature and Culture*(New Haven: Yale University Press, 1993), 36-38, 45-46.

15. Richard Kearney, *The Wake of Imagination*(Minneapolis, MN: University of Minnesota Press, 1988), 8-9, 132-36; William Dyrness, *Visual Faith: Art, Theology, and Worship in Dialogue*(Grand Rapids, MI: Baker, 2001), chapter 1; E. H. Gombrich, *The Story of Art*(New York, NY: Phaidon Press, 16th edition, 1995 [1950]), chapter 6. 기독교 예술에 나타난 리얼리즘의 상실에 대해
서는 Michael Gough, *The Origins of Christian Art*(New York: Praeger, 1973)를 참고하라.

16. Roger French and Andrew Cunningham, *Before Science: The Invention of the Friars' Natural Philosophy*(Brookfield, VT: Ashgate, Scolar Press, 1996). 도미니크 수도회는 카타리파가 활동하던 시대에 생겼다. 카타리파는 물질계가 악하고, 따라서 선한 신과 악한 신,
두 신이 존재한다고 가르쳤다. 도미니크 수도회 수사들은 카타리파의 마니교식 이단에 맞서기 위해 'nature'라는 용어를 재정의했다. 그
전까지 이 단어는 주로 '본질'의 의미로 쓰였다. 그러나 이후에는 하나님의 선한 작품인 물리적 창조세계와 더욱 직결된 것이 되었다. "도
미니크 수도회 수사들은 물질계가 선하다는 것을 증명할 아주 간단한 방법을 찾아냈다. 그것은 nature(자연, 본성)를 creation(피조세계)
과 동일시하는 것이었다." 즉, 사물의 본질은 하나님이 그것을 어떻게 창조하셨는지를 말하는 다른 방식일 뿐이다. 물질계가 악하다는 카
타리파의 가르침에 맞선 도미니크 수도회의 "메시지는 하나님은 선하시고, 그분의 창조세계도 선하며, 피조세계의 선함과 인과관계는
하나님의 선하심의 증거라는 것이었다."(140, 202). nature에 대한 이런 새로운 관심은 예술뿐 아니라 초기 단계의 근대과학에도 영향
을 끼쳤다. "Recent Developments in the History of Science and Christianity" and "Reply," Pro Rege 30, no. 4(June 2002), 22.

17. Dupré, *Passage to Modernity*, 36-38, 45-46.

18. Charles R. Mack, *Looking at the Renaissance: Essays toward a Contextual Appreciation*,(University of Michigan Press, 2005), 27, 29.

19. Stephen A. McKnight, *The Modern Age and the Recovery of Ancient Wisdom: A Reconsideration of Historical Consciousness, 1450-1650*(Columbia, MO: University of Missouri Press, 1991), 73, 76.

20. Mack, *Looking at the Renaissance*, 94-103. 선(線)원근법의 발전 자체가 신학적 기원을 가지고 있었다. 프란체스코 수도회 수사들은 빛
을 세상에 계시는 하나님의 임재의 증표로 보는 복잡한 신비주의를 발전시켰다. 그들은 눈의 작용을 연구했고, 기하학과 수학을 광선에
어떻게 적용할지 연구했다. 과학사 서적들을 보면 '광학의 발달'이라는 항목 아래 여러 프란체스코 수도회 수사들이 거론되어 있는 것을
알 수 있다. 한 역사가에 따르면 "선원근법이 르네상스 초기에 생겨난 것은" 프란체스코 수도회 수사들이 선원근법을 "하나님이 우주 곳
곳에 그분의 은혜를 퍼뜨리시는" 방식을 보여주는 모델이라고 믿었기 때문이다. 그들은 광학에 대한 통찰이 하나님의 본성에 대한 통찰
로 이어지리라 믿었다. David C. Lindberg, review of *The Renaissance Rediscovery of Linear Perspective* by Samuel Y. Edgerton, Jr.,
Isis, vol. 68, no. 1(March 1977), 150-152. French. & Cunningham, chapter 10, "And There Was Light!" 프란체스코회 수도사들
에게 큰 영감을 준 장본인은 신비주의자 디오니시우스였는데, 그는 신플라톤주의 유출 개념을 가르쳤다. "하나님은 영적 빛이시다.……
하나님은 가시적 빛을 사용해 감각계에서 그분의 뜻을 이루신다. 따라서 가시적 빛을 연구하면 하나님과 그분의 일하심을 직접적으로 알
수 있다"(223-224, 230).

21. Stephen A. McKnight, *Sacralizing the Secular: The Renaissance Origins of Modernity*(Baton Rouge, LA: Louisiana State University,

1989), 57.

22. Mack, *Looking at the Renaissance*, 66.

23. Giovanni Gentile, "Leonardo's Thought," in *Leonardo da Vinci*(New York: Barnes & Noble, 1996), 174.

24. 얀 페르메이르는 네덜란드 개신교의 주류 교단인 네덜란드 개혁교회에서 세례를 받고 자랐다. 그는 가톨릭 신자인 여성과 결혼하면서 가톨릭으로 개종했고 가톨릭 미술가들의 전형적인 카라바조 스타일로 그림을 그리기도 했다. "하지만 그의 그림에 나오는 보다 친숙한 집안 풍경에 퍼져 있는 빛은 확실히 개신교적이고 세속적이다." Patrick Collinson, *The Reformation: A History*(New York: Modern Library, 2003), 195. (『종교개혁』 을유문화사)

25. E. John Walford, *Jacob van Ruisdael and the Perception of Landscape*(New Haven, CT: Yale University Press, 1991), 19-20.

26. 다음을 참고하라. John M. King, *English Reformation Literature: The Tudor Origins of the Protestant Tradition*(Princeton, NJ: Princeton University Press, 1982), 140, 147. John Phillips, *The Reformation of Images: Destruction of Art in England, 1525-1660*(Los Angeles, CA: University of California Press, 1973); Carlos M. N. Eire, *War Against the Idols: The Reformation of Worship from Erasmus to Calvin*(New York: Cambridge University Press). 루터파와 성공회를 포함한 일부 개신교도는 가톨릭의 유산 중에서 초, 예복, 전례 등을 남겼다. 루터는 성상 파괴자들을 말리기 위해 숨어 있던 바르트부르크성에서 목숨을 걸고 나오기까지 했다. Gene Edward Veith, *State of the Arts: From Bezalel to Mapplethrope*(Wheaton, IL: Crossway, 1991), 62. 루터의 음악 사랑이 없었다면 바흐도 없었을 테고, 서양 음악전통 전체에 남긴 바흐의 엄청난 영향력도 없었을 것이다. 그렇지만 이런 교회들도 성상보다는 말씀을 강조하는 쪽으로 돌아섰다.

27. Phillips, *The Reformation of Images*, 11. 성상파괴 경향은 가톨릭 내에서도 나타났다. 15세기 말, 피렌체 시는 사람들의 마음을 사로잡는 도미니크 수도회 수사 사보나롤라의 영향 아래 놓였다. 그들은 "값비싼 옷과 같은 사치품과 그림들을 '헛된 것'으로 여기고 불에 던졌다." Robert Williams, *Art Theory, A Historical Introduction*(Oxford: Blackwell, 2004), 43. (『서양 미술』 명인문화사)

28. Veith, *State of the Arts*, 67-70. Gene Edward Veith, *Painters of Faith: The Spiritual Landscape in Nineteenth-century America*(National Book Network, 2001), 59.

29. "에머슨의 초절주의의 핵심에서 플라톤과 신플라톤주의자들, 특히 플로티노스의 생각을 찾아볼 수 있다." Unsigned article, "Emerson's World Soul," *Harpers*, 7 June 2009. I

30. Veith, *Painters of Faith*, 126.

31. Veith, *Painters of Faith*. 126. James F. Cooper, *Knights of the Brush: The Hudson River School and the Moral Landscape*(New York: Hudson Hills Press, 1999), 59.

32. Martha Bayles, *Hole in Our Soul: The Loss of Beauty and Meaning in American Popular Music*(Chicago, IL: University of Chicago Press, 1996), 33.

33. Walker Percy, *Signposts in a Strange Land*(New York: Picador, 1991), 278.

34. Immanuel Kant, *The Critique of Pure Reason,* trans. Kemp Smith(New York: Macmillan, 1929), 528-529.

35. David Goldston, "The Scientist Delusion," *Nature*, 452, 5 March 2008, 17; Gray, *Straw Dogs*, 120, 71; Steven Pinker, "The Mystery of Consciousness," *Time*, 19 January 2007.

36. Woolfson, *An Intelligent Person's Guide to Genetics*.

37. Tim Adams, "The meaning of life," *The Observer*, 11 December 2005.

38. Robert Solomon and Kathleen Higgins, *A Short History of Philosophy*(New York: Oxford University Press, 1996), 215. E. L. 앨런은 "칸트는 우리에게 자유의 세계와 자연의 세계라는 두 세계를 주었다"고 썼다. *From Plato to Nietzsche*(Greenwich, CT: Fawcett Publications, 1962 [1957]), 129. 헤르만 도예베르트는 칸트의 이 구분을 다음과 같이 표현한다. "'자연'이라는 감각의 영역 위쪽에는 도덕적 자유라는 '초감각' 영역이 존재했다. 도덕적 자유는 자연의 기계론적 법칙이 아니라 인간성의 자율성을 전제하는 행동의 규범이

나 규칙의 지배를 받는다." *Roots of Western Culture: Pagan, Secular, and Christian Options*(Toronto: Wedge, 1979; orig., Zutphen, Netherlands: J. B. van den Brink, 1959), 171. (『서양문화의 뿌리』 크리스챤다이제스트사)

39. Kant, *Introduction to Logic*(London: Longmans, Green, & Company, 1885), IX, 60.

40. West, *An Introduction to Continental Philosophy*, 39. 다음 글도 보라. Frederick Beiser, "Post-Kantian Philosophy," in *A Companion to Continental Philosophy*, ed. Simon Critchley and William Schroeder(Oxford: Blackwell, 1998).

41. Stanley Hauerwas, *With the Grain of the Universe*(Grand Rapids, IL: Brazos Press, 2001), 37-38.

42. *The Sea and the Mirror: A Commentary on Shakespeare's The Tempest*, ed. and intro. Arthur Kirsch(Princeton: Princeton University Press, 2003), xiii.

43. 철학적 관념론의 역사를 알고 싶다면 다음을 보라. Robert C. Solomon, *Continental Philosophy Since 1750: The Rise and Fall of the Self*(New York: Oxford. University Press, 1988).

44. "칸트는 분석철학과 대륙철학의 마지막 접촉점이라고들 한다. 두 전통 모두가 그의 영향을 받았고 그의 철학을 참고한다." Philip Stratton-Lake, "Introduction," *The Edinburgh Encyclopedia of Continental Philosophy*, by Simon Glendinning(Routledge, 1999), 23. "분석전통과 대륙전통 모두가 그 중요성을 인정하는 칸트는 결정적인 전환 또는 분열의 지점이다." West, *An Introduction to Continental Philosophy*, 3. 칸트는 "여러 모로 분석전통과 대륙전통 양쪽에 공통적으로 중요한 최후의 위인이자 두 전통의 분리를 선언했다.……분석철학과 대륙철학의 차이점은 상당 부분 칸트의 글을 어떻게 읽는지와 어떤 칸트를 읽는지의 차이점에서 나온다." 분석 사상가들은 칸트의 제1비판서 『순수이성비판』에 초점을 맞추는 반면, 대륙사상가들은 그의 제2, 제3비판서인 『실천이성비판』, 『판단력 비판』에 초점을 맞추었다. Simon Critchley, "Introduction: What Is Continental Philosophy?," in *A Companion to Continental Philosophy*, 1, 11.

45. Brian Leiter, "'Analytic' and 'Continental' Philosophy," *The Philosophical Gourmet Report*, Blackwell, 2009. http://www.philosophicalgourmet.com/analytic.asp. "미국의 최상위 철학과들은 예외 없이 분석철학이 주류를 이루고 있고, 미국의 가장 중요한 철학자들은 극소수를 제외하고 대부분 분석철학자로 분류할 수 있을 것이다." John Searle, *The Blackwell Companion to Philosophy*, ed. Nicholas Bunnin and E. P Tsui-James(Blackwell, 2003), 1.

46. 이 조사의 항목 중에는 죽은 철학자 중에서 누구와 가장 동질감을 느끼느냐는 질문도 있었다. 1등으로 뽑힌 사람은 데이비드 흄이었다. 해당 조사의 보고서와 두 철학 전통에 대한 훌륭한 요약을 다음 글에서 볼 수 있다. Anthony Gottlieb, "What Do Philosophers Believe?" *Intelligent Life*, Spring 2010.

47. 칸트의 표현을 써서 말하자면, 이성은 경험 세계를 벗어나는 질문을 "무시할 수 없지만 그 능력을 초월하는 질문이기 때문에 거기에 답변할 수도 없다." *Critique of Pure Reason*, 7. (『순수이성비판』 아카넷)

48. 다음 글에서 인용. Simon Critchley, "Introduction," *A Companion to ContinemmM Philosophy*, 7. Michael Dummett, *Origins of Analytical Philosophy*(Cambridge, MA: Harvard University Press, 1996), 193. Simon Critchley, "Introduction," *Companion Continental Philosophy*, 14.

49. 사회학자 크리스천 스미스는 이렇게 말한다. "역사적으로 미국의 공적 영역이 세속화된 데 가장 큰 책임이 있는 지성인들"은 주로 두 전통에서 나왔다. 그들은 "과학적 지성인과 낭만주의적 지성인이다." Introduction, *The Secular Revolution: Interests, and Conflict in the Secularization of American Public Life*, ed. Christian Smith(Berkeley, CA: University of California Press, 2003), 33-34. 철학자 앨빈 플랜팅가는 인류 역사를 하나님의 도성과 세상의 도성 간의 투쟁으로 묘사했던 아우구스티누스의 비유를 빌려 온다. 플랜팅가는 오늘날 세속영역인 세상의 도성이 자연주의(모더니즘)와 반실재론(포스트모더니즘)으로 세분되었다고 말한다. "Christian Philosophy at the End of Twentieth Century," in *The Analytical Theist*(Grand Rapids, IL: Eerdmans, 1998).

50. Robert Pirsig, *Zen and the Art of Motorcycle Maintenance*(New York: HarperCollins, 1974, 1999), 61, 70-71, 134, 433. (『선과 모터사이클 관리술』 문학과지성사)

51. M. H. Abrams, *The Mirror and the Lamp: Romantic Theory and the Critical Tradition*(Oxford: Oxford University Press, 1953), 299, 301. Barbara M. Shapiro, *A Culture of Fact: England, 1550-1720*(Ithaca, NY: Cornell University Press, 2000). 아이러니하게도, 합리주의 비판자들의 예술 비판은 청교도들의 예술 비판과 상당 부분 일치한다. Russell A. Fraser, *The War against Poetry*(Princeton, NJ: Princeton University Press, 1970).

52. Ernest Lee Tuveson, *The Imagination as a Means of Grace*(Los Angeles, CA: University of California Press, 1960), 6, 80, 85. Basil Willey, *The Seventeenth Century Background: Studies in the Thought of the Age in Relation to Poetry and Religion*(Garden City, NY: Doubleday, 1953 [1934]), 93.

53. George Santayana, *The Sense of Beauty*, 16. Tuveson, 9.

54. Calvin Seerveld, *Rainbows for the Fallen World: Aesthetic Life and Artistic Task*(Toronto: Tuppence Press, 1980), 84, 91, 93.

55. Percy, *Signposts*, 215-16, 192.

56. Jeremy Begbie, *Voicing Creation's Praise*(London: T & T Clark International, 1991), 196

57. Donald Kuspit, "Revisiting the Spiritual in Art," presented at Ball State University, January 21, 2004. 커스핏은 칸딘스키를 두고 말했지만, 그의 분석은 일반적으로 모든 예술가에게 적용된다.

58. Kuspit, "Revisiting the Spiritual in Art."

59. 자크 바전은 예술에 "관념론자와 자연주의자라는 두 흐름"이 있다고 썼다. *Use and Abuse of Art*(Princeton NJ: Princeton University Press, 1974), 58. 로크마커는 이렇게 썼다. "계몽주의 이래로 인간은 다음과 같은 이중의 방식으로 현실에 대처해 왔다. 이성과 낭만주의, 실증주의와 관념주의, 자연주의적 현실과 예술에 있는 인간 자유의 영역. *Modern Art and the Death of a Culture*(Wheaton, IL: Crossway, 1970, 1973, 1994), 203. "19세기 전체에 걸쳐 '완전한' 자연주의가 생겨나면서 서양 예술은 마침내 세속화되었고, 관념주의자와 실재주의자의 싸움, 궁극적으로는 '관념론자'와 '자연주의자'와의 싸움으로 대립관계가 표면화되었다." Fritz Novotny "Naturalism in Art," *Dictionary of the History of Ideas*, vol. 3, 343. (『현대 예술과 문화의 죽음』 IVP)

60. "지난 100년간 미학을 주도한 사람들은 표현주의자들과 형식주의자들이었다." F. David Martin, "On the Supposed Incompatibility of Expressionism and Formalism," *The Journal of Aesthetics and Art Criticism*, vol. 15, no. 1(September 1956), 94. 월포드는 "형식적 가치를 강조하는 예술과 감정과 내적 생명의 표현에 초점을 맞추는 예술 간의 근대적 대립"을 묘사한다. *Great Themes*, 404.

61. Douglas Sloan, *Faith and Knowledge*(Louisville, KY: Westminster John Knox Press, 1994), 92.

62. Abrams, *Mirror*, 334. Willey, 92-93.

63. Gene Edward Veith, *Reading between the Lines: A Christian Guide to Literature*(Wheaton, IL: Crossway, 1990), 169.

5.

미의 기준, 기계: 계몽주의 유산

1. John Stuart Mill, *Autobiography*, http://www.efin.bris.ac.uk/net/mill/auto. (『존 스튜어트 밀의 자서전』 범우사)

2. 같은 책.

3. Simon Critchley, *Continental Philosophy: A Very Short Introduction*(Oxford: Oxford University Press, 2001), 42.

4. Abrams, *Mirror*, 321-323. 1940년대에 C. S. 루이스는 『인간폐지』에서 이런 주관적 견해를 강력하게 비판했다. 그 무렵에는 이미 공립학교 교과서가 이런 견해를 의심 없이 받아들이고 있었던 것이다. (『인간폐지』 홍성사)

5. Rodney Stark, *"For the Glory of God": How Monotheism Led to Reformations, Science, Witch- Hunts, and the End of*

Slavery(Princeton, NJ: Princeton University Press, 2003), chapter 2. 예외에 해당하는 두 명의 회의론자가 에드먼드 할레이와 파라셀수스였다. 그러나 파라셀수스에 대해서는 많은 역사가들이 생각을 달리한다. Christopher Kaiser, *Creation and the History of Science*(Grand Rapids, IL: Eerdmans, 1991), 116-120.

6. A. R. Hall, *The Scientific Revolution, 1500-1800: The Formation of the Modern Scientific Attitude*(Boston: Beacon Press, 1954), 171-172. Randall, *Making*, 274. 기독교 사상이 과학의 발흥에 기여한 바를 더 알고 싶다면 다음 내 글을 보라. "Christianity Is a Science-Starter, Not a Science-Stopper," *Areopagus Journal* 5:1(January/February 2005). http://www.pearceyreport.com/archives/2005/09/post_4.php에서 같은 글의 개정판을 볼 수 있다. Nancy Pearcey, "How Science Became a Christian Vocation," *Reading God's World: The Scientific Vocation, ed. Angus Menuge*(St. Louis, MO: Concordia, 2004). *Bible-Science Newsletter*, "The Birth of Modern Science," October 1982; "How Christianity Gave Rise to the Modern Scientific Outlook," January 1989. Nancy Pearcey and Charles Thaxton, *The Soul of Science: Christian Faith and Natural Philosophy*(Wheaton, IL: Crossway, 1994). (『과학의 영혼』 SFC출판사)

7. Carl Becker, *The Heavenly City of the Eighteenth-Century Philosophers*(New Haven, NY: Yale University Press, 1932), 55.

8. Harvey Cox, *The Secular City*, rev. ed(Toronto: Macmillan, 1966), 21.

9. Thomas Sieger Derr, *Ecology and Human Need*(Philadelphia, PA: Westminster Press, 1975), 20, 26.

10. Ernst Benz, *Evolution and Christian Hope*(Garden City, NY: Doubleday, 1975), 123-125. David F. Noble, *The Religion of Technology*(New York: Penguin, 1997, 1999). Nancy Pearcey, "The Nature of Nature Competing: Worldviews in the Environmental Debate," 2010년 3월 27일 필라델피아 성경대학에서 주최한 콘퍼런스에서 발표한 강연; Nancy Pearcey, "Technology, History, and Worldview," *Genetic Ethics: Do the Ends Justify the Genes?*(Grand Rapids, MI: Eerdmans Publishing, 1997).

11. Lynn White, "What Accelerated Technological Progress in the Western Middle Ages?" *Scientific Change*, ed. A. C. Crombie(New York: Basic Books), 290-91.

12. Francis D. Klingender, *Art and the Industrial Revolution*(London: Noel Carrington, 1947), 24.

13. Richard Helgerson, *Self-Crowned Laureates*(Berkeley, CA: University of California Press, 1983), 226-227.

14. Fred Licht, *Goya: The Origins of the Modern Temper in Art*(New York: Harper & Row, 1979), 116-127. Penelope J. E. Davies, Walter B. Denny, Frima Fox, et.al., *Janson's History of Art*, 8 th ed., vol. II(London: Prentice Hall, 2011), 824-825.

15. John Canaday, *Mainstreams of Modern Art*(New York, NY: Holt, Rinehart, & Winston, 1959), 75.

16. Mishoe Brennecke, "Double Début: Édouard Manet and The Execution of Maximilian in New York and Boston, 1879-1880," *Nineteenth-Century Art Worldwide*, vol. 3, issue 2, Autumn 2004.

17. Canaday, *Mainstreams of Modern Art*, 167, 166.

18. Frederick Hartt, *Art: A History of Painting, Sculpture, and Architecture*, 4th ed(New York: Harry N. Abrams, 1989, 1993), 830.

19. Williams, *Art Theory, A Historical Introduction*, 122-123.

20. Richard Bauckham, *Jesus and the Eyewitnesses: The Gospels as Eyewitness Testimony*(Grand Rapids, MI: Eerdmans Publishing, 2006).

21. Roger Cotes, preface to the second edition of Newtons Principia, in *Newtons Philosophy of Nature: Selections from His Writing*, ed. H. S. Thayer(New York: Hafner, 1953). Edward B. Davis, "Newton's Rejection of the 'Newtonian World View': The Role of Divine Will in Newtons Natural Philosophy," *Science and Christian Belief*, 3, no. 1, 117.

22. John Brooke and Geoffrey Cantor, *Reconstructing Nature: The Engagement of Science and Religion*(Oxford: Oxford University Press, 1998), 20. 주의주의(主意主義) 신학이 우연적 자연관으로 이어지는 과정을 더 알고 싶다면 다음의 내 글을 보라. "Christianity Is a Science-Starter, Not a Science-Stopper", "Recent Developments in the History of Science and Christianity", *Soul of Science*,

30-33, 81.

23. Richard Popkin, Preface, *The Problem of Certainty in English Thought, 1630-1690*, by Henry G. Van Leeuwen(The Hague: Martinus Nijhoff, 1963), xi. Richard Popkin, *The History of Scepticism: From Savonarola to Boyle*, 3rd ed(Oxford University Press, 2003); Barbara Shapiro, *Probability and Certainty in Seventeenth-Century England*(Princeton, NJ: Princeton University Press, 1983).

24. Erich Auerbach, *Mimesis: The Representation of Reality in Western Literature*(Princeton, NJ: Princeton University Press, 1953, 2003), 555, 72. 의미심장하게도, 구약성경은 도래할 메시아가 "고운 모양도 없고, 훌륭한 풍채도 없으니, 우리가 보기에 흠모할 만한 아름다운 모습이 없을"(사 53:2, 새번역) 것이라고 예언했다. 그리스도의 굴욕이 "당시에 경배를 받던 그리스 신들과 극명한 대조를 이루었을 것이며, 당대의 우상이던 그리스 신들의 근육질 신체는 시내 곳곳에 조각상으로 새겨져 흠모의 대상이 되었을 것이다." Adrienne Chaplin, "From Vision to Touch: Returning Beauty to Lived Experience," theotherjournal.com, 27 May 2009. (『미메시스』 민음사)

25. Hartt, *Art*, 908.

26. Alain Besançon, *The Forbidden Image: An Intellectual History of Iconoclasm*(Chicago, IL: University of Chicago Press, 2000), 261.

27. J. Carter Brown, *Rings: Five Passions in World Art*(New York: Harry H. Abrams, 1996), 82.

28. Peter Fuller, "The Geography of Mother Nature," *The Iconography of Landscape*, ed. Denis Cosgrove and Stephen Daniels(Cambridge: Cambridge University Press, 1988), 18.

29. 같은 책, 17.

30. 같은 책.

31. Auerbach, *Mimesis*, 22-23.

32. 새로 볼 수 있게 된 사람들이 모양, 크기, 높이, 거리를 시각적으로 파악하는 일이 얼마나 어려운지를 묘사한 글로는 다음을 보라. Annie Dillard, *Pilgrim at Tinker Creek*(Harper Perennial Modern Classics, 2007), 28. (『자연의 지혜』 민음사)

33. Williams, *Art Theory, A Historical Introduction*, 137.

34. Rookmaaker, *Modern Art and the Death of a Culture*, 85.

35. H. W. Janson, *History of Art*(Upper Saddle River, NJ: Prentice-Hall, 1969), 492. 이 책에서 리얼리즘과 인상주의를 다룬 장(25장)은 제7판부터 '실증주의의 시대'라는 제목이 붙었다.

36. Canaday, *Mainstreams of Modern Art*, 74.

37. Licht, *Goya*, 135.

38. Bruce Cole and Adelheid Gealt, *Art of the Western World: From Ancient Greece to Postmodernism*(New York, NY: Summit Books, 1989), 149-150. Walford, *Great Themes*, 413-414; *Janson's History of Art*, 8th ed., 870.

39. Tom Lubbock, "Manet, Edouard: The Railway(1873)," Great Art series, *The Independent*, 18 April 2008.

40. Donald Grout and Claude Palisca, *A History of Western Music*, 6th ed(New York: Norton, 2000), 664. Harold C. Schonberg, *The Lives of the Great Composers*(New York: Norton, 1970, 1981, 1997), 453, 462-463. (『서양음악사』 이앤비플러스)

41. Peter Fuller, *Theoria: Art and the Absence of Grace*(London: Chatto & Windus, 1988), 125.

42. Edgar Allan Poe, "The Poetic Principle," in *The Complete Poetic Works of Edgar Allan Poe*(New York: Thomas Y. Crowell Co., 1902, 1922), 227.

43. Robert Hughes, *American Visions: The Epic History of Art in America*(New York: Knopf, 1997), 239.

44. Lionel Trilling, *Beyond Culture*(New York: Viking Press, 1965).

45. Suzi Gablik, *Has Modernism Failed?*(New York: Thames & Hudson, 1985), 24.

46. Rookmaaker, *Modern Art and the Death of a Culture*, 67, 75-77.

47. 같은 책, 95.

48. Morris Kline, *Mathematics: The Loss of Certainty*(New York: Oxford University Press, 1980), 34-35. 기독교와 수학의 관계에 대한 역사적 설명을 원한다면 다음을 보라. "Mind Your Mathematics: A Two-Part Series on the Role of Mathematics in Science, March 1990; "The Rise and Fall of Mathematics," April 1990, *Bible-Science Newsletter*.

49. Dudley Shapere, *Galileo: A Philosophical Study*(Chicago, IL: University of Chicago Press, 1974), 134-136. 아리스토텔레스는 이상적 형상이 사물 안에 있다고 가르쳤지만, 그런 그도 물질계가 영원한 형상과 완전히 일치하는 일은 결코 없다고 가르쳤다. 그는 실제 생물체가 광범위한 불규칙성을 보여줄 것이라고, 일정하지 않고 불안정하며 가변적일 것이라고 예상했다. Conway Zirkle, "Species before Darwin," *Proceedings of the American Philosophical Society* 103, no. 5(October 1959), 636-644.

50. C. F. von Weizsäcker, *The Relevance of Science*(New York: Harper & Row, 1964), 163.

51. R. G. Collingwood, *An Essay on Metaphysics*(Chicago, IL: Henry Regnery, Gateway Editions, 1972 [1940]), 253-257.

52. Kline, *Mathematics*, 31.

53. 다음 책에서 인용. Michael R. Matthews, *Science Teaching: The Role of History and Philosophy of Science*(Routledge, 1994), 118. E. A. Burtt, *The Metaphysical Foundations of Modern Science*, rev. ed(New York: Doubleday, 1954 [1932]), 38, 52; Richard Blackwell, "Galileo Galilei," *Science and Religion: A Historical Introduction*, ed. Gary B. Ferngren(Baltimore, MA: Johns Hopkins University Press, 2002). 모든 아리스토텔레스주의자가 수학적 증명을 원칙적으로 반대한 것은 아니었다. 갈릴레오의 증명이 부적절하다는 정도로 생각한 이들도 있었다. Steven Harris, *Roman Catholicism Since Trent* in Ferngren, 249; William R. Shea and Mariano Artigas, *Galileo in Rome: The Rise and Fall of a Troublesome Genius*(Oxford University Press, 2004). (『갈릴레오의 진실』 동아시아)

54. Collingwood, *An Essay on Metaphysics*, 250.

55. Kline, *Mathematics*, 52.

56. Alexandre Koyre, *From the Closed World to the Infinite Universe*(Baltimore: Johns Hopkins University Press, 1957).

57. 영국에서는 뉴턴 물리학이 우주는 제작자가 필요한 거대한 기계라는 우주상을 만들어 냈고 이 개념이 종교를 뒷받침했다. 그러나 프랑스에서 뉴턴 물리학은 "세계가 물질과 운동으로 이루어진 자충족적 기계라는 결론을 담고 있다고 해석"되어 유물론을 지지하는 용도로 쓰였다. Henry May, *Enlightenment in America*(New York: Oxford University Press, 1978), 108, 110.

58. Rudolph Weingartner, "Historical Explanation," *The Encyclopedia of Philosophy*, vol. 4, ed. Paul Edwards(New York, NY: Macmillan), 7.

59. Lucy Adelman and Michael Compton, "Mathematics in Early Abstract Art," *Towards a New Art: Essays on the Background of Abstract Art, 1910-1920*(London: The Tate Gallery, 1980), 86.

60. Wendy Steiner, *Venus in Exile: The Rejection of Beauty in 20th-Century Art*(Chicago, IL: University of Chicago Press, 2001), 74, 94, 96.

61. Adelman and Compton, "Mathematics in Early Abstract Art," 87.

62. 입체주의가 아인슈타인의 상대성 이론의 영향을 받았다고 말한 이들도 있다. 다음에서는 이것이 옳지 않다는 주장을 설득력 있게 내세운다. "아인슈타인의 이론은 실험적으로 입증되지 않았기 때문에 제1차 세계대전 이전 프랑스에서는 알려지지 않았다." 1919년 일식에서 그 이론의 정당성이 확인된 후에도 피카소와 브라크는 그것이 자기들의 미술과 어떤 관련이 있다고 보지는 않았다. Lynn Gamwell, *Exploring the Invisible: Art, Science, and the Spiritual*(Princeton, NJ: Princeton University Press, 2002), 138.

63. Meyer Schapiro, *Worldview in Painting*(New York: George Braziller, 1999), 99, 102-103.

64. F. T. Marinetti, *Let's Murder the Moonshine: Selected Writings*(Los Angeles, CA: Sun & Moon Classics, 1991), 63, 98.

65. Francis Schaeffer, *The God Who Is There* in *The Francis A. Schaeffer Trilogy*(Wheaton, IL: Crossway, 1990), 54.

66. Roger Lipsey, *The Spiritual in Twentieth-Century Art*(Dover Publications, 2004), 71. *Janson's History of Art*, 8th ed., vol. 2, 1006.

67. Piet Mondrian, "Natural Reality and Abstract Reality," in Chipp, 323, originally published in *De Stijl*, 1919. Mark C. Taylor, *Disfiguring: Art, Architecture, Religion*(Chicago, IL: University of Chicago Press, 1992), 3-4.

68. Donald Kuspit, "A New Sacred Space," *Per Contra, The International Journal of the Arts, Literature, and Ideas*, Winter 2006-2007, issue 5.

69. Tom Wolfe, *The Painted Word*(New York: Bantam Books, 1975), 118-119. (『현대미술의 상실』 아트북스)

70. Schonberg, *The Lives of the Great Composers*, 600.

71. Jeremy Begbie, *Theology, Music, and Time*(Cambridge: Cambridge University Press, 2000), 193.

72. Jeremy Begbie, *Resounding Truth: Christian Wisdom in the World of Music*(Grand Rapids, MI: Baker, 2007), 246.

73. Alex Ross, *The Rest Is Noise: Listening to the Twentieth Century*(New York: Farrar, Straus & Giroux, 2007), 426-27.

74. Anthony Tommasini, "Unraveling the Knots of the 12 Tones," *New York Times*, 14 October 2007.

75. Bayles, *Hole in Our Soul*, 16.

76. Begbie, *Theology, Music, and Time*, 192.

77. Pearcey, *Total Truth*, 40-42.

78. Timothy Keller, "Talking about Idolatry in a Postmodern Age," April 2007, Gospel Coalition, http://www.monergism.com/postmodernidoIs.html.

79. Nancy Pearcey, "The Creation Myth of Modern Political Philosophy."

80. Michael Oakeshott, *Rationalism in Politics and Other Essays*(Methuen 1962, Liberty Fund, 1991), 15. A. W. Ward and A. R. Waller, ed. *The Cambridge History of English Literature*(New York: G. P. Putnams Sons, 1919), 329.

81. Karl Popper, *Conjectures and Refutations: The Growth of Scientific Knowledge*(New York: Routledge, 2002 [1963]), 20-21. (『추측과 논박』 민음사)

82. Randall, *Making*, 267.

83. 루이스는 전통 가치를 폄하하고 그것을 자랑스러워하는 이들에 대해 이렇게 썼다. "가치에 대한 그들의 회의론은 껍데기에 불과합니다. 다른 이들의 가치에만 회의론을 적용할 뿐, 그들 사이에서 유행하는 가치에 대해서는 충분히 회의하지 않습니다." C. S. Lewis, *The Abolition of Man*(New York: HarperCollins, 1944, 1947), 29. (『인간폐지』 홍성사)

84. Alex Ross, "Revelations: Messiaen's Quartet for the End of Time," *The New Yorker*, 22 March 2004.

6.

이빨과 발톱이 피로 물든 예술: 계몽주의 유산

1. Cynthia Eagle Russett, *Darwin in America: The Intellectual Response 1865-1912*(San Francisco, CA: W. H. Freeman, 1976), 175.

2. Earle Labor and Jeanne Campbell Reesman, *Jack London*, rev. ed(New York: Twayne Publishers, 1994) 13. Malcolm Cowley, "Naturalism in American Literature," *Evolutionary Thought in America*, ed. Stow Persons(New York: George Braziller, 1956).

3. Nikolas Kompridis, "Re-Inheriting Romanticism," *Philosophical Romanticism*(New York: Routledge, 2006), 1.

4. '고상한 전통'은 성별과 관련된 요소가 도드라졌다. "당시 소설을 사로잡고 있던 고상한 전통은 미국의 정신을 실용적이고 공격적인 남성적 심리와 고상하고 도덕적인 여성적 심리로 흥미롭게 이분했다. 두 개의 세계가 존재했다. 지성주의나 까다로운 도덕적 양심 따위는 개

의치 않는 진취적인 남자들이 포진한 일의 세계가 있는가 하면, 숙녀들이 지배하는 고등문화의 세계가 있었다. 숙녀들을 위한 글을 쓸 때는 '젊은이들이 얼굴을 붉힐 일이 없게' 해야 한다고 프랭크 노리스는 볼멘소리를 했다"(Russett). "한쪽에는 종교, 다른 쪽에는 사업이 있었다. 한쪽에는 인간에게 있는 신적 요소가 있었고, 다른 쪽에는 동물적 본성이 전부였다. 한쪽에는 예술이, 다른 쪽에는 삶이 있었다. 한쪽에는 예술과 이상적인 것의 수호자인 여자, 성직자, 대학교수가 있었고 다른 쪽에는 실무에 종사하는 남자 일반이 있었다"(Malcolm Cowley). 19세기 남녀 사이의 이분법에 대해 더 알고 싶으면 『완전한 진리』 12장을 보라.

5. Cassandra Vinograd, "Humans Are on Display at London Zoo," *AP*, 26 August 2005.

6. "Scarlett Johansson: I'm Not Promiscuous," *AP*, 9 October 2006; Jenny Eliscu, "Hot Actress: Sienna Miller; With a searing turn in 'Factory Girl,' she aims to leave the tabloids behind," *Rolling Stone*, 6 October 2006.

7. Ernst Mayr, *The Growth of Biological Thought: Diversity, Evolution, and Inheritance*(Cambridge, MA: Harvard University Press, 1982), 88-90. Max Delbrück, "How Aristotle Discovered DNA," in *Physics and Our World*, ed. Kerson Huang(New York: American Institute of Physics, 1976).

8. Mayr, *The Growth of Biological Thought*, 103-104.

9. Jerry A. Coyne, "Seeing and Believing: The never-ending attempt to reconcile science and religion, and why it is doomed to fail," *The New Republic*, 4 February 2009. Janet Browne, *Charles Darwin: Voyaging, A Biography*(Princeton, NJ: Princeton University Press, 1995), 542.

10. Paul Conkin, *When All the Gods Trembled: Darwinism, Scopes, and American Intellectuals*(Lanham, MD: Rowman & Littlefield, 1998), 42.

11. Stephen Jay Gould, *Ever Since Darwin: Reflections in Natural History*(New York: Norton, 1977), 12-13. "도덕적 기준, 관행, 정책들이 우리의 신경생물학에 뿌리를 두고 있다는 사실이 점차 분명해지고 있다." Patricia Churchland, "Moral Decision-Making and the Brain," in *Neuroethics*, ed. Judy Illes(Oxford: Oxford University Press, 2006), 3. (『다윈 이후』 사이언스북스)

12. Greg Koukl, *Tactics*(Grand Rapids, MI: Zondervan, 2009).

13. Charles Taylor, *Hegel*(Cambridge: Cambridge University Press, 1975), 564.

14. Douglas J. Futuyma, *Evolutionary Biology*, 2nd ed(Sunderland, MA: Sinauer, 1986), 3.

15. 발자크는 다윈의 직전 시기에 살았지만 "당시에도 진화론은 이미 상당히 퍼져 있었고" 그 역시 진화론에 꽤 관심이 있었다. Marion Ayton Crawford, "Introduction," *Old Goriot* by Honoré de Balzac(New York: Penguin, 1951), 7. E. K. Brown, "Introduction," *Pere Goriot and Eugenie Grandet*(New York: The Modern Library, 1946, 1950), ix-x; Hippolyte Taine, "Balzac's Philosophy," *Pere Goriot*(New York: Norton & Co., 1998), 228-229.

16. Theodore Dreiser, *An American Tragedy*. 문학적 자연주의를 일반적으로 다룬 책들은 다음과 같다. Richard Lehan, *Realism and Naturalism: The Novel in an Age of Transition*(Madison, WI: University of Wisconsin Press, 2005); Donald Pizer, *Realism and Naturalism in Nineteenth-Century American Literature*, rev. ed(Carbondale, IL: Southern Illinois University Press, 1984); Donald Pizer, *Twentieth Century American Literary Naturalism*(Carbondale, IL: Southern Illinois University Press, 1982).

17. Theodore Dreiser, *A Book about Myself*. 다음 글에서 인용. Charles C. Walcutt, "Theodore Dreiser: The Wonder and Terror of Life," in *Sister Carrie* by Theodore Dreiser, ed. Donald Pizer(New York: Norton, 1991), 487.

18. Martin Esslin, "Chekhov and the Modern Drama," in *Anton Chekhov*, ed. Harold Bloom(Philadelphia, PA: Chelsea House Publishers, 1999), 140.

19. Rookmaaker, *Modern Art and the Death of a Culture*, 79.

20. Emile Zola, *The Experimental Novel*(New York: Cassell, 1893), 125, 25, 12. (『실험소설』 책세상)

21. Emile Zola, preface, 2nd ed. *Therese Raquin*(New York: Penguin, 1962), 22-23. (『테레즈 라캥』 문학동네)

22. John Caughie, *Television Drama: Realism, Modernism, and British Culture*(Oxford University Press, 2000), 96-97.

23. George and Portia Kernodle, *Introduction to the Theatre*(New York: Harcourt, Brace, Jovanovich, 1971), 13-14.

24. Russett, *Darwin in America*, 193.

25. Richard Dawkins, "Let's stop beating Fawlty's car," http://www.edge.org/q2006/q06_9. html.

26. 그 젊은이의 이름은 조 만자리였다. Logan Gage, "Who wrote Richard Dawkins's new book?" *Evolution News & Views*, 28 October 2006, http://www.evolutionnews.org/2006/10/who_wrote_richard_dawkinss_new.html. 내 기록이 조금 다른 것은 오디오 테이프를 녹취한 것이기 때문이다. 톰 울프는 비슷한 지적을 한다. "유전학 이론이 사법체계에 주는 함의를 다룬 최근의 콘퍼런스에 참석했다. 나는 청중석에서 일어나 연단에 있는 다섯 명의 저명한 유전학자에게 물었다. '자유의지가 없다면, 여러분이 지금까지 말한 내용을 왜 믿어야 합니까? 여러분이 그렇게 말한 것은 그렇게 프로그램되었기 때문이지 않습니까?' 그러자 내 평생 처음 들어보는 실속 없는 답변이 더듬거리며 돌아왔다." Carol Iannone, "A Critic in Full: A Conversation with Tom Wolfe," *Academic Questions*, 11 August 2008.

27. Auerbach, *Mimesis*, 41-45.

28. George P. Landow, *Victorian Types, Victorian Shadows: Biblical Typology in Victorian Art and Thought*(Boston, MA: Routledge & Kegan Paul, 1980), 79. 다음 책도 보라. Earl Miner, ed., *Literary Uses of Typology: From the late Middle Ages to the Present*(Princeton, NJ: Princeton University Press, 1977); Sacvan Bercovitch, ed. *Typology and Early American Literature*(University of Massachusetts Press, 1972); Northrop Frye, *The Great Code*(New York: Harcourt, 1981, 1982).

29. Landow, *Victorian Types, Victorian Shadows*, 97-99, 112, 118.

30. Jonathan Rosen, "Missing Link," *The New Yorker*, 12 February 2007.

31. Zola, *The Experimental Novel*, 126, 123-124.

32. John Perreault, "Dada Perfume: A Duchamp Interview," *Review*, December 1996. 맨 레이는 Robert Hughes, *The Shock of the New*, rev. ed(New York: Knopf, 1980, 1991), 243에 인용되어 있다. (『새로움의 충격』 미진사)

33. 예를 들어, 미학자 조지 디키는 이렇게 썼다. "그러나 「샘」은 가치를 인정할 만한 많은 특성을 갖고 있다. 빛나는 흰색 표면을 예로 들 수 있겠다. 아닌 게 아니라, 이 작품에는 브랑쿠시와 무어의 작품들과 닮은 몇 가지 특성이 있다." Gablik, *Has Modernism Failed?*, 38-39.

34. Charles Darwin, *The Autobiography of Charles Darwin*, ed. Nora Barlow(New York: Norton, 1993), 86. (『나의 삶은 서서히 진화해 왔다』 갈라파고스)

35. Neal Gillespie, *Charles Darwin and the Problem of Creation*(Chicago, IL: University of Chicago Press, 1979), 46. Nancy Pearcey, "You Guys Lost," in *Mere Creation: Science, Faith, and Intelligent Design*, ed, William A. Dembski(Downers Grove, IL.: InterVarsity, 1998).

36. Gillespie, *Charles Darwin and the Problem of Creation*, 146, 153.

37. David Hume, *Inquiry Concerning Human Understanding*, section XII, part 3, 173. 이전의 합리주의자들은 합리성을 상당히 다르게 이해하고 있었다. 예를 들어, 데카르트는 참된 관념이 우리 안에 본유적으로 있는데 그것을 직관으로 파악하는 것이 진리를 얻는 가장 확실한 방법이라고 주장했다. 실증주의자들은 본유 관념을 거부했다. 그들은 모든 지식이 감각에서 출발한다고 믿었고, 합리성을 사실상 논리(흄은 이것을 '필연적 연결'이라고 불렀다)로 환원시켰다. (『인간의 이해력에 관한 탐구』 지식을만드는지식)

38. John Cottingham, *Rationalism*(London: Paladin, 1984), 109.

39. Peter Galison, "Aufbau/Bauhaus: Logical Positivism and Architectural Modernism," *Critical Inquiry*, vol. 16, no. 4(Summer 1990).

40. Theo van Doesburg. 다음 글에서 인용. Bayles, *Hole in Our Soul*, 39.

41. Charles Jencks, "Postmodernism and the Revenge of the Book," in *This Is Not Architecture*, ed. Kester Rattenbury(New York: Routledge, 2002), 192.

42. Hughes, *Shock of the New*, 180.

43. James C. Scott, *Seeing Like a State: How Certain Schemes to Improve the Human Condition Have Failed*(New Haven, CT: Yale University Press, 1999), 116. (『국가처럼 보기』에코리브르)

44. Galison, "Aufbau/Bauhaus: Logical Positivism and Architectural Modernism," 716-718.

45. Hughes, *Shock of the New*, 165.

46. Fiona MacCarthy, "House Style," *The Guardian*, 17 November 2007.

47. Theodore Dalrymple, "Do Sties Make Pigs?" *City Journal*, Summer 1995.

48. 미술사가 바바라 로즈가 'ABC 미술'이라는 용어를 처음 쓴 것으로 알려져 있다. *Art in America*, October 1965.

49. Seerveld, *Rainbows*, 162, 176, 232.

50. Ian MacDonald, *The People's Music*(London: Pimlico, 2003), 176, 184.

51. Schonberg, *Lives of the Great Composers*, 14.

52. Calvin Seerveld, *Bearing Fresh Olive Leaves: Alternative Steps in Understanding Art*(Carlisle, UK: Piquant, 2000), 85.

53. Hartt, *Art*, 1043. 어느 PBS 텔레비전 시리즈는 미니멀리즘을 이렇게 요약했다. "익명의 차갑고 무심하고 기계적 형태로, 모종의 수학적 관계가 핵심에 놓여 있다." Cole and Gealt, *Art of the Western World*, 317.

54. Gregory Battcock, ed. *Minimal Art: A Critical Anthology*(Los Angeles, CA: University of California Press, 1995), 107.

55. Carl Andre, *Cuts: Texts 1959-2004*(Cambridge, MA: MIT Press, 2005), 85.

56. Gablik, *Has Modernism Failed?*, 23.

57. 같은 책, 97.

58. Battcock, *Minimal Art*, 157-158. 형식주의를 그저 전문적 특수화의 차원에서 옹호하기도 한다. 미술의 각 분야가 고유 매체만의 특징적인 것을 찾아내고는, 다른 매체에 속한다고 생각되는 것은 모두 제거하는 방식으로 '자기 정화'를 꾀했다. 이에 따라 문학에 속할 것 같은 줄거리나 이야기는 회화에서 제거해야 한다는 선언이 나왔다. 그림에 둥그렇게 입체감을 주기 위한 음영 표현법은 소조에 속한 것으로 보고 역시 제거해야 한다. 회화는 환원 불가능한 '이차원성'이나 평평한 화면에 머물러야 한다. "미술사는 회화가 회화 자체에만 관심을 가지고 회화의 형식을 수정하며 혁신해 온 역사가 된다." 물론 이런 접근 방식에는 "종교적·영적 관심사가 들어설 여지가 거의" 없다. 개별성의 평가절하에 대해서는 다음을 보라. Mark C. Taylor, *Disfiguring*, 77.

59. Gablik, *Has Modernism Failed?*, 93, 97.

60. Ernest Gellner, *Words and Things*(London: Routledge), 23.

61. Barrett, *Irrational Man*, 49.

62. Gablik, *Has Modernism Failed?*, 22.

63. 상식 실재론과 그것이 미국 복음주의에 끼친 영향에 대한 자세한 내용은 『완전한 진리』11장을 보라.

64. Quentin Smith, "The Metaphilosophy of Naturalism," in *Philo* 4, no. 2(Fall/Winter 2001). 『완전한 진리』 58-59도 보라.

65. "Modernizing the Case for God," *Time*, 7 April 1980.

66. Ross, *The Rest Is Noise*, 125. Patrick Kavanaugh, *The Spiritual Lives of the Great Composers*(Nashville, TN: Sparrow Press, 1992), chapter 12.

7.

캔버스 위의 낭만: 낭만주의 유산

1. Sanford Pinsker, "Henry Adams and Our New Century," *Partisan Review*, vol. LXVII, no. 2, 6 June 2000.

2. Alexandre Koyré, *Newtonian Studies*(London: Chapman & Hall, 1965), 24.

3. William B. Ashworth, Jr., "Natural History and the Emblematic Worldview," *Reappraisals of the Scientific Revolution*, ed. David C. Lindberg and Robert S. Westman(Cambridge: Cambridge University Press, 2000), 306-308. Pearcey, "Recent Developments in the History of Science and Christianity"; James Bono, *The Word of God and the Languages of Man: Interpreting Nature in Early Modern Science and Medicine*(University of Wisconsin Press, 1995), 174 ff; Peter Harrison, *The Bible, Protestantism, and the Rise of Natural Science*(Cambridge: Cambridge University Press, 1998), 17.

4. Burtt, *The Metaphysical Foundations of Modern Science*, rev. ed., 238-239.

5. Randall, *Making*, 268. 알프레드 노스 화이트헤드는 현실적인 양과 비현실적인 질로 자연이 '양분'되었다고 불평한다. *The Concept of Nature*(Middlesex, UK: The Echo Library, 2006), chapter 2. William Barrett, *Death of the Soul: From Descartes to the Computer*(New York; Anchor Books, 1986), 36. (『자연의 개념』 이문출판사)

6. Sloan, *Faith and Knowledge*, 193.

7. Barzun, *Use and Abuse of Art*, 53.

8. Alfred North Whitehead, *Science and the Modern World*(New York: Free Press, 1967[1925]), 195. (『과학과 근대세계』 서광사)

9. Robert Rosenblum, *Modern Painting and the Northern Romantic Tradition: Friedrich to Rothko*(London: Thames and Hudson, 1975), 14.

10. Besançon, *Forbidden Image*, 288-290.

11. Abrams, *Mirror*, 278-279.

12. Arthur Schopenhauer, *The World as Will and Representation*, vol. 1(Mineola, NY: Dover, 1966), 421. (『의지와 표상으로서의 세계』 을유문화사)

13. John B. Cobb, Jr., Introduction, *Back to Darwin: A Richer Account of Evolution*(Grand Rapids, MI: Eerdmans, 2008), 2. Abrams, *Mirror*, 62-63.

14. Samuel Taylor Coleridge, *Biographic Literaria*(1817). 다음 글에서 인용. Abrams, *Mirror*, 119. Herder는 Begbie, *Resounding*, 244. John Opie, the Monthly Musical Recond(London: Augener & Co.), vol. 20, no. 238, 1 October 1890, 225. Wordsworth는 M. H. Abrams, *Natural Super naturalism: Tradition and Revolution in Romantic Literature*(New York,: Norton, 1971), 169. J. W. Burrow, *The Crisis of Reason in European Thought, 1848-1914*(New Haven, CT : Yale University Press, 2000), 230.

15. Barzun, *Use and Abuse of Art*, 30, 39.

16. 모든 세계관이 창조·타락·구속에 상응하는 것을 어떻게 제시하는지 더 살펴보고 싶은 독자는 『완전한 진리』 4장을 참고하라.

17. 아서 러브조이는 낭만주의의 도드라진 측면은 "신플라톤주의의 직접적 영향의 부흥"이었다고 말한다. *The Great of Being*(Cambridge, MA: Harvard University Press, 1936, 1964), 297. 그와 비슷하게, 폴 레이프는 이렇게 썼다. "낭만주의를 이해할 '열쇠'가 되는 사람을 거론해야 한다면, 그렇게 불릴 자격이 있는 사람은 신플라톤주의의 창시자 플로티노스 하나뿐이다." Abrams, *Natural Supernaturalism*, 428.

18. Abrams, *Natural Supernaturalism*, 29, 268-269, 339.

19. Jonathan Loesberg, *A Return to Aesthetics*(Stanford, CA: Stanford University Press, 2005).

20. Barrett, *Irrational Man*, 130.

21. Edgar Wind, *Symbolism: Great Artists of the Western World*(London: Marshall Cavendish, 1988), 9, 69.

22. *Total Truth*, appendix 2, "Modern Islam and the New Age movement."

23. 성경은 신플라톤주의를 다루고 있을까? 그렇다. 신플라톤주의는 주후 3세기에 생겨났지만, 신약성경이 기록되기 이전에 통용되던 많은 생각들을 받아들였다. 예를 들어, 신플라톤주의에서 '일자'는 그 존재의 충만함으로 자동적으로 창조한다. 그래서 일자 및 거기서 나온 모든 영적 유출이 이루는 영역을 '충만함'(신적 능력의 총체) 또는 '플레로마'(*pleroma*)라고 불렀다. 골로새서 1:19과 2:9에서 바울은 신성의 충만함(플레로마)이 그리스도 안에 거한다고 말한다. 더욱이 신플라톤주의에서는 여러 계급의 영적 유출물이 천사 비슷한 영적 존재로 인격화되는 경우가 많았다. 골로새서 1:16은 그들을 왕권, 주권, 권력, 권세들이라 부르고 그리스도께서 그들 모두에 대해 최고의 통치권을 행사하신다고 가르친다.

24. 오늘날 과학사가들은 여러 철학과 종교가 근대과학의 발흥에 끼친 영향을 과거보다 적극적으로 고려한다. Nancy Pearcey, "The Science of Science," August 1983; "From Tyrant to Tool: A New View of Science," *Bible-Science Newsletter*, April 1986.

25. P. M. Rattansi, "Reason in Sixteenth- and Seventeenth-Century Natural Philosophy," *Changing Perspectives in the History of Science*, ed. Mikuláš Teich and Robert Young(London: Heinemann, 1973), 159.

26. Donald Grout and Claude Palisca, *A History of Western Music*, 6th ed(New York: Norton, 2001), 715-716.

27. Rookmaaker, *Modern Art and the Death of a Culture*, 89-90. 표현주의라는 용어는 후대의 독일 예술가들이 만들어 고갱과 반 고흐에게 소급해서 적용했다.

28. Rosenblum, *Modern Painting and the Northern Romantic Tradition*, 96. 반 고흐에 대해 더 알고 싶다면 다음을 보라. Veith, *State of the Arts*, 77-79.

29. Donald Kuspit, "A Critical History of Twentieth-Century Art," chapter 2, part 2, *Artnet*, 17 February 2006.

30. Walford, *Great Themes*, 441, 455.

31. Gombrich, *The Story of Art*, 564, 566.

32. *Art: A World History*(New York, NY: Dorling Kindersley Adult, 2002), 570.

33. *Soul of Science*, chapter 5, "The Belated Revolution in Biology."

34. Mayr, *Growth of Biological Thought*, 97.

35. Randall, *Makings*, 419.

36. Ian Barbour, *Issues in Science and Religion*(New York: Harper & Row, 1966, 1972), 67. 신플라톤주의는 범신론(만물이 신이다)이라기보다는 범재신론(만물이 신 안에 있다)이라고 할 수 있다. 낭만주의자들은 과학적 지지를 얻기 위해 뉴턴의 동시대 인물 라이프니츠의 저작에 매달렸다. 뉴턴은 모든 것이 작고 단단한 물질 입자인 원자로 이루어져 있다고 보았다. 반면 라이프니츠는 모든 것이 영적·정신적 에너지의 작은 중심인 모나드로 이루어져 있다고 보았다. '모나드'라는 용어는 신플라톤주의에서 나온 것이고, 라이프니츠는 그 용어를 씀으로써 자연이 영혼이나 영이 깃든 거대한 유기체임을 의미한 것이다. 신체의 본질은 연장(延長)으로, 곧 그 크기, 모양, 운동으로 다 설명되지 않는다. "우리는 영혼에 대응하는 어떤 것을 인정해야만 한다." *Soul of Science*, 84.

37. Lovejoy, chapter IX, "The Temporalizing of the Chain of Being," 242-287. Nancy Pearcey, *Bible-Science Newsletter*, "What Do You Mean, Evolution Is a Religion?" April 1988, "Religion of Revolution: Karl Marx's Social Evolution," June 1986; "The Evolving Child: John Dewey's Impact on Modern Education," Parts 1 and 2, January/February 1991; "Creating the 'New Man': The Hidden Agenda in Sex Education," May 1990; "New Age for Kids," December 1988.

38. Randall, *Philosophy after Darwin*(New York: Columbia University Press, 1977), 12-13. 유일한 예외가 미국이었다. 미국에서는 헤겔의 진화신학이 드물었기 때문에 다윈의 진화론이 더 큰 논쟁을 불러왔다. "미국에는 다윈을 환영할 대형 종교집단이 없었다. 그래서 인간을 자연의 일부로 만드는 그의 이론의 충격이 온전히 전해졌다."

39. Charles Coulston Gillespie, *The Edge of Objectivity*(Princeton, NJ: Princeton University Press, 1960), 276.

40. Randall, *Philosophy after Darwin*, 8.

41. 철학자 로이 클로저가 지적한 대로, 모든 관념이 우리가 만들어 내는 이야기에 불과하다면, "역사주의도 그것이 실재와 부합하는지 아닌지 알 도리가 전혀 없는 상태에서 우리가 만들어 내는 또 하나의 이야기에 불과하다." 이처럼 역사주의가 실패하는 이유는 "스스로에 대해 일관성이 없기" 때문이다. "A Critique of Historicism," *Contemporary Reflections on the Philosophy of Herman Dooyeweerd*, ed. D. F. M. Strauss and E. M. Botting(Lewiston, NY: Edwin Mellen Press, 2000), 4.

42. 하등비평, 또는 본문비평은 원문을 재구성하기 위해 필사상의 오류를 바로잡고 성경의 여러 다른 사본들을 비교한다. 고등비평은 성경 본문의 기록 연대, 저자, 문학적 구성, 문학적 출처 등을 알아내려 한다. 하지만 고등비평은 성경을 신화와 전설로 취급하는 그라프-벨하우젠 가설 같은 이론과 흔히 동일시된다.

43. 내가 게재한 다음 글을 보라. *Bible-Science Newsletter*, "Interpreting Genesis: A Reply to the Critics," August 1984; "Real People in a Real World: The Lessons of Archaeology," June 1985; "Did It Really Happen? Genesis and History," March 1987.

44. 쇼펜하우어는 이렇게 썼다. "동양에서 오래전부터 통용되던 관념론이 플로티노스와 더불어 서양철학에서 처음으로 등장한 듯하다." 동양 범신론의 서구화에 대해서는 나의 다음 글을 보라. *Bible-Science Newsletter*, "East Meets West in Science," February 1985; "New Age for Kids," December 1988; Nancy Pearcey, "Spiritual Evolution? Science and the New Age Movement."

45. Maurice Tuchman, "Hidden Meanings in Abstract Art", in *The Spiritual in Art: Abstract Painting 1890-1985*(New York: Abbeville Press, 1986), 19. 추상미술은 "다양한 형태의 신플라톤주의 영성에 깊이 몰입해 있음을 드러낸다." Pamela Schaeffer, "Spirituality in Abstract Art," *Christian Century*, 30 September 1987.

46. *Kandinsky: Complete Writing on Art*, ed. Kenneth C. Lindsay and Peter Vergo(New York: Da Capo, 1994).

47. James Jeans, *Physics and Philosophy*(New York: Dover Publications, 1981 [1943]), 216. James Jeans, *The Mysterious Universe*(Gretna, LA: Pelican Books, 1938), 19. 이 견해의 최신 버전을 알고 싶으면 다음을 보라. Richard Conn Henry, "The Mental Universe," *Nature*, vol. 436, 7 July 2005.

48. *Kandinsky: Complete Writings*, 101, 364.

49. Veith, *State of the Arts*, 84.

50. 기하학적 추상과 생물형태 추상이라는 용어를 만들어 낸 사람은 뉴욕 현대미술관의 창립관장인 앨프리드 바 2세다. 그는 현대미술이 "양극화된 두 주요 흐름"으로 쪼개졌다고 지적하고, 그 내용을 유명한 플로차트로 그려냈다. 세잔에서 입체주의와 바우하우스까지 이어지는 기하학적 흐름은 이 책의 5-6장에서 짚어본 바 있다. 생물형태 흐름은 고갱부터 칸딘스키를 거쳐 초현실주의 같은 양식으로 이어지는데, 이 내용은 다음 장에서 다룰 것이다. Sybil Gordon Kantor, *Alfred H, Barr and the Intellectual Origins of the Museum of Modern Art*(Cambridge, MA: MIT Press, 2002), 325-328.

51. Mark C. Taylor, Disfiguring, 85. 다음 글도 보라. Giles Fraser, "Modernism and the Minimal God: On the Empty Spirituality of the God of the Philosophers," *Faith and Philosophical Analysis: The Impact of Analytical Philosophy on the Philosophy of Religion*, ed. Harriet A. Harris and Christopher J. Insole(Burlington, VT: Ashgate, 2005).

52. Francis Schaeffer, *Escape from Reason*, FAS Trilogy, 250, 256.

53. Susan Sontag, "The Aesthetics of Silence," Aspen nos. 5 & 6(a multimedia magazine of the arts published from 1965 to 1971).

54. Begbie, *Resounding*, 251.

55. Hughes, *Shock of the New*, 386.

56. Dominique de Menil. 다음 글에서 인용. Julia Goldman, "A Landscape for Contemplation," *The Jewish Week*, 11 July 2003.

57. Robert Rosenblum, "Isn't It Romantic?" *Artforum International*, 1 May 1998.

58. 개인 인터뷰, 6 May 2009.

59. 개인 인터뷰, 9 June 2009.

60. Alan Jacobs, *The Narnian*(Newark; HarperOne, 2005), 185.

61. C. S. Lewis, *English Literature in the Sixteenth Century*(London: Oxford University Press, 1954), 3-4.

62. C. S. Lewis, *Surprised by Joy: The Shape of My Early Life*(New York: Harcourt Trade, 1995), 164, 167. (『예기치 못한 기쁨』 홍성사)

63. Owen Barfield, *The Rediscovery of Meaning*(Middletown, CT: Wesleyan University Press, 1977).

64. C. S. Lewis, "Myth Became Fact," *God in the Dock*(Grand Rapids, IL: Eerdmans, 1970 [1944]), 66. (『피고석의 하나님』 홍성사)

8.

허무주의로부터의 탈출: 낭만주의 유산

1. 표도르 도스토옙스키도 19세기 러시아 혁명가들에 대한 소설 『악령』에서 비슷한 테마를 탐구했다. 도스토옙스키는 동일한 역사적 인물들인 뷔히너, 몰레스호트, 포크트의 이름을 써서 교조적인 유물론자들을 나타냈다. 그의 등장인물들은 푸시킨과 여타 낭만주의자들의 저작을 "허튼소리에 배부른 소리"라고 무시한다. (『악령』 열린책들)

2. Gamwell, 68, 130.

3. Carl Gustav Jung, *Psychology and Literature, in Modern Man in Search of a Sou*l, 3rd ed(Orlando, FL: Harcourt Harvest, 1955 [1933]), 172. Burrow, *The Crisis of Reason in European Thought, 1848-1914*, 164-169.

4. Barzun, *Use and Abuse of Art*, 89.

5. Gombrich, *The Story of Art*, 578, 592. (『서양미술사』 예경)

6. Kantor, *Alfred H. Barr and the Intellectual Origins of the Museum of Modern Art*, 326.

7. Walford, *Great Themes*, 354. 사람들은 미술의 규칙이 "존재 자체가 우주의 합리적 질서와 조화를 보장하는 객관적 구조의 규범과 일치한다고 보았다." Abrams, *Mirror*, 16-17.

8. Dyrness, *Visual Faith*, 111.

9. Henry Steele Commager, *The American Mind: An Interpretation of American Thought and Character Since the 1880s*(New Haven, CT: Yale University Press, 1950), 93. 그와 유사하게, 폴 콘킨은 선택의 갈림길을 제시한다. 과학과 사실의 영역을 선택하고 "그의 이상과 가치감과 목적의식의 타당성"을 부인하는 결정론을 받아들일 수도 있다. 아니면 도덕적·영적 이상의 영역을 선택하고 "논리와 사실을 희생시킬" 수도 있다. *Puritans and Pragmatists*(Bloomington, IN: Indiana University Press, 1968), 275.

10. Jacques Monod, *Chance and Necessity*(New York: Alfred A. Knoft, 1971), 173. (『우연과 필연』 궁리)

11. Midgley, *Evolution as a Religion?* 나는 이 테마를 다음 두 글에서 더 상세히 다루었다. "What Do You Mean, Evolution Is a Religion?" *Bible-Science Newsletter*, April 1988; "The Drama of Despair," chapter 27 in *How Now Shall We Live?*

12. Albert Camus, *The Myth of Sisyphus*(New York: Knopf, 1955, Vintage, 1991), 28. 웨스트도 다음과 같이 썼다. "부조리는 신의 부재(不在)의 직접적 결과다." (『시지프 신화』 책세상)

13. John Paul Sartre, "Existentialism and Humanism," in *The Modern Tradition: Backgrounds of Modern Literature*, ed. Richard Ellmann and Charles Fiedelson, Jr(New York: Oxford University Press, 1965), 828.

14. Harold Rosenberg, "The American Action Painters," *Art News* 51(September 1953): 344.

15. Barrett, *Irrational Man*, 51.

16. Mark C. Taylor, *Erring: A Postmodern A/Theology*(Chicago, IL: University of Chicago Press, 1984), 73.

17. Camus, *The Myth of Sisyphus*, 6.

18. Kernodle, *Introduction to the Theatre*, 187.

19. 키르케고르는 "이제 최초의 실존주의자로 인정받는다." West, 81, 118, 126. 비슷한 진술로는 다음을 보라. Solomon & Higgins, 227-228, 276-277, 279; Richard Kearney, *Modern Movements in European Philosophy*, 2nd ed(Manchester: Manchester University Press, 1994), 54-55. 키르케고르는 '실존주의의 아버지'라고 불리지만 그의 사상이 후대의 실존주의자들의 사상과 다르다는 점을 설명한다. David Cooper, "Søren Kierkegaard," in *The Blackwell Guide to Continental Philosophy*, ed. Robert Solomon and David Sherman(Oxford: Blackwell, 2003).

20. Sloan, *Faith and Knowledge*, 114, 121, 123, 126.

21. Charles Rosen, *The Romantic Generation*(Cambridge, MA: Harvard University Press, 1995), 647.

22. Aldous Huxley, *The Doors of Perception & Heaven and Hell*(New York: HarperCollins, 2004, [1954]).

23. '더 도어즈'의 리드 싱어 짐 모리슨은 랭보의 저작을 탐독하고 그의 자기 파괴적인 철학을 본받았다. Wallace Fowlie, *Rimbaud and Jim Morrison: The Rebel as Poet*(Durham, NC: Duke University Press, 1994).

24. Wilhelm Dilthey, *Pattern and Meaning in History*(New York: Harper & Row, 1961), 5. 딜타이는 인간과학의 방법론을 묘사하기 위해 당시까지만 해도 주로 성경해석에서 쓰이던 '해석학'이라는 용어를 빌려 왔는데, 이 용어는 포스트모더니스트들 사이에서 인기를 얻었다.

25. Louis Rougier. 다음 글에서 인용. Philipp Frank, *Philosophy of Science*(Englewood Cliffs, NJ: Prentice-Hall, 1957), 83.

26. "공준(公準)과 거기에서 연역해 낸 명제들의 체계인 수학적 기하학"과 "감각(그리고 과학적) 경험의 세계를 일관되게 설명하기 위해 고안된 실용과학, 곧 물리적 기하학" 사이의 분리가 나타났다. E. T. Bell, *The Magic of Numbers*(New York: Dover Books, 1946), 373-376.

27. 같은 책, 331.

28. 이 사례를 포함한 더 많은 사례들을 다음 책에서 볼 수 있다. Edward A. Purcell, *The Crisis of Democratic Theory: Scientific Naturalism and the Problem of Value*(Lexington, KY: University Press of Kentucky, 1973).

29. 새로운 물리학과 그 철학적 함의에 관해 보다 철저히 다룬 글을 보고 싶다면 *The Soul of Science*, 8장 "Is Everything Relative? The Revolution in Physics"과 9장 "Quantum Mysteries: Making Sense of the New Physics"를 보라. 이 두 장은 다음 두 글의 내용을 확대한 것이다. *Bible-Science Newsletter*, "The New Physics and the New Consciousness," parts 1 and 2, October/November 1986.

30. Alan J. Friedman and Carol C. Donley in *Einstein as Myth and Muse*(Cambridge, MA: Cambridge University Press, 1985), 70.

31. Percy Bridgman, *Reflections of a Physicist*(New York: Philosophical Library, 1950), 93.

32. J. C. Polkinghorne, *The Quantum World*(Princeton, NJ: Princeton University Press, 1984), 1.

33. Floyd Matson, *The Broken Image*(New York: George Braziller, 1964), 130.

34. Jean, *Physics and Philosophy*, 216.

35. Rudolf Bultmann, *Jesus Christ and Mythology*(New York: Charles Scriber's Sons, 1958), 37-38. (『예수 그리스도와 신화』 한국로고스연구원)

36. Barbour, *Issues*, 309.

37. Arthur Koestler, *Arrow in the Blue*(London: Hamish Hamilton, 1952), 258.

38. Kearney, *Modern Movements in European Philosophy*, 92-96, 107, 288-289.

39. Roland Barthes, "The Death of the Author," in *Image-Music-Text*(New York: Hill and Wang, 1977).

40. 바르트의 해체 개념의 출발점은 하이데거였고, 데리다는 하이데거의 독일어 용어 Destruktion을 붙여 déconstruction으로 옮겼다. 놀랍게도, 하이데거는 부분적으로 루터에게서 영감을 얻었다. 루터는 진정한 성경적 기독교를 회복하기 위해 중세의 아리스토텔레스주의

적인 스콜라 철학의 '해체'를 말했다. 키르케고르는 살아있는 형태의 기독교를 회복하기 위해 사변적인 헤겔 형이상학의 '해체'를 말했다. 하이데거는 해체라는 용어에 담긴 이런 의미를 철학에 적용했는데, 해체가 긍정적 과정으로 작용하여 맨 처음 철학에 영감을 부여한 근본적인 삶의 경험을 드러내기를 바랐다. Charles B. Guignon. *The Cambridge Companion to Heidegger*, 2nd ed(Cambridge, MA: Cambridge University Press, 2006), 328-332.

41. Barthes, "The Death of the Author."

42. Kevin J. Vanhoozer, "Special Revelation and General Hermeneutics," in *Disciplining Hermeneutics: Interpretation in Christian Perspective*, ed Roger Lundin(Grand Rapids, MI: Eerdmans: 1977), 136. 테일러는 구체적으로 건축을 두고 말했지만, 그의 발언은 모든 예술로 일반화할 수 있다. "저자-건축가가 하나님의 형상으로 만들어진 만큼, 신의 죽음은 저자-건축가가 사라졌음을 뜻한다." Mark C. Taylor, *Disfiguring*, 261.

43. West, *An Introduction to Continental Philosophy*, 197-198. "리오타르가 말한 의미에서의 메타서사는 역사철학과 같은 말이다. 역사의 '진정한' 의미를 요약해 주는 포괄적인 서사의 관점에서 역사의 우연한 사건들을 이해하는 것이다."

44. R. J. Rummel, *Death by Government*(New Brunswick, NJ: Transaction Publishers 1994). 경험자들이 쓴 다음 기록도 보라. Aleksandr Solzhenitsyn, *The Gulag Archipelago*. (『수용소 군도』 열린책들)

45. Jürgen Habermas, *Philosophical Discourse of Modernity*(Cambridge, MA: MIT Press, 1987). (『현대성의 철학적 담론』 문예출판사)

46. Gablik, *Reenchantment*, 30-32.

47. Walford, *Great Themes*, 488, 476.

48. Marc Porter Zasada, "Irrational Exuberance in the New Century," *Los Angeles Downtown News*, 21 December 2002. Christopher Jencks, *The Iconic Building*(New York: Rizzoli, 2005)을 보라.

49. Danny Hakim, "Ex-Employee Held in Campus Attack," *New York Times*, 11 May 2003.

50. Letters, *Chronicle of Higher Education*, June 27, 1997. 다음 글에서 인용. Carl R E. Springer, "The Hermeneutics of Innocence: Literary Criticism from a Christian Perspective," updated July 13, 2002, http://www.leaderu.com/aip/docs/springer.html#text6.

51. David Weddle, "Lights, Camera, Action. Marxism, Semiotics, Narratology. Film School Isn't What It Used to Be, One Father Discovers," *Los Angeles Times*, 13 July 2003.

52. Andrew Delbanco, "The Decline and Fall of Literature," *The New York Review of Books*, vol. 46, no. 17, 4 November 1999.

53. Wendy Steiner, "Practice without Principle," *The American Scholar*, Summer 1999.

54. Frank Lentricchia, "Last Will and Testament of an Ex-Literary Critic," *Lingua Franca*, September/October 1996: 64. 문학의 정치화에 대한 비판은 다음 책에서도 볼 수 있다. John Ellis, *Literature Lost: Social Agendas and the Corruption of the Humanities*(New Haven CT: Yale University Press, 1997).

55. 해방신학의 고전적인 저작들은 거의 동시에 출간되었다. 흑인신학(James Cone, *A Black Theology of Liberation*, 1970), 페미니즘신학(Rosemary Ruether, *Liberation Theology*, 1972), 남미해방신학(Gustavo Gutiérrez, *A Theology of Liberation*, 1972). 내가 게재한 다음 글들을 보라. *Bible-Science Newsletter*, "Religion of Revolution: Karl Marx's Social Evolution," June 1986, and "Liberation, Yes ... But How? A Study of Liberation Theology," July 1988.

56. James Cone, *A Black Theology of Liberation*(Philadelphia, PA: Lippincott, 1970), 136.

57. James Cone, *For My People: Black Theology and the Black Church*(Maryknoll, NY: Orbis, 1984), 187.

58. 쉐퍼는 다음에서 진리의 이층 개념을 비판한다. *Escape from Reason* and *The God Who Is There*, in *The Complete Works of Francis A. Schaeffer*, vol. 1(Wheaton, IL.: Crossway, 1982). 도예베르트는 다음에서 이원론을 비판한다. *Roots of Western Culture: Pagan, Secular, and Christian Options*(Toronto: Wedge, 1979, Zutphen, Netherlands: J. B. van den Brink, 1959). 한스 로크마커는 이렇게 썼다. "여러 해에 걸쳐 쉐퍼와 나는 다양한 주제로 대화를 나누었는데, 그중에서도 철학, 특히 도예베르트의 철학에 대해 즐겨 이야기

했다. 도예베르트의 사상은 그런 식으로 쉐퍼와 라브리에 영향을 끼쳤다. 물론 쉐퍼는 그 사상을 자신의 사고방식에 통합시켰다.……나는 도예베르트의 어려운 용어를 쓰지 않으려고 노력하는데, 그런 용어를 구사하는 것은 1930년대의 스타일이기도 하다. 라브리에서 논의할 때 도예베르트가 썼던 어휘를 듣지는 못하겠지만, 그의 사상은 여전히 라브리의 생각에 녹아 있다." Hans Rookmaaker, "A Dutch view of Christian philosophy," *The Complete Works of Hans Rookmaaker*, ed. Marleen Hengelaar-Rookmaaker(Piquant, 2005), vol. 6, part III, The L'Abri Lectures.

59. 도예베르트는 모든 비성경적 세계관이 궁극적으로 모종의 이원론으로 쪼개진다고 주장한다. 그는 서구 사상에서 주요한 세 가지 사례를 찾아냈다. 그리스의 형상/질료 이원론, 스콜라 철학의 자연/은총 이원론, 칸트의 자연/자유 이원론이다. '새로운 신학'(*nouvelle theologie*)으로 알려진 20세기 가톨릭신학 유파는 스콜라주의의 자연/은총 이원론을 극복했다는 평가를 받는다. 도예베르트는 이 운동을 환영했다. "아우구스티누스 사상의 영향 하에서 이른바 '새로운 신학' 운동에 속한 로마가톨릭 사상가들이 이런 이원론적 견해에 반대하고 그 수가 저점 많아지는 것은 성경적 인식이 다시 깨어나고 있음을 알리는 반가운 현상이다. 그들은 기독교 철학의 필요성을 옹호한다는 점에서 네덜란드의 개혁주의 철학 운동과 뜻을 같이 한다." *The Twilight of Western Thought*, 141.

60. William James, *Pragmatism: A New Name for Some Old Ways of Thinking*(Indianapolis, IN: Hackett Publishing, [1907] 1981), 13. Conkin, *Puritans and Pragmatist*, 324. 오늘날에도 실용주의자들은 사실/가치의 분리를 극복하는 데 성공했다고 여전히 주장한다. Hilary Putnam, *The Collapse of the Fact/Value Dichotomy and Other Essays*(Harvard university Press). 보다 철학적인 실용주의에 대해서는 『완전한 진리』 8장을 보라.

61. 철학자 리처드 번스타인은 이렇게 설명한다. "근대철학에서 생겨난 다양한 형태의 이원론은 수학적이고 객관화된 자연의 세계가 실재하는 모든 것의 진짜 척도라는 확신에서 나왔다고 볼 수 있다." Richard Bernstein, *The Restructuring of Social and Political Theory*(Philadelphia, PA: University of Pennsylvania Press, 1976), 129.

62. Kearney, *Modern Movements in European Philosophy*, 2nd ed., 18, 22. 대륙사상은 헤겔, 후설, 하이데거의 3H에서 출발했다고 간단하게 요약할 수 있다.

63. Dooyeweerd, *New Critique*, 1:46. 예를 들어, 계몽주의의 기계론적 유물론은 "기계적 현상의 절대화"에서 나왔다. Dooyeweerd, *Roots*, 172-173. J. M. Spier, *An Introduction to Christian Philosophy*(Philadelphia: Presbyterian and Reformed Publishing Co., 1954), 67-69. 도예베르트의 영향을 받은 사상가들 중 로이 클로저는 다양한 과학철학을 도예베르트적으로 분석하여 각 과학철학이 창조세계의 어떤 한 측면을 절대화하고 있음을 보여주었다. *The Myth of Religious Neutrality*(Notre Dame, IN: University of Notre Dame Press, 1991). "자유주의는 개인을 우상화하고, 사회주의는 경제적 계급을 우상화하며, 국가주의는 국가나 민족공동체를 우상화한다." David Koyzis, *Political Visions & Illusions: A Survey and Christian Critique of Contemporary Ideologies*(Downers Grove, IL: InterVarsity, 2003).

64. G. K. Chesterton, *Orthodoxy*(a BiblioBazaar reproduction, 2008), 66. (『정통』 상상북스)

65. Dooyeweerd, *New Critique*, 1:58.

66. 요한 바오로 2세는 "서양철학의 두 가지 큰 흐름의 철저한 분리[그는 이것을 실재론 대 관념론의 대립이라고 부른다]는 인간 경험의 두 측면 중 하나를 절대화해서 생긴 것"이라고 지적한다. 자아·주체의 내적 경험과 세계·객체에 대한 외적 경험이 그것이다. Jaroslaw Kupczak, *Destined for Liberty: The Human Person in the Philosophy of Karol Wojtyla/John Paul II*(Washington, DC: Catholic University Press, 2000), 76. Rocco Buttiglione, *Karol Wojtyla: The Thought of the Man Who Became Pope John Paul II*(Grand Rapids, MI: Eerdmans, 1997), 68, 72.

67. John Stuart Mill, *Dissertations and Discussions*(Honolulu, HI: University Press of the Pacific, 2002), 332.

68. 현대사회는 "상상력을 발휘하는 사생활에서는 낭만주의적이지만 성과를 내야 하는 공적 생활에서는 공리주의적이고 도구주의적이다." Charles Taylor, *Hegel*, 541.

69. C. P. Snow, *The Two Cultures and the Scientific Revolution*(London: Cambridge University Press, 1959).

70. Steiner, "Practice without Principle."

71. Daniel Ritchie, *Reconstructing Literature in an Ideological Age*(Grand Rapids, MI: Berdmans, 1996), 3.

72. Carver Yu, "Trudi and Authentic Humanity," in *The Gospel as Public Truth: National Consultation Organized by British and Foreign Bible Society and The Gospel and Our Culture.*

73. Seerveld, *Rainbows*, 177.

74. Rookmaaker, *Modern Art and the Death of a Culture*, 18.

75. Schaeffer, *The God Who Is There*, 36.

9.

영화에 나타난 세계관

1. Czeslaw Milosz, *The Captive Mind*(New York: Random House, Vintage Books, 1951, 1953), 3.

2. Viktor Frankl, *The Doctor and the Soul: From Psychotherapy to Logotherapy*(New York: Random House, 1986 [1955]), xxvii.

3. Machen, "Christianity and Culture."

4. Chris Lehmann, "Among the Non-Believers: The tedium of dogmatic atheism," *Reason*, January 2005.

5. John Irving, *My Movie Business: A Memoir*(Random House, 2000), 29, 54. Margaret Michniewicz, "A Conversation with Novelist John Irving," Vermont Woman, April 2006. Lorenza Munoz, "The Intention of John Irving," *Los Angeles Times*, http://hollywoodjesus.com/cider_house.htm.

6. James P. Spiegel, "Introduction," *Film, Faith, & Philosophy*(Downers Grove, IL: InterVarsity, 2007), 9.

7. Dyrness, *Visual Faith*, 141.

8. Dennis Lim, *Village Voice*, 29 September-5 October 2004.

9. 나는 세속주의자가 어떤 주제에 대해 좋은 책을 찾을 때마다 "시장에 나와 있는 최고 작품의 저자가 언제나 그리스도인"이라면 기독교를 무시하기가 무척 어려울 것이라는 C. S. 루이스의 지적을 풀어서 말한 것이다. "Christian Apologetics," *God in the Dock*, 93.

10. Mark Conard, "The Indifferent Universe: Woody Allen's *Crimes and Misdemeanors*," in *Movies and the Meaning of Life: Philosophers Take on Hollywood*, ed. Kimberly Blessing and Paul Tudico(Chicago, IL: Open Court, 2005), 117-118.

11. 같은 책, 120.

12. Jack Vermee, "World Premier of eXistenZ," *Take One*, Spring 1999; Chris Rodley, "Game Boy," *Sight and Sound*, April 1999.

13. 실존주의 철학자 하이데거는 인간은 끊임없이 자신을 넘어서서 삶을 새롭게 이해하기를 추구하고 끊임없이 자신의 현재 상태를 초월한다고 진술했다. 그의 표현을 그대로 인용하면, "실존은 초월이다." Kearney, *Modern Movements in European Philosophy*, 32.

14. Richard von Busack, "Pod Man Out," *Metroactive*, 22-28, April 1999.

15. 보다 자세한 리뷰를 원한다면 Brian Godawa, "The Matrix: Unloaded Revelations," *Christian Research Journal*, vol. 27, no. 1, 2004.

16. Martin Shockley "Christian Symbolism in the Grapes of Wrath," *College English*, vol. 18, no. 2, November 1956.

17. Johnston, 119-120. 존스턴은 이렇게 덧붙인다. "영화의 이야기는 패턴을 제시하고 주장을 하며, 문제를 제기하거나 선언을 한다. 영화는 관객을 변화시키려 한다." 한마디로, "영화는 다른 누군가의 실재관에 근거하여 만들어진다."

18. "Pulp Fiction: Review," an unsigned review, http://movies.tvguide.com/pulp-fiction/review/130222.

19. Rick Pearcey, "Fireproof-Reel Rebel Upsets Tinseltown Stereotypes," http://www.pearceyreport.com/archives/2008/10/fireproof_reel.php.

IO.

에필로그: 바흐 변증학교

1. 우베 시몬 네토가 쓴 다음 기사들의 내용을 추렸다. "Bach in Japan," in *Christian History*, issue 95, Summer 2007; "Where Bach was jailed, Asians pay homage," *The Asia Pacific Times*, January 2008. "Why Nippon Is Nuts About J. S. Bach," *The Atlantic Times*, December 2005.
2. 내가 캘빈 시어벨트를 인터뷰한 다음 글을 보라. "Christianity and the Arts," *Perspective* 18, no. 3, June 1984.
3. Brian Godawa, *Hollywood Worldviews*, 2nd. ed(Downers Grove, IL: InterVarsity, 2009), preface.
4. John R. Erickson, "Stories as Nourishment," posted on the Pearcey Report, copyright John R. Erickson, 2004. John Erickson, *Story Craft*(Perryton, TX: Maverick Books, 2009).
5. Veith, *State of the Artst*, 43.
6. Amos Wilder, *Theology and Modern Literature*(Cambridge, MA: Harvard Universit; Press, 1958), 21.
7. Dorothy Sayers, *Creed or Chaos*(Manchester, NH: Sophia Institute Press, 1995 [1949]), 6. (『기독교 교리를 다시 생각한다』 IVP)
8. Wilder, *Theology and Modern Literature*, 46.
9. Bruce Weber. *Paintings of New York, 1800-1950*(Petaluma, CA: Pomegranate Communications, 2005), 56.
10. Richard Lovelace, *Dynamics of Spiritual Life*(Downers Grove, IL: InterVarsity, 1979), 353-354.
11. Seerveld, *Bearing Fresh Olive Leaves*, 56.
12. 모차르트의 생애에 대한 좋은 자료로는 다음을 보라. Robert Greenberg's course, "Great Masters: Mozart-His Life and Music," 2000.
13. Philip Ryken, *Art for God's Sake*(Phillipsburg, NJ: P & R Publishing, 2006).
14. David Aikman, "A Christian Publishing Scandal," *Charisma*, July 2002. 아이러니하게도, 일반 사회는 이 영역에서 기독교계보다 더 윤리적이다. 에이크만은 이렇게 썼다. "여러 해 동안, 미국의 일반 출판업계는 자기 이야기를 출간하는 유명인사에게 표지에 실제 저자의 이름을 명시할 것을 사실상 요구하고 있다. 이 부분에서 일반 출판사들이 일부 기독교 출판사보다 더 윤리적인 모습을 보여주었다."
15. Makoto Fujimura, 개인 이메일, 11 June 2009.
16. Alexandre Kojéve, *Introduction to the Reading of Hegel*(Ithaca, NY: Cornell University Press, 1980), 27.
17. 마크 조지프와 나눈 인터뷰. "Author and Filmmaker Mark Joseph Discusses *Sarah Barracuda*," Christian Cinema.com, 3 November 2008.
18. Dorothy Sayers, "The Greatest Drama Ever Staged," in *Creed or Chaos*, 3-9.
19. Auerbach, *Mimesis*, 14-15, 22-23, 41-43.
20. Dennis Hollinger, "The Church as Apologetic: A Sociology of Knowledge Perspective," *Christian Apologetics in a Postmodern World*, ed. Timothy R. Phillips and Dennis L. Okholm(Downers Grove, IL: InterVarsity, 1995), 191, 183.
21. Machen, "Christianity and Culture."
22. Francis Schaeffer, *The Church at the End of the Twentieth Century*, in *The Complete Works of Francis Schaeffer*, vol. 4, 70.